U0457839

像法学家那样思考

THINKING LIKE A LAWYER

刘昌松　著

中国政法大学出版社

2020·北京

声　明　　1. 版权所有，侵权必究。

　　　　　2. 如有缺页、倒装问题，由出版社负责退换。

图书在版编目（ＣＩＰ）数据

像法学家那样思考/刘昌松著. —北京:中国政法大学出版社,2020.4
ISBN 978-7-5620-9520-0

Ⅰ.①像… Ⅱ.①刘… Ⅲ.①法律－文集 Ⅳ.①D9-53

中国版本图书馆 CIP 数据核字(2020)第 056239 号

出 版 者	中国政法大学出版社
地　　址	北京市海淀区西土城路 25 号
邮寄地址	北京 100088 信箱 8034 分箱　邮编 100088
网　　址	http://www.cuplpress.com（网络实名：中国政法大学出版社）
电　　话	010-58908586(编辑部)　58908334(邮购部)
编辑邮箱	zhengfadch@126.com
承　　印	保定市中画美凯印刷有限公司
开　　本	720mm×960mm　　1/16
印　　张	31
字　　数	510 千字
版　　次	2020 年 4 月第 1 版
印　　次	2020 年 4 月第 1 次印刷
定　　价	88.00 元

个案推动法治的践行者和传播者

刘仁文[1]

　　刘昌松律师拥有多重身份，他既是知名律师和律师事务所的主任，又是兼职法学教授，还是法治时评名人。说他是法治时评名人，一点也不为过，我在认识他之前，就经常在《新京报》等媒体上看到署名"刘昌松"的法治时评，有时文章后面还会介绍作者为律师。直到有一天我们坐在一起时，我还不太相信此刘昌松即为彼刘昌松。

　　我们的相识是缘于几年前社科院法学所组织的一次"社科杯"法律硕士研究生论坛，在那个论坛上，我们共同受邀担任获奖论文的点评嘉宾，才知道他早就是我们的法律硕士实务导师，是法律诊所实践课程的任课教师之一。

　　在这个活动中，我与昌松律师可谓一见如故，除了互相都为见到对方而感到高兴，我还对他关于要加强刑事诉讼中被害人权益保障的呼吁深以为然，当即约他与我合作撰写一篇内部研究报告，后来通过社科院的要报报送给了中央有关部门。记得在我发言时，我还对法硕办的负责人席月民教授提出，以后最好能给予获奖学生适当的物质奖励，而不只是颁发一个获奖证书。话音刚落，昌松律师马上接茬，说我"一语点醒梦中人"，表示将很乐意为一年一度的论坛提供奖金支持，后来他还真与法硕办签署了合作协议，并赞助至今。

　　因我的一句话，让昌松律师"出血"，下来多少有点内疚，但他很真诚地对我说，他最喜欢直言不讳的学者，咱俩心有灵犀，一朝初识便有相见恨晚之感，又说这些学生是国家未来法治建设的希望，鼓励和支持他们多思考、

─────────────────

[1]　中国社会科学院法学研究所研究员、刑法研究室主任、博士生导师。

多研究问题，也是像他这样有点情怀的律师应尽的社会责任。后来，昌松律师又送给我一本他2014年在法律出版社出版的《认真对待权力与权利》，这是他将几年来为《新京报》所写的140多篇法治时评结成的集子。翻阅这本集子，重温他在许多重大法治事件中的发声，再次引起我的惊叹，他不愧为一个有情怀、有温度的文人型律师，不愧为一个致力于通过个案来推动法治、提升法治的践行者、言说者和传播者。他的书名也很有高度，点出了法治建设中一对最为关键的词汇。[1]

现在摆在我面前的又是厚厚的近150篇评论文章的结集，这是昌松律师的第二本评论集，据说他已编好第三本。在繁忙的律师工作之余，他能如此多产，也可想见这背后的付出了。我与昌松律师相识时间并不算长，平时彼此联系也并不频繁，却总有一种惺惺相惜、互为知己的感觉，特别是他为人真诚、忠厚，给我留下深刻印象。

在我看来，昌松律师之所以能成为一名成功的律师和法律时评人，可能得益于以下因素：一是他在做专职律师之前做过刑事法官，这使得他对法律职业共同体有切身体会，能以公平之心审视法律事件；二是他曾在多所大学担任过兼职法学教授，讲授过多门课程，而且他喜欢琢磨各学科的理论问题，这使得他具有较为深厚的跨部门法的理论功底；三是他的医学教育背景和军医生涯，使得他同生老病死有过诸多交集，反映在文章中，就是多了不少人性体悟；四是他勤于笔耕，酷爱写作，竟逐渐成为近40家媒体的特约撰稿人，这为他施展通过个案推动法治进步的抱负提供了很好的平台。

这本集子收录的文章，大多是近十年来他为各种媒体撰写的法治时评文章。从中可见，他既为《人民日报》《光明日报》《法制日报》《中国青年报》《环球时报》等国家级官媒撰稿，也为《新京报》《澎湃新闻》《南方周末》《南方都市报》《华商报》《红星新闻》等地方媒体或都市媒体撰稿；既为光明网、中国网、法制网、财经网和民主与法制网等体制内网络媒体撰稿，也为新浪网、腾讯网、搜狐网、网易网、凤凰网等民营网络媒体撰稿，他还在光明网、中国网、《新京报》《南方都市报》等开有专栏，发表一些篇幅较长

---

[1] 无独有偶，童之伟教授也主张用权利权力的分析范式来取代作为主流学说的权利义务分析范式。参见童教授近期在北京航空航天大学法学院的一次学术讲座报道 http://fxy.buaa.edu.cn/info/1143/5506.htm.

的法治时评文章。

于是我们看到，不仅在山东刺死辱母者案、昆山反杀案、云南勒死传销看守案等激活正当防卫制度的一些案件中，有刘律师的铿锵发声，而且他还就一系列的性侵违法犯罪事件、见义勇为难认定和做好事被讹事件、推动冤假错案平反和努力获得国家赔偿事件，以及内蒙古农民收购玉米获刑被重审案、电梯劝阻吸烟一审被判赔和二审改判不赔事件等发出正义的呐喊。通过他的一篇篇时评文章，我们不仅能见证到国家法治的点滴进步，更能感受到一个富有正义感的法律人所为之付出的努力。

以他关注嫖宿幼女罪的废除为例。早在 2009 年 4 月，贵州习水爆出 5 名公职人员利用社会人员逼迫幼女学生"卖淫"，官员奸淫挂着泪滴的幼女后留下一点钱，只是没有当场再行强迫，即按"嫖宿幼女"定性。当地检察长针对记者"为何不以强奸罪而以嫖宿幼女罪起诉"的质疑，回应的理由竟是"为了更严厉打击犯罪，因为嫖宿幼女罪的起刑点为 5 年，而强奸罪只为 3 年"。刘律师立即在《新京报》撰文，以《"强奸"变"嫖幼"，严打还是放纵》为题，明确指出该检察长只算最低刑不算最高刑的不严谨性。该文在当时引起极大反响。此后他在《新京报》连发《习水嫖幼案：审理的每个环节都应合法》《习水嫖幼案："强奸"与"嫖幼"何以辨别》等几篇文章，推动事件向法治方向发展。此后他又数次参加该话题的研讨活动，积极推动嫖宿幼女罪的废除。2015 年 8 月 24 日至 29 日全国人大常委会召开会议，其中一项议题就是审议"刑法修正案（九）草案三审稿"，这一稿中突然写进了一审、二审稿中都没有的"废除嫖宿幼女罪"的内容。刘律师当时接受中国网"观点中国"的约稿，为其撰文《嫖宿幼女罪：产生得轻率，废除得艰难》，以 4000 多字的篇幅，详细回顾了该罪名轻率产生的过程和艰难废除的历程，为废除该罪作最后的呼吁。[1] 2015 年 8 月 29 日，全国人大常委会表决通过《刑法修正案（九）》，删除了嫖宿幼女罪。据作者说，当天晚上他为此而失眠，激动、兴奋、感叹、回味，心情之复杂难以描述。

又如，他积极推动"第 24 条婚规"的修订完善。"第 24 条婚规"，是指

---

〔1〕　在废除嫖宿幼女罪这个问题上，我们的观点是一致的。参见刘仁文："嫖宿幼女罪违背了儿童权益无差别保护原则"，载《中国妇女报》2015 年 7 月 21 日；王春霞："嫖宿幼女罪的最大问题是造成受害幼女的污名化——专访中国社会科学院法学所刑法室主任刘仁文"，载《中国妇女报》2015 年 8 月 1 日。

最高人民法院《婚姻法司法解释（二）》第 24 条（套用电影《第 22 条军规》）。它规定："债权人就婚姻关系存续期间夫妻一方以个人名义所负债务主张权利的，应当按夫妻共同债务处理。但夫妻一方能够证明债权人与债务人明确约定为个人债务，或者能够证明属于婚姻法第十九条第三款规定情形（夫妻有分别财产约定，夫或妻向外举债时第三人知道该约定）的除外。"这条规定害惨了不少当事人。据报道，29 岁的王某兰离婚后不久被人告到法院，要求她偿还前夫婚内所欠 300 多万元债务。王某兰认为自己不知情，也没花借来的钱，以为官司一定赢，结果败诉，被法院判令连带承担该笔债务，依据就是"第 24 条婚规"。王某兰加入了一个 500 人组成的"24 条公益群"才发现，有同样遭遇的人很多，包括公务员、教师、记者、国企员工等，负债从几万元到千万元不等，一半涉诉金额超过 100 万元，大量群友因此生活陷入窘迫。昌松律师在上述报道的次日，即在法制网上发表了《"第 24 条婚规"｜司法解释瑕疵亟待弥补》，指出该规定不是一个成熟的立法选择，应当尽快完善。很快，最高人民法院公布了对"第 24 条婚规"的修订，即在原条款后面补充了两款："夫妻一方与第三人串通，虚构债务，第三人主张权利的，人民法院不予支持。""夫妻一方在从事赌博、吸毒等违法犯罪活动中所负债务，第三人主张权利的，人民法院不予支持。"接着，他又在《南方都市报》连发两篇专栏文章《"第 24 条婚规"该何去何从》《同案不同判将"第 24 条婚规"问题再次凸显》。他明确写道："夫妻一方与第三人串通虚构债务，本来就是《民法通则》和《合同法》都规定的无效合同；赌债、毒债本来也是不受法律保护的非法债务。因此，最高人民法院的新规定没有任何新颖之处。而问题还在于，夫妻一方与债权人串通一气了，得由夫妻另一方来证明他们串通虚构，这个举证责任如何完成；借款合同上根本不可能写上赌债、毒债之类的字样，夫妻另一方也就难以完成举证责任。"他不仅呼吁继续完善司法解释，还提出了自己的立法建议，即："债权人就婚姻关系存续期间夫妻一方以个人名义所负债务主张权利的，按夫妻一方的个人债务处理，但小宗债务或者债权人能够证明事先或事后取得过举债人配偶的同意，或者能证明为夫妻共同生活所负的债务除外。"由于强大民意的推动，最高人民法院终于在 2018 年 1 月通过了《关于审理涉及夫妻债务纠纷案件适用法律有关问题的解释》。该司法解释共 4 条，最后一条为生效时间，而前三条的内容几乎就是昌松律师建议的翻版。他跟我说，这个司法解释公布的当晚，一向不爱喝酒的他，主动要求爱人加两个菜，两口子一起喝了不少红酒，共同庆祝新司法解释的诞生。我能想见此刻他的心情，也为他有一个理解、支持和鼓励自己的贤内助而感到高兴。

再举一个他呼吁调整枪支认定标准的例子。2010年公安部发布的《公安机关涉案枪支弹药性能鉴定工作规定》的"枪支"认定标准为，"当所发射弹丸的枪口比动能大于等于1.8焦耳/平方厘米时，一律认定为枪支"，而我国2001年的枪支认定标准为枪口比动能大于16焦耳/平方厘米时才认定为"枪支"。因此，我国大量仿真枪和玩具枪被鉴定为"枪支"，被刑事问责，最典型的是天津大妈在街头摆气球射击摊，也被认定非法持有枪支罪，一审被判3年6个月，二审经律师徐昕教授等奋力辩护，加之广大民意对被告人的同情，最后改为判3年缓3年。昌松律师针对涉枪话题，在南方都市报"刘昌松专栏"一口气连发5篇文章，即《涉枪刑案中"枪支"认定标准应由谁制定》《对"枪形物"应当实行分级管理》《火柴枪也能算"枪支"?》《修订治安处罚法是界定枪支标准的一次契机》《立法"提高枪支认定标准"时机已成熟》。他指出："人们纵向比较发现，我国内地2001年的枪支标准曾是16焦耳/平方厘米（是现在标准的8倍多）；横向比较发现，美国为21焦耳/平方厘米，俄罗斯为19焦耳/平方厘米，日本为20焦耳/平方厘米，我国香港地区的标准被认为过低也为7.1焦耳/平方厘米。可见，我国内地现行的枪支认定标准1.8焦耳/平方厘米低得过于离谱，而过去16焦耳/平方厘米的标准比较适中。"他的系列文章从不同角度，为科学确立枪支认定标准喊破喉咙、讲尽道理，看了着实不能不让人受到震动。终于，最高人民法院、最高人民检察院《关于涉以压缩气体为动力的枪支、气枪铅弹刑事案件定罪量刑问题的批复》（下称《批复》）于2018年3月30日施行，这应是"两高"对舆论关切的回应。《批复》指出："对于非法制造、买卖、运输、邮寄、储存、持有、私藏、走私以压缩气体为动力且枪口比动能较低的枪支的行为，在决定是否追究刑事责任以及如何裁量刑罚时，不仅应当考虑涉案枪支的数量，而且应当充分考虑涉案枪支的外观、材质、发射物、购买场所和渠道、价格、用途、致伤力大小、是否易于通过改制提升致伤力，以及行为人的主观认知、动机目的、一贯表现、违法所得、是否规避调查等情节，综合评估社会危害性，坚持主客观相统一，确保罪责刑相适应。"诚如昌松律师所言，该《批复》对枪支认定要综合考虑诸多因素而不仅仅看枪口比动能和枪支数量，尤其要考虑"行为人的主观认知、动机目的、是否规避调查等情节"，是可取的，从此，天津大妈摆气球射击摊被追刑责一类案件应该不会再发生，涉枪案件会大大减少，但1.8焦耳/平方厘米之过低枪支认定标准仍未动摇，玩具枪和仿真枪入刑的风险尚未从根本上铲除，因此，还得为完善枪支鉴定标准继续努力。他在就此与我沟通时，还充满激情地说，法治的进步坐等不来，需要我们不懈地为之奋斗！

通过翻阅昌松律师的这些文章，进一步增进了我对他的了解，一个重行动、善思考、勤动笔、不卑不亢、富有社会责任心的律师形象在我脑海中不断丰满和生动起来，与此同时，我还产生其他一些感慨。我们这些做学者的，写大部头的专著和数以万字计的学术论文，固然重要，也是我们的本分，因为没有充分的理论准备，就不会有完善的立法和法律实施，但千万不能因此就小觑法学界和法律界针对法治热点事件撰写的相关评论文章，它们在点滴推进法治进程的功效方面，有时作用是非常大的。有些精品小文，观点鲜明，论证严密，逻辑性强，不仅很有理论和实践价值，而且社会影响力之大，是一般的学术论著所不能比拟的。我早些年曾给吴情树副教授的一本法学随笔集作过一个序，题目就叫《短文的价值》，表达了自己对长文和短文各得其所、各有其价值的观点。

昌松律师写法治时评有句座右铭："身在律界中，跳出律界外，法眼看事件，公正写评论"，有此境界，加上他丰富的阅历，使得他的文章常常能切中要害，入木三分，难怪他成为各路媒体抢手的法治评论作者。"春江水暖鸭先知"，国家法治的真实状况如何，在法律人中律师应当是感触最深、最有发言权的，因为他们接触的案件林林总总，接触的人物形形色色，能感受到社会的方方面面。像本书的作者刘昌松律师，既办理过《行政强制法》实施第一案之行政案件，也办理过当年甘肃最大股权侵权纠纷案之民事案件，近年又承办过一系列有影响的刑事案件，他对法治生态的切身感受、平时打交道的人和事，有些甚至超出了我们这些做学者的想象。我们应当庆幸，正因为有昌松律师这样有敏锐的问题意识又勤奋写作的法律人，才为我们提供了大量观察当代中国法治的样本和素材，为我们提供了许多接地气的观点和思路。

现代社会既是一个专业社会，也是一个呼唤融合的社会。在法治的进程中，包括律师、法学学者在内的法律职业共同体，各有其责。只有大家各自发挥出自己的专业优势，相互理解，相互促进，甚至君子和而不同，在博弈中形成立法和司法的最优，才能促成国家和社会的良法善治。我相信，在这一点上，我和昌松律师是有共同语言的，我们也是彼此能互有贡献的。

借昌松律师大作出版之际，谨写上述仓促文字，一方面表达祝贺之意，另一方面也与昌松律师共勉。

刘仁文

2020 年 1 月 10 日于北京

本书规范性文件的简称与全称之对照说明

本书为了行文简便，涉及法律、法规和司法解释等规范性文件，大多使用简称，除文章中已经说明的以外，所涉及的规范性文件的简称与全称之间的对应关系如下（以出现先后为序）：

简称	全称
人民警察法	中华人民共和国人民警察法
旅游法	中华人民共和国旅游法
道路交通安全法	中华人民共和国道路交通安全法
道路交通安全法实施条例	中华人民共和国道路交通安全法实施条例
民法总则	中华人民共和国民法总则
治安管理处罚法	中华人民共和国治安管理处罚法
刑法	中华人民共和国刑法
刑法修正案（八）或（九）等	中华人民共和国刑法修正案（八）或（九）等
刑事诉讼法	中华人民共和国刑事诉讼法
反家庭暴力法	中华人民共和国反家庭暴力法
量刑指导意见	最高人民法院关于常见犯罪的量刑指导意见
未成年人保护法	中华人民共和国未成年人保护法
收养法	中华人民共和国收养法
劳动合同法	中华人民共和国劳动合同法
立法法	中华人民共和国立法法
民法通则	中华人民共和国民法通则
合同法	中华人民共和国合同法
婚姻法	中华人民共和国婚姻法
婚姻法司法解释二	最高人民法院《关于适用〈中华人民共和国婚姻法〉若干问题的解释（二）》

侵权责任法	中华人民共和国侵权责任法
献血法	中华人民共和国献血法
城乡规划法	中华人民共和国城乡规划法
消费者权益保护法	中华人民共和国消费者权益保护法
残疾人保障法	中华人民共和国残疾人保障法
劳动法	中华人民共和国劳动法
广告法	中华人民共和国广告法
义务教育法	中华人民共和国义务教育法
宪法	中华人民共和国宪法
行政处罚法	中华人民共和国行政处罚法
旅游法	中华人民共和国旅游法
枪支管理法	中华人民共和国枪支管理法
慈善法	中华人民共和国慈善法
行政许可法	中华人民共和国行政许可法
食品安全法	中华人民共和国食品安全法
身份证法	中华人民共和国居民身份证法
保守国家秘密法	中华人民共和国保守国家秘密法
非物质文化遗产法	中华人民共和国非物质文化遗产法
民事诉讼法	中华人民共和国民事诉讼法
刑事诉讼法解释	最高人民法院《关于适用〈中华人民共和国刑事诉讼法〉的解释》
国家赔偿法	中华人民共和国国家赔偿法
药品管理法	中华人民共和国药品管理法
预防未成年人犯罪法	中华人民共和国预防未成年人犯罪法
行政诉讼法	中华人民共和国行政诉讼法
军事设施保护法	中华人民共和国军事设施保护法
资产评估法	中华人民共和国资产评估法
特种设备安全法	中华人民共和国特种设备安全法
行政复议法	中华人民共和国行政复议法
环境保护法	中华人民共和国环境保护法
预算法	中华人民共和国预算法
安全生产法	中华人民共和国安全生产法
证券法	中华人民共和国证券法
航道法	中华人民共和国航道法

教育法	中华人民共和国教育法
粮食法	中华人民共和国粮食法
中医药法	中华人民共和国中医药法
国家勋章和国家荣誉称号法	中华人民共和国国家勋章和国家荣誉称号法
公司登记管理条例	中华人民共和国公司登记管理条例

目／录

第一辑　见义勇为与正当防卫

第四辑 公共安全与网络安全

第五辑 责任政府与警检有度

■ 第六辑　各类案件与裁判公正 ■

▪ 第七辑　立法建言与法治进步 ▪

见义勇为与正当防卫

领队救队员

|被大象踩死算不算见义勇为|

见义勇为条例之所以将"负有法定职责和特定义务的公民"排除在"见义勇为"行为之外，不是因为那些人的行为不够英勇，不需要表彰，而是因为"见义勇为"所要表彰的，就是那种工作之外的英勇行为。领队救队员牺牲，尽管不能被认定为见义勇为，却应该受到其他形式的隆重奖励和表彰。

据央视新闻客户端消息，针对泰国大象踩死中国旅行社重庆领队何永杰事件的调查，泰国警方披露了最新进展。目前，尚没有证据证明事发时有人拉扯过大象尾巴，但事发前有很多人围着拍照，大象被刺激。警方还认定驯象师控制大象不当，事件仍在进一步调查中。另据报道，泰国警方称虽然没有监控视频，但领队何永杰确系为救人而死。

多数网友认为，何永杰为救跟团旅游的同胞，置个人的生命安危于不顾，表现了大无畏的英勇气概，献出了宝贵的生命，理应被评为"见义勇为"先进个人，目前像他这样的人实在不多，国家应当大力宣传表彰，以弘扬这类正气。

但有专业法律人士称，旅行社在客人的人身、财产安全遇到危险时，有义务对客人进行救助，何永杰作为领队在其带领的客人遭遇大象攻击时进行救助，是在履行特定义务，根据重庆当地见义勇为的相关法规规定，不属于见义勇为的范围。该观点是有道理的。

我国对见义勇为尚无全国性立法，但各省级地方人大基本都制定了相关条例。《重庆市鼓励公民见义勇为条例》（以下简称《见义勇为条例》）第3条规定："本条例所称见义勇为，是指不负有法定职责和特定义务的公民，为保护国家利益、社会公共利益或他人人身、财产安全，制止正在发生的违法犯罪或抢险、救灾、救人，表现突出的行为。"可见，《见义勇为条例》确实将"负有法定职责和特定义务的公民"排除在"见义勇为"行为的认定范围之外。不单是重庆，多数省份的见义勇为条例，都有类似规定。

需要指出的是，见义勇为条例之所以将"负有法定职责和特定义务的公民"排除在"见义勇为"行为之外，不是因为那些人的行为不够英勇，不需要表彰，而是因为"见义勇为"要表彰的就是那种工作之外的英勇行为——行为人那样做不是职责所在，不是工作要求，而是基于一个"义"字，基于其自身强烈的正义感、公义心而表现出来的壮举。

例如，警察在公民生命财产遭到危险时挺身而出，是《人民警察法》所要求的"法定职责"，若不挺身而出还涉嫌渎职违法犯罪；银行雇佣的保安在遇到有人抢劫银行时应同抢劫犯搏斗，这是保安工作的"特定义务"，不履行该特定义务也应承担相应的法律责任。因此，警察和保安等为工作英勇献身，都不算"见义勇为"。

同样，《旅游法》规定："危及旅游者人身、财产安全的，旅行社应当采取相应的安全措施"，领队何永杰正是在履行特定的安全保障义务，当然，尽管其行为不能被认定为见义勇为，却应该受到其他形式的奖励和表彰，如果符合《烈士褒扬条例》中烈士的授予条件，甚至可追认为烈士。

2017年12月27日《中国青年报》·中青评论

盗贼救人

|就不能授予见义勇为称号吗|

> 当某人有违法犯罪行为时，该处罚即处罚；而当他又出现英雄壮举时，该表彰亦表彰。如此赏罚分明，整个社会才能正气上升，浊气下降。

昨天有一条热门新闻：三名女孩在杭州余杭区某酒吧喝酒喝多了，凌晨4点左右来到上塘河边，迷迷糊糊间一人掉进河里。马路上的三名小伙听到呼救后立即前往下河救人。落水的姑娘很快被小伙子们救到岸边，随后赶来的当地派出所民警表扬了三名深夜救人的小伙子。戏剧性的是，当天早上该派出所接到另一起报警，有人车里的 3000 元现金不见了，而夜班民警表扬的三名救人小伙子，居然就是这起盗窃案的嫌疑人，现三名小伙子已被刑事拘留。(10 月 13 日《都市快报》)

我关注这则新闻的焦点不在这里，而在新闻后面的一条尾巴："当地见义勇为基金会的工作人员说，三名小伙做好人好事的行为可能涉及见义勇为；等三个人拘留结束后，基金会将重新调查，如果认定是见义勇为的，会进行表彰"。

我认为，杭州余杭见义勇为基金会的这种"不计前嫌"，明知做好人好事者是盗窃案嫌疑人，也表示要进行见义勇为调查认定，符合条件同样表彰的态度，消除了见义勇为认定上的"道德洁癖"观念，十分难得，值得推广。

毋庸否认，现在不少人甚至是见义勇为主管机关都认为，认定和表彰的

"见义勇为"者，应该是公众学习的英雄模范，因而不能仅仅根据其某次行为是否符合见义勇为的条件来认定，还应考虑他的一贯表现，有严重污点的人绝对不能认定。

例如，江西省贵溪市青年潘某强勇斗持刀歹徒身负重伤后申报见义勇为，就因他此前曾有犯罪前科而被当地相关部门拒绝；而江苏南通市的《关于开展南通市见义勇为先进分子候选人评选的通知》还明确指出，认定见义勇为先进分子应当是"社会反响好、群众认可，且一贯遵纪守法"的人。该市公民张某与另3名同事一起参与一次救火，救出了一对老夫妻，另3名同事都获得了"见义勇为"称号，张某却因曾"有过多次违法行为，殴打群众，甚至还交通肇事致人死亡"，而未被认定。

必须指出，在"见义勇为"认定上这种求全责备的做法，大大缩小了"见义勇为"荣誉称号的授予面，不仅寒了见义勇为者的心，也不利于鼓励更多的人参与到见义勇为行列中来，对于在全社会大力弘扬正气、祛除邪气，是有很大的负面作用的。俗话说：金无足赤，人无完人，还用过去那种"高大全"的"完人"标准来寻找见义勇为英雄，要么根本找不到，要么可能要生拼硬凑，这都是极其有害的。

其实，对"见义勇为"者没必要进行神化，从相关立法文件对见义勇为的认定条件来看，该项荣誉就是对某人有单项英雄壮举行为的表彰，而不是综合评定其为"道德模范""五好个人"，不应将其他因素绑架进来。拿《浙江省见义勇为人员奖励和保障条例》为例，该条例第9条即规定："见义勇为人员有下列情形之一的，县级以上人民政府应当予以奖励：（一）同违法犯罪行为作斗争，事迹突出的；（二）主动协助公安、司法机关追捕犯罪嫌疑人或者脱逃犯，事迹突出的；（三）在排除治安灾害事故中，事迹突出的；（四）在与突发性自然灾害作斗争中，事迹突出的；（五）其他符合本条例第二条第二款规定，事迹突出的。"这里很清楚，某人只要有其中任何一项行为，即应认定为见义勇为并给予奖励。

现实生活中，人是复杂的生物体。某人可能一贯游手好闲，可夜遇歹徒强暴妇女能挺身而出，也毫不奇怪。这次余杭的三名盗窃嫌犯，"吃了上顿没下顿"，"常常深夜结伴出来，对没有上锁的车下手"，在不少人的观念里很容易被定义为"坏人"；但他们能够在深夜跳进水里救人，也反映了他们内心善良的一面，他们救人时就是在做"好人"。当民警问到他们为什么会救人时，

"三个人都说，当时也没有多想，碰到有人落水求助肯定要救人"。我相信他们说的是心里话。

我们不能简单地用"好人"和"坏人"来给某人贴标签。当某人有违法犯罪行为时，该处罚即处罚；而当他又出现英雄壮举时，该表彰也应表彰，如此赏罚分明，整个社会才能正气上升，浊气下降。

2017 年 10 月 14 日澎湃新闻·澎湃评论

邻居救火

| 如此壮举认定见义勇为咋这么难 |

不敬重和崇尚英雄，不愿意为英雄多做点事，这恐怕才是最可怕的，会直接导致英雄难以再站出来。

租住在北京朝阳区崔各庄乡一栋居民楼一楼的青年人杨海山称，三天前同住一楼另一房间的邻居老太太在用煤气做饭时，因阀门漏气导致煤气罐起火，老太太呼叫其帮忙灭火。由于担心煤气罐火势加剧后爆炸炸塌居民楼，杨海山和老太太一个在前面拎着、一个在后面推着，将煤气罐拖到了安全地带，但在此过程中烈火烧化了煤气罐的塑料嘴，罐中煤气遇明火喷出的烈焰将杨海山和老太太烧成重伤，目前两人均在北京朝阳急诊抢救中心抢救。杨的哥哥筹借的 5 万元钱已经所剩无几，剩余的治疗费在哪儿，只有老天爷知道。记者穷尽了各种办法，也无法证明他是"见义勇为"，因为围观人员出奇一致地回答"不清楚"，老太太儿子则冰冷地称"无权过问"，派出所虽调取了监控但称那是物证，只能将来出现纠纷时提供给法院。（5 月 26 日腾讯新闻）

记者虽称，"采访这一事件的本意，只是因为杨海山家庭困难，家里人没有办法，希望借助媒体，看能否给杨海山筹措一些治疗费"，但我认为这只是杨海山及其家人期待媒体报道的本意，而非记者采访此事件的出发点。记者倾向性的事实应该是，杨海山严重烧伤就是见义勇为的结果，只是苦于无法帮其证明罢了。记者至少还有这样的价值追求，国家和社会不能让一名"英雄"躺在医院里，陷入无法证明自己"英雄"之举的困境。或许还有这样的价值期待，见义勇为者是社会最可珍贵的"良心"，应当受到国家和社会的尊敬和崇尚，绝不能让他们的"良心"变成"凉心"，否则，社会上见义勇为者将越来越处于"濒临灭绝"的状态。

该报道事件发生在北京，杨海山的行为是否成立见义勇为，应适用《北京市见义勇为人员奖励和保护条例》（以下简称《条例》）来判断。该《条例》规定见义勇为，"是指为保护国家、集体利益或者他人的人身、财产安全，不顾个人安危，与正在发生的违法犯罪作斗争或者抢险救灾的行为"。该定义条款为见义勇为设立了三个要件：一是非为单纯保护个人的人身财产安全，这是其行为的高尚性所在（不排除其中也含有保护本人财产和人身安全的因素），否则只是本能的自救；二是需有"个人安危"遭到威胁的客观环境状况；三是事项范围，要么是"同违法犯罪作斗争"，要么是"抢险救灾"，没有其他选项。

如果杨海山所述属实，他的行为主要是为保护整栋楼房及其人员包括邻居老太太的人身安全，因为他只是一名租住户，完全可以一跑了之，个人损失不大，符合见义勇为的第一个要件。他同老太太一起，推着起火燃烧的煤气罐，随时可能在爆炸中身亡，符合见义勇为的第二个要件。他的行为是典型的"抢险救灾"，符合见义勇为的第三个条件。

当然，那只是杨海山或通过其家人自述的事实，尚没有其他证据证明。按理，证明杨海山所述是否属实应该不难。因为老太太同杨海山一样只是烧成重伤，其是否能表达，报道未说；记者应该是没有见到老太太，究其原因，要么是老太太的病情确实不便见人，要么是其儿子等亲人不愿让记者见；但老人是否向亲人表达过向杨呼救及杨帮忙的过程，或者说等老人醒来问清这些问题，总可以向记者说说吧？一句"你不是警察，没有权利询问我"，不仅让记者失望，更让杨海山寒心，让社会紧张。

老太太的家人"无可奉告"也可理解，毕竟一承认杨海山出手相救，就应当承担其医疗费和后续治疗费等后果，但警方调取了附近的监控，在记者询问"监控录像里能否看到杨海山往外推煤气罐的行为"时，民警的回答居然是"监控录像是重要物证，不能向记者出示，如果将来杨海山和老太太打官司，那时警方可以提供"。记者代表公众调查求证一起事件是否为"抢险救灾"的见义勇为，是为了满足公众的知情权，绝不是记者的私事，况且监控里有就是有没有就是没有，又不涉及国家秘密或者个人隐私，为何不能透露，而要挑战公众的焦虑极限呢？

另外，根据《〈北京市见义勇为人员奖励和保护条例〉实施办法》的规定，认定见义勇为虽是市区两级民政部门的职责，但公安等部门也有配合之责，且"公安、司法等部门提供的证明"是认定见义勇为五项依据中的第一项；见义勇为的认定也需要时间，"民政部门应当自公安、司法等部门作出处理结论之日起 30 个工作日内作出书面确认结论"。因此，派出所民警若从监控中未看到相关画面，就应当如实相告或直接让记者观看视频；若看到了就应说已依法上报，是否认定得由民政部门确定，而不能也来个"无可奉告"。

"杨海山和老太太一个在前面拎着、一个在后面推着，将煤气罐拖到了安全地带"，这应该有一定的距离，想必也闹出了很大的动静，不然咋会有几十人围观？几十人围观，却无一人看到，连看到部分经过哪怕只看到尾声的人都没有，我很是怀疑。是否存在"多一事不如少一事"的心态，看到了也不想说，担心一说就会被有关部门调查，费时误事，或担心被老太太家人报复。不敬重和崇尚英雄，不愿意为英雄多做点事，这恐怕才是本事件中最可怕的，会直接导致英雄难以再站出来！

2017 年 5 月 27 日《南方都市报》·刘昌松专栏

救同学

|自己溺亡算不算见义勇为|

武汉市能够在立法上放低见义勇为认定门槛，值得肯定；却在执法时任意增加限制条件，抬高认定门槛，让人无法理解。

武汉11岁少年杨洋为救落水同伴溺亡，家人为其申报"见义勇为"称号一事，近日有了最终的结果。该市东西湖区见义勇为促进会正式回复，杨洋的行为不能被认定为"见义勇为"。理由是，同学之间的"自救互救"行为不属于相关条例规定的见义勇为。（11月1日《楚天都市报》）

武汉市规范见义勇为认定奖励的相关条例真有"同学之间的自救互救行为，不属于见义勇为"的规定吗？

翻遍《武汉市奖励和保护见义勇为人员条例》（以下简称《条例》），没有找到相关条款。该《条例》规定："本条例所称见义勇为是指非履行职务的人员，为保护国家、公共利益和公民人身、财产安全，不顾个人安全，挺身而出，同违法犯罪行为作斗争或者在灾害事故中勇于救助的行为。"可见，条例只把警察救公民之类的履行职务行为排除在见义勇为之外。从字面和立法精神来解释，在武汉市，为救亲人献出生命，也应属于见义勇为，因为亲人相救是履行"法定义务"而非"履行职务"的行为，为救同学溺亡就更能够认定为见义勇为了。

定义条款之外，上述《条例》还规定了三种情形之一，可认定为见义勇为：一是勇于与违法犯罪作斗争，事迹突出的；二是遇到灾害事故，不顾个人安危，勇于救助，事迹突出的；三是有其他见义勇为行为，事迹突出的。杨洋在同学遭到溺水威胁，奋勇相求，献出生命，理应属于第二种"遇到灾害事故"拼命相救的情形，而且已经光荣献身。因此，武汉市东西湖区见义勇为促进会认定杨洋的行为不成立见义勇为的理由，着实让人费解。

现在全国性的见义勇为立法尚未建立，地方性立法中对见义勇为所下的定义多为："见义勇为是指非履行法定职责、法定义务的人员，为保护国家利益、社会公共利益或者他人的人身、财产安全，制止正在发生的违法犯罪行为或者实施救人、抢险、救灾等行为。"也就是说，有法定义务的亲人之间互救行为，一般被排除到见义勇为之外。黑龙江省的地方立法更为苛刻，除履行"法定职责、法定义务"的壮举不成立见义勇为外，履行约定义务的义举也被排除，如保镖为救老板英勇献身的行为，在黑龙江辖区是不能认定为见义勇为的。从这个意义上讲，武汉市《条例》对认定范围的限制较少（仅将警察等履行职务的人员排除在外，而这种情形被排除，还是因为会被认定为因公牺牲或烈士等褒扬奖励方式来鼓励），有利于弘扬社会正气，值得充分肯定和全国立法时参考。

我认为，别说同学之间、同事之间、邻里之间，奋不顾身地进行救助，是难能可贵的，就是亲人之间能够生死不顾地救助，也同样值得鼓励和奖励，因为同是自然人，都有求生的本能，在任何情况下的舍己救人都是高尚的。现在这样的事不是太多，奖励不过来了；而是太少了，想奖励都难见相关对象。所以，认定见义勇为宽松一些，有百利而无一弊，何苦人为地去设置障碍，寒公众的心呢！

据说，这样做一个很重要的考虑是，中小学生自我保护能力弱，不能鼓励他们用生命救助他人或同犯罪作斗争。这个观点没错。但不提倡未成年人进行这种行为，只是一般性地号召和指引；如果有的孩子的境界就是超出一般，在不鼓励不提倡的背景下依然要同犯罪作斗争或救助他人并且为此献出了生命，精神同样可贵，同样值得国家和社会高度肯定，但只须在肯定的同时，也讲明不提倡同学们这样做的国家态度！也就是说，不提倡同符合条件依然认定为见义勇为，是两码事，不能混为一谈。

总之，武汉市能够在立法上放低见义勇为的认定门槛，值得肯定；却在执法时任意增加限制条件，抬高认定门槛，让人无法理解！

【补注】2016 年 1 月 1 日，《武汉市见义勇为人员奖励和保护条例》施行，《武汉市奖励和保护见义勇为人员条例》同时废止。但本文涉及的见义勇为定义条和三种情形之奖励范围条，内容未作调整。

2014 年 11 月 2 日《新京报》时评·来论

马路救人

|"见义勇为"与"交通违法"可并存|

> 河北香河这起老人救女童被撞牺牲事件，既被认定为"见义勇为"，又被认定"交通违法"，不存在矛盾。老人的举动白玉微瑕，不损英雄形象。

据红星新闻报道，3月9日，4岁女童邱某独自横穿车水马龙的103国道时，一辆汽车疾驰而来，开"摩的"的老人侯振林见状，疾步跑去抱起女童。随后，二人被一辆厢式重型货车撞倒。老人不幸去世，女童颅脑损伤但无生命危险。一个月后香河县政府授予侯振林"见义勇为先进个人"荣誉称号，但香河县交警大队认定货车司机、女童监护人、侯振林三人各负三分之一的同等责任。侯振林的家属认为难以接受。

该事件最大的关注点是：老人一方面被政府认定为见义勇为先进个人受到表彰，另一方面又被政府的职能部门认定为交通违法，负事故三分之一的责任，仿佛"冰火两重天"集于一人之身。可两者真的矛盾吗？我的回答是否定的。

一、侯振林老人的行为应给予充分肯定，老人家属应给予足够抚恤，通过隆重表彰和重奖英雄，从而引导社会崇尚英雄、争当英雄

侯振林老人见到 4 岁女童在马路中行走，汽车快速驶向女童，毫不犹豫地奔向孩子，将自己的生死置之度外。这种舍己救人的崇高精神，被县政府授予"见义勇为先进个人"荣誉称号，家属依相关规定获得 5 万元奖金，自然没有错。

至于侯振林老人的儿子所称，"直到今天，包括父亲救人当日到医院抢救费用、太平间停留费用 6 万余元，丧葬费用 3 万余元"，都是老人家属承担的，在老人流血后家属又流泪，是公众最不愿看到的。

我同意有人建议，当地政府可进一步将侯振林老人评定为"烈士"。新的《烈士褒扬条例》规定了公民五种情形下牺牲可评定为烈士，其中就有为保护公民生命财产牺牲的，没有其他附加条件。老人被评定为烈士后，政府会发放 84.7 万元的烈士褒扬金给遗属，遗属另享受一次性抚恤金近百万元，此外还有其他一些待遇。

可见，修订后的《烈士褒扬条例》非常给力，可大大改善烈士家属的境遇，避免英雄流血后亲属又流泪的现象发生。我认为，国家重奖舍己为人一类的英雄，哪怕再重奖一些，国人都不会有意见。我们不是担心领奖的人太多，而是担心没人愿意领这个奖。当然，老人的家属后面还可以向货车司机所在单位主张赔偿，向女童监护人主张补偿，那是另一个法律关系。

二、交通事故责任认定是技术认定，依法认定侯振林老人存在交通违法，分担一些事故责任，也客观公正

我也要说，侯振林老人在车水马龙的公路上急速穿越去救人，会极大地增加交通事故发生的概率或加重事故惨烈程度，本案中所救的对象若不是儿童，绝对不能提倡如此方式救人。在本案中厢式重型货车"疾驰而来"，并非血肉之躯能够阻挡，弄不好会搭上两条或更多性命（本案中老人牺牲，女童颅脑也严重受伤，所幸抢救脱险，不然真搭进两条性命了），甚至引发连环事故。基于同样的道理，司机严重违章后逃逸，交警也不能直接追赶拦截，用危害道路安全的方式进行执法，我曾在有关评论中表达过这一观点。这是道

路交通安全的特殊性决定的，任何情况下都不能无视交通法规的存在。

从法律上讲，评价一个人的行为是否交通违法，标准只能是《道路交通安全法》。本案是一起双方事故，双方责任得依法认定，这方责任大，那一方责任就小。从本案现场图片来看，事故地点没有人行横道和过街天桥。《道路交通安全法》规定，"通过没有交通信号灯、人行横道的路口，或者在没有过街设施的路段横过道路，应当在确认安全后通过。"本案中，那名4岁女童和救人的侯振林老人，都没有在确认安全的情况下穿行于道路，确实违反了交通规则。当然，重型厢式货车司机不按规定车道行驶，在国道经过集镇的路段未放慢速度行驶等，也是严重违反交规的。

《道路交通安全法实施条例》第91条规定："公安机关交通管理部门应当根据交通事故当事人的行为对发生交通事故所起的作用以及过错的严重程度，确定当事人的责任。"现当地警方在三人都违反交规的情形下，认定责任时各打五十大板确有过于简单之嫌，若家属提出的司机未踩制动以及可能超速真的存在，司机责任或认定偏轻。但是，认定侯振林老人对事故发生也起到一定作用，对事故惨烈后果也有一定过错，应该没有问题。

三、桥归桥，路归路，功过清晰，赏罚分明，是一个理性社会应有的理性之举

认定老人在事故中也有一定责任，当然意味着他对事故中的损害后果也应分担一部分。而本起事故中机动车损失很小，最大的损害后果是老人自己的死亡和女童的重伤。老人一定过错的认定可适当减轻司机的赔偿责任，但减轻幅度不大；老人对女童的重伤不承担责任，因为《民法总则》第184条规定，"因自愿实施紧急救助行为造成受助人损害的，救助人不承担民事责任"；相反，如果司机一方没有赔偿能力，女童作为受益人，她的监护人还应适当给予老人家属补偿，这在《民法总则》第183条也有规定。

再考虑机动车与行人之间发生交通事故，立法对行人适当倾斜照顾，规定机动车适用无过错责任，责任要重一些；行人适用过错责任，责任相对轻一些（机动车与机动车之间发生事故，彼此完全适用过错责任）。也就是说，老人的家属在本案中对机动车的损害，基本没有赔偿责任或者只有很小的赔偿责任。

　　有人提到侯振林老人的行为是紧急避险，笔者不敢苟同。因为紧急避险是一个"鼓励以小的损失换取较大的利益"的制度，要求利益上合算。本案中以一条生命来换取另一条生命，虽然精神高尚，但不符合该制度的适用条件。当然，其高尚行为另成立见义勇为或符合评定烈士条件，笔者不持异议。

　　值得指出的是，长期以来，我们苛求英雄完美无瑕，而忽视人性的复杂性，例如嫖客冒着生命危险，把被迫卖淫女从黑恶势力手中拯救出来，也是难得的英雄之举，但难以认定为见义勇为。为什么不能嫖娼行为处罚，见义勇为奖励呢?! 桥归桥，路归路，有功即赏，有过即罚，才是理性社会应有的理性态度。

　　总之，笔者的观点是，政府认定侯振林老人是见义勇为的英雄，交警部门同时认定他对交通事故的发生也有一定责任，都是实事求是的态度，都没有错。

　　【补注】《民法总则》第184条的规定过于绝对，不少学者认为是立法的一个瑕疵。其实原来草案的规定是，救助人有重大过失，造成受助人不应有的重大损害的，承担适当的民事责任。全国人大审议草案时，有代表提出，"好人法"条文对好人应给予充分保护，应当不承担任何责任。意见被采纳，正式通过的法律就成这样了。将来司法解释可能会对该规定作限缩解释。

2019 年 6 月 11 日《新京报》时评·快评

好人被讹之一

｜不能止于澄清事实｜

> 马海山的家庭确有诸多实际困难，其向警方那样撒谎也有其苦衷和令人悲悯的一面，但这不是其不负刑事责任的理由。

4月11日，甘肃省积石山县地合村56岁的村民马海山骑摩托车带着55岁的妻子陈麦来言，从镇上购物返回的途中，快速行驶的摩托车突然爆胎，摩托车侧翻撞击路边水泥护栏，马海山夫妇均严重受伤。围观的人很多，但无人相救，有过路司机报了警。另一村村民马白克驾驶一辆白色面包车经过此地，见急救车迟迟未到，有过事故受伤经历的马白克知道车祸抢救分秒必争，便将受伤严重的马海山夫妇送到县医院，后妻子陈麦来言因伤势过重在送往州医院的途中即死亡，丈夫脱离生命危险。

可苏醒后的马海山向警方陈述，自己是被一辆白色面包车迎面撞击才受伤，面包车司机把他夫妇俩送到医院后即离开了，并记住了车牌号最后两位数为00。若马海山的陈述属实，便意味着马白克不是做好事救人，而是肇事后逃逸，应对一死一重伤的事故后果承担刑事责任。警方费尽周折，终于找了报警司机和目击证人，均证实马海山夫妇是自己摔倒，马白克是好心救人。在确凿证据面前，马海山承认是自己摩托车爆胎摔倒，担心医疗费无力承担才向警撒了谎。(7月3日央视《今日说法》)

好人伤不起，好人做不得，这种观念在许多人心中形成，同一些典型的公共事件分不开：南京彭宇案的影响伊始也是最大的，但彭宇是否真的为做好事被讹，据说他后来又承认自己撞人了，事件变得很狗血；四川达州的老太太是被玩耍的孩子撞倒还是被孩子救扶，到目前也没有一个权威的结论；北京"老外撞大妈"事件，那可是真撞，而不是什么做好事被讹。

可见，央视今日说法报道的这起案件，乃是货真价实的做好事被讹事件。感谢警方花费了很大气力，还原了事情的来龙去脉，还了做好事者马白克的清白。但警方对事件的处理好象至此为止，没有下文了。我认为这么典型的事件，应该依法做好下文才是，该褒奖的褒奖，该惩罚的惩罚，绝不能干这种好的不香，坏的不臭的事情。

一方面应当大力宣传马白克勇于救人的英雄事迹。

按照各省有关见义勇为条例的规定，见义勇为一般是指公民为保护国家、集体利益和他人的人身、财产安全，不顾个人安危，同违法犯罪行为做斗争或者抢险、救灾、救人的行为。把事故受伤者送到医院，似乎只是举手之劳，同"不顾个人安危"好像扯不上边，但我认为，不应这样简单地看问题。

在很多人对"救人被讹"高度警觉的社会环境下，在本案众多围观者都害怕被讹上而不敢出手相救的具体情形下，马白克义无反顾地站出来救助马海山夫妇，并在将其送到医院后，对方给其路费也不要，回家也不向老婆提起，不向任何人包括有关组织提及此事以求得喝彩声，是典型的做好事不留名、不图报的行为；也确实发生了被人讹上的现实危险。俗话说：知耻近乎勇，马白克毅然救人的举动，就不仅仅是近乎勇，而是大勇了！因此，马白克的行为之高尚度，在特殊的语境下毫不亚于同犯罪作斗争的见义勇为行为；即使因不合相关条件难以认定为见义勇为，也应采取其他方式（例如授予"做好事楷模"之荣誉称号），予以浓重地表彰，使其正能量价值得以最大化。

另一方面应当严厉制裁马海山的讹人行为。

马海山讹人的主观动机很简单，就是想让救人者马白克为其承担巨额的医疗费，这也提示国家设立有关事故救助基金的重要性和必要性，让所有的事故受伤者都能得到较好的社会保障，使其没必要去讹人，从而让社会风气回暖。在这方面，制度机制是最好的机制。

马海山"猪八戒爬城墙倒打一耙"的行为，不仅加大了司法机关侦办案件的难度，也让人们对"救人被讹"存在更深的芥蒂，更是凉透了好人的心，还几乎让好人马白克承担交通肇事罪逃逸的刑事责任（法定最高刑高达7

年)。如此恩将仇报的行为，其实已经涉嫌诬告陷害罪了。

刑法规定，捏造事实诬告陷害他人，意图使他人受到刑事追究，情节严重的，处 3 年以下有期徒刑、拘役或者管制；造成严重后果的，处 3 年以上 10 年以下有期徒刑。马海山捏造了马白克撞人后逃逸的事实，并向交警部门告发，虽动因意图是让马白克赔偿其医疗费，但也放任了马白克受到刑事追究的可能，不能排除诬告陷害的故意。虽然交警部门最终查清了事实，未造成严重后果，但也涉嫌成立了一般情节的诬告陷害罪，应在 3 年以下量刑。

马海山的家庭确有诸多实际困难，其向警方那样撒谎也有其苦衷和令人悲悯的一面，但这不是其不负刑事责任的理由。我认为，一方面应认定他那样做涉嫌成立诬告陷害罪，另一方面可判处 3 年以下有期徒刑或者拘役并宣告缓刑，以此向公众昭示，讹人的行为不仅仅是道德问题，常常涉及刑事责任。只有这样，才能达到以儆效尤，激浊扬清的目的。

2014 年 7 月 4 日《新京报》时评·一家之言

好人被讹之二

┃追责绝不能手软┃

法律当好社会道德的保护神，每一个做好事的人才不会有后顾之忧，那些企图讹人钱财者，也才会知难而退。

近日，四川省达州市三个小孩扶起一名74岁老人，做好事反而被讹的事件，引起了社会的广泛关注。双方在司法所主持下达成三小孩家各付2500元给老人的协议后，孩子家长还是不服气，仍以对方敲诈勒索为由向当地派出所报了案。最新消息是，当地警方已对讹人老太太作出治安拘留7日的处罚，但因年龄太大，处罚不执行，给予老人儿子龚某某拘留10天，并处罚款500元。

应该肯定，当地警方接到报案后这么快即查明事实，对讹人老太太和其儿子作出了处罚决定，还了三名做好事孩子的清白，使他们受伤的心灵得到了不小的安慰，也让揪心难受的孩子家长和公众舒了一口气。但事情发生毕竟5个多月，经历了许多曲折，还是有值得一评的地方。

一是老人除了应受到法律制裁以外，还应受到舆论和道德的严厉谴责。这位老人已经74岁了，明知受伤骨折另有原因，为了非法取得一点医疗费，竟然利用孩子善良之心，对孩子实施"碰瓷"行为，完全丧失了一个老人应有的自尊，也对孩子的心灵和名誉构成严重伤害。

二是像老人的儿子那样积极撺掇老人讹人，成立事件的共犯，甚至是主犯。老人的儿子明知老人在讹人还把老人领到小孩家中，声称不赔钱不走人，性质也十分恶劣。老人骨折了，为老人治病，承担医疗费，本就是儿子应尽的赡养义务，而其还同老人一起对小孩家人进行敲诈，甚至整个事件都可能是其一手导演的，应该成立敲诈勒索的共犯，甚至是主犯，应一并受到法律的惩处，现也确实一并受到了一些惩处，但我认为还不够。

三是社区和基层政府处理民间纠纷的机制太不健全，才致使本案拖了5个多月仍然悬而未决。现在要不是媒体给予这么大的关注，能否如此快地查处该案，恐怕也是个大问号。事实上从一开始，究竟是3个小孩玩耍时撞倒老人，导致老人骨折，还是小孩扶起老人，做好事反而被讹，就是个涉及当前社会普遍纠结的"还敢不敢做好事"的大伦理道德问题，不是个小事，而基层政府和社区对此事却不闻不问，非得等到现在事情闹大、被害人刑事报案了才处理，这本身也是个严重的问题。

四是老人和其儿子的行为可能涉嫌犯罪，而不仅仅是治安事件。《治安管理处罚法》和《刑法》虽都规定了敲诈勒索，到底是成立治安事件还是犯罪，法律还是有明显的界限的。敲诈勒索罪是数额犯，因而敲诈的数额是罪与非罪的最重要情节。四川地区的敲诈勒索罪刑事立案标准为1500元，而老人及其儿子本来想敲诈2万多元，实际敲诈到手7500元，远远超过了刑事立案标准，因此当地警方按治安事件处理其实值得商榷。

五是年老不是犯罪后的除罪理由，按治安事件并实际不执行是放纵犯罪。当事老人的年龄确实比较大，但依罪刑法定原则，年老并不是除罪的因素。2011年《刑法修正案（八）》对老年人新增了一点从宽处罚的条款，但也只是规定："已满七十五周岁的人故意犯罪的，可以从轻或者减轻处罚；过失犯罪的，应当从轻或者减轻处罚。"可见，对于故意犯罪的，即使年满75周岁，也只是可以从轻或者减轻处罚，而未规定可以免除处罚，何况当事老人还不满75周岁。另外，老人的儿子并不是老人，甚至完全有可能是本事件的主谋，更不应成为刑事问责的漏网之鱼。

因此，当地警方按治安事件，对老人作出拘留7日的处罚（还不执行），有滥用职权，放纵犯罪之嫌。根据《刑法》第402条的规定，行政执法人员对依法应当移交司法机关追究刑事责任的不移交，情节严重的，成立徇私舞弊不移交刑事案件罪，最重可处7年有期徒刑。该罪是检察机关立案主管的范围，希望当地检方过问此案。

　　在一些人看来，为这么一件"小事"，将一名老人绳之以法，让人似乎有些于心不忍。但更要看到，现实中做好事被讹的现象屡屡出现，一个重要原因在于，大部分时候，受助者反咬助人者，总是只承担很小甚至零的违法成本，相反，助人者往往备受困扰，承担经济与精神的双重压力。所以，公权机关应拿出更积极的作为，去捍卫公正，让好人不再吃亏，让违法者罚当其恶。

　　对于"做好事被讹"，问责不能手软，法律当好社会道德的保护神，每一个做好事的人，就不会有后顾之忧，那些企图讹人钱财者，才会知难而退。

2013 年 11 月 23 日《新京报》时评·观察家

好人被讹之三

|破解困局警方应多些担当|

> 极个别的事件中，老人被撞根本没有目击证人，在对方又赖账的情况下，老人可能得自担后果，这是法律规则能保证绝大多数情况下"老人倒地他人敢扶"之制度设计的代价，还请老人们理解。

"女大学生扶老人"事件，自9月8日起剧情多变。起先安徽淮南师范学院女大学生袁某自称扶摔倒老人被讹，并在微博上寻找目击者证清白。随后，有网友表示自己是目击者，并愿意作证。连日来，又有几名目击者实名作证，称在事发现场，曾亲耳听到袁某承认撞人，并向老太道歉。淮南警方经多方调查取证，近日认定这是一起交通事故，女大学生骑车经过老人时相互有接触，女大学生承担主要责任，老人承担次要责任。（9月22日《新京报》）

若没有新情况，作为公众关注的事件应该至此为止了。对于双方当事人，接下来应该根据警方对事故责任的划分，通过协商、调解或诉讼确定损害后果的分担，媒体再行关注价值不大。我认为，本案最终能还原事实，还老人"讹人"以清白，除应感谢微博寻找证人的成功外，不能不说警方参与并进行细致的取证工作，对此起了重要作用。

假若袁某没有发起微博找人，证明大学生与老人互有接触的证人未出现，大学生也不承认自己撞人，结局极有可能是，双方协商无果，通过诉讼解决，而这种索赔诉讼适用"谁主张谁举证"的原则，老太太方因举证不能，承担败诉风险。此时，社会公众不担心"扶人被讹"的观念倒是得到了强化，但真正撞人者不仅逍遥法外，仿佛还悄悄沽得"扶人"的"美誉"。这当然不是美满的结局。特别应当警惕的是，千万不能因老太太索赔不成，即对其冠上"讹人"的恶名，因为这不是查明了对方不是撞人者，而是基于证据规则——在事实真伪不明时，负举证责任的一方承担败诉风险。事实不清时，不应有道德评价。

看到我这样的假设，当事大学生可能肠子都悔青了，原来自己微博找目击者证清白，是搬起石头砸了自己的脚，应该任凭老太太告去，自己可根据证据规则坐享其成。但别忘了，老太太方为完成举证责任，赢得官司，也可像当事大学生一样，发起微博寻找证人的行动，相关证人也能出现，结局同现在并无二致。因此，当事大学生也没有什么好后悔的。

值得一提的是，大多数老人被撞事件，发生在公共道路上，又大多是被车辆包括非机动车所撞，本案即老太太与骑自行车的大学生有接触而倒地（行人相撞而倒一般不重），属于"交通事故"的范畴，通过事故报警，由警方查明事故原因，在缺乏监控信息的情况下，警方也可通过微博等形式寻找证人，还原事实。也就是说，本案即使没有当事大学生微博寻找证人之举，也能得到现在的结局。

若发生在非公共道路上，在跑步等活动中老人被撞倒，对方又不认账时咋办？这不属于治安事件，按理警方可以不立案调查。但本着人民警察为人民，"有事找警察"的理念，警方也可以通过官方微博等平台协调当事人寻找证据，使事件获得尽可能公平的结局。我想表达的观点是，破解扶老人被讹困局，警方应当多些担当。

当然，极个别的事件中，老人被撞根本没有目击证人，在对方又赖账的情况下，老人可能得自担后果，这是法律规则能保证绝大多数情况下"老人倒地他人敢扶"之制度设计的代价，还请老人们理解。还需说明的是，老人被撞受伤不属于社保范畴，建议子女尽可能为老人投份意外伤害保险，这样，在撞人者无力承担时，可让保险公司分担风险；即使撞人者有赔偿能力也不吃亏，能获得"双份"赔偿。

2015年9月23日中国网·观点中国·刘昌松专栏

霸座男

‖用拳头教训或有法律风险‖

法治社会不鼓励"以暴制暴"，在不符合正当防卫或见义勇为条件的情形下，随意用拳头解决问题，存在法律风险甚至刑事法律风险，应当特别慎重。

乘客李某在北京至天津的动车上，买二等无座票坐一等座，无论咋劝拒不离开。回天津的乘客刘某因看不惯李某的无理取闹，动手抽了李某一耳光，踹了他一脚，打了几拳，造成李某眼部轻伤。近日刘某被以故意伤害罪判处4个月拘役、赔偿李某6万元。

面对"霸座"行为，多数人选择报警或谴责几句，很少有人用拳头教训霸座者。现在终于出现了一例，难免让人觉得解气，而动拳脚者却因此获了刑，这让很多人不解。

其实，法院的判决没有问题，而是一些网友对此案的判决有误读。

故意伤害罪，是指故意非法损害他人身体健康的行为。该罪有四个特征：一是主观上为故意；二是客观上实施了伤害行为；三是造成了他人身体健康损害的后果；四是行为不具有合法性。

本案中，刘某明知拳打脚踢会损害他人身体健康，却追求这种结果发生，符合主观故意特征；客观上对李某实施了拳打脚踢的伤害，符合客观行为特征；造成了李某轻伤的损害后果，符合了危害后果特征；法律未赋予公民对他人占座类行为进行正当防卫的权利，因为缺乏防卫的紧迫性（报警后可由乘警解决），符合行为非法性特征。因此，法院对刘某判处故意伤害罪完全合法。

刑法根据后果不同，对故意伤害罪规定了三档法定刑，即致人轻伤的，处 3 年以下有期徒刑、拘役或管制；致人重伤的处 3 至 10 年有期徒刑；致人死亡或以特别残忍手段致人重伤造成严重残疾的，处 10 年以上有期徒刑、无期徒刑或死刑。

本案的伤害结果为轻伤，法院未在 6 个月至 3 年对刘某判处有期徒刑，也未在拘役 1 个月至 6 个月按顶格处 6 个月拘役，而是判处拘役 4 个月，应当已经考虑到刘某是基于打抱不平的性质，主观恶性较低，但离网友所称的"见义勇为"行为还有相当距离。也就是说，法院对刘某的量刑也是适当的。

刑事诉讼法规定，被害人由于被告人的犯罪行为而遭受物质损失的，在刑事诉讼中有权提起附带民事诉讼。也就是说，被告人承担了刑事责任，并不免除其应承担的民事赔偿。因此，法院判处刘某赔偿李某 6 万元，也属合法有据。

有人提到，之前有男子飞踹妨害公交车司机的人，不仅未被处罚，还受到奖励，而本案中的刘某却被判刑，是对刘某不公。殊不知，这是两类不同性质的行为，妨害公交车司机驾驶的行为，已构成严重的以危险方法危害公共安全罪，该罪最轻 3 年，最重死刑。因为该不法侵害具有防卫的紧迫性，因此脚踹妨害者构成正当防卫；若冒生命危险同妨害者斗争，则可成为见义勇为，获得奖励也很正当。暴打霸座者不构成正当防卫已如前述，此不赘言。

本案的启迪意义在于，法治社会不鼓励以暴制暴，在不符合正当防卫或见义勇为条件的情形下，随意用拳头解决问题，存在法律风险甚至刑事法律风险，应当特别慎重。

2019 年 1 月 16 日《新京报》时评·观察家

追逃逸者

| 致其死亡要担责吗 |

　　该判决的社会导向意义明显，人们将来遇到有人严重违法犯罪后逃跑时，"追不追"的心理纠结，便不复存在了。

　　唐山小伙朱振彪追赶交通肇事逃逸者张某焕致其被火车撞击身亡，随后朱振彪遭张某焕家属索赔60万元。该案今天在河北省唐山市滦南县法院开庭审理，5小时后法院当庭作出一审判决，认定朱振彪的追赶行为不具有违法性，其追赶行为与逃逸者撞车身亡之间不具有法律上的因果关系，驳回原告张某焕家属的所有诉求。（2月12日《法制晚报》）

　　这一判决可以概括出这样的裁判要旨："肇事逃逸者"被追身亡，"追赶者"不负法律责任！该判决的社会导向意义明显，人们将来遇到有人严重违法犯罪后逃跑的情形，"追不追"的心理纠结，便不复存在了。

　　前不久，河南郑州中院也有一起充满正能量的此类判决。医生杨某某在电梯里劝阻老汉吸烟，后老汉心脏病发作不幸死亡，其家属以生命权纠纷为由将杨某某告上法院，索赔40万元并要求其下跪道歉。一审法院虽认定杨某某无过错，但适用公平原则判处其承担1.5万元的补偿责任。杨某某虽认为自己没有任何过错，不应承担任何责任，但对于老人的意外辞世也表示难过，愿意补偿老汉家属一些钱款，只当认捐了1.5万元，就没有上诉，反而是老汉的家属上诉了。

郑州中院最为难能可贵之处在于，其终审判决适用法律精准，判决结果公正。终审裁判明确指出，公平原则的适用前提是行为与后果之间存在法律上的因果关系，被告杨医生的劝阻行为正当合法，该行为与老汉死亡之间不存在法律上的因果关系（或许存在生活上的因果关系，但那不是法律思维），因而在杨某某无上诉请求的情况下，为了公共利益考虑，"不请而判"杨某某无须承担任何责任。如果说该案一审判决仍然让人们在面对公共场合吸烟时有"劝不劝"的纠结（因为有可能承担上万元的后果），那么终审判决则让这种纠结彻底释然了。这就是正确裁判所产生的良好社会导向作用。

毋庸讳言，曾有法院错误适用举证规则判决扶人者担责，社会上相当长一段时间广泛出现了"扶不扶"的纠结，至今尚未痊愈。其实，被扶者想讹人赔偿，在法律上是有障碍的，因为法律规定了"谁主张，谁举证"，讹人者起诉扶人者索赔，必须提供足够证据证明对方确实撞了人，因为这不是事实，除非他伪造证据，否则他无法完成这种举证，败诉是必然的。但有的法院错误适用"举证责任倒置"规则，反过来让扶人者承担证明自己未撞人，证明不了就推定其撞人，而扶人者难以完成这个"倒置的举证"，就被判担责了。这类法律适用错误的社会杀伤力实在太大了，应极力避免。

回到本案，朱振彪"该不该追"，"追的度在哪里"，滦南县法院作出判决前在社会上也引起了很大的争议。因为张某焕的家属提到一个重要情节和观点，张某焕在被追时表达过"再追就寻死"的意思，朱振彪仍穷追不舍是导致张某焕死亡的重要原因。这也提出了一个重要的命题，公民追拿"犯罪嫌疑人"时，如果嫌疑人以死相威胁，公民就应停止追拿吗？

我们来看看相关立法。法律规定，正在实行犯罪或者犯罪后即时被发觉的，任何公民都可以立即扭送公安机关、人民检察院或者人民法院处理。这里的"犯罪"，只能是行为人实施了很严重的违法行为被认为可能"涉嫌犯罪"，由于没有立案，甚至连"犯罪嫌疑人"的帽子也难以安上。因此，不能苛求公民对扭送对象的行为已构成"犯罪"作出准确无误的法律判断。

本案中，肇事者张某焕骑摩托车撞倒张某，致使张某躺倒在血泊中，这是一种很严重的交通肇事违法行为；依照法律规定，肇事者张某焕本应依法救治受害人并立即报警，但他选择了骑车逃逸而后又弃车继续逃逸。这显然加重了其违法行为的性质。唐山公民朱振彪认为其行为严重（已构成犯罪），行使法律赋予的扭送权，而追赶并捉拿到行为人是"扭送"的应有之义，若追拿之中受到行为人以死相威胁即应罢手，则扭送权就会大打折扣，扭送的立法目的就无法实现。

刑法规定，交通肇事致 1 人死亡负事故主要责任的，即构成犯罪；若致 1 人重伤，为逃避法律追究逃离事故现场，负事故主要责任的，也构成犯罪。摩托车撞人没轻没重，致人躺倒在血泊之中，生死未卜。本案事故责任认定，恰恰认定了张某焕肇事后逃逸，负事故主要责任；哪怕受害人张某最后连重伤也未达到，也不能否认朱振彪行使扭送权的正当性。

滦南县法院的判决郑重指出，"朱振彪作为现场目击人，及时向公安机关电话报警，并驱车和徒步追赶张某焕，敦促其投案，其行为本身不具有违法性"，这就是对公民面对严重违法犯罪行为人行使扭送权的充分肯定。判决还称，"从朱振彪的行为过程看，张某焕的死亡结果与朱振彪的追赶行为之间不具有法律上的因果关系"，也注重了判断因果关系上的法律思维，同样难能可贵。

期待这样正确导向的判决越来越多，使得社会上"追不追""劝不劝""扶不扶"之类的纠结越来越少，正气不断上升，浊气相应下降。

2018 年 2 月 14 日《南方都市报》·刘昌松专栏

昆山反杀

｜防卫定性契合公众朴素正义观｜

> 司法机关对于此类明显属于正义同邪恶作斗争的公共事件，不必急于定性立案追诉，更不必急于抓人，以避免人情与法律的过度紧张。

昆山砍人者被反杀事件，由于现场监控视频的广泛传播，引来了各方人士尤其是法律界人士的深度评析，大致观点有正当防卫、防卫过当、事后防卫亦即故意伤害致死三种意见。昆山公安机关的态度很明确，认为已经涉嫌故意伤害罪，予以刑事立案，且昆山检察机关也提前介入，全程监督侦查活动。

相反，公众意见一边倒，认为"电动男"砍得好，没有责任，这体现了公众的朴素正义观。多数情况下，公众朴素正义观与法律态度是一致的，因为法律本是绝大多数人意志的理性反映。

问题是，公众心中的"英雄"，反而被司法机关认为涉嫌犯罪给拘留起来了，这等于说刚逃出了被恶人砍死的巨大风险，又面临着被刑事制裁的法律风险。法律与人情真有这么大的冲突吗？

我认为，防卫过当首先可以排除，因为该种情形是指正当防卫的其他条件都具备，即防卫起因（不法侵害现在存在）、防卫意图（为了制止不法侵害）、防卫时机（不法侵害正在进行）、防卫对象（不法侵害者本人）条件都符合，只是防卫限度条件不具备，超过了必要的限度并造成重大损害后果。

但这是一般正当防卫的条件，本案应属于特殊正当防卫。

所谓特殊正当防卫，是指对严重危及人身安全的暴力犯罪所进行的正当防卫。此时法律规定，"防卫行为造成不法侵害人伤亡的，不属于防卫过当，不负刑事责任"。也就是说，哪怕防卫行为造成最大损害后果即不法侵害人死亡，也是正当的。换句话说，特殊正当防卫中根本没有过当一说，所以它又称为无过当防卫、无限防卫。本案中"电动男"面临的正是砍刀乱砍伤害，生命安全受到严重威胁，完全可以进行无过当防卫。

本案最大的争议是，"宝马男"的砍刀掉地被"电动男"抢到，"宝马男"跑向宝马车的过程中，"电动男"还持刀追砍，导致"宝马男"死亡，是否属于对停止侵害后逃跑躲避的行为，进行了报复性的事后防卫，即防卫的时机条件是否还具备。若属于事后防卫，则一般正当防卫的条件也不具备了，更不用说成立特殊正当防卫。若成立报复性的事后防卫的话，那么就不具有正当性，就成为犯罪行为，罪名就是故意伤害罪。

我同意有些专业人士的观点，基于"宝马男"一点口角即动用凶器，且随意即可从车内拿出大砍刀，不排除他在失掉砍刀后恼羞成怒，又回到车中拿取其他凶器或者驾车撞向"电动男"的可能，这是一个合理判断而非胡乱猜测。

也就是说，应当将这个过程当作一个整体看待，不能说"不法侵害已经结束，防卫时机不存在"了。"电动男"在"宝马男"跑向宝马车时，确实存在转身就跑等其他选择，但正当防卫制度的立法旨意不同于紧急避险，不要求不得已而为之，而是鼓励防卫人在有其他选择时依然选择同犯罪作斗争，从而扶正祛邪，弘扬正气。

即使真的查明车内并无其他凶器，但"宝马男"会不会回到车内去驾车撞人，由于死无对证，已经无法查明，根据"存疑时利益归被告人"的原则，即应作出防卫时机条件依然存在的判断。

退一步说，即使能够认定"宝马男"是在逃跑，但"电动男"并不可能知道，以为去换件凶器。法律不强人所难，这就存在刑法理论上"假想防卫"（没有不法侵害而进行防卫）的可能，而假想防卫一般按"意外事件"（不是犯罪）或者过失犯罪（如过失致人死亡罪）处理，因为他的行为出于防卫意图而非伤害故意。

我最想强调的是，司法机关对于此类明显属于正义同邪恶作斗争的公共事件，不必急于定性立案，更不必急于抓人，以避免人情与法律的过度紧张。这在法律规范上也是有依据的，依据《公安机关办理刑事案件程序规定》，公安机关接到报案后本有一个初查的过程，初查中可以进行询问、查询、勘验、鉴定和调取证据材料等不限制被调查对象人身、财产权利的措施。这个初查过程并无时间上的限制，根据情况可长可短。

通过初查，公安机关若"认为有犯罪事实，需要追究刑事责任"，达到了刑事立案条件，再立案和向公众公布立案的理由，就能得到公众的充分理解。而且，"电动男"的行为即使构成犯罪，不关押根本不会发生串供、毁灭、伪造证据等妨碍侦查的情形，所以也不必拘留羁押，依法可采取取保候审、监视居住等限制人身自由较小的措施。如此这般，既符合法律规定，又契合人们对正义行动中不慎触犯刑律者的同情与期待，人情与法律就能获得最大限度的平衡，办案的法律效果和社会效果就会达到完美统一。

【补注】本案现已成为正当防卫的标杆性案例。2018 年 9 月 1 日，昆山市公安局听取了检察机关的意见后，根据《刑法》第 20 条第 3 款，认定于海明的行为属于正当防卫，不负刑事责任，决定依法撤销于海明故意伤害案。该案成为 2018 年底最高人民检察院发布的第 12 批指导性案例，该案例对把握"行凶"的认定，以及"不法侵害正在进行"之防卫时机条件，有重要指导意义。

该指导性案例指出：认定"行凶"必须把握两点，一是必须是暴力犯罪，非暴力犯罪或一般暴力行为，不能认定为行凶；二是必须严重危及人身安全。再者，对于"不法侵害正在进行"的认定，应就具体行为和现场情境作具体分析，"只要不法侵害的现实危险已经迫在眼前，或已达既遂状态但侵害行为没有实施终了的，就应当认定为正在进行"。

2018 年 8 月 31 日 光明网·光明时评·刘昌松专栏

涞源反杀

| 重罪与无罪只有一步之遥 |

在公安机关不认定正当防卫而认定故意杀人之重罪后，保定检察机关能大胆作出正当防卫认定和相应的无罪不起诉决定，对公民和其他司法机关如何区别正当防卫和无过当防卫，具有很好的示范意义。

3月3日，河北保定市检察院发布通报，认定保定市涞源县发生的王某持凶器翻墙闯入村民王某元家反被杀一案中，王某元、赵某芝的行为属于正当防卫，决定对二人不起诉。也就是说，此前曾引发热议的涞源"男子告白无果入室行凶被反杀"案，最终以女孩一家三口均不被起诉收场。

在全国"两会"召开前夕，保定检察机关，对公众关注度极高的防卫性质案件，作出正当防卫认定和相应的无罪不起诉决定，无疑慰藉人心。对公民和司法机关如何区别正当防卫和无过当防卫，具有很好的示范意义。

长期以来，我国司法机关对于出现了有人重伤或死亡后果的案件，即使防卫因素明显，一般也不敢大胆适用正当防卫制度来保护防卫人，而是经常以防卫过当或者防卫不适时对防卫人作有罪处理，这样一来，就像最高人民法院原副院长沈德咏所说，正当防卫制度几成"僵尸法条"。

近两年来，山东"辱母案"和昆山"反杀案"，使得正当防卫制度有所激活，但由于此前惯性太大，各地司法机关适用正当防卫依然不够大胆，加上正当防卫法条过于简略，容易误读误解，保定的这起案件在前一阶段作了有罪认定和处理，即是例证。

在立法上，《刑法》第 20 条用 3 款分别对正当防卫、防卫过当和无过当防卫作出了规定。

第 1 款　为了使国家、公共利益、本人或者他人的人身、财产和其他权利免受正在进行的不法侵害，而采取的制止不法侵害的行为，对不法侵害人造成损害的，属于正当防卫，不负刑事责任。

第 2 款　正当防卫明显超过必要限度造成重大损害的，应当负刑事责任，但是应当减轻或者免除处罚。

第 3 款　对正在进行行凶、杀人、抢劫、强奸、绑架以及其他严重危及人身安全的暴力犯罪，采取防卫行为，造成不法侵害人伤亡的，不属于防卫过当，不负刑事责任。

第 1 款规定正当防卫的 4 个基础要件。包括防卫目的要件（为了保护国家、集体和个人法益）、防卫起因要件（法益受到不法侵害）、防卫时机要件（不法侵害正在进行）和防卫对象要件（针对不法侵害人）。这是下面两款一般正当防卫和特殊正当防卫都应具备的基础要件。

第 2 款规定一般正当防卫和防卫过当。结合第 1 款和第 3 款规定，一般正当防卫当然应符合正当防卫的 4 个基础要件，但其中的防卫起因要件，须是针对"非严重危及人身安全"的一般不法侵害，这时法律增设了防卫限度要件，即正当防卫"不得明显超过必要限度并造成重大损害"，否则，就构成了理论上所称的"防卫过当"，应当负刑事责任，但处罚上应当减轻或免除。

第 3 款规定特殊正当防卫（无过当防卫）。它当然也得符合正当防卫的 4 个基础要件，但其中的防卫起因要件，须是针对"严重危及人身安全的暴力犯罪"，此时没有了一般正当防卫的限度要件，也就是说，可实施无限度的致死防卫。

保定涞源的这起"反杀案"，所谓的被害人王某因恋爱被拒，多次严重骚扰、威胁王某元、赵某芝及其女儿一家，案发当天深夜王某又手持甩棍和水果刀翻墙入室，对这一家人下手毫不留情，认定为"行凶"之"严重危及人身安全的暴力犯罪"，完全没有问题，是可以进行致死防卫的。

为何王某元、赵某芝两老人在公安侦查阶段连防卫过当也未被认定？主要问题出在王某倒地后，两老人还使用菜刀劈砍王某头颈部，致其死亡，被认定为"事后防卫"，防卫时机条件不具备，连正当防卫的基础要件都不存在了，更谈不上"无过当防卫"了。正当防卫因素不考虑，自然定性为故意杀人了。

保定检察院审查认为，"王某倒地后，王某元、赵某芝继续刀砍棍击的行为仍属于防卫行为。王某身材高大，年轻力壮，所持凶器足以严重危及人身安全，王某虽然被打倒在地，还两次试图起身，王某元、赵某芝当时不能确定王某是否已被制伏，担心其再次实施不法侵害行为，又继续用菜刀、木棍击打王某，与之前的防卫行为有紧密连续性，属于一体化的防卫行为。"

可见，公安、检察机关作出相反认定的关键，是将整个搏斗行为看成一个整体，还是机械地把不法侵害人倒地（本案）、逃跑（昆山案）等短暂间隙即看成为不法侵害已经结束，苛求防卫人立即住手。试想，若本案中两老人真的住手了，本案中死的可能就不是王某，而可能是这一家三口了。保定检察院的正确做法，为将来类似案件处理提供了新范例。

该案告诉我们，公民在面对严重危及人身安全的暴力犯罪时，法律绝不能苛求防卫人，纵容暴力犯罪者。将防卫行为认定为故意杀人之重罪，就会使得公民在防卫时畏缩不前，合法人身权益遭受重大损害；认定为正当防卫之无罪，就能鼓励公民大胆同暴力犯罪作斗争。涞源反杀案从重罪到无罪，这一步之遥跨越得好！

正气与邪气呈此消彼长的规律，必须弘扬正气，刹住邪气，尤其要大胆鼓励见义勇为和正当防卫。当然，个案的示范作用毕竟有限，因其不具有规范性指导意义，立法完善才是根本。

于是，最高人民检察院 2018 年底为指导正当防卫适用印发了第 12 批指导性案例，最高人民法院 2018 年 9 月发布的司法解释制定五年规划，将"适时出台防卫过当的认定标准、处罚原则和见义勇为相关纠纷的法律适用标准，鼓励正当防卫，保护见义勇为者的合法权益"列入重点内容。相信这一系列的举措，将会让各级司法机关在面对类似案件时，处理得更加理性、客观，实现社会效果与法律效果的协调统一。

2019 年 3 月 4 日《新京报》时评·第三只眼

丽江反杀

| 应坚守"法不能向不法让步" |

丽江反杀者无辜被扰，持刀防卫时意外致对方死亡，现被以故意伤害（致死）罪起诉到法院。该案成为昆山反杀案、保定涞源反杀案后，再次引爆舆论的反杀案。

丽江永胜县检察院的起诉书认定了下列事实：今年大年初四23点，丽江永胜县三川镇中洲村的26岁女子唐雪，参加完朋友生日后被朋友用车送回家，酒醉后的同村村民李某某在村口拦车，唐雪走路回家，李某某对其辱骂，唐雪未理睬。后唐雪与父亲一道找李某某理论时，李先踹唐父一脚导致三人扭打，被李的朋友拉开；后李同其父母、朋友一起到唐雪家道歉，并讨要被唐父打伤的说法，李被陪同人员拉回。

次日凌晨1时许，李某某再次到唐家，使用菜刀砍砸唐家大门，菜刀被前来劝阻的朋友抢走丢掉，李的另外5名朋友也对其劝阻。唐雪听到砸门声后拿着一把红色削皮刀和一把黑把水果刀出门查看，李某某在被朋友拖拽过程中朝唐雪踢了一脚，两人扭打在一起。唐雪先使用红色削皮刀与李某某打斗，因一直被李某某打，唐雪换持黑把水果刀朝李某某挥舞，两人被其他劝阻人员拉开，李某某朝巷道外跑的过程中倒地，唐雪回到家中，劝阻人员发现李某某受伤送医院救治，经抢救无效死亡，鉴定为李某某系锐器伤及右胸部主动脉，致急性失血性休克死亡。

公诉机关认定唐雪的行为虽属于正当防卫但明显超过必要限度并造成重大损害，构成防卫过当，进而以故意伤害（致死）罪提起公诉。问题是，从起诉书描述的案发经过来看，一般人面对这种情形都可能如此为之，很难判断唐雪的行为存在过错，进而难以判断其"明显超过必要限度"。

我们来看看唐雪的行为有无过错。媒体根据起诉书总结了唐雪与李某某之间曾发生五次"交锋"。五次"交锋"中有肢体冲突的部分，都是李某某先发起进攻，可见李某某有主动攻击性人格。最后一次，面对李某某用菜刀砍砸大门，这是故意毁坏他人财物的违法行为以及非法侵入他人住宅之犯罪行为的开始，只是被他人及时制止了。

砍砸大门行为停止后，唐雪当然有必要开门查看；面对对方带刀来犯，并不知道对方菜刀已被其朋友夺下的情况下，一个女子当然有必要带刀防身；一把小小的削皮刀，面对菜刀可能不足以防身，再带一把水果刀也有必要；出门查看中遭对方再次踢打，因回击而扭打在一起时用小小削皮刀防卫，也没有过错；"因一直被李某某打"，说明唐雪同对方对打时，一直处于下风，几无还手之力，"换持黑色把水果刀朝李某某挥舞"，以威慑对方，让其不敢近身，同样没有过错。

也就是说，李某某的死亡，并不是唐雪主动攻击所致，而是李某某"明知刀在前，偏向刀上闯"，结果自己的主动脉不幸被刀刺破身亡，而主动脉破裂之伤，哪怕发生在大医院里也是难以抢救过来的。因此，对于唐雪而言，她根本不能预见在水果刀不断挥舞的状态下，李某某也会上前"玩命"，唐雪在整个案发过程中，既没有故意也没有过失。

《刑法》第16条即规定，行为在客观上虽然造成了损害结果，但是不是出于故意或者过失，而是不能预见的原因所引起的，不是犯罪。这在理论上称为意外事件。因此，唐雪的行为因缺乏故意伤害致死的主观要件而不能成立该罪。否则，不看主观要件，只看客观后果，在刑法理论上称为"客观归罪"，是一种公认的错误入罪观念。

本案中，公诉机关将唐雪的行为认定为正当防卫是完全正确的，唐雪面对李某某的不法侵害，一路走来的行为均处于防卫地位，几乎无可挑剔。而正当防卫是国家法律所鼓励的同违法犯罪作斗争的手段，法律不苛求防卫人。有网友称唐雪不应当出门查看而应当在家报警的说法，是苛求防卫人；还有网友说对方是醉酒者，不应积极防卫，可对方在第一次交锋后两小时还能持刀上门，意识相当清晰，而不是醉如烂泥之状，还有"酒壮怂人胆"的意味，为何不能还击，况且法律也未说对醉酒者不能防卫啊。主要还是因为，用水果刀挥舞进行防卫，不存在"超过必要的限度"的问题，同造成死亡之间没有必然的因果关系，而同被害人的自闯行为之间有直接因果联系。可以说，公诉机关认定本案事实正确，但以防卫过当进而以故意伤害（致死）罪追究其刑事责任，在适用法律上值得商榷。

顺便提一提，有人想借助《刑法》第20条第3款的无限防卫制度为唐雪除罪，我认为在思路上值得研究。无限防卫，是指行为人面临严重危及人身安全的暴力犯罪之威胁时，才可以采取置对方于死地的防卫措施。根据本案当时情形，李某某的攻击行为远未达到危及唐雪生命安全的严重程度，不符合实施致死防卫的条件。

换句话说，无限防卫的适用情形可简单地理解为，行为人在当时的处境下本来想要对方的命，客观上也确实要将对方杀死，抛开防卫因素，他已经构成故意杀人罪了；只是因为行为人面临杀人、抢劫、强奸、绑架等严重危及人身安全的暴力犯罪，不将对方杀死，自己也有生命危险，法律才赋予他以致死防卫权，杀死人不负责，即用正当防卫制度为行为人除罪。也就是说，行为人的行为已构成故意杀人罪（包括故意伤害致人重伤、死亡罪），才需借助正当防卫制度中的无限防卫制度为其除罪。刑法在规定了犯罪构成各要件因素后，又规定正当防卫、紧急避险制度，就是这个逻辑，后两者在理论上又叫正当化事由、排除犯罪事由或除罪事由。

而本案的情形是，唐雪实施的不是无限防卫而只是一般防卫，是李某某的"闯刀"行为导致了他自己死亡，而不是唐雪主动实施了致死防卫，不能把李某某自己的致死行为评价到唐雪的头上。如前所述，唐雪的行为虽导致李某某死亡，但因主观上没有杀害或伤害他的故意，也没有让他丧失性命的过失，她只是实施了让不法人不敢近身的防卫动作，传统刑法的犯罪构成四要件，犯罪客体、犯罪客观方面、犯罪主体、犯罪主观方面，因缺乏故意杀人、故意伤害或过失致人死亡的主观方面要件而不构成犯罪，根本无需借助无限防卫制度为其除罪。

正当防卫案件是近几年来公众最为关切的事件之一，山东刺杀辱母者案激活了沉睡多年的正当防卫制度，最高人民法院将其确定为指导性案例；去年最高人民检察院发布4个正当防卫的指导性案例，其中包括昆山反杀案，而且在该指导性案例中要求建立"法不能向不法让步"的秩序理念。本案的情形在社会上非常普遍，期待本案在后续的司法程序中也体现这一理念，并从另一个角度为公众树立该如何正当防卫的标杆。

【补注】2019年12月30日，永胜县检察院经补充侦查，依法重新作出审查认定，被不起诉人唐雪在春节期间，家人及住宅多次被李某某侵犯，特别是在凌晨1时许，家门被砍砸，出门后被李某某脚踢拳殴，先持削果皮刀反抗，后持水果刀反抗，系为保护本人和家人的人身安全而采取的制止正在进行的不法侵害的自行防卫行为，符合《刑法》第20条第1款的规定，系正当防卫，依法不负刑事责任，遂向法院撤回起诉并于同日对唐雪作出了无罪不起诉决定。至此，该案画上圆满的句号，成为正当防卫的又一经典案例。

2019年8月27日《光明日报》·光明日报客户端

楚雄反杀

┃适用正当防卫应大胆些┃

　　国家层面和社会各方对防卫人多些宽容和同情，司法机关适用正当
防卫制度应当大胆些、再大胆些。

　　云南保山小伙张某被朋友骗进楚雄的传销组织，由"监工"日夜看守不得脱身，被非法限制人身自由长达 20 天。2 月 10 日凌晨，张某在如厕时因要求监工王某放自己逃离而发生争执，王某一怒之下掐住张某脖子，将他推到卫生间墙角处，后张某用羽绒服帽檐上的带子缠绕王某颈部，致其死亡。此案日前开庭，公诉机关指控张某涉嫌故意杀人罪，张某的辩护人认为，张某是在正当防卫中导致了被害人死亡，应属防卫过当，公诉方不予认可。法院没有当庭宣判。

　　此案被网友称之为云南楚雄版"反杀案"，同昆山"反杀案"的结局相比，竟有天壤之别，前者按故意杀人进行追诉，后者认定为正当防卫不负刑事责任。最新消息是，媒体报道引起了云南省检察院的高度重视，该院立即派专人到楚雄州检察院指导调查核实，要求严格依法认定，确保案件公正处理。

　　根据《刑法》第 20 条规定，正当防卫包括防卫意图要件（为了保护国家、集体和个人法益）、防卫起因要件（法益受到不法侵害）、防卫时机要件（不法侵害正在进行）和防卫对象要件（针对不法侵害人）之 4 个基础要件；

在此基础上，若是一般正当防卫则有限度要求，若为特殊正当防卫则没有限度要求。

楚雄版"反杀案"，关键有这样几个问题：组织传销活动中的非法拘禁行为是否为可防卫的起因条件；如果能够防卫，那么能实施到什么程度，只能一般正当防卫还是也可特殊正当防卫；如果传销"监工"掐住张某脖子10多分钟不松手的情节能够认定，张某可否进行无限防卫。

所谓非法拘禁，是指故意非法剥夺他人人身自由的不法行为，可能是一般违法行为，也可能是犯罪行为，都肯定属于"不法侵害"范畴。根据有关司法解释，单纯剥夺人身自由不满24小时的，是一般治安违法行为，可给予拘留和罚款的行政处罚；非法拘禁超过24小时或者不到24小时但有殴打、侮辱、虐待以及更严重行为的，即涉嫌成立非法拘禁罪，应负刑事责任。本案中传销组织通过监工王某等剥夺张某人身自由已达20天，已经构成非法拘禁罪，不法侵害客观存在，正当防卫的起因条件具备。

当然，不是所有的不法侵害都可以防卫，只有对那些具有攻击性、破坏性、紧迫性、持续性的不法侵害才能防卫，例如对侵犯著作权、重婚、贿赂等犯罪行为，即使发现了也不能采取防卫措施，因为没有紧迫性和人身攻击性等，通过报警等完全可以解决。但传销中的非法拘禁不通过斗争基本不可能恢复人身自由，且此类非法拘禁中常常伴随着扣留手机、殴打、侮辱等，未把握好分寸丢了性命的情形也时有发生。因此，传销活动中的非法拘禁，无可争辩地属于可进行防卫的不法侵害。

非法拘禁在理论上即称其为持续犯，因为剥夺人身自由的不法侵害持续存在，防卫时机条件一直具备。传销组织是通过王某来控制张某，剥夺张某人身自由的，对实际控制人王某实施防卫措施，防卫对象条件具备。

需要特别说明的是防卫意图条件。我们知道，防卫措施都是造成防卫对象损害的手段，包括损害其身体甚至损害其性命，不如此不能保护法益免受侵害。例如面对强奸犯不杀死对方不足以解脱时，法律便赋予防卫人致死防卫权。这时，防卫行为表面上好像符合故意杀人罪的构成要件，因为主观上希望对方死、客观上也刺死了对方，但这是基于防卫意图而非杀人意图实施的，法律便阻却其违法犯罪性，将其评价为正当行为，不负刑事责任。本案中张某对传销看守王某采取的手段和措施，当然是为了恢复自身的人身自由，防卫意图条件完全具备。

可见，对非法拘禁进行正当防卫的 4 个基础要件都没有问题。

关键是限度条件如何把握。很显然，单纯的非法拘禁之不法行为，哪怕其中还夹杂着一般殴打、侮辱等，由于未达到"严重危及人身安全的暴力犯罪"之程度，只能实施一般正当防卫，而不能无限防卫。若防卫行为造成了防卫对象重伤或死亡的后果，应成立防卫过当，要负相应的刑事责任。

本案同昆山"反杀"案有一个很大的不同，就是昆山案有完整的监控视频，能够清晰地还原事实，而本案发生在厕所，那里不可能有监控。现辩方主张监工狠劲掐住张某脖子 10 多分钟死不松手，而掐脖子是可以致人死亡的，这是个常识。若这一细节能够查实，认定为"行凶"就没有问题，这样就可以实施无过当防卫了，张某即没有任何刑事责任。

总之，本案中的张某不仅不能认定为单纯的故意杀人犯罪，还存在无限防卫、不负任何刑事责任的可能。即使监工死掐张某脖子 10 多分钟的情节无法查实，至少可能成立防卫过当。防卫过当是一个从宽幅度很大的情节，哪怕定故意杀人罪，也是"应当"而非"可以"减轻或者免除处罚。也就是说，楚雄中院根据张某存在自首、被害人过错，再加上防卫过当等诸多从宽情节，哪怕以故意杀人罪定性，也可从最轻作出免予刑事处罚的判决。

此外，控方以故意杀人罪指控，也值得商榷：张某基于防卫意图用带子勒监工，应该只是想将其勒昏后逃跑，并非想将其直接勒死，这从监工一松手张某即停止行为，还害怕监工喊叫用衣物塞其嘴巴的细节可以看出。因此，就算正当防卫不成立，定过失致人死亡罪或许更为合适，该罪的最高刑只有 7 年。在此基础上再认定防卫过当，定罪免刑的概率很大。

总之，刑法正当防卫制度的立法宗旨是，既鼓励公民积极同违法犯罪作斗争，也防止有人借防卫之名行违法犯罪之实，试图搞好两者平衡。但从目前的司法实践来看，对防卫人普遍过于苛求，认定正当防卫甚至防卫过当，存在畏首畏尾的情形，导致《刑法》第 20 条几成"僵尸法条"。因此呼吁国家层面和社会各方对防卫人多些宽容和同情，司法机关适用正当防卫制度应当大胆些、再大胆些。

2018 年 9 月 9 日 光明网·光明时评·刘昌松专栏

校园反杀

┃应引入无过当防卫视角┃

一个品学兼优的初三学生，被霸凌校友一步步逼着，要进行所谓一人拿一把刀对杀的"单杀"行为，最后霸凌者反被刺中大血管身亡，该学生亦严重受伤。这名学生是否成立正当防卫？近日，有关他不服5年前被以故意伤害罪判处8年徒刑的判决而提起申诉的报道，引起了公众高度关注。

据报道，五年前的4月30日，贵州瓮安四中15岁的陈某翰与同校学生李某在学校食堂排队买早餐，李某踩了陈某翰一脚，二人发生口角和抓打。上午课间李某等人在教学楼厕所楼梯等处对陈某翰两次进行殴打；中午放学时李某等人告诉陈某翰，下午他们二人要进行"单杀"。陈某翰并未"应战"，而是"下午一直坐在教室里不敢出来"，还让表哥五点半来接他。（3月26日红星新闻）

后面的情节，判决书这样描述，"到下午五点半时，陈某翰的表哥还没有到，李某就拉着陈某翰去花竹园小区。当走到某服装店旁的巷道中间，李某就抓住陈某翰的衣领，将其往花竹园小区里面拉。此时，瓮安四中学生贺某乘机将身上的一把卡子刀递给陈某翰。李某将陈某翰拉到花竹园小区里面，就对陈某瀚进行殴打。在殴打的过程中，陈某瀚将卡子刀拿出来杀被害人李某。李某就用随身携带的卡子刀杀在陈某瀚的左背部，接着陈某翰又用卡子刀杀在李某的胸部后就跑了，李某在后面追了一会就倒地被送医院发现已死亡，后被鉴定系锐器致心主动脉破裂急性大失血死亡。陈某翰的伤系锐性损伤，被鉴定为重伤二级（后重新鉴定为轻伤）"。

根据判决书描述的基本情节再结合报道，陈某翰的行为确有认定正当防卫的余地。或许陈某翰表示服软后，这场所谓"单杀"约架能够避免，但正当防卫是鼓励公民同违法犯罪作斗争的制度，不同于紧急避险必须处于"不得已"，我们不能苛求没有过错的陈某翰自贬人格表示"服软"，其对校园霸凌违法行为完全有权说"不"。

陈某翰被抓住衣领拖进小区后即遭受殴打，此时不法侵害正在进行，他完全有权针对不法侵害者进行反击，这是毋庸置疑的。关键是，陈某翰能否用刀反击并致对方死亡，这涉及只能一般防卫还是可以特殊防卫即无过当防卫。本案若只适用一般防卫，陈某翰也成立"防卫过当"，这是一个"应当减轻或免除处罚"的从宽情节，根据其还有未成年犯、坦白、家属赔偿 11 万元等情节，以及 50 名同学联名信反映其品学兼优、无任何打架劣迹的一贯表现，定罪免刑毫无问题，他还可以继续学业；若可以特殊防卫，则完全脱罪，不仅不负刑事责任，其家属也不负民事赔偿责任。本案一、二审裁判完全不考虑防卫因素，单纯以故意伤害罪判其 8 年，确实值得商榷。

笔者认为，本案恰恰可适用无过当防卫。因为被害人李某把这次行为称为"单杀"，还放出狠话"五点半不到你娃儿就要死"，陈某翰被李某拖入案发地后即遭"一阵猛烈的拳打脚踢"（报道语），现明知李某有刀在身，何时使用刀不得而知。因此，李某的行为可视为刑法列举的"行凶"之"严重危及人身安全的暴力犯罪"，陈某翰可对其实施无过当防卫，哪怕致李某死亡也不需要负刑事责任。此时，法律不能苛求陈某翰只能用身体防卫，而不能用刀防卫。

当然，该案一审、二审裁判均发生在五年前，当时正当防卫制度尚未被激活，即最高人民法院原副院长沈德咏针对山东辱母案撰文所说的，正当防卫制度"一定程度上成了僵尸条文"。那时法院判案，对于存在明显的正当防卫因素，也会因"死者为大""人死占理"的观念而受到干扰。本案一审法院相关工作人员就对记者说，"被害人家属毕竟失去了一个儿子，需要考虑到对被害人家属情绪的安抚"，当时这种思维很普遍。

法院判决陈某翰有罪，是这样说理的：陈某翰"在被害人等人邀约之下，还准备了一把卡子刀放在身上，当被害人用拳脚殴打陈某翰时，陈某翰最先掏出卡子刀刺伤被害人。被害人李某被陈某翰用刀伤害自己后，随之也掏出卡子刀来相互捅杀，陈某翰在主观上有追求伤害对方的动机和故意……"在这里，同学贺某看陈某翰被硬拽进社区临时递给陈某翰卡子刀防身，前面已经认定，怎么在后面评判时被认定为"事先准备了一把卡子刀"？再说陈某翰若有伤害故意，贺同学递刀就是故意伤害的帮助犯，没有他的递刀就没有后面的捅人，贺同学怎么没有作为本案共犯追究刑事责任？因为那样做明显悖理嘛！

再者裁判认为，李某只是拳打脚踢，陈某翰也只能拳脚相还；即是说，非得等到李某真正动刀了，陈某翰才能动刀，这也太苛求防卫人了。或许，待李某开始动刀，现场死的可能就不是李某而是陈某翰了，因为李某明显要"狠"得多，而且还有一帮"兄弟"在旁随时准备上场。况且，刑法对于哪怕一般防卫，也未要求同不法侵害完全对等，可以适当超过不法侵害强度，只是不能"明显"超过必要限度造成重大损失；而面对行凶、杀人等严重暴力犯罪，法律就完全没有防卫强度的限制了。这样规定是为了不捆住好人的手脚而让坏人逞能，本案面临的恰恰是"行凶"暴力犯罪呀。显然，在当时的条件下，一审、二审裁判对正当防卫要求得过于严苛，而未敢适用。

现在，最高人民法院已接受本案的申诉材料，正当防卫制度也因山东辱母案、昆山反杀案、保定涞源反杀案、福州见义勇为案等被大大激活，期待本案的后续司法审查能够进一步厘清案件事实和陈某翰的行为性质，客观公正地处理本案，也让公众知晓在面临类似情形时，究竟该如何防卫是好。

2019 年 3 月 27 日《光明日报》·光明日报客户端

深夜侵入

　　一名老实巴交的四级残疾者，面对深夜砸门入户的侵害人，摸黑朝
侵害人腹部防卫一刀，侵害人不治而亡，残疾者竟被以故意伤害罪起诉
到法院，这是法向不法让步。

　　报道是这样的：去年9月18日凌晨2点多，早已关闭足疗店休息的于海
义被一阵急促的砸门声吵醒，45岁的他摸黑走到门前，看到门外一名身材结
实、疑似醉酒的中年男子不停地用力砸门，还大声辱骂"不开门整死你"。黑
暗中，于海义看见男子拿着一个类似砖头的东西，极度恐惧中操起桌上的水
果刀防身。很快男子破门而入，进来追打于海义。双方厮打在一起，混乱之
中，于海义扎了男子肚子一刀，男子倒地后，于海义又是为其包扎又是拨打
120急救电话，将男子送往抚顺矿务局总医院，最终男子不治身亡。抚顺市检
察院认定于海义的行为属于防卫过当，以涉嫌故意伤害罪起诉至抚顺市中级
人民法院，现尚未开庭审理。(4月4日上游新闻)

　　对于本案，控辩双方都认为，于海义的行为属于防卫，但究竟是过当还
是无过当，这涉及罪与非罪，结果大相径庭，前者要承担接近10年的刑事责
任以及几十万的民事赔偿责任，后者不负刑事责任也不负民事赔偿责任。

　　控方认定于海义有罪的理由是，"鉴于被害人吕某实施不法侵害时并未使
用凶器，尚未严重危及人身安全，而被告人于海义却使用刀具进行防卫，并

致被害人吕某死亡，于海义并非只能采取此防卫行为才能有效制止不法侵害，对不法侵害人造成的损害远远超过了仅仅使其丧失侵害能力或者终止其侵害行为的程度，其防卫行为明显超过必要限度，属于防卫过当，应当以故意伤害罪（防卫过当）追究其刑事责任”。

我认为，根据当时的时空条件，控方这样认定显然过于苛求防卫人。试想，对于深夜无故砸门闯入的不法侵害者，以及"不开门整死你"的威胁，还有情急中似乎看到对方拿着板砖的样子（哪怕是错觉），谁能预测其入室后的侵害行为达到何种程度？法律怎能苛责室内人只能用身体防卫而不能用刀防卫呢？因此，我认为用刀防卫是正当的，否则，就是典型的"法向不法让步"。

还应看到，本案中于海义虽然用刀防卫，但表现得相当克制。用刀防卫可以选择刺向不法侵害者头部、颈部或者胸部之重要脏器部位，而于海义刺向的是腹部，四肢和腹部是相对没有重要器官的部位，刺一刀一般不会导致毙命。当然，如果刺中腹主动脉或者肠系膜中动脉或者大腿的股动脉等，也可能造成失血性休克死亡，那是概率很小的事情。

也就是说，本案用刀防卫没有错，防卫时仅刺向腹部一刀没有错，刺这一刀的意图是为了制止不法侵害而非故意伤害。换言之，本案既不存在犯罪故意，也不存在犯罪过失，至于不巧正刺到肠系膜中动脉造成不法侵害人死亡，应看成出乎于海义意料的意外事件，依《刑法》第16条的规定，意外事件不是犯罪，不负刑事责任。

本案辩护律师也认为于海义无罪，却是从特殊防卫角度而言的。这种防卫不存在过当，所适用的法条是《刑法》第20条第3款。该款规定："对正在进行行凶、杀人、抢劫、强奸、绑架以及其他严重危及人身安全的暴力犯罪，采取防卫行为，造成不法侵害人伤亡的，不属于防卫过当，不负刑事责任。"由于防卫行为致人死亡也不存在过当，刑法理论即称之为"无过当防卫"。

辩护人的理由是这样的：本案被害人吕某虽未持刀具，但其在醉酒支配下，在被于海义明确拒绝的情况下，强行在凌晨时分，实施辱骂、砸门入室等不法危害，已经属于严重危及人身安全的"行凶"，可以采取致死也不为过的无限防卫。这种分析，有理有据，也能够成立。

我认为，对于一起因防卫而发生死亡结果的案件，司法人员首先应根据常识和经验作出价值判断，若认为防卫人这样做是正当的、无罪的，再去找法律上正当化理由，结果意外事件或无过当防卫都能为于海义脱罪，两者异曲同工。防卫性案件适法时应把握两个原则：一是不苛求防卫人；二是适当向正义方倾斜，用现在时髦的提法就是，"法不向不法让步"。

在这里要特别强调常识判断。法律格言有云："法律的生命不在于逻辑，而在于经验"。这话同"法律要重视常识"是一致的。在实行陪审团制度的国家，由未受过法律专业训练的人组成陪审团，对被告人的行为作出有罪或无罪的判断；当陪审团成员一致认为被告人无罪时，即可以当庭释放被告人，没有法官的事了；只有陪审团认定被告人有罪，才由法官来裁量具体刑罚。

同本案契合的常识是什么呢？有些地方社会治安形势不好，不少人放置刀具之类在客厅以备不测，尤其是家里只有老弱病残人员的时候。本案足疗店二楼住着几名女工，一楼住着于海义这位老实的四级残疾人，即使他们备刀以防夜间出现意外也完全正当，何况还只是随手操起桌上的刀，而且不速之客深夜而至，破门而入，还扬言"不开门整死你"，用刀防一防何错之有！这就是常识。假设本案也由陪审团来审，我相信会一致认定其无罪。

一个一向"老实本分，遵纪守法"（众多村民联名信中用语）的残疾人，在不法侵害者深夜向他伸出罪恶之手时，法律应允许他用刀向罪恶宣战，而不能对他的防卫横加苛责。这就是本文的结论。期待后续的司法诉讼还于海义以公道！

2019 年 4 月 4 日搜狐网·狐度评论

赵宇案之一

｜及时不起诉，体现司法担当｜

见义勇为和违法犯罪处于模糊状态的案情，当地公安机关在排查清楚后，无须舆论介入即有结局，才是法治应有的状态。

2月21日凌晨1点30分许，福州市公安局官微发布案情通报，先介绍了基本案情，后披露了最新处理结果：晋安区人民检察院经审查认为，赵宇的行为属正当防卫，但超过必要限度，造成了被害人李某重伤的后果。鉴于赵宇有制止不法侵害的行为，为弘扬社会正气，鼓励见义勇为，综合全案事实证据，对赵宇作出不起诉决定；李某因涉嫌非法侵入住宅罪已于2月19日在公安机关指定的地点监视居住，公安机关将视其病况采取相应法律措施，案件正在进一步侦办中。

这应是我国最快的"不起诉决定"了，当地公安2月20日移送审查起诉，当地检察机关2月21日凌晨1点多即作出不起诉决定，前后不到一天时间。其重大意义在于，及时缓解了公众近两日被"见义勇为反被刑拘"消息所引起的极度焦虑情绪，当然也体现了当地检察机关积极回应民意的司法担当。

根据法律规定，公安机关移送审查起诉后，检察机关有1个月至1个半月的时间进行审查，最后据情作出提起公诉或者不起诉的决定，像这样十来个小时即作出是否起诉决定的情形绝无仅有。另有消息报道，在此不到一天时间内，福州检察机关紧急传唤赵宇到检察机关接受询问，公安机关也紧急传唤了李某，还到自称遭入室侵害的邹女士老家对其进行询问。可以想见，当地公安、检察机关这一天的工作何等紧锣密鼓，最后才有这一结果，实在来之不易。

昨天媒体披露了当地公安对赵宇改变"故意伤害罪"定性，仍以涉嫌"过失致人重伤罪"移送审查起诉，但仍未见具体案情通报出来的消息，即有不少评论认为，移送审查起诉，意味着公安机关证据收集工作结束，证据已经固定，侦查已经终结，此时公布案情不会妨碍司法，民意认为赵宇是见义勇为，公安机关还按犯罪移送起诉，必须披露充分的事实和理由以回应民意。这种观点很有代表性。

现在的处理结果，同公众根据媒体报道和经验常识形成的判断，应该是一致了——赵宇彻底脱罪，虽然之前被刑拘了13日，检察机关虽不是见义勇为认定机构也大胆使用了"见义勇为"一词。而重伤二级痊愈且已能打麻将的李某是否构成强奸未遂，通报未提，或是证据不足，未就此立过案的缘故，但其踢门砸锁，闯入民宅殴打女住户的行为，证据充分，已涉嫌非法侵入住宅罪，公安机关已经立案且对李某采取强制措施，公众的情绪一下子得到了缓解。

检察机关作出的不起诉有三种：绝对不起诉（又称法定不起诉）、相对不起诉（又称酌定不起诉、罪轻不起诉）和证据不足不起诉（又称存疑不起诉）。通报虽未明确表述福州检察机关作出的是何种不起诉，但根据通报内容来看，应该是罪轻不起诉。因为通报称"赵宇的行为属正当防卫，但超过必要限度，造成了被害人李某重伤的后果"，此乃典型的防卫过当之表述。刑法规定，防卫过当"应当负刑事责任，但是应当减轻或者免除处罚"，可见免除处罚也是法定选项。而《刑事诉讼法》规定，对于犯罪情节轻微，依照刑法规定不需要判处刑罚或者免除刑罚的，人民检察院可以作出不起诉决定，这便是罪轻不起诉。罪轻不起诉，追诉和刑拘都不能算错，无须承担国家赔偿责任。

如前所述，由于强奸未遂证据不足，警方对此未立案认定过，通报略去不提可以理解；而李某非法侵入住宅并殴打女住户致其轻微伤，赵宇制止这种不法侵害，认定其为正当防卫存在前提基础。这也间接回应了不成立无限防卫的缘由。如果李某确实正在实施强奸行为（哪怕未遂），而针对强奸行为是可以进行无过当防卫的，即因防卫造成不法侵害者重伤或死亡的，都不存在防卫过当，不负刑事责任。强奸未遂的前提不存在，无过当防卫的认定也就没有基础了。

我们知道，过去一个"彭宇案"，因错误适用法律的举证责任规则，让公众感到做好事容易被讹，存在承担民事赔偿责任风险的误解，起了很不好的舆论导向作用（彭宇案后来另有其他说法，但其造成的恶劣影响很难消除）；现在又出现"赵宇案"，让见义勇为者同时面临承担刑事责任和巨额民事赔偿责任的双重风险，公众自然会产生更强烈的焦虑情绪，这正是本事件的实质意义所在。

现在人们舒了一口气，焦虑化解了。许多人依然为赵宇感到后怕，认为没有舆论的强烈呼声，后果如何呢？也就是说，公众更期待的情形是，此类见义勇为和违法犯罪处于模糊状态的案情，当地公安机关在排查清楚后，无须舆论介入即有结局，才是法治应有的状态。

2019 年 2 月 21 日光明网·光明时评·刘昌松专栏

赵宇案之二

| 无罪不起诉，为正当防卫树立新标杆 |

本案提示人们，当他人面临不法侵害时，完全可以大胆地冲上前去，"该出手时就出手"，实施正当防卫；法律不苛求见义勇为的防卫人，只要根据当时的时空条件，防卫手段没有"明显超过必要限度"，哪怕造成了不法侵害人重大损害，也不属于防卫过当，不负刑事责任。

2月20日，福州市晋安区公安分局以涉嫌过失致人重伤罪，对见义勇为者赵宇移送审查起诉，晋安检察院连夜审查，认为赵宇的行为系防卫过当，次日凌晨即作出了罪轻不起诉决定，赵宇判罪服刑的风险化解了，公众极度焦虑情绪也得到较大缓解，但赵宇在未来民事诉讼中仍将面临巨额民事赔偿风险，公众仍有"遇到呼救该不该出手相救"的纠结。此后，在最高检察院指导下，福建省检察院指令福州市检察院对该案进行审查，昨天审查有了结果，认定赵宇的行为属于正当防卫，不应追究刑事责任，遂撤销原决定，对赵宇作出无罪不起诉。（3月1日《长安剑》）

从罪轻不起诉到无罪不起诉，赵宇的全部责任至此完全归零，他还可申请国家赔偿，让错误羁押其13天的公安机关赔礼道歉、恢复名誉和赔偿损失，甚至有关机构还可以启动见义勇为的认定程序，公众"遇到呼救该不该出手相救"的纠结也会彻底化解。可以说，此案为今后类似案件的处理树立了"新标杆"。

本案的"新标杆"意义在于，公民在本人和他人面对不法侵害时，即使进行"一般正当防卫"而非"无过当防卫"（又称"特殊防卫"），只要防卫措施根据当时的时空条件，没有"明显超过必要限度"，哪怕造成了不法侵害者重大损害（重伤以上），也完全正当，不负刑事责任。

此前针对这类情形作出按犯罪对待，并非个别现象。长期以来，鼓励同违法犯罪作斗争的正当防卫制度处于"僵尸"状态，通过近年一些大事件才有所激活，但总体而言，司法机关对正当防卫制度的适用仍不够大胆。若不属于无过当防卫情形，一般正当防卫只要导致不法侵害人重伤以上后果，实践中基本上都认定为防卫过当，承担刑事责任。

而且，对于防卫过当，大多以过失致人重伤罪或过失致人死亡罪甚至以故意伤害罪起诉到法院，虽然法律规定防卫过当应当减轻或免除处罚，但实践中适用减轻处罚的多，适用免除处罚的极少。也就是说，大多定罪判刑了。在这样一片误解的背景下，晋安检察院为鼓励见义勇为，对赵宇先是作出了不批捕决定，后又作出罪轻不起诉，不交法院审判，已经是不错的结局。

仔细分析一下，司法实践中的错误适用，主要发生在对《刑法》第 20 条第 2 款防卫过当之要件的理解上。该款规定，"正当防卫明显超过必要限度造成重大损害的，应当负刑事责任，但是应当减轻或者免除处罚"。正确理解该条款，应当将防卫过当的构成要件分解为三个，缺一不可，即正当防卫的前提要件；明显超过必要限度的手段要件；造成重大损害的后果要件。错误理解适用恰恰在于，认为"造成重大损害"即可判断为"明显超过必要限度"，将后两个要件理解为互为解释的一个要件，从而否定了虽"造成重大损害"，但防卫手段也可能"未明显超过必要限度"之情形的存在，本案即是很好的示例。

目前披露的案情较之前清晰了许多：李某与邹某相识但不是太熟，那天二人一同吃饭后乘出租车到达邹某的暂住处，后在室内发生争吵，李某被邹某关在门外。李某强行踹门而入，殴打谩骂邹某，引来邻居围观（可见为一般交往中的争吵，并无欲行强奸的情形，对此交待较之前清楚）。暂住在楼上的被不起诉人赵宇闻声下楼，见李某把邹某摁在墙上并殴打其头部，即上前制止并从背后拉拽李某，致李某倒地。李某起身后欲殴打赵宇，威胁要叫人"弄死你们"（威胁为新披露情节），赵宇随即将李某推倒在地，朝李某腹部踩一脚（仅此一脚，描述更明确），又拿起凳子欲砸李某，被邹某劝阻住，后赵宇离开现场。经法医鉴定，李某腹部横结肠破裂，伤情属重伤二级；邹某面部软组织挫伤，属轻微伤。

上述情节可以看出，李某并无先前传言的欲行强奸行为，赵宇出现时，李某正在殴打邹某不假，但不至于严重威胁其人身安全，赵宇出手制止时同李某搏斗，李某的行为也未升级到严重威胁赵宇人身安全的程度，因此，"严重危及人身安全的暴力犯罪"并不存在，可排除"无过当防卫"的适用；而考虑一般正当防卫还是防卫过当，关键看防卫手段是否"明显超过必要限度"之要件，一票否决。

由于赵宇在制止李某的不法侵害过程中，始终只是赤手空拳与李某扭打（未使用没轻没重的工具），具体行为仅是阻止、拉拽，李某倒地后仍然用言语威胁，赵宇在情急之下踩了李某腹部一脚（未针对头颈和心脏等要害部位狠命打击），应认定为在"必要的限度"内，或者防卫"未明显超过必要限度"。也就是说，防卫过当的三个要件，缺乏防卫手段要件而不能认定，结论当然是正当防卫，不负刑事责任。至于一脚即造成"横结肠破裂"，鉴定为"重伤二级"，赵宇可能也未想到，属于不能预见的"意外事件"，不负刑事责任。

该案参照了最高人民检察院 2018 年底的"第十二批指导性案例"，而这批共有 4 个案例，挨得上的为陈某正当防卫案。但该案的情形是，陈某被 9 人围殴，有的使用钢管、石块等工具，陈某掏出水果刀挥刺致对方 3 人重伤，虽然其适用一般正当防卫"没有明显超过必要的限度"来为其除罪，但陈某案似乎更应适用"正在遭受严重危及人身安全的暴力犯罪"，用无过当防卫为其除罪更合适。本案与其差异悬殊，作为"虽造成重大损害"但"未明显超过必要的限度"之类不构成防卫过当案例或许更有指导意义。

总之，本案提示人们，当他人面临不法侵害时，完全可以大胆地冲上前去，"该出手时就出手"，实施正当防卫；法律不苛求见义勇为的防卫人，只要根据当时的时空条件，防卫手段没有"明显超过必要限度"，哪怕造成了不法侵害人重大损害，也不属于防卫过当，不负刑事责任，本案为此树立了新标杆！

【补注】2019 年 12 月底，福州市有关部门授予赵宇见义勇为先进分子称号。赵宇成为正当防卫和见义勇为的双重典范。

2019 年 3 月 2 日《慕公法治论坛》

涉性违法与涉性犯罪

婚内强奸

｜入刑尚需夫妻分居制度配套｜

要将分居期间强奸妻子情形入刑可以，但应借鉴发达国家的立法例，建立夫妻分居制度，与之配套。

据报道，《反家庭暴力法》目前已由原国务院法制办拟出草案（以下简称"草案"）。草案将8种家庭成员之间侵害身体、性或精神的行为，界定为家庭暴力。最引人关注的是，草案明确规定夫妻双方因感情不和分居或法院正在审理双方离婚案件期间，男方以暴力手段强行与女方发生关系的，依照《刑法》第236条（强奸罪）进行处罚。

我国刑法仅规定，违背妇女意志，使用暴力、胁迫等手段强行与妇女发生性关系的行为成立强奸罪，法律并没有明文规定丈夫不能成为强奸妻子的犯罪主体。因此，"婚内强奸入刑"并无刑法适用上的障碍，不涉及刑法需要修改的问题。很明显，草案确立了两种情形下的"婚内强奸入刑"：一是夫妻感情不和分居期间的婚内强奸；二是离婚诉讼期间的婚内强奸。对于第二种情形入刑，应该争议不大；而对于第一种情形入刑，由于我国缺乏夫妻分居制度，容易产生歧义与执法操作上的困难。

对于离婚诉讼期间的婚内强奸入刑，我国司法实践中已有一些判例。1989年河南信阳法院作出了我国第一起婚内强奸入罪的判决，基本情节是丈夫在妻子提起离婚诉讼后，在亲友的帮助下将妻子劫持回家，并多次实施强奸；1999年上海青浦区法院作出了上海首例婚内强奸判决，情节为法院已作出离婚判决但还在上诉期内，丈夫对妻子实施了强奸。因此，草案将离婚诉讼期间的婚内强奸入刑，有一定的司法实践基础。

离婚诉讼期间的"婚内强奸入刑"，可操作性很强，且理由也很充分。因为离婚诉讼期间的时间节点清楚明确，即法院已经受理离婚案件，但还没有作出生效的离婚判决，包括一审过程中、一审已经判决离婚但还在上诉期内或已经上诉进入二审程序，没有任何歧义。夫妻已进入离婚程序，为保护妻子的性自主权，暂停夫妇的同居义务，将此期间的强奸入刑，理由正当。

但是，要将夫妻感情不和分居期间的婚内强奸入刑，就没有如此明确的界限。例如，我国《婚姻法》将因感情不和分居满2年，规定为判断夫妻感情破裂、准予离婚的法定理由，但我国并没有建立真正意义上的分居制度，导致当事人对起诉以前婚姻双方是否分居、分居时间长短这一事实普遍举证困难，法院也难以认定。民事上尚且如此，刑事上确定夫妻之间处于"感情不和分居期间"的状态，更是难以操作。因此，要将该种情形入刑可以，但应借鉴发达国家的立法例建立夫妻分居制度，与之配套。

发达国家法律认可的夫妻分居方式主要有二：一是裁判分居，即由法院判决夫妻分居，暂停夫妻之间的权利义务；二为协议分居，即夫妻通过协议约定分居，免除夫妻之间的权利义务，包括免除同居义务。而对于事实上的分居（前述我国婚姻法上的分居即是），多数立法例不承认。

两性关系是夫妻生活的核心内容，通常情形下夫妻之间有同居的义务，因而婚内强奸一般不应入刑，但在异常情形下，也可暂停夫妻间的同居义务，保护妻子的性自主权。草案将离婚诉讼阶段和分居阶段发生的婚内强奸入刑，具有合理性。建议立法上确立夫妻任何一方有权提起分居诉讼，也确认分居协议之效力或干脆在婚姻登记机关设立分居登记，不仅使婚姻法规定的分居两年之离婚理由变得有实际意义，也同"婚内强奸入刑"相协调。

"婚内强奸"能否入刑，理论上一直有些争议，这次草案将婚内强奸入刑写进法律，应是我国女权运动的重要成果。而且，立法上将上述两种情形入刑，也意味着两种情形之外的一般婚内强奸不入刑，这对于统一全国"婚内强奸"的法律适用很有积极意义。当然在法律上明确界定"分居期间"需有配套的制度支持，否则"悬空"的法律会成为制度硬伤，损害立法的科学性和权威性。

2014 年 11 月 23 日《新京报》时评·观察家

强奸男性

|纳入强奸罪的立法时机已成熟|

"男性也为强奸对象"的立法时机在我国已经成熟，无论在民间在官方在学界，都没有推行的阻力。

今天，中国社科院法学所著名刑法学者刘仁文与他的学生高钰合写的一篇短文《关于刑法去性别化的思考》（以下简称《思考》），被诸多媒体大量转载，引发舆论强烈关注。

文章称，2015年《刑法修正案（九）》将"强制猥亵罪"的犯罪对象由"妇女"扩大为"他人"，这种去性别化的立法因其适应社会的需要、更具科学性而受到学界的好评。但这还只是我国刑法去性别化的起步，刑法中仍然存在一些犯罪对象或者犯罪主体被不当性别化的条款，这主要体现在强奸罪、侮辱妇女罪、拐卖妇女罪、收买被拐卖的妇女罪、聚众阻碍解救被收买的妇女罪和引诱幼女卖淫罪等罪名中。文章也建议将刑法强奸罪条款中的"妇女"改为"他人"，即男性也为强奸犯罪的对象。

《思考》一文引起广泛关注，或许与其涉及性犯罪有关，但《思考》一文本身讨论的刑法去性别化，男女的人身权包括性权利都应平等保护，却是个很严肃的问题。我认为，立法规定"男女都可成为强奸罪的犯罪对象"，时机已经完全成熟。

根据现行刑法规定，强奸罪是指违背妇女意志，以暴力、胁迫或者其他手段强行与妇女性交的行为，以及奸淫不满 14 周岁幼女的行为。可见现行刑法将强奸对象严格限定为女性，女性强奸男性无论情节多严重，都不构成强奸罪。

其实，这种立法例在 20 世纪中叶及更早时期具有世界意义，日本、韩国、德国甚至美国等大多数国家的刑法均规定，只有女性才是强奸对象，被称为传统强奸罪的立法类型；只有西班牙、澳大利亚等少数国家的刑法，才规定男女均可为强奸对象，被称为强制性交罪的立法类型。

我之所以认为，"男性也为强奸对象"的立法时机在我国已经成熟，无论在民间在官方在学界，都没有推行的阻力，至少有这样几点理由：

其一，女权主义犯罪学的广泛影响，为"男性也为强奸对象"的立法提供了重要思想基础。女权主义运动兴起于 20 世纪 70 年代，女权主义犯罪学认为将强奸罪的对象限定为女性，不是对女性的保护，而是一种变相歧视。美国是女权运动的核心国家，其刑事立法也相应修改为男女均可成为强奸罪的对象，此后许多国家效仿。我国受到女权主义犯罪学的影响不小，性权利平等保护的观念被普遍接受就是例证。

其二，2015 年刑法修订将强制猥亵犯罪的对象由"妇女"扩大为"他人"，为立法全面平等保护男女性权利提供了成功范例。此前强制猥亵犯罪的罪名为"强制猥亵妇女罪"，仅保护了女性的广义性权利；修订为"强制猥亵罪"后，男性也成为强制猥亵的对象，首次承认了男性的性权利受刑法保护。经过两年的司法实践，该罪的适用没有出现任何问题，现在再推广到强奸等犯罪，同样不会有障碍。

其三，男性遭到女性强暴而无法受到刑法保护的典型案例屡见报端，也逐渐让公众意识到了男性性权利同样有必要进行刑法保护。过去，男性遭到性侵往往羞于启齿，更不会诉诸公共舆论，于是人们感到男性遭性侵实在太少了，而"法律不为个别事项立法"（法谚），现在不少男性遭到性侵诉诸媒体，使得这一障碍也不存在了。

此外，《思考》一文的大量跟帖，都是积极支持作者观点的声音，反对者甚少，更无学界人士出来反对。这也从另一侧面说明，我国刑法进行"去性别化"修法已在全社会达成普遍共识，不会遭到多大的抵触。

2017 年 7 月 26 日　浙江新闻客户端·浙江评论

奸幼之一

| 官员获刑五年，量刑适当吗 |

当地司法机关在强大舆论压力下，能对郭玉驰追究下去也不容易，现在判个过轻的 5 年刑和零赔偿，既有制度方面的原因，也有法外原因。

云南省大关县法院对该县机构编制委员会办公室原主任郭玉驰强奸 4 岁幼女案作出一审判决，判处郭玉驰有期徒刑 5 年，不承担民事赔偿责任。受害人家属申请检方抗诉，但被拒绝。(10 月 10 日《新京报》)

公众普遍认为本案的量刑畸轻，甚至有律师认为应在 10 年以上判处。但情绪不能代替法律，依罪刑法定原则，涉案官员郭玉驰获刑 5 年且民事不赔，确实明显过轻，但依法还真不能判 10 年以上刑罚。这个附带民事诉讼零赔偿的判决，细究起来居然也合法。检察院不抗诉有其必然性，因为那就是他追究的结果。下面分几个层次谈点意见。

一、该案依法还真不能判处 10 年以上刑罚

强奸罪有两档法定刑，一档为 3 年至 10 年（一般法定刑）；另一档为 10 年以上、无期或者死刑（加重法定刑）。判处 10 年以上之加重法定刑，必须有法定的加重情节或加重后果，刑法对此列举了五种情形，即强奸妇女、奸淫幼女情节恶劣；强奸妇女、奸淫幼女多人（3 人以上）；二人以上轮奸；在公共场所当众强奸；强奸致使被害人重伤、死亡或者造成其他严重后果。本

案中，郭玉驰的行为明显不存在后四种情形。

至于强奸妇女、奸淫幼女情节恶劣，是指的强奸行为本身情节恶劣，而不是指社会影响恶劣，一般是指强奸手段残酷（例如伴有用烟头烫伤阴部、用鞭抽等方式强奸）、长期强奸一人等情节，从报道所反映的案情来看，这些情节并不存在，故远未达到情节恶劣的程度。

身为国家机关工作人员还奸淫幼女，可否作为情节恶劣的情形呢？还真不能！

法定的身份，有时影响定罪（例如一般渎职罪只有国家机关工作人员才能构成；特殊的渎职罪像徇私枉法罪只有特定的国家司法人员才能构成），有时影响量刑（像非法拘禁罪、非法搜查罪，一般人都可构成，但国家机关工作人员犯这两罪，应当从重处罚）。但依罪刑法定原则，都需刑法本身对此有明确规定。强奸罪显然没有职务身份的要求，法律也未在该罪下规定国家工作人员犯强奸罪从重处罚。因此，被告人郭玉驰有国家机关工作人员身份，连强奸罪中一般法定刑的从重处罚情形都算不上，更别说作为加重法定刑（10 年以上至死刑）的情节了。

二、该案仅判处 5 年刑确实量刑过轻

量刑应在确定起点刑和基准刑的基础上，再根据量刑情节进行加减，形成宣告刑。最高人民法院《量刑指导意见》规定，强奸妇女、奸淫幼女一人一次的，可以在 3 年至 5 年有期徒刑幅度内确定量刑起点。云南高院的实施细则根据当地实际情况，明确奸淫幼女一人一次的，量刑起点为 5 年至 6 年有期徒刑。由于本案对象仅为 4 岁幼女，且为国内打击性侵幼女高发期，故本案的起点刑确定为 6 年为宜。

《量刑指导意见》规定，在量刑起点的基础上，可以根据强奸人数、次数、致人伤亡后果等其他影响犯罪构成的犯罪事实增加刑罚量，确定基准刑。本案不存在强奸 2 人或 2 次之情节，未造成轻伤、轻微伤（需要有鉴定结果支持）等后果，即本案中没有增加刑罚量的因素，可将起点刑 6 年直接作为基准刑。

6 年的基准刑是一个基础，在这个基础上，再考虑法定或酌定的从重、从轻情节做加减法，即得出宣告刑。

本案的法定从重情节有一个，即强奸对象为幼女，可加处 2 年刑；酌定

从重情节可考虑两个，国家机关工作人员虽不是本罪的法定从重情节，但作为一个酌定从重处罚的因素考虑，可加处 0.5 年。本案特别让人不可理解的是，身为国家干部的被告人自始至终没有对 4 岁的被害幼女赔礼道歉，更没有支付哪怕一分钱的精神抚慰金（虽有认罪情节，但认罪不等于悔罪），毫无悔罪悔过之心，也是一个酌定从重处罚情节，可加处 0.5 年。

我一直在思索，他为何强奸了幼女还"如此霸气"？合理的解释只能是，他心理可能还有一肚子怨气，自己是堂堂一个编办主任，奸淫了你一个小小百姓的女童，这算得了什么？居然害得我成为阶下囚，我还给你道歉，还赔你损失，还去精神抚慰你？应该是这样一种心态。这其实也是引起公众和被害人一方义愤填膺的重要因素。合计起来，从重的情节应在基准刑的基础上加处 3 年左右。

本案的从轻情节只有一个，即如实供述自己的罪行（理论上称坦白），过去是酌定从轻处罚情节，2011 年《刑法修正案（八）》将其修订为法定从轻情节了，可减处 1 年刑。其他的从轻情节例如未遂、从犯、胁从犯、立功、积极向被害人赔礼道歉，取得被害人方谅解等，本案再无一项。

因此，本案的宣告刑应为 6+3-1 即 8 年比较合适，判处 5 年明显过轻。

三、本案为何未判赔一分钱的附带民事赔偿

判决称，因附带民事原告人（被害人）未提供相应证据证明其经济损失情况，同时精神损害赔偿不属于附带民事诉讼范围，故对经济赔偿和精神损害赔偿均不予支持，判处被告人郭玉驰不承担民事赔偿责任。

或许本案被害女童家长无知，孩子被奸后确未让其看过病，只让其在家中休息，让伤口自愈了，故未形成正式的医疗票据；否则，有正规发票之证据证明被害人因犯罪造成的经济损失了，法院也不敢胡判。

至于精神损害赔偿，刑事诉讼法确实规定："被害人由于被告人的犯罪行为而遭受物质损失的，在刑事诉讼过程中，有权提起附带民事诉讼。"依反对解释，只有遭受物质损失有权要求赔偿，遭受的精神损害当然无权要求赔偿了。现在出现了一个怪胎，不构成犯罪的人身侵权行为，提起民事赔偿诉讼，可主张精神损害赔偿；构成犯罪的人身侵权，反不能主张精神损害赔偿了。因此，从法律角度讲，本案法院不支持被害方精神损害赔偿，你还真说不出个所以然。该案将法律的悖理性更突显出来了，期待早日修改这样的不合理

条款。

但司法实践对法律这种不合理的规定有不少突破，例如清华大学两教授夫妇目睹 14 岁的女儿在公交车上被售票员活活掐死案，法院即判决公交公司赔偿两教授夫妻精神损害抚慰金 30 万元。但这种幸运没有降临到这个普通被害女童身上，最大可能的原因是被告人是当地的政府官员。这从法院的做法即可知道。因为附带民事案件，法院可以调解；虽然没有证据证明被害人的经济损失，虽然法律不支持精神损害赔偿，但不妨碍法院动员被告人自愿向被害方进行赔偿以求得被害方的谅解，从而获得从轻处罚。显然，法院未去做这个工作，且依然让被告人获得了比具有赔偿和谅解情节还要轻得多的判处。被告人家属知晓了有这等"好事"，何苦还要拿钱赔偿?!

四、检察院不接受抗诉申请早就明摆着

现被害人家属不服判决，申请检察院抗诉，但被拒绝。其实，被害方明知检察院的量刑建议，还这样向他提出，就是与虎谋皮嘛，申请被拒绝就是和尚头上的虱子——明摆着！

查看报道知道：根据大关县检察院指控，2013 年 8 月 24 日晚 9 时 30 分，被告人郭玉驰见到一名幼女（2009 年出生）在路边玩耍，遂起奸淫之心，便将其抱至家中卧室实施了奸淫。按照有关法律，应当以强奸罪追究郭玉驰刑事责任，检察机关建议判处有期徒刑 3 年至 5 年。你看看，控方的量刑建议，最高就是 5 年，你让人家抗诉什么？

本案被告人郭玉驰原是县里的编办主任，这是一个很要害的位置！当地司法机关在强大舆论压力下，能对郭玉驰追究下去已属不易，现在判个过轻的 5 年刑和零赔偿，既有制度方面的原因，也有法外原因，值得深刻反思。

2013 年 10 月 11 日《新京报》时评·议论风声

奸幼之二

| "京官带幼女开房"案应有下文 |

　　王某既不能因为是国家官员而受到法外严惩，更不能因此受到包庇，逍遥法外。

　　北京42岁的公务员王某去年7月至9月间，多次将大兴区一所寄宿学校13岁的初一女生小华（化名）带到宾馆开房。家长去年9月底发现后报案，王某因涉嫌强奸被刑拘。此后被害人家长见案件一直没有进一步的消息，经一再询问才得知，警方报请批捕后，检方于今年1月以"不能证实王某明知小华未满14周岁，王某涉嫌强奸证据不足"为由，作出了不批捕的决定，警方随后将强制措施变更为取保候审。（11月12日《新京报》）

　　法律明确规定，公安机关接到了检察机关的不批捕决定书，即使认为不批捕决定有错误，也应立即释放嫌疑人。应当肯定，大兴警方接到不批捕决定后将王某的强制措施变更为取保候审，并无不妥。

　　本案中王某承认同小华多次开房发生性关系的事实，但辩解不"明知"小华为幼女。因此，是否"明知"小华未满14周岁是个关乎罪与非罪的关键情节。若大兴检察机关根据警方报捕的证据材料只能得出"不能证实王某明知小华未满14周岁"的结论，进而作出不批捕的决定，也应是正确的。不能因为近一个时期公众对屡屡发生官员奸淫幼女案反应强烈，就放宽批捕的尺度，那也不是法治的做法。

　　本案蹊跷之处在于，案发已快一年零两个月了，既未撤案也未见程序推进，至今还处于侦查阶段。若不是被害人家长一再追问，该案似乎处于不了了之的状态。

　　按理，警方当时报请批捕王某时，显然认为王某对小华未满 14 周岁是"明知"的。在检方不批捕时，警方若认为检方决定错误，依法即应要求检方复议；若意见仍未被接受，还可要求上一级检察机关复核。现警方的回应却未通报存在这些环节。若警方认为不批捕决定正确，就应继续收集"王某是否明知小华未满 14 周岁"的相关证据，逾期未发现新的证据，依法应撤销案件，而不应使案件一直处于悬而未决、不了了之的状态。

　　就案情而言，判断王某是否"明知"小华为幼女，其实并不困难。有两个情节对于作出判断很有价值。

　　一是王某冒充学生家长向老师短信请假。本案正是由于老师见小华第二天还未回校上课，问家长是怎么回事而穿帮。按照常识，王某此时应知道小华是初一学生，而该年级学生的年龄一般都在 12 岁至 13 岁之间。即使小华外观看不出不满 14 周岁，王某也未问其年龄，"确知"小华不满 14 周岁虽不能成立，但王某知其为初一学生，也"应知"其不满 14 周岁。而根据相关司法解释，所谓"明知"性侵对象不满 14 周岁，包括"确知"和"应知"两种情况。

　　二是被害人方代理律师介绍，王某初见小华时即问过其年龄，小华的回答是"属兔的"。若该情节属实，王某对小华不满 14 周岁就是"确知"，而不仅仅是"应知"。虽然嫌疑人王某向警方辩解说"当时小华说自己 16 岁"，而犯罪嫌疑人、被告人为逃避法律责任，其供述虚假或真假杂存或避重就轻，本就是口供的基本特点，因此法律规定"不轻信口供"，而应注意口供以外的其他证据的收集。

　　小华对嫌疑人称自己是"属兔的"，以及王某冒充初一学生家长向老师请假，都是口供以外的其他证据，能够更加客观、真实地反映王某"确知"至少是"应知"小华未满 14 周岁的主观认知状况。我个人认为，这已经能够形成内心确信了。而检方不批捕，警方顺势放人并怠于进一步履职，都有偏信官员王某口供之嫌。

　　此案还有一个诡异之处是，被害人家长去年 9 月份即报案，而王某于报案近 3 个月后才到案接受讯问，让人不得不联想到王某的官员身份与此有关。

同样是强奸案的李某某等 5 人轮奸案，报案后不到 3 天嫌疑人即全部归案。由于强奸案收集证据有相当的紧迫性，故应在第一时间控制嫌疑人，迅速收集其口供证据，哪能让嫌疑人案发后 3 个月不归案，让他想好"台词"后再到警察局进行口供"表演"的。好在开房会所的监控记录了基本过程，王某虽近 3 个月才到案，也无法抵赖带幼女开房的事实。

现在，被害方通过媒体曝光了此案，使得该案置于公众视野。期待大兴的公检机关严格根据事实和法律，客观公正地处理该案，既不能因王某的身份为国家官员而受到法外严惩，更不能因此而使他受到包庇，逍遥法外。

2013 年 11 月 13 日《新京报》时评·第三只眼

嫖宿幼女

| 该罪产生得轻率，废除得艰难 |

按照立法惯例，修订法律到了由法律委员会就草案向全国人大常委会作说明的程度，一般离正式成为法律也就一步之遥了。可以肯定地说，嫖宿幼女罪废除在即。

在 8 月 24 日的全国人大常委会会议上，全国人大法律委员会主任委员乔晓阳就《刑法修正案（九）》草案三审稿向全国人大常委会作了说明。乔晓阳说，有关方面不断提出取消嫖宿幼女罪，法律委员会经研究，建议全国人大常委会采纳该意见，取消该罪名，对这类行为可适用《刑法》第 236 条关于奸淫幼女的以强奸论、从重处罚的规定。按照立法惯例，修订法律到了由法律委员会就草案向全国人大常委会作说明的程度，一般离正式成为法律也就一步之遥了，可以肯定地说，嫖宿幼女罪废除在即。这可是经历了 7 年呼吁，才有的这一结果；而当初产生这一立法，却仿佛在一刹那间完成，极其轻率。

嫖宿幼女罪产生之轻率

我国现行刑法通称 1997 年《刑法》，它是对 1979 年《刑法》大幅度修订而来（后者只有 192 条，前者则有 452 条）。1979 年《刑法》只规定了强奸罪，未规定嫖宿幼女罪。当年《刑法》第 139 条是这样规定的："以暴力、胁迫或者其他手段强奸妇女的，处三年以上十年以下有期徒刑。奸淫不满十四岁幼女的，以强奸论，从重处罚。犯前两款罪，情节特别严重的或者致人重伤、死亡的，处十年以上有期徒刑、无期徒刑或者死刑。二人以上犯强奸罪而共同轮奸的，从重处罚。"

该条第一款规定了强奸罪一般情节的处罚，第二款规定了奸淫幼女罪一般情节的处罚；第三款是对强奸罪和奸淫幼女罪加重情节的处罚规定；第四款是对轮奸处罚的规定。当时立法水平较低，本应直接规定"二人以上轮奸的，从重处罚"，却规定得啰里吧嗦；且法定刑仍只在 3-10 年之间稍从重一点来处罚，而未升格为 10 年以上至死刑的法定刑幅度。

1979 年《刑法》一出台即开始了修订，经历了 15 年漫长的修订历程，这期间调整形成了若干份刑法修订征求意见稿，但是，直到 1996 年 12 月和 1997 年 2 月两次提交全国人大常委会审议的一审稿、二审稿，都没有将嫖宿幼女罪独立成罪，直到 1997 年 3 月全国人大召开会议，审议刑法修订草案三审稿，这次的三审稿中才突然出现了嫖宿幼女罪单独成罪的规定，并获得了这次会议的通过，形成了法律（即 1997 年《刑法》）。

1997 年刑法关于强奸罪也有很多细化，对轮奸的处罚态度也发生了变化，其立法技术也有很大的提高。

1997 年《刑法》第 236 条关于强奸罪是这样规定的："以暴力、胁迫或者其他手段强奸妇女的，处三年以上十年以下有期徒刑。奸淫不满十四周岁的幼女的，以强奸论，从重处罚。强奸妇女、奸淫幼女，有下列情形之一的，处十年以上有期徒刑、无期徒刑或者死刑：（一）强奸妇女、奸淫幼女情节恶劣的；（二）强奸妇女、奸淫幼女多人的；（三）在公共场所当众强奸妇女的；（四）二人以上轮奸的；（五）致使被害人重伤、死亡或者造成其他严重后果的。"可见，轮奸的法定刑升格为 10 年以上至死刑了，而且并列情节增加到五种，立法语言也进步了。

1997 年《刑法》规定嫖宿幼女罪的第 360 条是这样的："明知自己患有梅毒、淋病等严重性病卖淫、嫖娼的（传播性病罪），处五年以下有期徒刑、拘役或者管制，并处罚金。""嫖宿不满十四周岁的幼女的（嫖宿幼女罪），处五年以上有期徒刑，并处罚金。"这就是刑法修订三审稿中才出现的那个样子，且当即获得了通过。

强奸妇女、奸淫幼女之犯罪，是规定在"侵犯公民人身权利罪"一章的，而嫖宿幼女罪则是规定在"妨害社会管理秩序罪"一章的，其立法逻辑是，卖淫、嫖娼不是罪（只应治安处罚），但通过卖淫嫖娼故意传播性病是罪；嫖宿成年女性不是罪，但嫖宿幼女是罪，是严重妨害社会管理秩序的犯罪，侵犯幼女人身权是其次。

1979 年《刑法》本身和之后若干稿刑法大修的修订草案均未出现嫖宿幼女罪，只是在最后三审稿中才突然出现，且一出现即通过了，可见该罪的出台是在理论上没有充分研究的产物，难怪该条款在逻辑上存在诸多问题（后述）。我敢说，若嫖宿幼女罪条款在修订草案征求意见稿或者在后面的一审稿或二审稿中即公布出来，从而接受众多专家学者的研究评判，诸多问题都会被发现，正式的法律根本出现不了该罪。当时全国人大三审刑法草案就是要通过该法律案，且大会议题很多，三审稿中突然出现这一条款，形成不了真正意义的讨论，就过关了。

著名刑法学者高铭暄在一本专著中简要地回顾了这一罪种的产生经历，我在括号里加点批注。他写道：

嫖宿幼女罪原系 1991 年 9 月 4 日全国人大常委会通过的《关于严禁卖淫嫖娼的决定》第 5 条第 2 款规定的犯罪，该款规定："嫖宿不满十四岁的幼女的，依照刑法关于强奸罪的规定处罚。"（注：在这里，对幼女污名化的嫖宿幼女一词已经出现，祸根从此埋下，但处罚上未含糊，直接规定按强奸罪处罚，同强奸罪之间的规定是协调的。）在刑法修订研拟中，立法工作机关曾经将上述规定直接移植进 1996 年 8 月 8 日的刑法分则修改草稿及其以后的一些稿本中（注：直接移植，当然还是规定按强奸罪处罚）。到了 1996 年 12 月中旬的修订草案，立法机关为此款规定的立法用语做了微调，即将之前依照强奸罪的规定处罚的表述修改为依照强奸罪"定罪处罚"（注：到此时也还是规定"按强奸罪定罪处罚"）。

后来考虑到嫖宿幼女罪中的幼女有卖淫的行为，与强奸罪中的受害者相比，两者是有一定区别的，对嫖宿幼女行为单独定罪并规定独立的法定刑比较妥当，故在 1997 年 3 月 13 日的《刑法修订草案》第 360 条第 2 款中，立法机关对此罪规定了独立的法定刑，即："嫖宿不满十四周岁的幼女的，处五年以上有期徒刑，并处罚金。"（注：请注意，所谓"后来"落实到文本上，也就是 1997 年 3 月 13 日《刑法修订草案》，此时全国人大会议正在召开，这正

是刑法修订草案三审稿。此前 1996 年 12 月和 1997 年 2 月两次提交全国人大常委会审议的一审稿、二审稿，这一款都只是"嫖宿不满十四岁的幼女的，依照刑法关于强奸罪的规定定罪处罚"。现在草案三审稿中突然出现了独立的法定刑，也就单独成罪了）这一写法最后就成为 1997 年《刑法》第 360 条第 2 款。（注：读者留意一下，现行刑法即 1997 年《刑法》的法律文本，其标题下方一般都注明，1997 年 3 月 14 日全国人大八届五次会议通过，而出现嫖宿幼女罪独立成罪的草案文本是在 1997 年 3 月 13 日刑法修订草案中才出现的，只有一天时间，要审议刑法 452 个条文，这一点细微的改动，就像一只蚂蚁在一个大房子里，代表委员们根本就没有注意到它的存在——倍受诟病的该条文就这样产生了！）

嫖宿幼女罪废除之艰难

2007 年贵州习水发生多名官员参与嫖宿幼女案，后经过媒体曝光，嫖宿幼女之罪名引起了舆论广泛而持续的关注：海南万宁小学校长嫖宿幼女案、陕西略阳嫖宿幼女案，等等，不断持续上演，"废除嫖宿幼女罪，并回强奸罪"的呼声一直不绝于耳，以至于每年全国两会上的焦点议题中，都少不了"嫖宿幼女罪"。

尽管如此，2009 年的《刑法修正案（七）》、2011 年的《刑法修正案（八）》之立法都有机会废除该条款，但均未触碰这个罪名；最高人民法院 2013 年底甚至公开表态"完全赞成废除嫖宿幼女罪"，而 2014 年 11 月份《刑法修正案（九）草案》的一审稿、2015 年 7 月份的二审稿也未涉及"嫖宿幼女罪"，使得诸多关注该罪废除的朋友非常失望。现在突然曝出三审稿加进删除嫖宿幼女罪的规定，反弄得人们有点意外惊喜了。

即将废除这一结果的到来，民意当然是基础，但有些关键人物的作用也不可忽视，例如中国社科院刘白驹、全国妇联原副主席甄砚、中华女子学院教授孙晓梅等作为"两会"的代表、委员，都曾提交相关的议案、提案，位高权重的全国人大常委会副委员长、全国妇联主席沈跃跃和全国人大内司委主任委员马馼等，也在立法机构多次发声，起了重要作用。

为何要强烈要求废除嫖宿幼女罪？其理由主要有三点：一是嫖宿幼女罪与强奸罪在逻辑上不具有同一性，后罪认为幼女无性同意权，无论幼女是否同意，与其发生性关系，一律成立强奸；前罪又认为幼女有性同意权了，不按强奸论处了（不是强奸，当然就是和奸，幼女即有性同意权了）；二是含有嫖宿对象为"卖淫幼女"的意思，对幼女进行了污名化的立法伤害；三是不利于严厉打击性侵幼女的犯罪行为，因为强奸三名以上幼女最高可判处死刑，而嫖宿三名以上幼女，最高只能判处有期徒刑 15 年。

这次全国人大常委会对《刑法修正案（九）》草案的审议属于三审。我国人大立法采取"三读通过"的做法，多数法律案或修订法律案要上三次常委会审议才获通过。第一次审议时，法律草案一审稿在全国人大常委会亮相，每位委员人手一册，初步议一议，最后汇总形成二审稿；第二次审议为深度审议，广泛开展讨论，提出增删、修改、调整和补充的意见，形成三审稿；第三次审议一般仅个别地方象征性地动一动，即交付表决通过，形成正式法律。

也就是说，按照一般"三读通过"来处理，这一次《刑法修正案（九）》马上就要进行表决通过了。如果真是这样，那么废除刑法中嫖宿幼女罪之修订立法，就不是三读通过，而是一读通过了。历史就有这么惊人的相似和巧合，当初嫖宿幼女罪写进刑法修订草案最后一稿当即表决通过了，现在又是这种状况，也算是一种前后照应吧。

当然，这次全国人大常委会若未表决通过包含废除嫖宿幼女罪的《刑法修正案（九）》也不奇怪，若法律草案相关条文争议很大，立法机构四读、五读才通过的，也有先例，相反立法机构和社会已形成高度共识的立法草案一读通过的也存在。但不管《刑法修正案（九）》是四读、五读、六读通过，三审稿中写进废除嫖宿幼女罪的条文，估计拿不下来了，谁敢冒这个骂名呢，它的通过是铁定的！

【补注】本文发表 4 天后，即 2015 年 8 月 29 日十二届全国人大十六次常委会会议，表决通过了《刑法修正案（九）》"删除嫖宿幼女罪"的规定。2015 年 10 月 30 日，最高人民法院、最高人民检察院联合发布《关于执行〈中华人民共和国刑法〉确定罪名的补充规定（六）》，对适用刑法的部分罪名进行了补充或修改，其中删除原罪名 1 个，即嫖宿幼女罪。

2015 年 8 月 25 日中国网·观点中国·刘昌松专栏

猥亵儿童

|预防该罪不一定要增加新罪种|

为猥亵儿童罪之极其严重情节配置更重的法定刑，例如增加无期徒刑，从而对潜在的行为人产生巨大的威慑力即可，而不必另行增加新的罪种。

近日，江苏司法机关对四名涉嫌强奸、猥亵未成年人的被告人进行了集中宣判，并公布了其姓名、身份证号、相片等信息。《刑法》第5条规定："刑罚的轻重，应当与犯罪分子所犯罪行和承担的刑事责任相适应。"刑法理论将该条规定概括为"罪刑均衡原则"，即罪与刑应当适配，重罪重罚、轻罪轻罚、罪刑相称，罚当其罪。该原则既是适用刑法时应遵循的准则，也是刑事立法包括修订刑法应遵循的准则。实践中，只要社会上一出现关于儿童遭严重猥亵性侵的讨论，就有人提出立法应增加新的罪种。我倒认为更有必要检省我国刑事立法对猥亵儿童罪的法定刑配置是否合理恰当，是否符合罪刑均衡原则的要求；若配刑恰当，照样能起到很好地预防或惩罚猥亵儿童犯罪的效果。

我国《刑法》将猥亵儿童罪与强制猥亵、侮辱罪共同规定在第237条，这样处理是否合适，其实值得商榷。该法条共有3款，具体内容为："以暴力、胁迫或者其他方法强制猥亵他人或者侮辱妇女的，处五年以下有期徒刑或者拘役。""聚众或者在公共场所当众犯前款罪的，或者有其他恶劣情节的，处五年以上有期徒刑。""猥亵儿童的，依照前两款的规定从重处罚。"

猥亵儿童罪为第 3 款，比较 3 款法条规定可知，同猥亵成年人构成犯罪不同的只是，猥亵儿童不要求"强制"，哪怕儿童"自愿"，也成立犯罪。这一点同奸淫幼女不要求"强迫"也成立强奸罪是一致的。猥亵儿童同样存在"聚众猥亵或当众猥亵"的情形。两个猥亵罪放在一个法条规定的好处是有相同要件可共用，后罪可借用前罪的法定刑，这样处理使法条更简练。结果是，猥亵儿童罪的处罚，完全依照强制猥亵、侮辱罪规定的法定刑，稍有不同的是，将猥亵对象为儿童作为"从重"情节考虑，而"从重"是不能突破法定刑的，只能在法定刑内判处相对重一些的刑罚，例如猥亵儿童"从最重"也只能在"5 年以上有期徒刑"内，判处有期徒刑 15 年（单独一罪有期徒刑最高为 15 年）。

刑法这样处理，定是立法者当时认为两类猥亵的社会危害性大体相当，而不是过于悬殊。但司法实践出现的现象可能远超立法者的想象，甚至有小学任课老师在课堂上不同时段将全班女童猥亵一遍，有的遭受多次猥亵的案件也出现了。我们需要思考：儿童遭受猥亵同成年人遭受猥亵的社会危害性真的差异不大吗？

假设有儿童因受到行为人猥亵手段本身严重，伤害后果严重，存在聚众猥亵的严重情节，若行为人再对多名儿童如此作为，且造成长时间心理伤害之后遗症，那么，行为人的主观恶性和客观危害性都将是极其严重的，非猥亵成年人能比拟；若以现行刑法猥亵儿童罪哪怕"从最重"判处其 15 年，也会感到明显畸轻，但也只能如此，这便是现行刑法对猥亵儿童罪的立法配刑过轻、背离罪刑均衡原则所致。

纠正的办法也很简单，以罪刑均衡原则为指导修订刑法，为猥亵儿童罪之极其严重情节配置更重的法定刑，例如增加无期徒刑，从而对潜在的行为人产生巨大的威慑力而令其不敢那般作为，也让那般作为者受到应有的处罚。这样，不需要增加任何新的罪名，只需要调整一下猥亵儿童罪的法定刑配置，即能收到很好的立法效果。

2017 年 12 月 7 日《南方周末》·自由谈

高中生猥亵

┃已涉嫌犯罪岂能只是心理调适┃

不少人会感到，让未成年人进看守所或拘留所进而蹲监狱于心不忍，认为那样会毁了他一生。这样的认识是错误的。依照法律规定，已达到违法犯罪法定年龄的未成年人只是从轻或减轻处罚的情节，而不是其除罪不蹲监狱的理由。

邯郸市某中学高中生小 A 与小 C 是同班同学且是室友，小 C 大小 A 一岁，一次两人在宿舍独处时小 A 遭到小 C 的强制猥亵，见小 A 顾及名声不敢声张，小 C 便经常在深夜乘其他同学熟睡之时下手，5 个月来强制猥亵小 A 达 10 多次。小 A 非常痛苦，近期鼓足勇气报告校长，结果两名学生被要求写了事情经过后，小 C 被学校责令回家反省，等待处理结果，一天后小 A 也被学校强行要求回家"调整心情"。在媒体过问后，学校已让小 A 回校上课。学校称，将对两个孩子进行心理辅导（3 月 31 日石家庄新闻网）

媒体以《男高中生遭同学多次猥亵　告诉校长反被"停课"》为题进行报道后，事件受到广泛关注。很多网友的跟帖一致谴责校长是非不分，处理受害学生糊涂，但很少有人注意到小 C 的行为其实已经涉嫌强制猥亵罪，学校不能只是请心理医师对其进行辅导，而应向警方报案，由警方依法处理。

根据《刑法》第 237 条的规定，强制猥亵罪，是指"以暴力、胁迫或者其他方法强制猥亵他人"的行为。这里被猥亵的对象可以是女人也可以是男人，但猥亵不满 14 周岁的男女儿童的，另成立猥亵儿童罪，从重处罚。这是 2015 年《刑法修正案（九）》修订成的样子；此前的规定为，"以暴力、胁迫或者其他方法强制猥亵妇女或者侮辱妇女"的行为才成立犯罪，强制猥亵已满 14 周岁的男性不成立犯罪，相应的罪名也为"强制猥亵、侮辱妇女罪"。

这里的"猥亵"，是指以刺激或满足性欲为目的，用性交以外的方法所实施的淫秽行为，包括公开暴露生殖器官，在对方性感区进行抠摸、搂抱、吸吮、舌舐以及鸡奸等行为。自愿发生的相互猥亵不是犯罪，只有强制猥亵才是犯罪。所谓"强制"，包括使用暴力、胁迫或者其他手段，使得被害人不知反抗（例如昏迷、熟睡之中）、不能反抗（被束缚等）和不敢反抗（被施暴、威胁或担心声张后名誉被毁等）的状态。显然，小 C 对小 A 实施的强制猥亵，是利用小 A 不敢反抗的心理屡屡得手的，具体猥亵方式不得而知，应该不出上述列举的几种。

强制猥亵罪所侵犯的法益与强奸罪相类似，是他人的性自由权、自主权，具体包括忍受性权利的自愿选择，对性的厌恶感、羞耻感以及正常的性感情，两罪主要区别不在法益，而在性行为方式不同。过去我国刑法对男人的性自主权重视不够，只规定了侵犯女性的性自由权能成立强奸罪或强制猥亵妇女罪，现在强奸罪依然规定女性才能成为被强奸的对象，但强制猥亵妇女罪已调整为"强制猥亵他人"包括强制猥亵男人和女人都成立犯罪，相应的罪名也调整为"强制猥亵罪"。将来"男女性自主权平等"的观念进一步增强后，强奸罪也有望作类似的调整，因为世界各国这种立法也是不少的，例如德国、意大利、法国、俄罗斯等国的刑法就规定，强奸男人或女人都成立强奸罪。

报道只提到小 A 和小 C 都是高中生，哪个年级的高中生则未作介绍。依一般情形，高中生多为 16 至 18 周岁，小 C 比小 A 还大一岁，应该满 16 周岁了，而 16 周岁以上即可成为强制猥亵罪的犯罪主体。该罪的法定刑一般为 5 年以下有期徒刑或者拘役，未成年人应在这个幅度范围内从轻或减轻处罚。退一步说，小 C 真未满 16 周岁确实不成立该罪，但至少可给予治安处罚。因为《治安管理处罚法》规定，已满 14 周岁的人即有接受治安处罚的能力，猥亵他人的，处 5 日以上 10 日以下拘留，也能依法从轻或减轻处罚。可见，小 C 短短 5 个月即猥亵同学 10 多次，是很严重的猥亵行为，已经涉嫌强制猥亵罪（至少成立治安违法），应承担相应的法律责任，所在学校仅看成是青春期躁动之心理问题，拟进行心理辅导了事，或者按照违反校规校纪处理，都是错误的，因为学校无权自我消化违法犯罪案件。

当然，小 C 毕竟只是一名高中生，属于未成年人范畴，不少人会感到让其进看守所或拘留所进而蹲监狱于心不忍，认为那样会毁了他一生。这样的认识是错误的。依照法律规定，已达到违法犯罪法定年龄的未成年人只是从轻或减轻处罚的情节，而不是其除罪不蹲监狱的理由，否则，未成年人违法犯罪的法律规定就会成为一纸空文，反过来只会促使青少年违法犯罪率剧增，危害国家和民族的未来。

也不用过于为小 C 担心，《未成年人保护法》和《刑事诉讼法》中"未成年人刑事案件诉讼程序"都规定，司法机关办理未成年人案件，应遵守"教育、感化、挽救"的方针，能不羁押的尽量不羁押，还可受到附加条件的不起诉之照顾；即使起诉了，也会依法不公开审理；即使判刑了，判处 5 年以下的，犯罪记录都会封存，不得向任何单位和个人提供。法律通过这一系列措施，来保障罪错少年未来的健康成长。

2017 年 4 月 1 日《南方都市报》·刘昌松专栏

亲属猥亵

| 父母纵容儿子猥亵养女是共犯 |

作为女童的养父养母，他们有保护女童健康成长的法定职责。当发现儿子对养女有严重猥亵行为而不进行阻止，是对法定职责的不作为，放任危害结果的发生属于间接故意犯罪。

南京南站候车室发生的猥亵女童事件，随着南京铁路警方调查的深入，嫌疑人已经被抓获，在场4个人物的关系也明了起来，年长的一对男女是夫妻，猥亵女童者段某某是这对夫妻的儿子，已满18周岁，被猥亵的女童为这对夫妻的养女，不满10周岁。警方还透露，段某某因涉嫌猥亵儿童罪被刑事拘留，段某某的父母也正在接受调查。（8月16日《新京报》）

接下来，段某某对猥亵儿童行为承担刑事责任，是必然的。《刑法》对猥亵儿童罪规定了两档法定刑：一档是一般情节，处5年以下有期徒刑或者拘役；另一档是聚众猥亵儿童或者在公共场所当众猥亵儿童，处5年以上有期徒刑。火车站候车室无疑是公共场所，若无其他从宽情节，段某某将在5年以上15年以下接受刑事处罚，即最重可处15年，这绝对是段某某和他的父母始料未及的。

有一种说法是，该事件中的猥亵发生在养兄弟姐妹之间，应当从轻处罚。该观点是极其错误的，也没有法律依据。《关于依法惩治性侵害未成年人犯罪的意见》明确规定，与未成年人有共同家庭生活关系的人员对未成年人实施强奸、猥亵犯罪的，更要依法从严惩处。这是因为亲人之间的这种性侵犯罪更隐蔽更难发现，且这种性侵更不应该发生，因而社会危害性更大。

更有争议的是，段某某的父母对儿子猥亵养女的行为熟视无睹，是否应当承担法律责任，以及应当承担何种责任；再者，段某某父母对女童的收养关系和相伴的监护权是否因此受到影响。下面简要回答这两个问题。

先谈段某某的父母对儿子猥亵养女的行为熟视无睹的法律责任。我认为，段某某父母不仅应承担法律责任，而且应承担刑事法律责任。因为他们作为女童的养父养母，有保护女童健康成长的法定职责。因此，他们发现儿子对养女有严重猥亵行为而不进行阻止，是对法定职责的不作为，放任危害结果的发生属于间接故意犯罪。也就是说，本案是一起典型的作为和不作为、直接故意和间接故意相结合的共同犯罪，这在实践中很容易被忽略。

当然，养父母的行为虽涉嫌成立猥亵儿童罪的不作为共犯，在定罪上没有问题。但在适用刑罚上，像这种间接故意同时属于不作为犯罪的情形，行为人的主观恶性远低于作为和直接故意者，主要是为其儿子实施犯罪提供了便利，可认定为从犯，给予从轻或减轻处罚，再考虑其愚昧无知是重要缘故，对他们定罪免刑或给予轻刑并适用缓刑，比较合适，而不必判处实刑，因为判罪本身具有强烈的否定意义，足以达到教育他们和其他人的目的。

再谈谈段某某父母对女童的收养关系和相伴的监护权是否因此受到影响。有人说《收养法》规定，收养人应当无子女，段某某父母根本不符合收养条件，其是如何收养该女童的，确实是一个问题。但这属于另一法律关系，此处暂且不论，只假定其有合法收养关系是否需要解除。现在还不清楚女童的送养情况，包括女童是否有亲生父母，以及亲生父母现在的态度，女童是否还有亲生父母以外的其他亲人，这对收养和监护关系的处理都关系密切。

如前所述，段某某父母即使被判罪也可以免刑或判处不予关押的缓刑，这使得继续实际监护养女成为可能；又由于段某某可能判处 5 年以上的长期徒刑，养女再遭到儿子性侵的现实危险性也较长时间可以得到消除。因此，女童的养父母经严厉教育后继续收养和监护该养女，还是可行的。

当然，女童若有亲生父母，且亲生父母担心涉嫌犯罪的养父母的监护不利于其女儿的健康成长，想解除收养协议，让女童回到自己身边，应该没有问题，因为《收养法》规定，收养人不履行抚养义务，存在侵害未成年养子女合法权益行为的，送养人有权要求解除收养关系。

但是，如果警方调查发现，段某某的父母不仅长期纵容儿子猥亵养女，而且自身还存在其他严重不利于养女健康成长的情形，根据《关于依法处理监护人侵害未成年人权益行为若干问题的意见》规定，女童的其他亲友或者其住所地的村（居）民委员会、民政部门及其设立的未成年人救助保护机构、共青团、妇联、关工委、学校等团体和单位，都有权向法院提出撤销其监护权的申请，由法院判决撤销。

公众比较担心的情形是，如果亲生父母没有监护能力，养父母的监护权又突然被撤销，女童的生活是否存在兜底保障。对此，现行法律是有制度安排的。这就是，未成年人有其他亲属监护人的，应当由其他监护人承担监护职责，其他监护人应当采取措施避免未成年人继续受到侵害；实在没有合适人员和其他单位担任监护人的，人民法院应当指定民政部门担任监护人，由其所属儿童福利机构收留抚养。可见，民政部门所属的福利机构，是未成年人监护的最后兜底保障。

2017 年 8 月 18 日《南方都市报》·刘昌松专栏

摸腿男

| 行为虽可恶，砸其饭碗也欠妥 |

单位的员工涉及公共事件后，单位严格依法依规进行处理就很好，完全不必迎合网民情绪，一律给予最重的处理，否则与法治是相悖的。

上海市公安局城市轨道交通分局通过官方微博，通报了上海"地铁摸腿门"事件的处理结果，称王某酒后乘坐地铁，在 9 号线车厢内先后两次故意摸被害女乘客吕某裸露的大腿部，构成了猥亵他人的违法行为，依法对其予以行政拘留。另据报道，其所在单位锦江集团也决定给予其开除党籍处分，并与其解除劳动合同。(7 月 9 日《扬子晚报》)

这起公共场所发生的性骚扰案因为有被害人站出来主张权利，有视频佐证，行为人无法抵赖，警方依据《治安管理处罚法》第 44 条 "猥亵他人的……，处五日以上十日以下拘留" 进行处罚，应该没有什么争议。但其所在单位给予其开除党籍并单方决定解除劳动合同，却很值得商榷。

先说开除党籍之处分

《中国共产党纪律处分条例》（2003 年）（以下简称《条例》）第 143 条规定，侵犯他人人身权利，情节较轻的，给予警告或者严重警告处分；情节较重的，给予撤销党内职务或者留党察看处分；情节严重的，给予开除党籍处分。可见，《条例》对党员侵犯他们人身权利规定了三个层次的处分，最重的才开除党籍。

拿侵犯女性人身权的猥亵为例，情节由轻到重的表现即有：短时间地摸女性大腿、臀部等敏感部位；较长时间摸女性敏感部位；强行拥抱、接吻；抠摸女性乳房阴部，等等。王某身为某国有旅行社党办副主任，其行为确实令人恶心，因网络传播对单位的名誉损害也很大，但据此即认为"情节严重"，给予"开除党籍"处分，仍有迎合舆论之嫌，王某依党规有权进行申诉。

再说单方决定解除劳动合同

《劳动合同法》第 39 条规定，劳动者有下列情形之一的，用人单位可以解除劳动合同：(1) 在试用期间被证明不符合录用条件的；(2) 严重违反用人单位的规章制度的；(3) 严重失职，营私舞弊，给用人单位造成重大损害的；(4) 劳动者同时与其他用人单位建立劳动关系，对完成本单位的工作任务造成严重影响，或者经用人单位提出，拒不改正的；(5) 劳动合同无效的；(6) 被依法追究刑事责任的。

可见，法律对用人单位单方面解除劳动合同作出了非常严格的限制，前第 (1) - (4) 项均为职工在劳动过程中对用人单位的利益构成根本威胁或伤害，本案不属于此范畴；第 (5) 项是劳动合同本身违反法律强制性规定，本案不符合；第 (6) 项则要求职工的行为（包括劳动以外）违法到犯罪需追究刑事责任的程度，用人单位才享有单方解除劳动合同的权利，本案也不符合。

王某的所在单位单方决定与王某解除劳动合同，同样存在通过对王某的行为给予最强烈的否定评价来迎合舆论的嫌疑，严重背离法治，王某若不服单位决定，可申请劳动仲裁进行救济。其实，此前王某因觉得没有脸面在公司待下去，口头提出过辞职申请，单位在了解是其真实意思表示后，只需同意其申请即可，而不必单方决定。因为《劳动合同法》同时规定，双方经协商可以解除劳动合同。

2014 年 7 月 10 日新浪网・新浪评论

空中猥亵

| 这类"咸猪手"案在法律上如何定性 |

> 网友说得好，遭到"性骚扰"伤害时，"唯一出路是用法律的手段保护自己"。

1月3日晚，名为"@2017一月三"的微博网友发布长微博，控诉当日凌晨其在海航HU7702航班上熟睡时遭遇邻座男子摸胸的"性骚扰"。1月8日中午，"@2017一月三"再次发微博称，邻座男子李某已被行政拘留五日，随后首都机场警方亦证实了此事。（1月9日《新京报》）

该网友在微博中使用了"性骚扰"一词，该词范围宽泛，其中通过手的动作对异性敏感部位实施触摸等行为，粤港地区称为"咸猪手"。当然，"性骚扰"或"咸猪手"均非法律术语，真正的法律术语为"猥亵"。在飞机上对邻座伸出"咸猪手"，可能涉嫌一般违法甚至犯罪，机场警方对本案中的男子李某便是按照一般违法处理的。

其实，趁邻座熟睡之际，用手伸进邻座内衣直接触摸其身体，是有可能涉嫌强制猥亵罪的。根据《刑法》第237条规定，强制猥亵罪是指以暴力、胁迫或者其他方法强制猥亵他人的行为。这里的"强制"，是指使用暴力、胁迫或者其他方法使得被害人不能反抗、不敢反抗和不知反抗的方式；"猥亵"，是指对他人的身体进行抠摸、搂抱、亲吻等除性交以外的变态性满足形式；"他人"是指自己以外的人，包括同性或异性。

值得指出的是，2015 年《刑法修正案（九）》对《刑法》原第 237 条进行了修订，修订前只有男性"强制猥亵妇女"才成立犯罪，相应的罪名也是强制猥亵妇女罪；修订后，法条将"妇女"一词调整为"他人"，使得女性猥亵男性甚至同性之间的猥亵也可构成犯罪，罪名也调整为"强制猥亵罪"。当然，现实生活中多数还是男性猥亵女性的情况。

可能有人认为，趁人熟睡进行猥亵，"强制"因素并不明显。正如趁女性熟睡之际对其进行奸淫成立强奸一样，趁他人熟睡之际对他人进行猥亵，也能成立强制猥亵，这便是本罪方法要件中的"其他方法"，即利用他人熟睡而"不知反抗"的方法所实施的行为。

本案未按犯罪处理，可能也确实考虑到其"强制"因素真的不太明显，受害人发觉快，发觉后李某立即住手了；或者是按《刑事诉讼法》规定，犯罪事实显著轻微，不需要追究刑事责任的时候，不予（刑事）立案。

不予刑事立案，不等于连治安案件也不立，本案即是按治安案件处理的。《治安管理处罚法》规定，猥亵他人的，处 5 日以上 10 日以下拘留。这里未规定"强制"一词。可见，同样是"猥亵"，到底是成立一般违法还是刑事犯罪，"强制"要件是关键。

本事件特别值得称道的地方是，网友"@2017 一月三"遇到"性骚扰"时的反应。她没有选择隐忍或悄悄制止，而是及时呼救并通过机组报警。要知道，性骚扰案难以受到查处的重要原因，恰恰就是因为事件发生得较为隐秘，证据稍纵即逝；而没有证据，警方也爱莫能助，即使抓了人也得放。根据先前的报道，该名网友当时大声呼救时，其身边同伴发现李某的手尚未完全从受害人内衣中抽出，这便是重要的证人证言；加上自己的及时呼救，机组人员和同机乘客见到李某不作任何申辩的神情反应等，已足以认定其行为；若从女网友的身上及时提取到行为人的指纹，更是铁证了。

期待像"@2017 一月三"一样的女性朋友多起来，从而使得类似事件大大减少甚至不再发生。该网友说得好，遭到"性骚扰"伤害时，"唯一出路是用法律的手段保护自己"。

2017 年 1 月 10 日 光明网·光明时评·刘昌松专栏

猥亵男子

▎法律惩处不是空白▎

本案中小勇的行为确实不能刑事立案。但不能刑事追究，不意味着不能治安处罚。

《重庆晚报》近日报道，男子小刚在当地滨江路散步途中，突然被人强行带入路边废弃小屋。一开始以为遭到劫匪，还主动提出可以把身上所有钱物交给对方只求放一条生路。谁知道，此后的遭遇让小刚难以启齿：他遭受性侵。小刚呼救后路人帮忙报警，警方遂将嫌犯控制。重庆合川区公安局称，行为人叫小勇，抓捕后，发现其是名男性，碍于同性性侵尚属法律空白，加之没有造成明显身体伤害、嫌犯又是酒后失态并承认错误，便将小勇教育一番后放行了。

报道虽简单了些，想必小刚遭受到难以启齿的性侵应是"强奸"（一般为鸡奸，男性生殖器奸入对方肛门的行为）或者严重猥亵（强制搂抱、亲吻等行为），或者两者兼而有之。目前我国刑法关于男性遭受该两种性侵行为缺乏基本规制，追究刑事责任确实没有依据，但猥亵男子依法是可以给予治安拘留之行政处罚的。

我国刑法规定的强奸罪，其行为对象确实只能是女性，包括妇女和幼女。强奸男性，包括女奸男或男奸男都不成立强奸罪；造成严重后果的，有可能成立侮辱罪，但法律要求公然侮辱才成立该罪，强奸一般又比较隐秘，也难以认定为公然。

我国刑法规定了强制猥亵、侮辱妇女罪，该罪要求行为对象必须是妇女，猥亵男子不成立本罪。但猥亵男性儿童是个例外，刑法规定了猥亵儿童罪，猥亵不满 14 周岁的男女儿童都成立该罪。可是，已满 14 周岁的未成年男性和成年男性遭受强制猥亵，无论是来自同性还是异性，刑法都未规定为犯罪。需要指出的是，女子与不满 14 周岁的男童性交，包括强行与自愿，均成立猥亵儿童罪（男童无性同意能力，受刑法特殊保护）。

可见，本案中小勇的行为确实不能刑事立案。但不能刑事追究，不意味着不能治安处罚。《治安管理处罚法》规定，猥亵他人的，处 5 日以上 10 日以下拘留（第 44 条）。这里的"他人"包括男人和女人，猥亵男性（包括男性猥亵男性），给予其治安拘留处罚没有法律障碍。

我们来看看此前相关行为受到治安拘留的报道。阿华和小胡都是嘉兴王店某公司的男性员工。看到新来的员工小胡个高，白白净净，眉清目秀，阿华就有了想法（阿华一直有同性恋倾向，虽结婚也未减轻）。阿华设局邀请小胡喝酒，乘其酒后熟睡之机对小胡下了手。阿华向警方坦陈："我是有预谋的，我当时就是想叫他去喝酒，喝得晚了他肯定回不去，之后我就可以和他开房间睡觉，我是准备和他发生性关系的。"阿华还事先准备好了避孕套和订好了宾馆房间；后乘小胡酒后熟睡之际，就"奸淫"了他。阿华最后被当地公安机关处以行政拘留 10 日的处罚。

可见，猥亵男子成立治安案件，不仅法条规定明确，实践中不乏适用例子，重庆合川警方称"同性性侵尚属法律空白"并不能成立；若称刑法对其入罪上尚属空白，则没有问题。再者，猥亵行为对被害人造成的伤害主要是心理的，一般不以身体伤害为要件。酒后猥亵更不是法定从宽理由，《治安管理处罚法》还明确规定，醉酒的人违反治安管理，应当给予处罚（第 15 条）。试想，醉酒后辨认能力和控制能力都大为减弱，此种情形下法律尚且不给予任何宽宥，一般酒后就更不能宽宥了。

因此，合川公安以"同性性侵属法律空白，加之没有造成明显身体伤害、嫌犯又是酒后失态"即将小勇放掉的做法，没有法律依据。即使小勇认错态度较好，最多也只是一个酌定从轻的理由，可在 5 日至 10 日拘留之间给予相对轻一点的处罚，但不能低于拘留 5 日，否则即是减轻处罚了，而减轻处罚必须有相当过硬的法定情节才行。

不少人建议，强制猥亵男人应当入刑，仅仅只给予行为人治安处罚太轻了，不足以遏制这种危害行为，应将"强制猥亵、侮辱妇女"改为"强制猥亵、侮辱他人"，即将猥亵罪的危害对象进行扩充。还有人建议，应将男性也列入强奸罪的犯罪对象，将"强奸妇女、幼女"修订为"强奸他人"。这在国外也有立法例，俄罗斯联邦刑法即是这样规定的。我非常赞同这两种建议。

【补注】这篇评论写于2014年，2015年《刑法修正案（九）》即对强制猥亵、侮辱妇女罪中的猥亵对象作了修订，将原来的"猥亵妇女"修订为"猥亵他人"，罪名也调整为强制猥亵、侮辱罪。亦即，男子也成为强制猥亵犯罪的对象。上述案例若发生在现在，即可按强制猥亵罪处理了。

2014 年 9 月 22 日《新京报》时评·观察家

性侵者隔离

| "闵行做法"必要，但需立法支撑 |

犯罪和刑罚事项，只能由全国人大及其常委会制定"法律"。上海闵行区的 9 机关部门，包括基层检察院、基层法院和基层政府的 7 个部门，无权制定有"刑罚"性质的刑事制裁措施。

近日，上海闵行区检察院牵头，会同区综治办、公安、法院、教育、民政、文广、体育、卫计等九机关部门，联合出台了《关于限制涉性侵害违法犯罪人员从业办法（试行）》（以下简称"闵行做法"）。今后，曾有过强奸、猥亵等涉性侵害违法犯罪记录的人员，在上海闵行区将禁止其从事与未成年人有密切接触的教育单位、培训机构、医疗机构、救助机构、游乐场所、体育场馆、图书馆等行业。据称，这在全国尚属首例。（8 月 25 日澎湃新闻）。

对"性侵违法犯罪人"（以下简称"性侵者"）采取就业限制措施，令其不得从事同未成年人有密切接触的行业，这等于在性侵者与未成年人之间划出了一条重要的隔离带，极大地强化了未成年人性权利的保护力度，具有很大的合理性；但该措施等于永久性剥夺性侵者从事某些行业的权利，同刑法对某些管制犯和缓刑犯适用"禁止其进入特定区域、场所，接触特定的人"的禁止令具有等效的强制力度，却没有国家刑事立法的支撑，因而在合法性上存在一些问题。

先谈谈禁止性侵者从事与未成年人有密切接触行业的合理性。

一是"闵行做法"所界定的"性侵者"范围大致合理。这个范围包括实施了强奸，猥亵儿童，组织卖淫，强迫卖淫，引诱、容留、介绍卖淫等行为的违法犯罪人员，他们是最为严重的几类性侵者，这几类性侵者的性侵心理比较顽固，一定程度上形成了心理定势，再犯概率很大，这是对其可以采取从业禁止之隔离措施的心理学基础。

不过，未将强制猥亵罪纳入其内似不合理，因为这种犯罪者的心理定势同样顽固不化，其中相当部分还针对非儿童的未成年人犯罪。

二是"闵行做法"禁止性侵者从业的职业范围也大致合理。包括从事未成年人服务的教育单位、培训机构、医疗机构、救助机构、游乐场所、体育场馆、图书馆等与未成年人有密切接触的单位。

这就是说，"闵行做法"不是一概禁止性侵者在教育和培训单位从业，而是禁止其在托儿所、幼儿园、小学、初中和高中等教育机构和各种少儿课外辅导班等机构就业，不限制其在高等、中等教育机构和成人培训机构等就业。

"闵行做法"的本质，是对未成年人的性权利给予特殊保护。未成年人的身体和智力的发育尚未健全，体力较弱，性权利的防范意识和防范能力较低，这决定了给予特殊保护的必要。另有研究表明，未成年人遭受性侵大多来自熟人圈子，让性侵者从事同未成年人有密切接触的行业，的确有"羊入狼口"的感觉，非常危险，"闵行做法"确实很有必要。

再谈谈禁止性侵者从事与未成年人有密切接触行业之合法性存在的问题。

刑事制度改革不同于其他司法制度的改革，应严格在现行法的框架里进行，尤其不能违背"罪刑法定"原则的要求——既不能法外定罪，也不能法外施刑。如前所述，对性侵违法犯罪者禁止其从事某些行业，是一种刑事制裁措施，应当有法律的依据，才具有合法性。

而我国刑法仅对某些管制犯和缓刑犯规定了可以判处在管制刑期和缓刑考验期"禁止其进入特定区域、场所，接触特定的人"的禁止令，这是对判处不关押刑的人在执行期间或者考验期间所采取的短期措施，而对判处实刑（关押刑）者，连这样的短期措施也未规定。

另外，我国《立法法》规定，"犯罪和刑罚"事项，只能由全国人大及其常委会制定"法律"。也就是说，连国务院的行政法规和省级人大的地方性法规都不得涉足"犯罪和刑罚"事项，最高人民法院、最高人民检察院虽可制定司法解释，也不能创制"犯罪和刑罚"的新种类。这是国家防止罪刑擅断，随意出入人罪、滥施刑罚的重要制度，也是国家刑事司法统一的重要保障。而上海闵行区的 9 机关部门，包括基层检察院、基层法院和基层政府的 7 个部门，更是无权制定有"刑罚"性质的刑事制裁措施。否则，上海的其他区和某省的某个县也同样能出台有刑罚性质的其他制裁制度，国家的刑事司法统一就不复存在了。

话说回来，上海闵行区 9 机关部门出台的"闵行做法"，出发点是好的，而且除了在制定主体上存在问题、个别规范还值得商榷外，总体感觉还是不错的，这与牵头的闵行区检察院"同华东政法大学专家学者共同申报关于从业禁止与未成年人保护的相关课题"有密切关系，也与它同另外 8 机关部门"密切接触"和"深入沟通协调"分不开。因此我认为，此事若为全国人大常委会刑事立法的立项，且在全国范围内做了深入调研和广泛征求意见，将相关内容变成刑法修正案和刑事单行法律，"闵行做法"变成了"全国做法"，就一点问题也没有了。

2017 年 8 月 28 日《南方都市报》·刘昌松专栏

故宫拍裸

| 是否涉嫌治安违法 |

如果以古典建筑为背景的人体照艺术价值很高，采取"披衣脱衣，快照快收"的方式拍摄，尽力避免给公众造成性心理的亵渎之感，即使存在"在公共场所故意裸露身体"，也未达到"情节恶劣"的程度，不应受到治安处罚。

北京故宫博物院每天游人如织，摄影师王动近日却成功在故宫里避开人潮，为女模特拍摄了一辑三点全露裸照。照片中一位年轻的女模特全身赤裸，立在洁白的殿阶下摆出种种造型，其中一张照片中女模特骑坐在螭首上。王动的摄影由于尺度之大，引起网友争议。针对网友"亵渎文物、伤风败俗"等质疑，摄影师通过个人微博回应称，创作没有影响任何人。（6月1日《新京报》）

拍摄人体艺术照、创作人体艺术画，在我国向来有争议，这并不奇怪。因为中华民族对性、裸体之传统观念是含蓄的、保守的。若干年前，人体艺术模特难找、当艺术模特引起家人、社会广泛非议的现象，也屡见报道。这些年来，人们对性的观念、对裸体的观念有了较大的变化，但总体来说还是保守的。

举一个同样发生在首都的例子。2003年10月，一个名为"普及性教育、享有性健康、性从远古来"的性文化实物展览在石景山区计划生育服务中心开展，这是北京市首次举办性文化实物展。尽管主办展览的石景山区人口计生委相当低调，但在开展的当天下午即关闭了展厅，表面理由是"存在安全隐患"，内在原因是经媒体报道后，争议太大，官方承受不了舆论的压力。从此到现在，类似的展览再未在北京出现过。

观念的改变有一个过程，虽然大型的性文化展览尚没有普及展开，但现在花钱雇请裸体模特摄影、作画，已经不是什么难事了。

裸体拍照到底违不违法，我们还是来看看法律是如何规定的吧。

《治安管理处罚法》规定，猥亵他人的，或者在公共场所故意裸露身体，情节恶劣的，处 5 日以上 10 日以下拘留。可见，法律将在公共场所故意裸露身体，同猥亵他人并列规定在一条，意即其性质大致相当于对公众视觉的一种公然猥亵，值得科处拘留处罚。其实，在公共场所肆无忌惮、旁若无人地裸露身体，在许多国家都是禁止的，应该受到处罚，人体艺术、行为艺术，都不能成为阻却其违法性的理由。

在故宫全裸拍照，当然是故意而非过失地在公共场所裸露身体，如果模特和摄影师在故宫内无视他人的感受，模特全裸出镜，招摇过市，哪怕一路确实在拍"人体艺术照"，恐怕也应进行处罚。但如果以古典建筑为背景的人体照艺术价值很高，采取"披衣脱衣，快照快收"的方式拍摄，尽力避免给公众造成性心理的亵渎之感，即使存在"在公共场所故意裸露身体"，也未达到"情节恶劣"的程度，不应受到治安处罚。

从此事件是摄影师自己在微博中晒出，而不是网友拍摄到爆出，故宫和有关部门也未接到相关投诉而言，应该推定王动和女模特的行为是谨慎的，对公众视觉猥亵方面的影响确实不大。

但王动对事件的态度很让人费解。如果王动的身份真如其微信公众号所介绍的，其毕业于中央戏剧学院舞台设计专业，如今在美国继续学习也是场景设计专业，其作品在国外发表，也发表在专业的行业领域平台，那么，不妨将具体情况透露一二，让有关网友释怀，而不应简单地以一句"被误解是表达者的宿命"来打发，更不应以"有些读者的看法很重要吗，我为什么要证明"来刺激网友，摆出一副"凭什么要回应网友的质疑"的架势。这绝不是理性之举。

2015 年 6 月 1 日　网易网·网易评论

公然摸乳

| 行为艺术还是淫秽表演 |

淫秽表演之所以被法律所禁止，根本原因是亵渎了公众对性的美好情感和践踏了公共秩序与善良风俗。

昨晚，北京东城区一酒吧，在所有乐队演出结束后，23 岁的女子林某站立在舞台上保持 30 分钟，让现场观众上台伸手触摸她的乳房。开场前林某还表示，希望到场的观众都能上去触摸她的胸部，这是对她的一种支持和理解。（4 月 20 日大燕网）

通过林某新浪认证微博分享的链接，还能看到该表演的完整视频挂在网上。视频中主持人称，这是某大门户网站独家策划的一次行为艺术。可见，这个活动是有组织策划者的。问题是，一个机构能否组织策划这样的活动？

林某为什么要在公共场合做这一通常被认为"不雅"的举动呢？林某的微博中似乎有答案。她称，昨晚是她"第一次做行为（没有艺术两字），很多细节还有不足之处，以后会继续完善，希望大家能继续支持她的诗歌、音乐、摄影和行为创作"。这个"希望"道出了她的目的和动机。想引起公众对其诗歌等艺术的关注无可厚非，但应该通过创作优秀的艺术作品来实现，而不应通过当众"摸胸"成为"网红"来达到目的。

看来，林某的思想也不那么"纯粹"；思想不纯粹，所谓"身体比思想更纯粹"的"行为艺术"，应该也"纯粹"不到哪里去。问题又来了，林某还要继续去做，法律答应吗？

林某的行为到底如何定性，是"行为艺术"还是"淫秽表演"，没有第三种。对于淫秽表演，《治安管理处罚法》和《刑法》都进行了规制，不是一般违法就是犯罪。依《治安管理处罚法》的规定，对淫秽表演的组织者、表演者都可处 15 日以下拘留并处 1000 元以下罚款，当然不能允许其再继续进行。依《刑法》规定，组织进行淫秽表演的，处 3 年以下有期徒刑、拘留或者管制并处罚金；情节严重的，处 3 年以上 10 年以下有期徒刑并处罚金，单位可成立本罪。当然，某一淫秽表演行为到底是一般违法还是犯罪，主要还是看具体情节轻重。

所谓淫秽表演，是指在公开场合进行色情淫荡、挑动人们性欲的形体和动作。

多数学者在下过定义后举一些例子，例如裸体展露、裸体表现情欲、性欲的各种形态、动作、模拟性动作等，确实很少有人举例当众长时间让人"摸胸"的，但这不妨碍我们根据一般人的感知作出相关判断。

淫秽表演之所以被法律所禁止，根本原因是亵渎了公众对性的美好情感和践踏了公共秩序与善良风俗。某种表演到底是淫秽表演还是行为艺术，恐怕还是应当以一般人的情感认知为标准。行为艺术也是艺术，应该在精神上给人以美的享受而不是带给人的羞耻感。若某人的涉性表演，多数人认为是对性之情感的亵渎，让人产生羞耻感，即应定性为"淫秽表演"，哪怕其假借"艺术"之名。

我们知道，乳房在作为哺乳器官的同时（现在多数已婚妈妈只有一个孩子，将乳房作为哺乳器官使用的时间很短，一些爱美的女性甚至排斥这种方式的使用），更多的时候，乳房是最重要的第二性征之性器官，是"背心裤衩应该盖住的地方"，是不让他人触摸的地方，恋人、情人或爱人之间除外，但后者做这种行为时一般也是避人的。本案中林某虽未裸露乳房，但在公共场所，让现场的每个人都上去隔着一层薄薄的外衣去摸一把乳房，其他人在一旁观看，时间长达半小时之久，无论如何难以解释为"艺术"，应为"淫秽表演"。否则，将其认定为"行为艺术"，阻却这种行为的违法性和犯罪性，那以后在地铁里、商店甚至正式舞台上，都可以堂而皇之地进行这种"艺术"表演，想象一下，那将是一片多么乌烟瘴气的社会状况啊？！

　　鉴于本案色情淫秽的程度不是太高，我个人认为定性为治安事件比较合适，尽量不启动刑事追诉程序。期待有关部门及时介入此事，依法作出公正处理。

2016 年 4 月 20 日 网易网・网易评论

不正当性关系

| 大学师生间如何判断 |

> 大学校园里师生之间的"不正当性关系",还是一个范畴不甚明了的概念。如果干脆作出禁止高校里发生"师生恋"现象,问题立即迎刃而解。

近日,教育部下发了《关于建立健全高校师德建设长效机制的意见》(以下简称《意见》)。教育部新闻发言人续梅毫不掩饰地说,这是教育部对教师节期间习近平与北师大师生座谈时谈到好教师4大标准之一"要有道德情操"作出的回应。《意见》除从师德教育、师德宣传、师德考核、师德激励等正面进行规范外,更核心的是划出了"红七条"禁令,其中最引人注目的禁令是,"教师不得对学生实施性骚扰或与学生发生不正当性关系"。(10月10日《新京报》)

规定是挺好,但有一个问题,如何认定大学师生之间发生的是"正当性关系"还是"不正当性关系"是个难点。有配偶的高校教师与学生之间发生两性关系,虽然不是违法行为,但肯定违反道德,将其称之为不正当性关系,应该没有问题。问题是,大学单身的年轻教师甚至不年轻的教师也不少,在国家没有禁止大学出现师生恋的情况下,他们彼此之间发生了性关系即很难认定为"不正当性关系",因为他们有恋爱权,恋爱中擦出性要求的火花,在如今这个开放的年代,再"正当"不过了,不具有可谴责性。这一模糊地带的存在，将使《意见》的落实大打折扣。

举一个 2012 年厦门大学发生的实例。30 岁男博士生邹某某自曝该校 48 岁的守寡女教授石某某色诱其上床。该生称，为了与石某某教授厮守，他不惜与妻子离婚，最后惊觉自己只是她的玩物。爆料中提及两人情浓时，调情做爱的地点几乎遍及校园的各个角落。对此，石某某教授辟谣，称真爱被污蔑，邹某某伪言巧辩、极尽歪曲抹黑之能事，自己当初与其系真诚交往，并以结婚为目的。幸好该博士生还是有妇之夫，用《意见》来评判，还可以说该女教师缺乏师德，与博士生发生的是"不正当两性关系"；假如邹同学不是有妇之夫呢，即使石教授与博士生"做爱地点遍布校园各个角落"，即使其内心不是以结婚为目的（很难查实），恐怕也难以用《意见》对其进行处置。

解决这个难题的根本出路，在于国家一体禁止大学里存在师生恋。这倒不是没有国际先例。美国哈佛大学在 1984 年即率先颁布了禁止教授（包括教授的学生助理）和其直接授课与指导的学生之间有浪漫关系的规则；直到 2001 年弗吉尼亚威廉和玛丽学院的某个教师在一个男性杂志上发表了自己与一个已婚学生的恋情故事后，该校对教师性骚扰指控的担忧导致了其对师生恋一律说"不"，有无直接指导关系的老师和学生都不能谈恋爱。这一措施迅速被美国许多大学尤其是私立大学采用，现在在美国已成了一项普遍的规则。后来许多国家的大学都效仿美国，禁止师生恋。

我国的大学基本上为公办大学，但只有极个别的公办大学制定了禁止师生恋的规则。2007 年武汉科技大学城市学院要求辅导员签《学生管理教育承诺书》，"不以任何理由与学生谈恋爱或超出正常的师生关系"（只在一个学院，且只限于约束辅导员）。2011 年，武汉科技大学中南分校明确禁止师生恋，违反者会面临严厉处罚。该校教职工行为规范第 1 条明确规定："不得与学生谈恋爱，不得让异性学生单独进入自己的宿舍，不得进行性骚扰。"违反此禁令者会在学期工作考核中面临"一票否决"的处罚，这会直接影响到其职务晋升和职称评聘（算是对一个校区的所有教师都适用）。

我国大学大多为公办大学的现实，要求禁止师生恋之规范，应由教育部来操刀才合适。为何要禁止师生恋呢？有评论说的中肯：禁止大学师生恋的根本原因在于老师和学生之间权力的不平等，如果允许师生恋，有权力（打分、推荐等）的老师可能会滥用权力，对没有权势的学生进行性胁迫，而作为弱势者的学生有时不得不屈从，"双方同意"的两性关系在权力不平等的人之间是很难存在的，因此禁止师生恋的本质是防止权力被滥用。

综上所述，大学校园里师生之间的"不正当性关系"还是一个范畴不甚明了的概念，有待于教育部对《意见》中该词的含义予以解释和明确。当然，如果直接作出禁止高校里发生"师生恋"现象，问题立即便迎刃而解了。

2014 年 10 月 10 日《新京报》时评·第三只眼

性 侵

|厘清猥亵、强奸、不正当性关系等概念|

猥亵、强奸、不正当性关系等概念，既有交叉又有重叠，实践中经常使用但容易混淆，有必要弄清。

最近，性骚扰、猥亵、强奸、生活作风问题等性罪错方面的话题集中爆发，这些概念如何界定，相互关系如何，都存在怎样的法律责任，笔者在此作一简要梳理。

大致说来，社会上发生的各种性罪错可分为性道德失范和性侵违法两大类；后者又可再分为一般性侵违法和性犯罪。一般性侵违法主要是猥亵（俗称性骚扰），性犯罪主要包括强制猥亵罪和强奸罪，下面分述之。

一、性道德失范（不正当性关系）的含义与责任

性道德失范，就是我们通常所说的"生活作风问题""不正当男女关系"，是指有配偶者又同配偶以外的人发生性关系，或者双方均无配偶，但一方同时与多名异性存在性关系。性道德失范不涉及违法，但可能涉及违纪，受到党纪政纪处分。

当然，生活作风问题也可能引发违法甚至犯罪。最近即有人透露赵某某教授受处分事件的原委，即赵同自己的一名女博士保持不正当性关系，被博士生录制了视频。女博士怀了身孕，后提出私了条件，购买一套京产房屋或

补偿 300 万元，并办理好去美国某大学留学的全部手续，赵未答应而被告发。

有法律人士即提出，女博士生的行为可能涉嫌敲诈勒索犯罪。笔者赞同该观点，女博士确实存在这一法律风险。当然，赵教授提起刑事控告的可能性极小，而这类侵犯自然人的人身和财产法益的犯罪，自然人不指控，国家很难追究。

需要指出的是，现在无配偶男女之间同居生活，几乎成为一种生活方式。如果彼此忠诚，甚至不好说违反道德（道德也是与时俱进的）。若有配偶者同其他异性发生性关系，或者无配偶男女有一方或双方出现"劈腿"，则会遭到道德谴责。

总之，某人同时与多名异性保持不正当男女关系，就是性道德失范，就是"生活作风有问题"。

二、猥亵违法与猥亵犯罪及其责任

"性骚扰""非礼"，都不是法律用语，粤港地区的"咸猪手"更不是，他们大致等同法律用语中的"猥亵"。

猥亵，是指以刺激或满足性欲为目的，用性交以外的方法实施的淫秽行为，一般包括强制在对方性敏感部位进行亲吻、吸吮、舌舐、抠摸，以及强制搂抱等行为，还包括少见的鸡奸（男子之间或男女之间以肛门性交的行为）、让他人帮助自己手淫、让他人观看自己手淫、在他人面前显露生殖器，等等。

猥亵包括两个层面，非"强制"猥亵属于治安违法，"强制"猥亵属于刑事犯罪。

没有强制的"猥亵"，即猥亵一着手实施，对方表示拒绝、谴责或反抗，就立即停止，此时伤害不深，一般只是治安违法行为。

最近一女作家和一名媒体人爆料，均称曾遭到媒体人章某摸大腿的骚扰，若有视频或人证等证据佐证，即可认定章的行为构成猥亵之治安违法，可给予 10 日以下的行政拘留。

若使用了暴力、胁迫或者其他方法"强制"猥亵他人，使他人不能反抗、不敢反抗和不知反抗，此时对被害人的伤害程度较深，构成强制猥亵罪，可处 5 年以下有期徒刑或者拘役；聚众或当众猥亵，可处 5 年以上有期徒刑。

甘肃庆阳女生李某某指责班主任老师吴某某趁其患病全身无力之际，抱着李某某不松手，用嘴亲吻其额头、脸部、嘴部等部位，还有摸后背、咬耳朵等亲昵动作，整个过程持续约三分钟。若能查实，可解释为乘女生患病之际无力反抗，是法律规定的"以其他方法"实施的强制猥亵，构成犯罪。

三、强奸是最严重的性侵犯罪，最高可处死刑

强奸罪，是指违背妇女的意志，使用暴力、胁迫或者其他手段，强行与妇女性交的行为，或者与不满 14 周岁的幼女性交的行为。犯强奸罪的，处 3 年以上 10 年以下有期徒刑。奸淫幼女的，以强奸罪从重处罚。

如果强奸妇女幼女情节恶劣，或者强奸妇女幼女多人，或者当众强奸妇女，或者二人以上轮奸，或者强奸致使被害人重伤、死亡，有其中一种情形，处 10 年以上有期徒刑、无期徒刑或者死刑。

现代刑法认为，妇女享有性决定权。经妇女同意而与之发生性交，因没有违背妇女的意志，理论上称为通奸、和奸，不构成强奸罪。由于不满 14 周岁的幼女，还不能理解或不能完整理解性行为的意义，为保护其身心健康，国家法律没有赋予其性决定权。因此，只要"与不满 14 周岁的幼女发生性交"，一律按强奸论，还要从重处罚。

采取"暴力、胁迫"手段，使妇女在不敢反抗的情形下，同其发生性关系，按强奸罪处理，这很好理解；而以"其他手段"强行与妇女发生性关系，指的是什么情形呢？是指乘妇女熟睡、患病等无力反抗等时机，或者利用醉酒、麻醉、药物催眠等手段，使妇女不能反抗、不知反抗的情形，同其发生性关系。

近日一女士称，那天晚上洋酒喝多了，被媒体人章某带到其茶室，也不开灯，就急迫地脱掉其裙内短裤，不顾其哭泣和求饶，即与其发生了性关系。这里没有"暴力"，没有"胁迫"，若有证据证明情况属实，可认定为"以其他方法"实施的强奸。

四、区别开玩笑与性罪错以及认定性罪错中应注意的一些问题

性违法和性犯罪，都是违反自然人广义的性决定权，能让被害人产生羞耻感、受辱感，属于人格侵权违法犯罪的范畴。因此，经人同意的行为，一般都不是违法或者犯罪。例如，恋人之间、夫妻之间当然会有一些亲昵行为和性行为，就不属于违法和犯罪。

同时也应知道，人类喜欢拿性开玩笑，例如，异性同事或朋友之间，相互关系非常熟悉，在异性屁股上捏一把，在异性脸蛋上亲一口等，不会引起对方强烈反感，更不会有强烈的羞耻感，也不会造成社会对异性的人格评价下降，不应认定为猥亵。

但开玩笑过了头，例如，有的地方闹婚，乘灯灭混乱之际，把新娘的乳房捏得红肿、将新娘内裤脱下乱摸，已经属于猥亵违法或犯罪了。

猥亵违法、猥亵犯罪、强奸犯罪等，可统称为性侵。性侵是一个较宽泛的概念。最高人民法院、最高人民检察院、公安部、司法部《关于依法惩治性侵害未成年人犯罪的意见》指出，本意见所称性侵害未成年人犯罪，包括刑法规定的针对未成年人实施的强奸罪，强制猥亵罪，猥亵儿童罪，组织卖淫罪，强迫卖淫罪，引诱、容留、介绍卖淫罪，引诱幼女卖淫罪等。

另外，通奸虽然不构成强奸罪，一般也不构成其他罪，但众多男女在一起发生群体性交的淫乱行为，可成立聚众淫乱罪，对于首要分子和多次参加者，可处 5 年以下有期徒刑、拘役或者管制。

再者，强奸中一般也存在一些猥亵行为，但重行为吸收轻行为，只定强奸罪，而不另定强制猥亵罪。

顺便提一下，现在性观念相当解放，按理不应有多少强奸犯罪，但强奸案并不少见，原因是司法机关认定强奸罪的门槛太低，本是通奸但事后反悔，或给钱不够，或被亲友发现顾及名誉等报了警，再有点其他证据，就可以认定了。不少人被冤时才想到，当时能悄悄录个音该多好，但世上没有后悔药。这是需要特别注意的。

2018 年 7 月 26 日 凤凰网·凤凰评论

|第三辑|

婚姻家庭与经济生活

第 24 条婚规之一

| 司法解释瑕疵亟待弥补 |

> 　　王某兰加入了一个 500 多人组成的"二十四条公益群"才发现，有同样遭遇的人很多，包括公务员、教师、记者、国企员工等，负债从几万元到千万元不等，一半人涉诉金额超过 100 万元，大量群友因此生活陷入窘迫。

　　29 岁的王某兰离婚后不久被人告到法院，要求她偿还前夫婚内所欠 300 多万元债务。王某兰认为自己不知情，也没花借来的钱，以为官司一定赢但结果败诉，被法院判令连带承担该笔债务，依据是最高人民法院《关于适用〈中华人民共和国婚姻法〉若干问题的解释（二）》第 24 条（以下简称"第 24 条婚规"）。王某兰加入了一个 500 多人组成的"二十四条公益群"才发现，有同样遭遇的人很多，包括公务员、教师、记者、国企员工等，负债从几万元到千万元不等，一半人涉诉金额超过 100 万元，大量群友因此生活陷入窘迫。该群呼吁废除"第 24 条婚规"整条规定。（2 月 22 日《中国青年报》）

　　"第 24 条婚规"真的存在如此严重问题，需要整条废除吗？回答是否定的，因为该条司法解释规定本身具有相当的合理性，只是其中"但是"之后例外情形的列举不周延，这一严重瑕疵确实亟待完善。

　　我们来看看"第 24 条婚规"的完整内容："债权人就婚姻关系存续期间夫妻一方以个人名义所负债务主张权利的，应当按夫妻共同债务处理。但夫妻一方能够证明债权人与债务人明确约定为个人债务，或者能够证明属于婚姻法第十九条第三款规定情形的除外。"

条文中提到的《婚姻法》第 19 条第 3 款规定为："夫妻对婚姻关系存续期间所得的财产约定归各自所有的（即分别财产制，俗称 AA 制），夫或妻一方对外所负的债务，第三人知道该约定的，以夫或妻一方所有的财产清偿。"

概括一下，"第 24 条婚规"规定可表述为：只要是婚姻关系存续期间，夫妻一方以个人名义所负债务，对外而言原则上应按夫妻共同债务处理；例外的情形只有两个，一个是债务合同中写明了为个人债务而不是夫妻共同债务；二是夫妻财产为 AA 制，且债权人知道而接受一方的举债。

司法解释之所以这样规定，是因为将婚姻关系存续期间的夫妻视为一个经济共同体，类似于"合伙"，夫妻双方不分份额地对外享有债权和承担债务。"夫妻拧成一股绳，好的就像一个人"，这是我国婚姻法规定夫妻关系存续期间一般为"共同财产制"的伦理基础。于是，以夫妻双方名义所负债务为夫妻共同债务自不必说；哪怕以夫妻一方个人名义所负的债务，一般也视为夫妻共同债务，就是这个道理。

当然，现代民法又强调个体的独立性，强调夫妻各自人格的独立性，夫妻任何一方都是具有完全民事行为能力的主体，可以依个人意志自由安排自己的民事生活。因此，夫妻一方以自己的名义向第三人（债权人）举债，其同债权人明确约定，该举债为夫妻一方的个人债务，与另一方无关，自应得到尊重；再者，夫妻双方明确约定，夫妻财产采 AA 制即分别财产制，债权人又知道他们的这种财产约定，夫妻一方向债权人的举债就是夫妻一方的举债，债权人自然不应向夫妻另一方主张。这是"第 24 条婚规"规定中的"两项例外"。

但不可否认，"第 24 条婚规"仅"两项例外"的列举确实存在严重不足。因为若夫妻一方背着另一方向债权人举债且为大宗债务，所举之债用于一方的个人挥霍或从事吸毒、赌博等非法活动，完全没有用于"夫妻共同生活"，无论另一方对此举证如何充分，都因不属于"第 24 条婚规"规定的两种例外情形而让另一方共同承担该债务，确实违反民法的公平原则，对另一方不公平。而且《婚姻法》第 41 条明确规定："离婚时，原为夫妻共同生活所负的债务，应当共同偿还。……"弦外之音，原不为夫妻共同生活所负之债，就不应由其共同偿还。司法解释是对法律的解释，理应尊重立法原意，尊重法律所确定的原则和精神，而"第 24 条婚规"的规定却与《婚姻法》第 41 条规定严重相悖。

拿上文提到的王某兰为例，如果她证明了自己对前夫在婚姻期间的举债不知情，前夫的举债完全没有用于夫妻共同生活（包括共同抚养子女和赡养老人的生活），王某兰就不应对该 300 多万元债务承担连带偿还义务。这既符合《婚姻法》第 41 条规定的精神，也符合人们的一般公平观念。但法官以王某兰的抗辩理由不属于"二十四条"规定的"两种例外"情形，判令其承担连带债务，也很难说法院的判决有什么错误，因为司法解释就是这样明确表述的。可见，"第 24 条婚规"规定确实存在严重瑕疵，从而导致了大量的"王某兰们"产生。

其实，最高人民法院已经注意到了这一瑕疵，其在官网的"院长信箱"针对某一网友作出的《关于"撤销婚姻法司法解释（二）第 24 条的建议"的答复》中明确指出，"在债权人以夫妻一方为被告起诉的债务纠纷案件中，对于案涉债务是否属于夫妻共同债务，应当按照《最高人民法院关于适用〈中华人民共和国婚姻法〉若干问题的解释（二）》第二十四条规定认定。如果举债人的配偶举证证明所借债务并非用于夫妻共同生活，则其不承担偿还责任"。上述答复的最后一句是原司法解释没有的，它实际上已将"第 24 条婚规"的"两种例外"扩展为"三种例外"。笔者的疑问是，最高人民法院的态度既然如此，为何不通过修订司法解释来进行完善呢？要知道，对网友的答复不是对某高级法院相关请示的"批复"（批复属于司法解释），是没有法律约束力的呀！

因此，"第 24 条婚规"规定存在瑕疵已不是问题，但该条规定不是像网友建议的需要整条废除，而是应当完善。完善起来也很简单，只需在"两种例外"后增加一条"小尾巴"，变成"三种例外"就行，调整后的规定可为这样："债权人就婚姻关系存续期间夫妻一方以个人名义所负债务主张权利的，应当按夫妻共同债务处理。但夫妻一方能够证明债权人与债务人明确约定为个人债务，或者能够证明属于婚姻法第十九条第三款规定的情形以及能够证明不是为夫妻共同生活所负的债务除外。"

"二十四条公益群"的群友们还在四处奔走呼号，他们为此耗费了大量时间、金钱和精力，担心不断产生新的"王某兰"。期待最高人民法院及时回应民意，尽快修订完善"第 24 条婚规"，化解"王某兰们"对现行法条不周延所产生的严重焦虑。

2017 年 2 月 23 日法制网·法制评论

第 24 条婚规之二

⌐该条司法解释将何去何从⌐

　　我试着拟出的规则是：债权人就婚姻关系存续期间夫妻一方以个人名义所负债务主张权利的，按夫妻一方的个人债务处理，但小宗债务或者债权人能够证明事先取得过举债人配偶的同意，或者能证明为夫妻共同生活所负的债务除外。

　　近日，最高人民法院《关于适用〈中华人民共和国婚姻法〉若干问题的解释（二）》第24条（以下简称"第24条婚规"）持续引发热议。一些人主要为女性，称该条规定使她们遭受"司法不公"，甚至成立了"反24条联盟"，呼吁废除该条款。湖北某法官还用了"癌症性"条款、"国家一级法律错误"来评价它。最高人民法院去年初通过院长信箱作出的答复，一方面称该条规定符合婚姻法精神，另一方面也称条件成熟时，将制定新的司法解释。（2月23日澎湃新闻）

　　我国的"第24条婚规"让人觉得婚姻就像一场赌博，冒着巨大风险，显然是不成熟的。该条规定向何处去？确实是个引人深思的问题。

　　"第24条婚规"的具体内容可概括为，在婚姻关系存续期间夫妻一方以个人名义所负债务，对外原则上应按夫妻共同债务处理；例外的情形只有两个：一是债务合同明确约定为个人债务；二是夫妻约定采用分别财产制且债权人知道。

　　"第24条婚规"的法理基础应是：我国夫妻婚内财产，法定为共同财产制，特别约定时才为分别财产制，实际占比很小。共同财产制下的夫妻关系，相当于开了一家"夫妻合伙店"，形成了经济共同体，所得的收入为夫妻共同财产，所负的债务也应为夫妻共同债务。另按民法基本精神，国家尊重民事主体的意思自治，有约定按约定，无约定按法定。债务合同里约定为个人债务，当然不为夫妻共同债务；夫妻约定为分别财产制且让债权人知晓，当然也不为夫妻共同债务，除这两种有特别约定的情形外，都应该按法定的夫妻共同债务处理。这大概就是最高人民法院所称的符合婚姻法精神的理由。

　　最高人民法院有关人士还指出了当初制定该规则的另一个考虑，实践中夫妻双方联合对付债权人，以作假的方式通过离婚将财产转移到一方，借以逃避债务的现象，在沿海经济发达地区比较突出，欠发达地区也有所反映，"第24条婚规"出台后，夫妻双方恶意对付债权人的现象得到遏制。这番话是为了说明制定该规则的合理性。

　　符合法律精神和有合理性不等于没有瑕疵，其实最高人民法院的态度也不是铁板一块，其民一庭2014年在函复江苏高院时也表达过，"如果举债人的配偶举证证明所借债务并非用于夫妻共同生活，则其不承担偿还责任"。但该函不是司法解释，并无法律约束力。另外，让举债人的配偶对所借债务并非用于夫妻共同生活进行举证，等于让人对没做过的事提供证据，实在太难了，这样分配举证责任对举债人的配偶也很不公平，但分配给债权人似乎更不公平。可见该答复即使变成婚规也难以让人满意。人们还在呼吁更公正的婚规出台。

　　我一直觉得，"第24条婚规"体现了权利和义务一致的原则，保护了善意债权人免于夫妻串通损害其利益的构陷，也不必去商请夫妻另一方同意，减少了交易成本，大体说得过去。但目前一些"反24条联盟"者的案件，动辄几百万上千万元的债务从天而降，若举债人的配偶真的不知情又未从中受益，让她们承担连带债务，其可能一辈子也无法翻身，确实太不公平。关键是，这是"第24条婚规"下的法律风险，立法真的没有更好的选择吗？

　　其实我们细想是不是这样的道理：夫妻一方向第三人举大宗债务，就是重大经济生活，夫妻之间无须另一方同意的日常生活代理权，不应及于如此重大事项；债权人若认为大宗债务属于夫妻共同债务，就有义务取得举债人的配偶的同意（最好让其在债务文件上签字确认），否则就只是举债人的个人债务；这样做可能会增加一点交易成本，但这点举手之劳的交易成本同举债人配偶的巨大债务风险相比，简直微不足道。

进一步而言，若本为夫妻共同生活目的举债，例如为置房、装修、购车、看病、开店等家庭重大事项举债，举债人的配偶自然会签字确认；若其拒不同意，债权人仍坚持放债，就不应让举债人的配偶承担债务。

如此建立夫妻债务规则，是不是更符合现代民法尊重个体独立意志的精神，更符合合同相对性原理，也符合举证责任分配原理，也能保障交易安全，更重要的是能化解"反24条联盟"者所担心的重大婚姻风险，有百利仅有微害，何乐而不为呢?!

我突然意识到，婚姻法中的夫妻共同财产制，只是从物权角度来规定的，是关于夫妻关系存续期间财产归属和利用的规范；而夫妻在婚姻关系存续期间向第三人举债，是典型的合同关系，应适用债权规则，并不是夫妻共同财产制的内容，不能混为一谈；不能认为婚姻期间所取得的财产为共同财产，所负的债务就一定为共同债务，债的相对性原理也完全不顾了—— 这种认识是有问题的。

因此，"第24条婚规"确实不是一个成熟的选择，甚至有严重瑕疵，我们还可以有更好的选择。我试着拟出的规则是："债权人就婚姻关系存续期间夫妻一方以个人名义所负债务主张权利的，按夫妻一方的个人债务处理，但小宗债务或者债权人能够证明事先取得过举债人配偶的同意，或者能证明为夫妻共同生活所负的债务除外。"一孔之见，抛砖引玉而已，期待我国制定出如"24条军规"般成熟的"婚规"来。

2017 年 2 月 25 日《南方都市报》·刘昌松专栏

第 24 条婚规之三

| 同案不同判将问题再次凸显 |

同样是这位丈夫欠下赌债让妻子还，天津两家法院作出了相反的判决，南开区法院判决妻子胜诉不担责，宁河区法院判决妻子败诉应连带还款且已被二审维持。这让"第 24 条婚规"的问题看得更清楚了。

徐某嫔的丈夫吕某染上赌博恶习，为了还赌债，他不惜进行合同诈骗，最终因此锒铛入狱，但留下巨额债务涉及三起民间借贷官司，妻子徐某嫔均作为第二被告卷入其中。三起官司中，有两起由天津市南开区法院审理，分别为 130 万元和 50 万元的诉讼标的，有一起由天津市宁河区法院审理，诉讼标的为 247 万元。两家法院作出了相反的判决，南开区法院判决徐某嫔胜诉不担责，宁河区法院判决徐某嫔败诉应连带还款且已被二审维持。(3 月 25 日澎湃新闻)

该报道的案例因婚内债务适用同一法条而导致同案不同判的情形，将最高人民法院《关于适用〈中华人民共和国婚姻法〉若干问题的解释（二）》第 24 条（以下简称"第 24 条婚规"）所存在的问题，再次展现在公众面前。我们先来看看"第 24 条婚规"对债务处理和举证责任是如何规定的，然后再来评判上述法院判决。

"第 24 条婚规"可概括为：债权人就婚姻关系存续期间夫妻一方以个人名义所负债务主张权利的，按夫妻共同债务处理，但有四项例外：一是夫妻一方能够证明债权人与债务人明确约定为个人债务的；二是能够证明夫妻实行分别财产制且债权人知道的；三是夫妻一方与第三人串通虚构债务的；四是夫妻一方在从事赌博、吸毒等违法犯罪活动中所负债务的。后两项为上个月最高人民法院新增加的内容。

应该说，该条婚规对债权人特别有利，因为债权人只需证明债务是在夫妻关系存续期间所负即可，这个证明责任非常轻也容易完成。所谓的 4 项免责例外的证明责任，则由债务人尤其是夫妻中非举债一方来完成，但它们要么因不言而喻而不会形成诉讼，要么很难证明，债权人基本没有风险。

我们来逐项分析：借款合同中明确约定为个人债务，因为如此明确而不会出现将夫妻另一方作为被告起诉；分别财产制在我国本就非常少，这种案子少得可以忽略不计，还要求夫妻方证明债权人知情，根本难以完成；夫妻一方与第三人串通虚构债务，本来就是《民法通则》和《合同法》都规定的无效合同；赌债、毒债本来也是不受法律保护的非法债务。因此，不少人说最高人民法院于上个月出台的新规定没有任何新颖之处，而问题还在于，夫妻一方与债权人串通一气了，得由夫妻另一方来证明他们串通虚构，这个举证责任如何完成；借款合同上根本不可能写上赌债、毒债之类的字样，夫妻另一方也就难以完成举证责任。

回到上述报道中的三起案件，庭审中徐某嫔均辩称，对吕某向原告借款之事并不知情，后因吕某涉嫌刑事案件，才得知其在 2013 年底至 2014 年期间对外举债高达 1300 万余元，所借款项均用于赌博，且有伪造保险合同进行诈骗的犯罪行为，并向法庭提交了刑事生效裁判；丈夫吕某与债权人之间的涉案借款都发生在 2004 年底和 2015 年初，与其赌博、实施犯罪行为的时间相近，所借款项并未用于家庭生活，且其在短期内借款数额已明显超出正常家庭所需，涉诉借款应属于吕某个人借款，不应与其承担共同还款责任。

在这里，生效刑事判决书虽是一个证据，但也只能证明被告吕某在借款前存在赌博恶习，证明三笔涉案借款都发生在吕某形成赌博恶习之后，仅此而已，不能直接证明吕某所举之债就是赌债，因为有赌博恶习的人也可能存在正当债务，更不能证明债权人知道吕某的借款目的就是用于赌博，严格说来，该项证据的关联性缺乏，不应作为定案的依据。

很多人为南开区法院的判决叫好，以为"第 24 条婚规"新增赌债不受保护等条款解决了相关人的困惑，但看看南开区法院判决的理由，我们可能高兴不起来："根据已经生效刑事判决书查明的事实，虽不能认定涉诉借款被吕某用于赌博或偿还赌债，但可以证明在涉诉借款发生时，吕某存在赌博恶习，故涉诉借款虽发生在两人的婚姻关系存续期间，但不宜直接认定为夫妻共同债务。"仔细研究发现，其逻辑说服力苍白，只能说法院愿意相信徐某嫔所说，而不是她完成了"第24条婚规"所要求的举证责任。相反，天津市二中院认为，"徐某嫔主张吕某将借款全部用于赌博，未用于家庭生活，不同意承担还款责任的证据不足，不予支持，驳回她的上诉"，在逻辑上是自洽的。

因此，"第24条婚规"的问题依然如故，它一方面宣布了夫妻一方在夫妻关系存续期间以个人名义所负债务为夫妻共同债务，另一方面又为夫妻另一方的四项免责例外提出了其几乎完成不了的举证责任。我认为，解除徐某嫔女士"两审法院的判决（247万元）已经让我和孩子背着巨额债务无法生存下去"的困惑，确立这样的规则或许是解决此问题的根本出路：债权人就婚姻关系存续期间夫妻一方以个人名义所负债务主张权利的，按夫妻一方的个人债务处理，但小宗债务或者债权人能够证明事先取得过举债人配偶同意，或者能证明为夫妻共同生活所负的债务除外。

【补注】第24条婚规之一那篇文章说，原"第24条婚规"，增加一项"能够证明不是为夫妻共同生活所负的债务除外"即可，当时考虑得太天真了，"发生了什么，是什么"好证明，"未发生什么，不是什么"难以证明。因此第24条婚规的之二、之三两文的观点发生了重大变化。本文撰写于前两文后一个多月，甚至出现了同一个债务人同样情形，但不同法院作出了截然相反的判决，将"第24条婚规"的问题暴露得更加明显了。

由于强大民意的推动，最高人民法院终于在2018年1月16日通过了《关于审理涉及夫妻债务纠纷案件适用法律有关问题的解释》，并于2天后生效。司法解释共4条，其内容几乎是本人在后两篇评论中建议的翻版（第4条为生效时间从略，前3条为解释内容）：

第1条　夫妻双方共同签字或者夫妻一方事后追认等共同意思表示所负的债务，应当认定为夫妻共同债务。

第2条　夫妻一方在婚姻关系存续期间以个人名义为家庭日常生活需要所负的债务，债权人以属于夫妻共同债务为由主张权利的，人民法院应予支持。

第3条 夫妻一方在婚姻关系存续期间以个人名义超出家庭日常生活需要所负的债务，债权人以属于夫妻共同债务为由主张权利的，人民法院不予支持，但债权人能够证明该债务用于夫妻共同生活、共同生产经营或者基于夫妻双方共同意思表示的除外。

2017 年 3 月 27 日《南方都市报》·刘昌松专栏

王宝强案

| 离婚诉讼的法律看点差不多齐了 |

看点索引：1. 王宝强想离就能离吗？法院有权判"不准离婚"（双方都同意离婚除外）；2. 王宝强想抚养一双儿女就能实现吗？法院可能判各养一个；3. 财产怎么分？王宝强恐怕讨不回名牌包包等个人化物品。

王宝强前天在其新浪微博上发布离婚声明称，妻子马某出轨前经纪人宋某，无法容忍恶意背叛婚姻破坏家庭的行为，要解除同马某的婚姻关系。昨天上午 9 时许，王宝强本人在律师的陪同下到北京朝阳法院提起离婚诉讼，法院经审查认为符合立案条件，已正式受理此案。

王宝强起诉称，与马某于 2009 年 2 月 10 日在河北邢台登记结婚，婚后育有一子一女。马某在婚姻关系存续期间，不仅与其经纪人宋某发生婚外不正当两性关系，更有隐藏、转移夫妻共同财产、破坏家庭伤害家人的恶劣行为，致使双方感情彻底破裂。王宝强要求解除双方婚姻关系，判令婚生子女均由其抚养，马某依法支付抚养费至孩子年满 18 周岁，依法分割夫妻共同财产。

王宝强要求分割的财产包括：9 套房屋，其中包括美国洛杉矶的一处房产，多家公司股权、出资，一辆宝马 X5 轿车、一辆宾利轿车，爱马仕、LV、香奈儿、GUCCI、PRADA、迪奥、范思哲、芬迪、TIFFANY 等品牌的珠宝、首饰、名表、包、服饰等，此外还有存款、股票、理财产品、保险、原创设计品牌等。

接下来，法院将如何处理王宝强的诉求？下面根据王宝强披露的有关事实和法律的相关规定，作一简要分析。

一、王宝强想离就能离吗？法院有权判"不准离婚"

离婚是两个婚姻当事人共同的事情，现在只知王宝强的离婚态度很坚决，尚不知马某的态度如何。因此，该诉求会如何处理，目前还难以下结论，但不妨碍我们对此作些分析。

我们知道，离婚方式有两种：一是通过民政部门协议离婚，二是通过法院诉讼离婚。如果夫妻双方达不成离婚协议，或者有一方根本不愿意坐下协商，那么，通过诉讼离婚，就是不二法门。从现在王宝强到法院起诉离婚的现状来看，他们显然属于第二种情况，双方未能达成离婚协议。

而离婚诉讼与其他民事诉讼不同的是，其他诉讼当事人委托了律师代理，本人可以不出庭，离婚诉讼的当事人即使委托了律师代理，本人仍需要出庭。法律这样要求有两个原因：一是便于法院查明提出离婚以及对方同意或不同意离婚是否是当事人的真实意思，这得本人亲为；二是便于法院对当事人直接做调解工作，法律要求离婚案件必须进行调解，目的是能和好的婚姻尽量让其和好，以维护家庭稳定（家庭稳定是社会稳定的基础嘛）。

《婚姻法》的规定是这样的："人民法院审理离婚案件，应当进行调解；如感情确已破裂，调解无效，应准予离婚。（第32条第2款）"可见，法院调解也不是万能的，调解和好无果（即调解失败），判处"准予离婚"的法定标准只有一个，即"夫妻感情确已破裂"。王宝强在起诉理由中也用了"感情确已破裂"一词，具体表述是："马某在婚姻关系存续期间，不仅与其经纪人宋某发生婚外不正当两性关系，更有隐藏、转移夫妻共同财产、破坏家庭伤害家人的恶劣行为，致使双方感情彻底破裂。"但这只是王宝强的一面之词，且需要他提供证据加以证明。

《婚姻法》列举了五种"感情确已破裂"的硬指标，有五种情形之一，法院"调解无效，应准予离婚"，它们是：（1）重婚或有配偶者与他人同居的；（2）实施家庭暴力或虐待、遗弃家庭成员的；（3）有赌博、吸毒等恶习屡教不改的；（4）因感情不和分居满二年的；（5）其他导致夫妻感情破裂的情形（第32条第3款）。

对照一下，发现王马之间只有第（1）项"有配偶者与他人同居"稍沾点边，但法律上所指的"同居"，不包括同居一晚上之类的"一夜情"，而是指"有配偶者与婚外异性，不以夫妻名义，持续、稳定地共同居住"。显然本案也不能适用这一项。

相反，王马两人结婚 7 年多以来一直在微博上秀恩爱，细心的网友甚至发现到今年 3 月份还有这方面的情形。也就是说，证明夫妻感情一直较好的证据倒是大量存在。因此，如果马某在策略上就是不同意离婚，即使王宝强有马某婚内一时出轨和转移财产的证据，在诉讼上也不占多少上风，法院完全可以判决"不准离婚"。而一旦法院判决不准离婚，子女抚养和夫妻共同财产就根本不需要作出处理，王宝强的诉讼目的将全部落空。王宝强即使仍坚持离婚，也只能等 6 个月后再行起诉。

当然，马某也可放王宝强一马，在法庭上同意离婚，法院可制作《民事调解书》解除双方的婚姻关系，双方签收后即发生法律效力，婚姻关系解除，这样就不存在二审问题。这恐怕得王宝强在子女抚养和共同财产分割上作出较大让步才能实现。离婚的过程也是夫妻双方的一场博弈。

二、儿女判给谁直接抚养？法院可能判各养一个

《婚姻法》规定，"父母与子女间的关系，不因父母离婚而消除。离婚后，子女无论由父或母直接抚养，仍是父母双方的子女。（第 36 条第 1 款）"可见，从法律角度上，不能简单地说孩子判给了谁，或孩子判归谁抚养，或判由谁监护，而只能说孩子判归谁"直接抚养"，另一方则属于"间接抚养"，包括支付抚养费和通过探视的方式对孩子进行部分抚养教育（也属于部分履行监护职责）。婚姻法的具体表述是："离婚后，父母对于子女仍有抚养和教育的权利和义务。（第 36 条第 2 款）"

法院将孩子判给一方直接抚养根据什么标准呢？《婚姻法》对此的规定很原则："离婚后，哺乳期内的子女，以随哺乳的母亲抚养为原则。哺乳期后的子女，如双方因抚养问题发生争执不能达成协议时，由人民法院根据子女的权益和双方的具体情况判决。（第 36 条第 3 款）"也就是说，离婚后哺乳期内的子女随哺乳的母亲直接抚养是原则，这个比较确定，法院一般是要考虑的；哺乳期后的子女随哪一方抚养，法律首先尊重子女之父母的意思，能协议解决最好；协议不成，才由法院判决，法院判决归哪一方直接抚养的标准是"有利于子女的健康成长"，至于"双方的具体情况"也是这些具体情况

是否有利于子女的成长。关于哺乳期，《女职工劳动保护规定》（现已失效）中规定的是"孩子出生到满一周岁"，但最高人民法院的司法解释规定，"两周岁以下的子女，一般随母方生活"。司法解释还规定，孩子若满10周岁应听取孩子的意见。

具体到王宝强案而言，其儿子2010年出生，女儿2011年出生，均早已过了哺乳期，都不到10周岁，若王马双方协商不成，只能由法院以"有利于子女的健康成长"这一标准来权衡并判决处理。若王宝强能举证证明"马某在婚姻关系存续期间与其经纪人宋某发生婚外不正当两性关系"，则因为子女的母亲道德不检点，王宝强在争夺子女的直接抚养权上可适当加点分，但并非以此就能绝对胜出，因为还取决于其他不少因素。

例如马某可以提出一大堆理由抗辩：王宝强只有小学学历，而自己为名牌大学毕业，文化素质更高；王宝强拍戏经常不在家，自己更有时间和精力照顾孩子；王宝强平时照顾孩子较少，而自己照顾较多、心更细，同孩子更亲近；至于经济承担能力，巨额共同财产一分到手，就不是问题；至于"所谓不正当性关系"也可用"只是一时性的过错"来抗辩。

因此，王马的一双儿女最终会判给谁直接抚养，恐怕现在还不好说。个人倾向性认为，法庭很可能判处王马双方各直接抚养一名子女。

三、财产怎么分？王宝强恐怕讨不回名牌包包等纯个人用品

《婚姻法》规定，"离婚时，夫妻的共同财产由双方协议处理；协议不成时，由人民法院根据财产的具体情况，照顾子女和女方权益的原则判决（第39条第1款）"。现王马二人到目前为止，显然未就共同财产分割达成一致意见，得指望法院判决了。法院判决得"根据财产的具体情况"处理，比如一方有驾驶证另一方没有，车辆一般分给有驾驶证的一方（本案中可能不存在）。共同财产一般均分，"照顾子女原则"，是指对直接抚养子女的一方有所倾斜（这也是争夺孩子直接抚养权的一个原因）；"照顾女方权益"现在司法实践中一般考虑得较少。

王宝强在诉状中提到了应分割的共同财产有：9套房屋，其中包括美国洛杉矶的一处房产，多家公司股权、出资，一辆宝马X5轿车、一辆宾利轿车，爱马仕、LV、香奈儿、GUCCI、PRADA、迪奥、范思哲、芬迪、TIFFANY等品牌的珠宝、首饰、名表、包、服饰等，此外还有存款、股票、理财产品、

保险、原创设计品牌等。

想必这些财产都是在夫妻关系存续期间取得的，否则，"婚前财产属于个人财产"，根本用不着拿来分割。应注意的是，《婚姻法》明确规定，"一方专用的生活用品"为夫妻一方的财产，不是夫妻共同财产，不应进行分割。像爱马仕、LV、香奈儿、GUCCI、PRADA等奢侈品，若它们为马某专用的香水、女式包、女式首饰等，王宝强主张按共同财产来分割，恐怕难以得到法院的支持。

由于两人不是分别财产制（不是AA制），属于夫妻共同财产部分一般对半分割，这没有什么问题，只是其中关于股权部分有些特殊。

如果夫妻双方分割共同财产中的股票、债券、投资基金份额等有价证券以及未上市股份有限公司股份时，协商不成或者按市价分配有困难的，法院可以根据数量按比例分配。（《婚姻法司法解释二》第15条）

如果以一方名义在有限责任公司的出资额，另一方不是该公司股东的，则按以下情形分别处理：（1）夫妻双方协商一致将出资额部分或者全部转让给该股东的配偶，过半数股东同意、其他股东明确表示放弃优先购买权的，该股东的配偶可以成为该公司股东；（2）夫妻双方就出资额转让份额和转让价格等事项协商一致后，过半数股东不同意转让，但愿意以同等价格购买该出资额的，法院可以对转让出资所得财产进行分割。过半数股东不同意转让，也不愿意以同等价格购买该出资额的，视为其同意转让，该股东的配偶可以成为该公司股东。（《婚姻法司法解释二》第16条）

至于公众特别关心的过错赔偿问题，应该难以成立。因为《婚姻法》只规定了四种情形下可以主张过错赔偿：（1）重婚的；（2）有配偶者与他人同居的；（3）实施家庭暴力的；（4）虐待、遗弃家庭成员的。稍稍能挨得上是第（2）项，如前所述，同居关系不是偶尔的婚外情，王宝强自己也只认为"马某在婚姻关系存续期间与他人发生不正当两性关系"而不是同居关系。可能正是基于这一原因，王宝强的诉状中并未提出过错赔偿请求。

当然，王宝强在起诉前如此高调地发布离婚声明，将马某对他的不忠诉诸舆论，一方面可能是气极所致，另一方面是否也想在情感上博得社会包括法官的同情，也未可知。由于法官也是人，也会受到事件的感染，在子女抚养与财产分割问题上，在自由裁量权范围内，其内心天平悄悄放上一点"过错责罚"的砝码，在判决时对王宝强有所倾斜，则是完全有可能的。

本文已经草就，突然见到腾讯新闻的最新报道，称"有网友爆料称其妻子马某早已带两个孩子飞往国外，其家中现金以及账户中的钱财全被转移，她和王宝强共同的公司也早已被搬空。且股权变动实际是马某操作，并非王宝强自己变更，公司早已是空壳"。若爆料属实，再不是刚才网友关于王宝强借钱交诉讼费的说法，便觉得王宝强在诉状中称对方"隐藏、转移夫妻共同财产"几个字，真是字字千钧，让人深切同情王宝强！《婚姻法》第 47 条规定："离婚时，一方隐藏、转移、变卖、毁损夫妻共同财产，或伪造债务企图侵占另一方财产的，分割夫妻共同财产时，对隐藏、转移、变卖、毁损夫妻共同财产或伪造债务的一方，可以少分或不分。……"但那是对离婚中转移财产而言，而爆料所称转移财产的行为发生在离婚诉讼前，很难直接适用！当然，法院可以对法条作扩大解释，将出现婚姻危机后的转移财产也解释为"离婚时转移财产"，并不违背法律精神，却可对转移财产的对方当事人给予最大限度的保护。期待法律作出公正的裁判！

【补注】后来北京市朝阳区法院采取了分阶段判决的方式，第一步先判决双方离婚，两个孩子一人直接抚养一个；财产分割继续往下审理。现在法院审理复杂的离婚案件，采用这种方式比较普遍。

2016 年 8 月 16 日《今日排行榜》·排行评论

儿童坠亡

| 责罚监护失职，现行法律有依据 |

我国现有 70 多部与儿童保护相关的法律，包括刑事保护方面的法律，基本有法可依了。现实生活存在的问题主要是守法执法问题，不要一出事就怪到立法不完善，尤其不要动辄呼吁某某事项入刑，刑法应保持谦抑性。

据报道，"两会"期间出现了《关于未成年人监护失职（疏忽）行为"入刑"的建议》的提案，呼吁追究失职监护人的责任。提案称我国现有 70 多部与儿童保护相关的法律，唯独因监护失职（疏忽）导致严重后果的行为，没有法律支撑予以责任人惩戒。

这个提案受到热切关注，同天津大悦城两儿童坠亡事件紧密相关。2 月27 日，一父亲怀抱两名儿童站在大悦城四层的玻璃围栏处，其中一名儿童突然坠落至围栏外，父亲试图拉住坠落儿童时，另一名儿童也不幸坠落，双双坠至负一层天井当场死亡。该事件让无数人揪心扼腕，许多人都认为孩子父亲的监护失职难辞其咎，但要说我国法律对这类事件中监护人严重失职行为的惩戒规范存在立法空白，需要呼吁入刑，则明显是一个伪命题。

《刑法》第 233 条规定，过失致人死亡的，处 3 年以上 7 年以下有期徒刑；情节较轻的，处 3 年以下有期徒刑。该罪为一般主体，没有特殊身份上的要求，父母等监护人因监护失职，导致被监护人发生坠亡之类的事故，适用刑法该条规定，没有任何法律障碍，天津大悦城儿童坠亡事件也不例外。

但司法实践中，确实很少见到这类事故中的监护失职者受到刑事追究，原因不在于刑法有漏洞，无法对这类事故的行为人予以刑事追究，而在于家庭伦理和公众心理方面的原因，抑制了有管辖权的司法机关启动追诉程序，也抑制了社会舆论倒逼有关司法机关履行职责，这两方面的动力都严重不足，有关行为人的刑事责任就这样被落空了。

从家庭伦理观而言，人们普遍接受"孩子是父母身上掉下来的肉"之观念，从伦理上把孩子看成是父母的附属物或私产；同时认为父母一般会以最大能力，本能地照料好自己的孩子，"孩子都是自己的好"，"要像爱护自己的孩子一样爱护某事物"的说法即反映了这种观念。因此，一旦有父母对孩子照料不周而伤亡了，也认为是父母自己的损失，与国家、社会和他人的关系不大，"失子之痛"由他自己承担即可，国家法律进行干预的必要性不大。司法机关也由人组成，司法人员骨子里也存在着这种观念，影响了他们履行刑事追诉职责的积极性。

从公众心理方面来讲，社会公众普遍存在同情弱者的心理，像天津大悦城儿童坠亡事件，许多人都感到，这名父亲太不幸了，两个孩子相继坠楼而亡，他当时的心里该是如何的天崩地裂，往后的日子又怎么过呀！于是，巨大的同情心远远盖过了谴责心。

或许这次事件中出现了两名孩子同时坠亡，悲剧色彩过于浓烈，而商场玻璃围栏又远远超过法定高度，难以让商场担责，才有人把目光转到孩子父亲的身上，想到其是否存在法律责任包括刑事责任。有评论即点到了孩子父亲存在监护失职，应对孩子死亡的损失自担责任，无权向商场索赔，现在又有政协委员为此递交这类家长应承担刑事责任的提案，只是认为我国刑法对此存在漏洞无法追究属于误解。而以往其他监护人失职致使孩子伤亡的大量事件，鲜有人注意父母的法律责任。

我同意有评论所认为的，监护人对孩子一眼看不到而发生了严重伤亡事件，是育儿过程中经常发生的事，一般只是民事过失，不承担刑事责任。刑事过失，要求严格考查行为人是否"应当预见可能发生危害的结果因疏忽大意而没有预见"或者"已经预见但轻信能够避免"，且应根据当时的时空条件和行为人的认知水平，来综合判断。

本案中，那位父亲抱着两孩子在四楼的围栏边缘行走，孩子的高度已远在护栏之上，两孩子还剧烈打闹使得危险就在眼前，这位父亲居然未立即将孩子带离围栏边，其行为应该能够认定为刑事过失，其过失行为同孩子坠亡之间的因果关系至为明显，依现行刑法应当追究其过失致人死亡罪的刑事责任，现行法律依据充足。

现在不少人形成了一种惯性思维，只要一出现什么恶性事件，就简单地称立法有缺陷，要求加强和完善某立法。殊不知，立法不是万能的，学法、守法、用法、执法才是避免相关恶性事件发生的关键。否则，即使立了法，不宣传不学习也是枉然，学法了不用法更是枉然，用法请求相关国家机关救助了，但相关机关依然找各种理由推脱，还是枉然。

例如，几年前家庭暴力严重，许多人便呼吁加强《反家庭暴力法》的立法，而当时虽没有该法，但依据其他法律例如《治安管理处罚法》等，大致也能够制止家暴或警示家暴者，但一旦因严重家暴出事了，相关各方都愿意接受立法不完善的说法，因为那样方便推卸责任。

有媒体对《反家庭暴力法》实施一年来的情况进行调查，发现该法的实施并不理想，该法最大的亮点是规定了家暴受害者可向公安机关求助，让其开具"告诫书"，或者向法院申请"人身保护令"，而上海市这一年该两者的数据都只有十位数，这同全国妇联统计的"30%的已婚妇女曾遭受家暴"，"每7.4秒就有一女性被家暴"的现实相差甚远。

因此，我认为，我国现有的70多部与儿童保护相关的法律，包括刑事保护方面的法律，基本上有法可依了。现实生活存在的问题主要是守法执法问题，不要一出事就怪到立法不完善，尤其不要动辄呼吁某某事项入刑，刑法应保持谦抑性，能用其他方式解决的，尽量不要用刑事的方法解决。

2017 年 3 月 6 日 中国网·观点中国·刘昌松专栏

捐献孩子遗体

｜罗尔夫妇此举无法律障碍｜

笔笑遗体的捐献，相当于"公民生前未表示不同意捐献其人体器官"的情形，依相关规定，因笑笑是未成年人，只由其父母以书面形式共同表示捐献笑笑的遗体即可。

深圳市儿童医院发布通报，罗尔的女儿笑笑在该院经抢救无效，于12月24日早上6点不幸离世。因笑笑患的是急性淋巴系统白血病，其角膜和各器官不能捐献移植，罗尔夫妇决定将其遗体捐献给深圳大学医学院用于医学研究。笑笑成为深大医学院2009年成立以来的第286位"无语体师"。

捐献遗体是很高尚的行为，"无语体师"便是医学院学生对遗体捐献者的尊称，寓意是"不会说话的身体老师"。如果换个人捐献自己亲生孩子的遗体，应该不会引发争议，但"罗尔事件"余音未了，罗尔捐献笑笑遗体的动机就遭到了不少质疑：什么连安葬女儿的钱都舍不得花，想一捐了事；什么再次用女儿的离世炒作自己；什么想用此举将之前的公号营销行为洗白……不一而足。对于这些道德层面的质疑，笔者不以为然，罗尔本质上并不怎么坏，笔者不怀疑他的动机是为儿童白血病研究做点贡献。

当然，笔者的关注重点更在于一种法律上的质疑，即笑笑是个未成年人，罗尔夫妇代她表示捐献遗体，到底有无法律上的障碍？我们一起来分析分析。

我国尚无遗体捐献方面的全国性立法，但部分省份有地方性立法，例如

《山东省遗体捐献条例》和《广州市志愿捐献遗体管理办法》，不妨作为参考。

山东的条例要求，捐献人生前应亲自办理遗体捐献登记手续，"生前未办理遗体捐献登记手续的自然人死亡后，其近亲属可以持本人和死者身份证件及全部具有完全民事行为能力的近亲属一致同意的证明，办理遗体捐献登记手续，但死者生前明确表示不捐献遗体的除外"。也就是说，对于死者生前未作任何表示者，可推定死者的生前意愿是同意捐献遗体的，但需要接受死者有完全民事行为能力的近亲属一致同意之限制（担心其中任何一名近亲属接受不了而形成纠纷）。而不满10周岁的无民事行为人捐献遗体，完全可以划到"生前未办理遗体捐献登记手续的自然人死亡后之捐献遗体"的范畴，适用上述规定，由全部有完全民事行为能力的近亲属书面同意即可。

立法之所以作这样的规定，背后的法理是：人活着是独立的民事主体，死后的遗体则转化为民事客体了，成为民事主体支配的对象。具体来说，遗体属于民法中物权的客体——物，是"特殊的物"，由近亲属享有所有权，只是近亲属对遗体进行处分时要遵循公序良俗的要求，例如不能像处理一般的物一样——用不着了可以抛弃到垃圾堆。也就是说，对于生前对遗体处理未作任何表示的死者，如何处置遗体，包括是否捐献遗体，"逝者长已矣"，立法主要考虑的是其近亲属的感受和心理接受程度。

再者，遗体捐献的全国性立法虽没有，但因多数移植器官来源于死后捐献，国务院《人体器官移植条例》对死后器官捐献便有所规范，例如："公民生前未表示不同意捐献其人体器官的，该公民死亡后，其配偶、成年子女、父母可以以书面形式共同表示同意捐献该公民人体器官的意愿。"罗尔所在地的《深圳经济特区人体器官捐献移植条例》也有完全一致的规定。立法虽只是针对死者"捐献器官"而言，但"捐献遗体"相当于把"所有的器官"一并捐献，故将该规范适用于死后整个遗体的捐献，应该不是问题。

笑笑的遗体捐献，相当于"公民生前未表示不同意捐献其人体器官"的情形，依国务院条例和深圳条例的规定，因笑笑是未成年人，不存在需配偶和子女同意之情形，只由其父母以书面形式共同表示捐献笑笑的遗体即可。这同参照前述《山东省遗体捐献条例》的分析，是完全一样的结果。

可见，罗尔夫妇共同捐献笑笑的遗体，没有法律障碍。其实，用逻辑推理的方法也能得出同样的结论。因为儿童医学的教学和研究，都需要大量的儿童尸体作标本，而不幸得了绝症的孩子自身缺乏行为能力，无法在生前作出有效的捐献器官表示，除了孩子的父母或者其他监护人能作这种表示外，没有别的办法。再者，捐献自己孩子的遗体，除了有益于公共利益，没有任何社会危害性，法律没有必要加以限制或禁止。

期待有罗尔夫妇这种善举的人多些、再多些，哪怕这些人"动机不良"，社会也应该欢迎，而不是横加指责。

2016 年 12 月 27 日 法制网·法制评论

儿童枯井坠亡

| 法律追责不能少 |

当地政府的新闻发布中没有检讨政府和基层社区组织在事件中的责任，没有表示要成立调查组，对事故责任进行认真追查并严肃处理；没有责令有关单位对聪聪的家人做好善后赔偿工作，以及进行必要的心理疏导和干预。不能把悲剧演成喜剧，这恰恰是最值得认真检讨的地方。

河北省蠡县鲍墟乡中孟尝村的 6 岁儿童聪聪，4 天前跟着父亲在地里收白菜时，不慎掉进一口直径约 30 厘米、深约 40 米的枯井中。经过 500 多人、100 多台大型挖掘机 100 多小时的救援，终于找到了落井的儿童，但遗憾的是，孩子已经没有了任何生命体征。

为了拯救一名孩子的生命，这么多人爱心接力，在遭遇塌方、苦苦寻找不到生命迹象和发现不了孩子位置等困难重重的情况下，始终不言放弃，尤其是河北蠡县党政机关对该事件是重视的，还派出了一名常务副县长担任现场总指挥，使得救援工作有了组织上的保障。这些都是值得充分肯定的。但聪聪不应白死，必须有人为此承担法律责任，而政府的新闻发布中却未听到任何这方面的信息，这还是有些遗憾。

首先，中孟尝村村委会需承担聪聪死亡的民事赔偿责任，应该是铁板钉钉的事。

《侵权责任法》规定，窨井等地下设施造成他人损害，管理人不能证明尽到管理职责的，应当承担侵权责任。这就是说，被害人作为原告主张窨井管理人承担侵权责任，自身不需要证明损害的发生是管理人的失职造成的，而应由被告即管理人就自身"尽到了管理职责"承担举证责任，证明不了，法律即推定其存在管理过错，应当承担侵权责任。这种原告主张，被告举证的情形，法理上称之为"举证责任倒置"，本案即应由将来作为被告的中孟尝村村委会来证明自身"尽到了管理职责"，显然，该村委会难以完成这个证明，应当承担侵权责任。

据中国网报道，近年来河北地下水位下降，造成大量机井干枯报废，极易引发人畜事故。如何避免枯井坠人事故的发生呢？相邻一个村庄的村主任称，当地此类水井十分常见，只要发现水井枯了，就该在第一时间回填，再配上井盖。显然，这才是"尽到管理职责"的表现。而聪聪父亲描述，涉案枯井和地面相平，上面仅覆盖了一张薄板，薄板上盖了大约 15 厘米厚的土。这样处理的机井，简直就是一个引人入坠的"杀人陷阱"！

当然，现在不少村委会没有多少家底，应当承担民事责任，不等于实际有能力承担责任，如此儿童死亡事故动辄需赔偿几十万元甚至上百万元，村委会往往无力承受，判决也会成为"法律白条"。

其次，还应该有人为聪聪的死亡承担刑事责任，至少承担行政责任。因为如果本案仅仅只能让村委会承担民事赔偿责任，村委会承担不了也只能如此，那么，这样的问责机制根本警醒不了任何人，将来类似的事件难免再次发生。其实，我国法律并不存在如此严重的立法漏洞，相应的问责制度还是存在的。

例如《刑法》规定，因过失行为导致他人死亡的，成立过失致人死亡罪。犯该罪的，处 3 年以上 7 年以下有期徒刑；情节较轻的，处 3 年以下有期徒刑。具体到本案，中孟尝村村委会到底谁负责村里的水井包括废井的管理工作？如果村委会对此没有任何明确，那村委会主任即有严重的失职，因为其作为一村之主置村民生命财产安全于不顾，村委会中连基本的职责分工也没有，应由他自己担责。无论哪种情况，负责枯井管理工作的村干部，怠于履行管理职责，其不作为行为与聪聪的死亡之间存在因果关系，就可以依法对其追究刑事责任。这才是真正尊重生命、敬畏生命的表现。进一步说，只有村干部中有人对儿童落入枯井死亡事件负责，才能反馈性地引起村里对"枯井吞噬生命"之类问题的重视，避免类似悲剧的重演。

若认为追究村干部的刑事责任太重，那么，至少也应追究其行政责任。另外，鲍墟乡政府中分管村里安全工作的乡干部也难辞其咎。因为当地地下水水位不断下降，机井干枯报废现象十分普遍，乡镇即应有专门的分管干部，经常下乡检查落实这项安全工作。现在没有落实好，导致了儿童坠井身亡的严重事件，相关乡领导理应为此承担行政责任。

必须指出，当地党政机关在观念上并未将聪聪落井事件看成一件严重的生产安全事故，只是看成聪聪的父亲未看管好自己的孩子而发生的一起意外事件；再者只看到组织大规模救援之满满的"正能量"，而没有任何责任意识。

我认为，正是基于这样的认识，当地政府的新闻发布中才没有检讨政府和基层社区组织在事件中的责任，没有表示要成立调查组，对事故责任进行认真追查并严肃处理；没有责令有关单位对聪聪的家人做好善后赔偿工作，以及进行必要的心理疏导和干预。不能把悲剧演成喜剧，这恰恰是最值得认真检讨的地方。

2016 年 11 月 12 日《南方都市报》·刘昌松专栏

少年雷某之死

|监护制度设计与托养中心建设|

> 各地的托养中心只是受当地民政部门委托监管被托养人的事业单位，虽然具体负责孩子的监管养护，但绝不是孩子的监护人，孩子的监护人依然是当地的民政部门。

因为《新京报》等媒体的报道，15岁自闭症少年雷某走失后的死亡之路得以呈现在公众面前，从而引发了全社会对救助站、托养中心竟成了"死亡中转站"和"死亡集中营"之现象的深切忧虑。民政部为此紧急发文，要求各地民政部门除对托养机构进行全面自查自纠、不适宜托养的立即终止托养外，还要求各地及时、准确录入"每一位"受助人员的救助信息，"立即"通过全国救助寻亲网发布寻亲公告。

笔者认为，民政部要求各地民政部门对托养机构进行全面自查自纠，只是治标之举。现在要解决的当务之急是，不能再出现这样接连死人的骇人现象了；而要求将每一位受助人员的救助信息立即通过网络发布，让救助对象尽快尽可能地回到亲人身边，才是特有意义的一项措施。

毋庸讳言，托养中心的被救助人员，大多是像雷某这样的未成年人或精神残障人。在法律上，他们都属于无民事行为能力人或者限制民事行为能力人，需要监护人的监督和保护。其实，我国民法创设的监护制度不是冰冷的，而是有温度的，其充分考虑了最大限度维护被监护人利益的要求。民政部的第二项要求，有助于监护制度所设计的监护层级之实现。

《民法总则》规定，父母是未成年子女的监护人。这是第一层级的监护。因为父母是未成年子女最近的血亲、最亲的亲人。除个别特例以外，一般情况下未成年子女在父母的怀抱里成长，是最安全也是最幸福的。这是人的自然属性和社会属性共同决定的，法律不过是顺应这一规律的要求而已。

拿少年雷某为例，他虽然是一个三年级读了三年、二年级读了两年、到现在连简单数字也数不清的自闭症孩子，且已经 15 岁了，但丝毫不妨碍他的父亲雷某建还是那样深沉地爱他：三年打工一直带着他，一下班就为他做好吃的，一休息就带他出去玩，父子俩依然享受着天伦之乐。不管外人如何看待雷某，在父亲雷某建的眼里，他就是一个宝贝，"自家蚊子咬个包——也是宝贝疙瘩！"

在央视的一档节目中，笔者还看到另一个自闭症孩子的父母，他们向全国观众表示不会要第二胎，而要把全部的爱献给那个自闭症孩子，还期望死在孩子的后面，让孩子的一生都由他们来照料，这样他们才放心。这就是亲情的力量，也是父母是未成年人子女第一监护人背后浅显而温暖的法理。因此，按民政部通知的要求，让那些不幸从父母身边走失的孩子，"每一位"的信息都"立即"挂到网络上，让他们有机会尽快回到父母身边，让父母亲自担任他们的监护人，这既是亲情的召唤，也是法律的呼唤。

《民法总则》进一步规定，只有在父母双亡或者都没有监护能力的情形下（例如父母都患有精神病），才考虑由其他人担任孩子的监护人。在此，法律首先也是考虑血缘关系仅次于父母的祖父母、外祖父母或者成年的兄姐担任监护人；此外的其他公民包括姑舅姨等想担任孩子的监护人，都必须经未成年人住所地的居民委员会、村民委员会或者民政部门考查把关，认为不会损害孩子的利益，同意认可其担任监护人才行。这是第二层级的监护。法律尤其强调，只有上述监护人都没有时，才由民政部门担任监护人。这是第三层级的监护。可见，在法律看来，民政部门不是最好的监护人，甚至不是次好的监护人，而是最后不得已的"兜底监护人"。

必须特别指出的是，各地的托养中心只是受当地民政部门委托监管被托养人的事业单位，虽然具体负责孩子的监管养护，但绝不是孩子的监护人，孩子的监护人依然是当地的民政部门。因此，民政部门在选择托养机构时，就应考虑该机构的承接资质、设施条件等是否合乎要求，严格通过招投标程序产生，而不能一出事才宣布，某托养机构是不具有资质的"临时工"，那样开脱不了自己的责任。托养机构产生后，民政部门也不能就此万事大吉，而应经常对其服务质量、安全措施、经费来源及使用情况进行检查，考察被托养人的生存状况和幸福指数，切实履行起监护职责来，而绝不能让导致 49 天死亡 20 人的生存状况在一家托养机构持续存在 6 年。

总之，民政部紧急通知的两方面都很重要，要求各地民政部门立即对托养机构全面自查自纠，能及时改善被托养人员的生存状况，铲除产生"死亡集中营"的土壤，避免少年雷某的悲剧重演；而将每一位受助人员的救助信息，立即通过网络发布，让雷某们有机会尽快回到第一监护人温暖的怀抱，才是治本之策。这样做，还能大大减少需政府救助人员的数量，反过来政府更有能力履行"兜底监护人"的职责。

2017 年 3 月 22 日光明网·光明时评·刘昌松专栏

男医女患

| 应有第三方在场 |

> 如此规定也谈不上对男性医务人员的侮辱，相反还能预防医生被个别女性患者的构陷，对男性医务人员还是一种保护。

成都市双流区民营恒康医院的男医生罗某，涉嫌迷奸做腋下小手术的患者，被抓归案后，对自己使用注射镇静剂手段，趁女子入睡实施性侵的事实供认不讳。5月25日罗某已被批准逮捕。

罗某涉嫌强奸罪，需承担相应的刑事责任。根据《刑法》第236条规定，所谓强奸罪，是指以暴力、胁迫或者其他手段强行与妇女性交以及奸淫不满14周岁幼女的行为。一般强奸情节的，处3年以上10年以下有期徒刑；其中奸淫幼女的，以强奸罪从重处罚。而强奸情节恶劣、强奸多人、在公众场所当众强奸、两人以上轮奸、强奸致人重伤、死亡之五种情形之一的，处10年以上有期徒刑、无期徒刑或者死刑。

罗某是以暴力、胁迫以外的"其他方法"实施强奸的。刑法制定过程中，立法者曾认为，以麻醉、催眠等"其他方法"强奸，比"暴力、胁迫"手段强奸，社会危害性要轻一些，因此刑法草案曾规定，后者处5年以上10年以下徒刑，前者处3年以上10年以下徒刑。后来，立法者认识到各种手段的强奸，社会危害性差别不大，就未作这种区分了。也就是说，用药物"迷奸"倒不是一个应当处罚更重的情节。

但不少人认为，医生利用职务便利迷奸女患者，既侵犯了妇女的性同意权，又败坏了医师职业声誉，损害了医患之间的信任关系，性质比一般强奸要恶劣得多，应从重处罚。可强奸罪的"法定从重处罚情节"只有一个，即奸淫幼女；按"酌定情节从重处罚"应该没有问题，但酌定从重比法定从重的幅度要小。根据最高人民法院《量刑指导意见》，强奸妇女1人，应在3年至6年之间确定量刑起点；奸淫幼女1人，则在4年至7年之间确定量刑起点。可见，哪怕"奸淫幼女"之法定情节，也只多处1年徒刑。因此，若不考虑其他情节，罗某的刑事责任应当在5年至6年。当然，若查出罗某如法炮制还强奸多名患者，则因"强奸多人"而导致法定刑升格，会在10年以上、无期或死刑的幅度内判处。此外，还可判处罗某从刑罚执行完毕之日起，禁止其若干年内从事与医疗有关的职业。

再谈谈恒康医院在本案中是否应承担民事责任。我国刑法奉行"罪责自负，不株连他人"的原则，而且刑法也未对强奸罪规定单位可成为犯罪主体。因此，本案中的刑事责任，应由罗某个人承担，其所在医疗机构恒康医院，不存在刑事责任问题。当然，让罗某在承担刑事责任的同时也承担民事责任，毫无问题。

医疗机构在本案中是否应承担民事责任，得看该医院在本案中是否有过错。笔者当过十年医生，医学教科书上即学到，男医生检查女患者，应有其他医护人员或者患者家属在场。但笔者未检索到国家医疗机构诊疗规范对此有规定，只检索到《河南省医疗系统"以病人为中心"优质服务60条》，其中提到"男性医务人员为女性患者诊查时，须有护士或家属陪伴"。

在医疗行业，有人认为，检查治疗女性隐私部位时，确有必要让第三者在场，诊查其他部位时则不需要。也有人认为，医生眼中只有病人而无男女性别，不能因为发生了这么极端的个案，就对男性医生作这样的限制，这种规定有人格侮辱之嫌。

回到本案，即使有"男性医务人员检查治疗女性隐私部位时，需要有第三者在场"的规定，也难以让涉案医院担责。因为本案医生罗某只是在门诊治疗室对女性患者做一个腋下狐臭的小手术，不需要在手术室进行（手术室配有麻醉师、器械护士等人员，一般发生不了本案）；本案患者只需局麻，一人操作即可，也无需医疗助手；诊治患处又不属于隐私部位，因此，涉案医院没有安排其他人员在场不存在过错，应该无须承担民事责任。

　　笔者的建议是，国家卫生主管部门在相关医疗操作规范中，确有必要像河南省的规范一样，增加"男性医务人员检查治疗女性患者时，应当有第三者在场"的内容，理由至少有如下几点：一是医学教科书一直传授这些规范内容，说明在医学界有共识；二是不少医疗机构都在践行这一规矩，至少已有医疗惯例，个别省份还制定为规范，现上升为国家规范并无障碍；三是不时出现医务人员猥亵女性患者的报道，说明医疗职业中性侵违法犯罪并非个例；四是如此规定也谈不上对男性医务人员的侮辱，相反还能预防医生被个别女性患者构陷，对男性医务人员还是一种保护。

　　个案推动法治进步，立法不妨及时修补。

2018 年 6 月 7 日《南方周末》·自由谈

血 头

|惩处应该，"血荒"咋办|

血液是人体组织，本身是无价的，对积极参加献血者给予货币奖励补助，并不是其献出血液的对价，而是以货币补助的方式给予物质奖励，是法律所允许的。

日前，一起由南宁市西乡塘区检察院提起公诉的非法组织卖血案件，8 名"血头"分别被判有期徒刑 1 年 5 个月至 1 年 6 个月不等。该案中，一袋 400 毫升的全血，组织卖血者（血头）以 300 元的价格从卖血人处购入，到达患者手里，价格涨到了 800 元甚至更高。

组织卖血类刑事案件为何发生？答案很简单，全国范围内都存在血液供应严重不足的问题，且屡屡暴发"血荒"，强大的"内需"是组织卖血现象的重要发动因素。以北京为例，近年来每年需血量以 10% 左右的速度上升，而全市采血量每年增幅不到 3%，存在 7% 的缺口。2015 年全年采血量为 65 万单位，缺血在 4 万单位左右，这当然不是个小数。

在采血环节发出"要要要"之紧迫信号的情形下，血站压力太大，对献血者是否被血头组织而来，是否有卖血的嫌疑，献血者两次献血间隔是否不到 6 个月等不难查清的问题，也就可能懒得过问或者不愿过问。

如果靠刑事打击，组织卖血类案例能否杜绝？答案是否定的。有公开资料表明，"血头"往往采用网络、熟人介绍等手段招揽卖血者，作案手段隐蔽，且不存在传统犯罪案件中的被害人角色，群众举报、当事人报案概率小。

分析材料还透露，为了解决"血荒"，城市有关部门将献血指标分配给一些大单位，大单位不是组织员工献血，而是花钱向"血头"求助来完成指标。这种情形下，大单位把"血头"看成"恩人"，便也失去了报案的可能性。

那么，该如何杜绝组织卖血现象又保障血液供应渠道畅通。我国 1997 年 12 月即通过了《献血法》，国家实行义务献血。献血者有偿献血虽不合法，但其为生活所迫，法律未规定对其处罚；国家打击有偿献血，从非法有偿采血（非法血站）、强迫卖血、组织卖血（血头）入手，分别规定了非法采集、供应血液、制作、供应血液制品罪、强迫卖血罪和非法组织卖血罪。这些打击当然是必要的，但对于"血液供不应求"的刚需问题，不但得不到解决，反而会有所加重，更难以遏制非法组织卖血类案件的发展势头。

所以，根本出路在于解放思想，可考虑建立献血货币奖励补助机制，补助标准可相当于"血头"给予卖血者的回报，不仅标准彻底公开，而且直接补助给献血者，避免中间截留。这样，既可彻底铲除非法组织卖血类案件发生的土壤，又可完全缓解血液供不应求的现状，还能保证血液安全和献血者的身体健康。

这样做的最大障碍，自然是担心受到"有偿献血"的指责。其实，这种担心并不必要。《献血法》规定，"各级人民政府和红十字会对积极参加献血和在献血工作中做出显著成绩的单位和个人，给予奖励"。这里的奖励包括精神奖励，当然也包括物质奖励。自主献血者都是"积极参加献血"的个人，血液是人体组织，本身是无价的，对积极参加献血者给予货币奖励补助，并不是其献出血液的对价，而是以货币补助的方式给予物质奖励，是法律所允许的。

毋庸讳言，这些年来，我们不能正视献血货币奖励补助，担心被指"有偿献血"，反而使得非法组织卖血的不法交易大行其道，让"血头"赚取了大头利益，还加剧了"血荒"，使得血液供求未能形成良性循环机制，《献血法》的有关规定也难以得到真正落实。

故而，根据献血法的奖励制度，建立公开公平公正的献血货币补助机制，应是惩处血头和解决血荒的正途。当然，实行献血货币补助机制后，献血过程的健康检查和两次献血时间间隔不少于 6 个月等制度，应更加严格地得到落实。

2017 年 9 月 5 日 光明网·光明时评·刘昌松专栏

广场舞

| 新规还有哪些问题需解决 |

政府购买服务以支持企事业单位社会团体开放体育场地的措施，设想确实不错，但需要国家财政的巨大投入，单靠体育主管部门的《通知》根本无法解决。

日前，国家体育总局出台了《关于进一步规范广场舞健身活动的通知》（以下简称《通知》），对在城乡中老年群体中广泛盛行的广场舞活动进行严格规范。通知提到了"广场舞健身活动依然存在场地不足、噪音扰民、管理服务不到位等突出问题，个别地方甚至发生了健身群众抢占活动场地的冲突，成为社会舆论关注的焦点"，明确规定不得在烈士陵园等庄严场所开展广场舞健身活动，不得因广场舞健身活动产生噪音影响周边学生上课和居民正常生活等。（11月14日封面新闻）

《通知》对这样几方面问题的把脉是准确的，值得肯定。

一是明确了广场舞属于全民健身活动的性质。《通知》要求各级体育部门"将广场舞健身活动健康开展作为贯彻落实全民健身计划的重要内容"。这就从国家政策层面，充分肯定了广场舞是健康体育活动，国家应该鼓励、推广，而不是禁止和限制其发展。这对社会上出现的"妖魔化"广场舞的倾向，是最有力的回击，也是进一步制定规范的认识基础。

二是明确了健身活动场地严重不足是影响广场舞健康发展的首要问题。对此，是有调研数据支撑的。数据显示，广场舞是 50 岁以上人群最流行的锻炼方式之一，参与度在 10% 左右，因而总人数逾千万。而我国大陆人均体育场地面积仅为 1.46 平方米，不足美国现有相应数值的 1/10、日本的 1/12，能用于广场舞的场地自然相形见绌。场地严重不足，再缺乏规范，抢占场地乃至发生肢体冲突就不奇怪了。

三是明确了广场舞引起的突出矛盾，是噪音扰民和管理不到位。其中噪音扰民是最突出的问题，会影响到周边学生上课和居民正常生活。因此，《通知》明确划定了"不得因广场舞健身活动产生噪音影响周边学生上课和居民正常生活等"红线，这也是必要的。

值得一提的是，准确把脉是提出解决措施的前提。《通知》针对场地严重不足，提出了科学规划、统筹建设广场舞健身活动场地，分时段向广场舞健身爱好者开放场地、利用城市空置场所提供场地，通过政府购买服务、鼓励企事业单位和社会团体的体育场地开放等具体措施。

但这些措施落实起来，仅靠《通知》恐怕还是不够的。比如，科学规划、统筹建设广场舞健身场地的措施，现在城镇规划对此几乎是个空白，但主管规划的住建部并非《通知》的下达机关，落实起来的难度可想而知；即使住建部作为《通知》的制发机关参与进来，如果未在《城乡规划法》等国家立法中有明确量化要求，也可能在执行中走了样子。

比如，分时段利用场地的措施，具体谁来分、如何分以及有关利益各方是否满意，都是问题。《通知》虽然提出了国家体育总局"成立全国广场舞健身活动推广委员会"，但其职责只是就广场舞健身活动提出规划，推出标准，提供指导。因广场舞涉及的利益关系非常复杂，也难以赋予其场地划分的硬性管理职权。笔者认为，不如放手鼓励各地建立起民间的"广场舞协会"，相信民间有智慧解决各种难题。

再如，政府购买服务以支持企事业单位社会团体开放体育场地的措施，设想确实不错，但需要国家财政的巨大投入，单靠体育主管部门的《通知》根本无法解决。哪怕是由体育部门去协调财政部门，由于涉及国家预算，也一定面临诸多困难。

因此，笔者认为，广场舞活动涉及场地规划、经费保障和多方利益协调等，非体育主管部门通过制定部门规章能够彻底解决，尚需国务院协调各相关部门共同出台政策，以及社会各界的广泛参与，才能统筹解决各种问题。

2017 年 11 月 16 日《中国青年报》·中青评论

流 量

|包年转包月属于无效条款|

"包年到期自动转包月"规定了联通公司可以更高标准（平均计算月收费标准比年收费标准要高）继续收费，还有列入黑名单的不利后果。这就大大"加重"了提供格式条款之"对方责任"，这样的条款当然无效。

联通网络宽带包年套餐到期后，是断网还是继续为用户提供服务？联通公司认为，有的用户要求继续使用，有的要求立即断网，基于用户不同的需求，公司制定了"包年到期自动转包月"政策，旨在为用户减轻费用负担。

我认为，"包年到期自动转包月"违反法律，不具备法律效力。理由有三点：

一是"包年到期自动转包月"违反消费者权益保护法关于消费者享有选择权的规定。《消费者权益保护法》第9条规定，消费者有权自主选择提供商品或者服务的经营者，自主选择商品品种或者服务方式，自主决定购买或者不购买任何一种商品、接受或者不接受任何一项服务。消费者在自主选择商品或者服务时，有权进行比较、鉴别和挑选。根据该规定，用户到联通办理宽带业务，只签订了一年或两年的包年协议，包年到期后可根据自己的感受，享有对联通与其他电信运营服务商进行比较和鉴别的权利；有选择或者不选择联通作为服务主体的权利；即使选择了联通主体，也有选择或不选择使用联通宽带的具体业务的权利（例如还可以选择联通手机服务）。"包年到期自动转包月"则剥夺了消费者的选择权。

二是违反了《消费者权益保护法》关于消费者享有公平交易权的规定。该法第 10 条规定，消费者享有公平交易的权利。消费者在购买商品或者接受服务时，有权获得质量保障、价格合理、计量正确等公平交易条件，有权拒绝经营者的强制交易行为。表面上看，"包年到期自动转包月"条款允许消费者在到期后注销联通的服务业务，但要求客户必须到联通的营业厅（而不是联通上门），办理繁琐的注销手续（而不是简单地点一下注销按钮），这实际上是对消费者行使选择权的严重限制，有深厚的强制交易色彩。

三是违反了合同法关于格式合同制定者不得"加重对方责任"的强制性规定。《合同法》第 40 条规定：格式条款具有该法第 52 条和第 53 条规定情形的，或者提供格式条款一方免除其责任、加重对方责任、排除对方主要权利的，该条款无效。这是合同法专门关于格式合同无效的基本法条。

该条与"包年到期自动转包月"有关的内容，可抽象为"格式条款中，提供格式条款一方加重对方责任的，该条款无效"。该条的适用条件有三：适用对象要求是格式条款；该格式条款是一方拟定的；拟定格式条款一方在格式条款中设定了加重对方责任而非自己一方责任的内容。相应的后果是该格式条款直接无效。结合案情，"包年到期自动转包月"是针对联通客户普遍适用的格式条款；是联通一方提供的；联通一方在条款中加重了对方即用户一方的责任，因为这种模式规定了联通公司可以更高标准（平均计算月收费标准比年收费标准要高）继续收费，还有列入黑名单的不利后果。这就大大"加重"了提供格式条款之"对方责任"，这样的条款当然无效。

2015 年 8 月 5 日《检察日报》·检察评论

导盲犬

┃酒店无权对其随住说"不"┃

　　酒店应当提供导盲犬随同入住的法定服务义务；不履行该法定义务，就存在相应的法律责任。

　　据报道，近日盲人民谣歌手、诗人周云蓬，为参加杭州酒球会的一场演出，他带着导盲犬提前几天到杭，但接连联系了杭州四五家酒店，没有一家愿意接受其导盲犬入住。最后周云蓬只好通过网络租了一间民宿，才安顿下来。

　　周云蓬发微博说出上述这番话，其心中的遗憾和无奈真是溢于言表。有人评论说，"拒绝周云蓬带导盲犬入住酒店，是不负道德责任"之举，这当然没有错；但我还要说，这也是不履行法定义务之举，若当事人主张，有关酒店是有可能承担法律责任的。

　　有关酒店拒绝的理由，通常是法律没有明确规定"盲人可携带导盲犬入住酒店"，而粗看相关法条，仿佛真是如此。全国人大常委会制定的《残疾人保障法》仅规定："盲人携带导盲犬出入公共场所，应当遵守国家有关规定。"国务院制定的《无障碍环境建设条例》可算是"国家有关规定"了，也只是要求"视力残疾人携带导盲犬出入公共场所，公共场所的工作人员应当按照国家有关规定提供无障碍服务"。法律法规确实没有明确要求酒店等公共场所对"导盲犬入住"也提供无障碍服务。

　　但我认为，这是我国立法"宜粗不宜细"、法条"过于原则粗疏"的习惯模式所致，而不能说上述立法的本意就是如此。也就是说，上述法律法规根本解释不出"法律不要求酒店对导盲犬入住也提供无障碍服务"的结论，相反，根据立法目的，上述法律法规完全能够解释出酒店应当提供导盲犬随同入住的服务，这是酒店的法定义务。

我们知道，各种公共场所都有自己的公共服务功能，商场是提供购物服务的地方，公园是提供游览服务的地方，这些公共场所为"视力残疾人携带导盲犬出入提供无障碍服务"，主要是允许导盲犬出入即可，自然不存在导盲犬入住的问题。而酒店（实为旅馆）之公共场所，提供住宿服务是其基本功能，视力残疾人携带导盲犬出入酒店，自然是为住宿而来，而不是为通过而通过，法律法规要求酒店之公共场所的工作人员"为视力残疾人携带导盲犬出入公共场所""提供无障碍服务"，就不能只是允许导盲犬出入酒店旅馆，而应当允许导盲犬入住。这是前述法条立法目的的题中应有之义。

由于上述法条是对所有公共场所为"视力残疾人携带导盲犬"提供服务作出的规范，而公共场所包括的范围非常广，依有关规定包括七大类，即（1）宾馆、饭馆、旅店、招待所、车马店、咖啡馆、酒吧、茶座；（2）公共浴室、理发店、美容店；（3）影剧院、录像厅（室）、游艺厅（室）、舞厅、音乐厅；（4）体育场（馆）、游泳场（馆）、公园；（5）展览馆、博物馆、美术馆、图书馆；（6）商场（店）、书店；（7）候诊室、候车（机、船）室、公共交通工具。酒店即属于宾馆旅店，列在第一类。法律法规规定残疾人携带导盲犬可"出入"这些公共场所，而只有宾馆旅店之公共场所才涉及"入住"，法律未在"出入"之外，另加"入住"之语，完全可以理解，但可以根据立法目的，解释出"出入"宾馆旅店酒店包括"入住"之义。

既然法律法规能解释出，酒店应当提供导盲犬随同入住的服务，那么，酒店业就应当履行这项法定服务义务；不履行该法定义务，就存在相应的法律责任。因此，我非常期望周云蓬能起诉相关酒店，让法院判决酒店"拒住"行为违法，从而推动这一助残事业的发展。我更期望最高人民法院通过司法解释或者全国人大常委会通过立法解释，来阐明"导盲犬可随同入住"的规范，使得有关酒店完全没有借口拒绝周云蓬们，也避免不同法院由于对法律理解不同产生五花八门的判决而造成国家法制的不统一。

2017 年 11 月 15 日 凤凰网·凤凰评论

五星酒店黑幕

|"只能罚款两千元"是个伪命题|

> 酒店执法人员仅靠接受投诉来执法，靠"花总"这样的公民以暗拍视频方式曝光出来才处罚，而且处罚起来还这样轻描淡写，隐藏的问题就永远解决不了。

11月14日，微博网友"花总丢了金箍棒"通过视频《杯子的秘密》，曝光了北京、上海、南昌、福州等地十几家五星级酒店存在"同一条毛巾擦拭完马桶后又继续擦洗杯具"等严重不卫生现象，引起社会极大关注。近日，上海7家涉事酒店的处罚结果均已出炉，三个区卫健委的处罚结果出奇一致，每家酒店均被处以警告并罚款2000元。

另据报道，江西南昌的主管部门对"花总"爆料的反应最为迅速，于11月20日即对涉案酒店开出罚单。戏剧性的是，处罚结果同现在上海方面一致，都只是警告和罚款2000元，还称初犯只能这么处罚。

此事媒体评论不少，多指称这样的处罚不痛不痒，达不到任何教育和警示的效果，但又很同情执法部门，称"从法律角度说，这样处罚的确是依法处罚，不是在包庇涉事酒店"。可事情真的是这样吗？回答是否定的。

毋庸讳言，我国这方面的立法确实相当滞后。国务院1987年制定的《公共场所卫生管理条例》（以下简称《条例》）称，"卫生质量不符合国家卫生标准和要求，而继续营业的"，"卫生防疫机构可根据情节轻重，给予警告、罚款、停业整顿、吊销'卫生许可证'的行政处罚"。该行政法规 2016 年虽有修订，但仅改了一条，基本保持原样。

2011 年原卫生部《公共场所卫生管理条例实施细则》（以下简称《细则》）对《条例》倒是稍细化了一些，其规定为，"未按照规定对顾客用品用具进行清洗、消毒、保洁，或者重复使用一次性用品用具的"，"由县级以上地方人民政府卫生计生行政部门责令限期改正，给予警告，并可处以二千元以下罚款；逾期不改正，造成公共场所卫生质量不符合卫生标准和要求的，处以二千元以上二万元以下罚款；情节严重的，可以依法责令停业整顿，直至吊销卫生许可证"。

简单地说，《细则》规定的处罚分为三个幅度：一是情节较轻的，处警告和 2000 元以下罚款；二是逾期不改正的，处 2000 元至 20 000 元罚款；三是情节严重的，给予停业整顿或吊销卫生许可证的处罚。也就是说，如果涉事酒店的违法情形只是情节较轻，那么罚款 2000 元确实是顶格处罚了。

但也要知道，《条例》只是规定，根据情节轻重，在"警告、罚款、停业整顿、吊销卫生许可证" 4 个处罚种类中选择适用。《条例》和《细则》都没有规定，"初次发现"属于较轻，只能处以"警告"和"2000 元以下罚款"，为什么"初次发现"不可能是"情节严重"，最轻也给予"停业整顿"呢？

要知道，旅客住店，对卫生条件最为看重，酒店卫生条件好坏，是衡量其服务水准的首要标准，该项条件不行一票否决。根据"花总"的视频披露，涉案酒店都是五星级酒店，卫生条件上本应该是高规格服务标准，却出现了"酒店的杯子未消毒""直接用客人已使用过的毛巾擦拭杯子""一布多用"等情况，尤其是"用同一条毛巾擦拭完马桶后又继续擦洗杯具和洗手台"，这还不构成"情节严重"？就算不一棍子打死（指吊销执照），给予其几个月的停业整顿，还是完全可以的吧？！

因此，所谓"现在这种'罚酒三杯式'的处罚，完全是立法滞后造成的，执法部门也很无奈"，就是一个伪命题。

当然，我国这方面的立法确实严重滞后，不仅处罚力度太小，而且违法情节较轻、较重、严重的界限没有划分，缺乏可操作性，尤其是主管部门定期主动监督检查机制没有形成，这些都有赖于立法完善。否则，执法人员坐在办公室里，仅靠接受投诉来执法，靠"花总"这样的公民以暗拍视频方式曝光出来才处罚，而且处罚起来还这样轻描淡写，隐藏的问题就永远解决不了。

2019 年 1 月 9 日 荔枝网·荔枝锐评

遛　狗

|狗咬人、车撞狗与其他|

狗未拴绳伤了他人或其他动物，应主动担责；狗未拴绳遛上公路，被车撞死，理应由养狗人自担狗死的损失；造成他人车辆损失、人身损害，还应依法赔偿他人。司法部门处理狗案时，绝不能支持"人死人有理""狗死狗有理""谁狠谁有理""谁闹谁有理"，而应依法公正断案。

近两个月来"狗事"多多，且屡成新闻热点。

事例1：重庆的罗某与梁某饲养的犬只在小区内追逐戏耍。罗某的犬只束犬链，并由罗某带领；梁某的犬只未束犬链。梁某的犬只在追逐罗某的犬只时，奔向了正在步行的李某。李某受到惊吓，在退避中摔倒受伤，致左桡骨远端粉碎性骨折、尺骨茎突骨折、腰1椎体压缩性骨折。法院判处梁某赔偿李某各种损失9.8万余元。（4月8日上游新闻）

事例2：宁波象山的吴某驾车正常行驶，一只白色萨摩耶突然冲到马路上，吴某的车躲闪不及撞死小狗，被狗主人陈某索赔3000元，象山交警认定车主负主要责任，狗主人负次要责任。吴某通过网络发声引起关注，交警改认定为狗主人负主要责任，车主负次要责任，还称双方已达成协议解决。（6月1日澎湃新闻）

事例3：湖北宜昌的向先生在小区遛博美犬，突然一条大黑狗蹿出来，先咬伤了博美犬，后咬伤了向先生的下体，"阴囊、左上肢、左背等多处被咬伤"，狗的女主人扬长而去。向先生"做了两个多小时的手术，阴囊缝了30多针，才脱离生命危险"。警方虽然查清了大黑狗的主人是谁，但至报道时事情过去好几天，狗主人依然未露面，也没有一声道歉。（6月5日《新京报》）

三个事例三种类型，从不同侧面反映了遛狗中的法律风险。此外，指使狗伤人事例，近期未发生，本文也结合去年的相关案例给出评析。

狗没碰到人，也可能要负责

重庆的"狗案"判得不错，具有很好的社会指导意义。被害人不是被狗咬伤而是被狗惊吓摔伤，人狗没有接触，狗主人不仅要承担3万多元医疗费，还要承担"伤筋动骨100天"的误工费、营养费、护理费、交通费等损失，共计近10万元。这可能颠覆很多人的观念："我的狗没有碰着你呀?"

法律不这么认为。《侵权责任法》第78条规定："饲养的动物造成他人损害的，动物饲养人或者管理人应当承担侵权责任，但能够证明损害是因被侵权人故意或者重大过失造成的，可以不承担或者减轻责任。"

据此，饲养动物致人损害承担责任的要件有三：（1）是饲养动物的本能动作，若是受人指使，则动物只是伤人工具，不适用该条动物致害责任。重庆案子中梁某的犬只存在"奔向正在步行的李某"之本能动作。（2）他人受到损害，不限于被狗咬伤的损害，也包括被吓摔倒的损害。该案中李某受吓摔倒全身多处骨折。（3）损害同动物的动作之间有因果关系。显然，李某并非走路不慎摔倒受伤，而是受动物惊吓受伤，动物惊吓与摔伤之间有因果关系。

本案三个要件都具备，动物的主人梁某理应承担侵权赔偿责任，而本案中被侵权人李某正常步行，没有逗狗、砸狗等故意或重大过失，故梁某没有减轻责任的理由，应当承担全部赔偿责任。而且第78条没有要求动物的饲养人或管理人主观上有过错，因此动物致害责任中没有"过错"要件，被称为无过错责任。

本案中有一点容易被忽略，即梁某不拴狗绳的行政责任。《重庆市养犬管理暂行办法》规定，"重点管理区域内（城区，作者注）携犬出户的，犬只必须挂犬牌、束犬链，犬链长度不得超过1米，并由成年人牵领"。梁某未束狗链，更谈不上由成人牵领，其行为无疑具有违法性，可受到警告并处100元以上1000元以下罚款以及收容犬只的处罚。

报道中未提及行政处罚内容，应该是没有。表面上看，梁某在行政责任上是占了一个便宜。但仔细一想，若梁某此前遛狗不拴狗绳，即被警告并处500元罚款，他从此拴上狗绳遛狗，就不会发生本案，赔上近10万元了。

狗在公共道路上没有"路权"

宁波象山的"狗案"，交通责任认定书清楚记载："甲车南往北行驶，与路上小狗相撞，狗绳未牵。"可见事实很清楚，未提到车辆违法，应属正常行驶，狗未束链遛上公路被车撞死，交警首次作出"司机负主要责任"的认定，不仅没有法律依据，也违背基本常识。

宁波养狗限制非常严格。公民出户遛狗限制为20时至次日6时，出户时必须束犬链，挂犬牌，并由成年人牵领；不准携犬进入市场、商店、饭店、学校、医院、车站、码头、机场及其他公共场所等。

根据上述规定，连人多的公共场所都不让狗进，更不用说到车来车往的公共道路上去了。也就是说，狗狗在公共道路上根本没有"路权"，狗狗上路被撞死，狗的主人天经地义应负全责，南京和南昌报道出来的案例就是这样处理的。这应该形成一条铁律。

宁波狗案在舆论的强烈关注下，警方改为"狗主人负主要责任"的认定，其实仍只是"打折的正义"，司机理应无责。

恶狗伤人，立法有不足

宜昌的"狗案"乃人被狗咬伤，是动物侵权中最常见的类型。受害人阴囊、左上肢、左背等多处被咬伤，做了两个多小时的手术，阴囊缝了30多针，着实让人同情；狗的主人居然连面也未露，没有一声道歉，也未作一分钱赔偿，着实让人气愤。不少人发出质问，警方是否对狗的主人太过心慈手软？为何不对其行政拘留甚至刑事拘留？

还真不是警方软弱，此案暴露了我国在恶狗伤人方面的立法存在严重不足。

根据刑法规定，故意伤害只要达到轻伤标准，就构成犯罪；而过失致伤必须致人重伤或死亡才构成犯罪。本案受害人的伤情或能定上"轻伤"而够不上"重伤"，狗主人对于恶狗致伤又只是过失心态（因为其阻止狗咬而不是放任狗咬）。因此，狗主人的行为构不成刑事犯罪，不能刑事拘留。

涉及饲养动物治安违法的处罚依据，是《治安管理处罚法》第 75 条，该条有 2 款。第 1 款规定："饲养动物，干扰他人正常生活的，处警告；警告后不改正的，或者放任动物恐吓他人的，处二百元以上五百元以下罚款。"第 2 款规定："驱使动物伤害他人的，依照本法第四十三条第一款（故意伤害他人，作者注）的规定处罚。"而依第 43 条第 1 款，可处 5 日至 10 日拘留，并处 200 元至 500 元罚款。

根据上述规定，由于狗主人不存在"警告后不改正"和"放任动物恐吓他人"的情节，警方对狗主人只能作出警告处罚，连罚款权都没有。只有把动物当工具，驱使动物故意伤人的，才可行政拘留，本案又不存在该情节。这正是本案中宜昌警方面对汹涌舆情，对狗主人无可奈何的原因。

据此可发现立法上存在明显的断层：恶狗本能咬人致人重伤或死亡，才能追究狗主人刑事责任；而致人轻伤不仅不能追究狗主人的刑事责任，连罚款、拘留的治安责任也没有，至多只能警告，明显缺乏过渡制裁措施，应通过修法及时补上该漏洞。

本案有两点值得特别指出：一是查明狗主人的身份，将其提供给受害人，以便于其后续维权，这是警方一项重要职责，对于侵权人逃逸的情形，这正是受害人报警或他人协助报警的首要意义所在；二是宜昌"狗案"中狗主人的做法很不足取，不仅在道义上受到舆论强烈谴责，在民事责任上可能也要吃亏，除了其他项目的赔偿一分不少以外，给受害人造成严重次生精神损害，法院多支持其 1 万元至 2 万元精神抚慰金没有问题。

纵狗咬人，就是故意伤害犯罪

前面提到，恶狗致人损害案中，还有一类是狗主人把恶狗当工具，指使恶狗伤人。这类违法乃至犯罪的情形比较罕见，但性质恶劣。

2018 年曾有报道，张某在自家楼下遛金毛犬，遇到王女士回家，金毛犬注意到王女士手上拿着东西，就走向她。由于张某未给金毛犬拴狗链，王女士见状着急地表示，"我手中是药，不能吃"。张某这时对金毛犬说道："咬她，咬她。"但金毛犬并没有听张某的话去咬王女士。王女士报警后，张某受到行政拘留 8 日和罚款 300 元的处罚。（2018 年 8 月 25 日《张家口晚报》）

这个处罚完全正确，也有很好的警示作用。法律规定，"驱使动物伤害他人"，可处拘留和罚款。这里的"伤害"包括既遂和未遂，只是未遂的处罚轻一些。或许张某辩解是开玩笑，但法律不允许拿人的生命健康开玩笑。

狗主人驱使恶狗伤人案，被害人的伤害无论是轻微伤、轻伤、重伤还是死亡，都不排除其故意追求的后果，应承担相应的法律责任。将人咬成轻微伤的，依《治安管理处罚法》第 75 条第 2 款和第 43 条第 1 款，给予行政拘留和罚款的处罚，前举例子即是。将人咬成轻伤以上即涉嫌故意伤害罪，应依照《刑法》第 234 条追究责任——致人轻伤的，处 3 年有期徒刑以下刑罚；致人重伤的，处 3 年至 10 年有期徒刑；致人死亡的，处 10 年以上有期徒刑、无期徒刑或者死刑。

以上评析了养狗人遛狗中容易出现的四类"狗案"及其相应的法律规定和法律责任。

说到底，养狗人应加强自身修养，不仅要遵守相关法规，依法为爱狗办证，按规定时段遛狗，遛狗时切记拴绳（上述 3 个案例均同未拴绳有关）。一旦狗狗惹事，一定要有担当，这是养狗人对社会的责任，没有这种担当就请不要养狗！

尤其是遛狗未拴绳伤了他人或其他动物，应主动担责；狗未拴绳遛上公路，被车撞死，理应由养狗人自担狗死的损失；造成他人车辆损失、人身损害，还应依法赔偿他人。司法部门处理狗案时，绝不能支持"人死人有理""狗死狗有理""谁狠谁有理""谁闹谁有理"，而应依法公正断案。

如此这般，才能在养狗人与养狗人之间、养狗人与非养狗人之间，形成一种和谐的社会关系。

2019 年 6 月 9 日澎湃新闻·深观察

童　模

　　一般而言，父母是孩子的最佳呵护者。但是，一旦父母经受不住童模 "日进万元" 的诱惑，也可能同商人一起绑架孩子，成为孩子的加害者，孩子还没有能力自救。

　　最近，一段内容为 "杭州织里女童模被成年女性当街踢踹" 的视频，在网上广为流传：正在拍摄的童模妞妞，被妈妈突然从身后踹了一脚，小姑娘打了个趔趄，险些摔倒。网友斥责妞妞妈妈不仅靠女儿赚钱，还行为恶劣。

　　"妞妞现象" 也引发许多人对 "童模" 这一群体的关注。其中大致有这样几个方面的关注焦点：一是童模对相关儿童成长有多大影响；二是童模现象是否合法，能否继续存在下去，这是问题的关键；三是如果合法，如何保障童模的权益和健康成长。

　　当童模是否会对孩子造成伤害，其实因人而异，尤其是因孩子父母态度而异。如果像报道中提到一名 9 岁童模的父母所言，孩子现在以学业为重，每周就周末去拍一天，纯粹为锻炼孩子胆量，提升孩子形象气质，自始至终就没想过靠他赚钱。这个 "度" 就把握得不错。可一旦形成 "童模职业化" 状况，童模就可能被父母和商家所绑架，孩子无力自保。有报道即反映，有的父母真把孩子当成摇钱树，拍摄一套童模衣服一百来元，让孩子一天拍一百多套，年入 300 多万元。

如此这般，适龄儿童的义务教育一定会受影响；孩子成了拍摄道具，也不会一直有兴趣，必然厌倦拍摄，家长打骂体罚孩子就会相伴而生。

也难怪，孩子当童模收入可观，甚至远超父母收入，许多家长便经受不住诱惑，从而加剧童模职业化程度，形成恶性循环，这样对相关孩子的成长确实不利。

至于童模现象是否合法，直接涉及其能否存在下去。用有的网友的话来说，就是童模这颗"摇钱树"，还能一直"摇"下去吗？其中主要被指涉嫌违反《劳动法》和《广告法》。

《劳动法》确有"禁止用人单位招用未满十六周岁的未成年人"的规定。但相关单位不会糊涂到同"童模"形成劳动关系，童模也就是提供劳务获得报酬，不是劳动法意义上的童工。而且《劳动法》还规定，文艺、体育和特种工艺单位招用未满十六周岁的未成年人，必须遵守国家有关规定，并保障其接受义务教育的权利。

模特一向被看成是文艺行业，这意味着，即使有人举办童模教育机构，让童模参加大量童装拍摄活动，只要机构注意儿童身心健康，保障其接受义务教育，很难说其违法。家长基于培养孩子艺术气质等考虑，让孩子参加童模拍摄活动，不涉及虐待或违反义务教育法，也难说其违法。

《广告法》确有"不得利用不满十周岁的未成年人作为广告代言人"的规定。但童模参与广告制作，不等于就是广告代言人。因为服装广告代言人，一般是接受某家单位服装代言，就不再为其他单位服装代言，否则就不知代谁而言了，而童模恰恰相反，他们参加很多产品的展示，广告主看中的是他们的静态和动态形象。

而且《广告法》还规定，"使用无民事行为能力人、限制民事行为能力人的名义或者形象的，应当事先取得其监护人的书面同意"。也就是说，从法律上讲，使用某人形象做广告与某人作为广告代言人是两回事。商家在广告中单纯使用童模形象，只要"事先取得其监护人的书面同意"，并不违法。

报道中童装厂商称，"我们的服装如何能更好地展示，当然得通过图片或者视频，当然需要穿的人，童装自然是小孩子来穿"。所言不虚，童模的存在有其必然性和合情合理性。

如前分析，童模现象本身并不违法，可以存在下去，至于其中有人出现虐待孩子、违反《义务教育法》等违法行为，只能按个案处理，由相关人承担相应法律责任。

一般而言，父母是孩子的最佳呵护者。但如前所述，一旦父母经受不住童模"日进万元"的诱惑，也可能同商人一起绑架孩子，成为孩子的加害者，孩子还没有能力自救。

绝不能让父母将孩子看成自己的"私产"，随意对待和安排，这才是童模问题的真正核心。对此，《未成年人保护法》规定了家庭、学校、社会和国家对未成年人的责任和要求，《义务教育法》和《反家庭暴力法》等都有具体细化，但针对童模现象如何加以落实，还有待于研究。

我的建议是，像杭州织里这样已形成规模化"童模"产业链的地方，需要有更多监管和社会力量的介入。比如由当地公安、工商、妇联、未成年人保护机构、学校和家长代表等组成的童模权益保护机构，建立童模活动登记备案制度，建立定期巡查检查制度，以及举报监督和查处制度，避免"妞妞现象"被普遍化、严重化。

2019 年 4 月 17 日《经济观察报》·经观评论

缺陷豪车

| 故意销售理应付出巨大代价 |

如果余先生只是一个劲地同商家协商，最后能获得退车返款的后果可能就不错了，这样根本不足以让"以次充好"的商家长记性。他选择诉讼维权，虽然耗费时日，还要请律师，维权成本较大，但回报也是巨大的，更重要的是实现了消法惩罚性赔偿的立法目的，为净化市场尽了一个公民的责任。

三年前，武汉的余先生花 121 万元购买"路虎揽胜"，两个月后轮毂相继开裂，一年后发动机竟在高速路上自动熄火。余先生将销售公司诉至武汉市汉阳区法院。经委托鉴定，涉案汽车为缺陷产品，法院据此认定销售公司隐瞒车辆缺陷构成销售欺诈，判令除退还购车款 121 万元外，还需赔偿余先生 3 倍购车款和各项手续费等共计 400 余万元，销售公司不服判决提起上诉。最后，武汉中院作出终审判决，驳回上诉，维持原判。

该案很容易让人联想到西安女奔驰车主"哭诉维权"事件。两个事件有不少共性，都在正规销售商店购买的新车；都是豪车；都在购买后很快出现车辆问题；最后的维权效果都不错。两者最大的不同是，奔驰车主选择了求助舆论维权，本事件中的余先生则选择了诉讼维权。相较而言，笔者更看重本事件，毕竟诉讼维权是常态，哭诉维权是变态。

本案适用的法律，是《消费者权益保护法》著名的第 55 条。该条规定：

"经营者提供商品或者服务有欺诈行为的，应当按照消费者的要求增加赔偿其受到的损失，增加赔偿的金额为消费者购买商品的价款或者接受服务的费用的三倍；……"该条款的适用需满足三个条件：一是交易发生在强势的商家与弱势的消费者之间，商家与商家之间的交易不适用；二是商家存在欺诈行为；三是消费者主张适用该惩罚性赔偿条款才适用，"不告不理"。

当然，关键要件是"欺诈"能否得到认定。不难想象，诉讼中经营者一般会抵赖，称自己不是故意的，过失不构成欺诈。为厘清欺诈与否的界限，原国家工商行政管理局 2015 年发布的《侵害消费者权益行为处罚办法》，将 13 种情形明确规定为"欺诈"。"销售掺杂、掺假、以假充真、以次充好的商品"即为第一种情形；只要商家销售了"以次充好"的商品，他就是"欺诈"，再怎么狡辩也没有用。

本案中，余先生花 121 万元向销售公司购买产地为英国的原装整车进口"正品"车，而销售公司交付的车辆，却在两个月后轮毂相继开裂，被鉴定为"轮毂中存在一定数量的夹杂物、微缩孔和疏松等冶金缺陷，可以排除使用不当造成的开裂"；一年后又出现行驶中自动熄火且熄火前不报警，被鉴定为"可以排除发动机涉水导致发动机损坏，系车辆本身问题"，总体评价涉案路虎车为"缺陷产品"。也就是说，商家交付的是一部有重大安全隐患的"次品"车，属于"销售以次充好的商品"，可直接认定为销售欺诈。

此前针对西安奔驰女车主"哭诉维权"，有网友称她白折腾了，虽与奔驰方达成和解，退了问题车，还获得了其他补偿，但远没有达到"退一赔三"的效果，不如直接诉讼维权。这种看法似有些道理，但应知道，仅仅是发动机机油泄漏，按照现行"三包"政策，退车都困难，更别说认定为"缺陷产品"了，诉讼维权的风险极大。当然该事件有望促使"三包"政策的改进，也引起了有关部门对所谓金融服务费等问题的关注，体现了该事件的价值。

倒是本事件中余先生通过诉讼维权，积极主张适用《消费者权益保护法》的做法，特别值得赞赏。德国著名法学家耶林说，把法律权利变为现实必须进行斗争，"为权利而斗争，是权利者对自己的义务；为权利而斗争，也是权利者对社会的义务"。试想，如果余先生只是一个劲地同商家协商，最后能获得退车返款的后果可能就不错了，这样根本不足以让"以次充好"的商家长记性。他选择诉讼维权，虽然耗费时日，还要请律师，维权成本较大，但回报也是巨大的，更重要的是实现了《消费者权益保护法》惩罚性赔偿的立法

目的，为净化市场尽了一个公民的责任。

本案也提醒汽车销售商家，应本着对客户安全高度负责的态度，加强收货时的专业检验，避免问题车进入销售环节；当然，汽车销售商可与厂家约定，若产品因"缺陷"承担了"退一赔三"后果，有权向厂家全额追偿，否则只能向厂家主张车款本身损失，因为《消费者权益保护法》并不适用于经营者之间。

2019 年 6 月 3 日《新京报》时评·快评

迪士尼

|非法搜包还那么理直气壮|

文/席莉莉（人民网记者） 刘昌松

迪士尼乐园将对顾客的翻包行为，解释为"应相关法律法规的要求"进行安检，但他未指出依哪个法哪个规。的确如网友所指出的，他偷换了翻包和安检的概念。

针对上海迪士尼度假区（以下简称"上海迪士尼"）23日发布的《就上海迪士尼乐园游客须知的一些说明》（以下简称《说明》），人民网记者席莉莉近日采访了中国社科院研究生院法律硕士导师、北京慕公律师事务所主任刘昌松律师。针对采访提纲提出的七大问题，刘律师一一做了回答，但人民网以《五问上海迪士尼：扯安检大旗 为翻包强辩?》正式发稿时，只采用了部分观点。这里是接受采访的全部问题和回答，另外还追加回答了一个问题。

【人民网】您对上海迪士尼的《说明》作何评价?

【刘昌松律师】老实说，我对这份《说明》的评价不高，大量使用外交辞令，打太极的味道太浓，缺乏真诚回应网友问题的诚意。

【人民网】上海迪士尼声明中多次提到安检，没提网友普遍关注的"翻包"。您怎么看"安检"和"翻包"的差别?

【刘昌松律师】他的《说明》确实没有"翻包""搜包"的字样，他可以

163

解释说，翻包就是安检，谈安检就是在谈翻包啊。他不直接回应网友"禁带食品"的问题也一样，他的表述是"有关乐园的食品政策的诉讼也引起了很多讨论"。所以，我说他打太极，用没有棱角并不清晰的语言，推进来导过去，缺乏真诚回应的诚意。

【人民网】上海迪士尼所说的"应相关法律法规的要求"进行安检，据您了解，相关的法律是如何规定的？

【刘昌松律师】迪士尼称"应相关法律法规的要求"进行安检，但他未指出依哪个法哪个规。的确如网友所指出的，他偷换了翻包和安检的概念。安检没问题，机场、车站、公园、甚至一些大型超市，涉及公共安全的地方，都可以有安检，但安检是通过机器设备对箱包和人身进行检查，它不涉及对人格尊严、隐私权、个人信息的侵犯，而翻包属于典型的搜查行为，公检机关依据刑事诉讼法行使搜查职能，也应出示搜查证方可为之，一个企业哪能这样干！这是明显的违法行为；情节严重的，还可以构成非法搜查罪，要承担刑事责任的。

【人民网】上海迪士尼在《说明》中提及所牵涉的诉讼，称"尊重并积极配合包括调解在内的各项法律程序。关于'上海迪士尼不接受调解'的说法不符合事实。"此前，人民网记者以消费者身份投诉，浦东区消保委回复称上海迪士尼不接受调解。请问"调解"有哪些适用情形？诉讼中的调解跟消保委提及的调解有何区别？

【刘昌松律师】我所说"外交辞令"式的语言，就是指模棱两可的表述。对于《说明》，我的理解是，迪士尼说他"尊重并积极配合包括调解在内的各项法律程序"，这里的调解，应该是特指在法院审理过程中的调解，是诉讼调解，小王诉迪士尼的案件，法院已经开了一次庭，或许迪士尼在庭上已经表达过"同意调解"的意见。我认为他那样表述，确实在模糊相关概念，因为调解不只有诉讼调解，还有诉讼外调解，包括人民调解组织主持的调解、消保委主持的调解等，这些调解也是有程序性法律依据的，尊重和配合"各项法律程序"的调解，当然应包括消保委主持的调解呀，可你明确对消保委说"不接受调解"，这怎么讲？！要知道，消保委调解成功，哪怕案件已经进入诉讼程序，消费者也可以撤诉嘛。

【人民网】有消费者认为上海迪士尼"翻包"侵犯了其隐私权。相关法律对消费者隐私权有何规定？

【刘昌松律师】翻包首先侵犯公民的人身自由权。《宪法》第 37 条规定，公民的人身自由不受侵犯，禁止非法搜查公民的身体。公民随身携带的物品，在法律上可视为公民身体的延伸，也不能随意搜查。当然这不是绝对的，公检机关因为刑事案件的需要，持搜查证是可以搜查人身、随身携带的物品和有关场所的。另外，《侵权责任法》把"隐私权"纳入了保护范围，随身携带的小包无疑会隐藏着主人不愿示人的隐私，他人随意翻看，当然涉嫌侵犯隐私权。

【人民网】若消费者权益受到侵害，应该通过何种形式维权？

【刘昌松律师】主要有四种维权方式：一是消费者直接同经营者协商沟通，使纠纷得到解决，这种没有第三方介入即解决纠纷的方式叫自行和解；二是通过人民调解机构、消保委或消协等来协调解决，这种由第三方主持，彼此妥协让步来解决纠纷的方式叫调解；三是向法院提起诉讼，这当然是最后的救济手段，也是最权威的手段；四是消费者积极向消协投诉反映，大量的投诉引起消协的重视，从而由消协提起消费公益诉讼，这是诉讼方式的特殊形式，不同的是维护广大消费者的利益，而不仅仅是某个消费者的利益。

【人民网】相关监管部门在上海迪士尼事件中应如何履责？

【刘昌松律师】司法机关处理案件是被动的，实行"不告不理"原则；而行政机关立案查处案件应当主动执法。也就是说，行政机关只要发现了违法违规情形，就应当主动依法处理。这次迪士尼事件，网络和媒体的报道就是很好的线索，当地市场监督、物价等部门应该积极履行起职责来，否则会构成渎职。

例如《消费者权益保护法》第 56 条即规定，经营者有侵害消费者人格尊严、侵犯消费者人身自由或者侵害消费者个人信息依法得到保护的权利等 10 种情形之一，市场监督管理部门或者其他有关行政部门应责令其改正，可以根据情节轻重，单处或者并处警告、没收违法所得、处以违法所得 1 倍以上 10 倍以下的罚款，没有违法所得的，处以 50 万元以下的罚款；情节严重的，责令停业整顿、吊销营业执照。

上海迪士尼对所有顾客一律搜包，本质上属于搜查行为，严重侵害消费者尊严、人身自由和个人信息，市场监督管理部门应当进行查处。我认为，该行为本身即是"情节严重"的违法行为；退一步说，即使认为这还不算严重，经市场监督部门"责令其改正"后仍没效果，可认定为"情节严重"了吧？这时，最轻可给予责令停业整顿处罚，最重可吊销营业执照，这是企业最害怕的两种责罚，前者可要半条命，后者要了整条命。可见，《消费者权益保护法》还真的不是没有牙齿的法律，主管部门若动真格执法，也会令经营者闻风丧胆、不寒而栗，万不敢像现在这样傲慢。

人民网报道后，不少朋友进一步追问刘昌松律师一个问题，刘律师也试着作了回答。

【网友】迪士尼如此牛气傲慢的深层原因是什么？

【刘昌松律师】上海方面为引进迪士尼项目，同美国迪士尼谈判了整整10年。我相信，迪士尼同当地政府及其所属公安、市场监督、食药监、物价等部门，应该都有接洽和合作，虽然合作的具体内容我不知道，但根据现在迪士尼如此牛气和傲慢的态度，以及前两次起诉迪士尼，当地法院连受理也不受理的做法来看，我猜测当地党政机关和有关部门可能对迪士尼有一些承诺。

另外上海迪士尼是中外合资企业，中方是国企，让当地政府部门对当地国企下手，也难下决心。

现在案件出现了，问题暴露了，我认为，还是应当回到法律层面上来，因为违反法律、行政法规强制性规定的承诺是无效的。而且，上海迪士尼是一家中外合资的大型企业，应当模范遵守中国法律，企业才能有长久的发展。

2019 年 8 月 23 日人民网·人民直击

预付费

丨该模式别成圈钱套路丨

> 很多消费者对"先办卡，再消费"的预付卡模式已经见惯不怪。不仅在教育培训行业，不少理发、健身等行业也都循此"惯例"。

　　一段时间以来，预付费模式成了教育培训行业的潜规则，由此导致的退费难甚至商家"卷款跑路"的现象时有发生。日前，中国人民银行营业管理部、北京市商务委等9部门联合制定《北京市联合整治预付卡违规经营专项行动工作方案》，明确要通过专项行动确保消费者权益。

　　事实上，作为一种商业模式，很多消费者对"先办卡，再消费"的预付卡模式已经见惯不怪。不仅在教育培训行业，不少理发、健身等行业也都循此"惯例"。近段时间发生的共享单车退押金难，同样有相似之处。表面上看，这种经营模式属于契约行为，"一个愿打，一个愿挨"，似乎没有问题，但要强调的是，契约行为本身也要受到《合同法》《消费者权益保护法》等法律法规的约束，不能放任自流。对其中存在的霸王条款、违法违规乃至涉嫌犯罪之处，更要依法予以惩处。

　　党的十九大报告指出，"加快要素价格市场化改革，放宽服务业准入限制，完善市场监管体制"。市场上一些教育培训机构的存在，正得益于政府放宽服务业准入限制，也满足了教育培训领域存在的多元化需求。比如一些幼小培训机构推出数学思维、滑板、围棋等培训内容，丰富了孩子的课外生活，也受到很多家长的欢迎。但与此同时，由于监管体制的不完善，导致不少培训机构存在捆绑销售、退费困难等现象，侵犯了消费者利益。例如有媒体披露，某机构秋季幼小衔接全日制一年班学费，家长须一次性交纳4.2万元，且退费极为艰难。家长为孩子预交费后，如果想更换更适合的教育机构，一般也难以实现，法律规定的消费者自主选择权几近丧失。

正因如此，维护消费者自主选择权、知情权和公平交易权，需要更加成熟的市场机制，也需要监管体制同步跟上。如今，中国的市场监管体制早已基本建立，但"道高一尺，魔高一丈"，面对一些不良商家不断升级的"花招"，需要从源头抓起，进一步完善监管。比如，一些商家通过各种购买优惠，在算法上摆"迷魂阵"，消费者很难看透其中的价格陷阱。退费时则有一套复杂的"退费公式"，导致消费者"想退也退不了多少钱"。更有商家"失联""跑路"，这就已经是涉嫌侵犯消费者财产的犯罪行为了。对此，监管机制要从事前变为事中、事后，通过更加全面的监管、更迅速的反应，让"看不见的手"与"看得见的手"同时发挥作用，为消费者权益提供全方位守护。

尤其要看到，随着我国社会主要矛盾的变化，更好的教育成为美好生活的一部分，也让越来越多的家长投入大量成本。这方面监管的缺失，将影响到千万个家庭。正因如此，此次北京整治预付卡违规经营，措施相当细致，例如要求教育培训机构自查是否存在跨年预收费、是否制定本机构退费管理办法、是否落实收退费公示制度、收费是否经价格部门备案公示、学生退费投诉是否合理处理，等等，可谓全程监管。根据方案，北京未来也将建立起长效工作机制，将这项治理真正纳入法治化轨道，值得各地学习借鉴。

小小一张预付卡，折射出的是市场秩序是否完善，衡量的是市场环境和市场活力。随着市场的逐渐成熟，放宽准入、完善监管，不仅仅是对预付卡相关行业的要求，也是很多行业都将面临的新要求。在放宽准入的同时做好监管，考验着市场的成熟度，也考验着治理的现代化程度，更与群众的获得感、幸福感、安全感密切相关。

2017年11月21日《人民日报》·人民时评

低价游

| 游客将受罚是什么规矩 |

> 游客同旅行团队签订了虚假合同，参加了"零团费"或"低团费"的旅游项目，"不仅不能获得赔偿，还将受到处理"的说法，还没有成为正式的部门规章，这多少让人松了口气。希望这种没有上位法依据且违背法理的雷人规定千万别出台，否则将贻笑大方，闹立法笑话。

近日，国家旅游局（现文化和旅游部，下同）官网上刊出一则题为"游客参与'不合理低价游'也将受到处理"的旅游提示，希望游客坚决抵制"不合理低价游"，不得与经营者签订虚假合同。提示还表示，游客与经营者签订虚假合同，一方面需要承担法律责任；另一方面，一旦被查获，不仅不能获得赔偿，还将受到处理。国家旅游局正在研究制定相关的处理办法。（10 月 26 日《齐鲁晚报》）

看来，游客同旅行团队签订了虚假合同，参加了"零团费"或"低团费"的旅游项目，"不仅不能获得赔偿，还将受到处理"的说法，还没有成为正式的部门规章，这多少让人松了口气。我希望这种没有上位法依据且违背法理的雷人规定千万别出台，否则将贻笑大方，闹立法笑话。

一、国家旅游局确有行政规章制定权，上述雷人规定的内容可能已经纳入制定规章的立项

国家旅游局是国务院主管旅游工作的直属机构，享有部门规章制定权，这没有疑问。为此，国家旅游局2011年还制定了《国家旅游局规章和规范性文件制定程序规定》。该《程序规定》要求，旅游局内设机构认为需要制定相关规章的，应在每年10月31日前提出立项，由国家旅游局政策法规司负责立项审查，报局长办公会议审议通过后起草。综合性规章由局法制机构直接起草，其他规章和规范性文件由局内各内设机构起草。草案形成后由法制机构审查、局长办公会议审议通过，最后局长签署命令公布。

10月31日规章立项截止日马上就要到来。由此看来，旅客与旅游经营者签订虚假合同参与"不合理低价"旅游，将受处罚且不能获得赔偿的规定，有可能已经纳入到国家旅游局拟制定相关规章的立项。

二、国家旅游局拟在规章中规定，对同经营者签订虚假合同，参与了"不合理低价"旅游的旅客给予处罚，没有法律依据

《行政处罚法》确立了行政处罚法定原则，包括处罚的种类、设定机关等都必须法定。该法规定，行政处罚的种类有七种，即：（1）警告；（2）罚款；（3）没收违法所得、没收非法财物；（4）责令停产停业；（5）暂扣或者吊销许可证、暂扣或者吊销执照；（6）行政拘留；（7）法律、行政法规规定的其他行政处罚。

对于各种处罚种类的设置权，该法规定，全国人大和全国人大常委会制定的法律，可以设定各种行政处罚；国务院制定的行政法规，可以设定除限制人身自由以外的行政处罚（限制人身自由的行政处罚，只能由法律设定）；有立法权的地方人大制定的地方性法规，可以设定除限制人身自由、吊销企业营业执照以外的行政处罚。

至于国务院部委包括像国家旅游局这样有立法权的国务院直属局制定的部门规章，《行政处罚法》规定的权限是，可以在法律、行政法规规定的给予行政处罚的行为、种类和幅度的范围内作出具体规定（这没有限制）。尚未制定法律、行政法规的，可以设定警告或者一定数量罚款的行政处罚，罚款的限额由国务院规定（这有明确限制）。

可见，国家旅游局只有对法律、行政法规完全没有规范的旅游管理事项，才可以通过规章作出警告、罚款之规定。而国家 2013 年已经制定了《旅游法》，其中，对违反"旅行社不得以不合理的低价组织旅游活动，诱骗旅游者，并通过安排购物或者另行付费旅游项目获取回扣等不正当利益（一般都是通过虚假合同来实现的，作者注）"的行为，规定了由旅游主管部门责令改正，没收违法所得，责令停业整顿，并处 3 万元以上 30 万元以下罚款；违法所得 30 万元以上的，并处违法所得 1 倍以上 5 倍以下罚款；情节严重的，吊销旅行社业务经营许可证；对直接负责的主管人员和其他直接责任人员，没收违法所得，处 2000 元以上 20 000 元以下罚款，并暂扣或者吊销导游证的法律责任。（《旅游法》第 98 条）

《旅游法》对同旅行社签订虚假合同的旅客，没有规定任何处罚后果，这绝不是法律的疏忽，因为旅游服务合同关系中明显处于弱势地位的旅游者，主要是法律保护的对象而不是处罚对象。国家旅游局不可突破法律规定，对旅客创设警告、罚款之规范。

三、国家旅游局若在规章中规定，"同经营者签订虚假合同，参与了'不合理低价'旅游的旅客，不能获得赔偿"，这可能闹立法笑话

《立法法》规定，民事基本制度，只能制定法律（第 8 条）。行政法规、地方性法规也不能随便染指民事基本制度，位阶更低的部门规章就更不得对民事基本制度说三道四。像平等主体的旅游经营者与旅客之间，因签订虚假的旅游合同，旅客一方遭受损失后，是否有权向旅行社主张返还财产或者赔偿损失，即属于应由民事基本制度规范的范畴，国家旅游局根本无权对此作出规定。否则，国家旅游局的规章中出现了"同经营者签订虚假合同，参与了'不合理低价'旅游的旅客，不能获得赔偿"之类的内容，往轻里说，是闹立法笑话，贻笑于大方之家；往重里说，是越权立法、违法立法、无效立法。

其实，《旅游法》从保护弱势的旅游者出发，直接对旅行社规定了明确的责任："旅行社组织、接待旅游者，不得指定具体购物场所，不得安排另行付费旅游项目。"违反该规定的，"旅游者有权在旅游行程结束后三十日内，要求旅行社为其办理退货并先行垫付退货货款，或者退还另行付费旅游项目的费用。"（第 35 条）国家旅游局若出台了"不得获赔"的相关规定，也会因

违反上位法而无效。

四、国家旅游局通过规章细化《旅游法》是必要的；认真执行《旅游法》，才是治理"不合理低价游"的良方

这次香港发生因参加低价旅行团拒绝购物引发打死游客事件，国家旅游局高度重视，在官网上发布相关提示，是正确的。此前出台《关于打击组织"不合理低价游"的意见》，确定下列五种行为为"不合理低价"：一是旅行社的旅游产品价格低于当地旅游部门或旅游行业协会公布的诚信旅游指导价30%以上的；二是组团社将业务委托给地接社履行，不向地接社支付费用或者支付的费用低于接待和服务成本的；三是地接社接待不支付接待和服务费用或者支付的费用低于接待和服务成本的旅游团队的；四是旅行社安排导游领队为团队旅游提供服务，要求导游领队垫付或者向导游领队收取费用的；五是法律、法规规定的旅行社损害旅游者合法权益的其他"不合理低价"行为。这也是很好的，以后出现相关事件后，能够有所规范。

法谚云："徒法不能以自行。"我认为，解决"不合理低价游"的关键，是一些旅游经营者出现了以"不合理低价"组团和忽悠旅客的行为，旅客投诉后，主管部门能否及时依法依规作出处理，《旅游法》第98条对以"不合理低价"组织旅游的旅游经营者的罚则（上文提到），能否得到落实，这是最重要的，否则，出台再多的规定也是枉然。

有人问，破解"不合理低价"旅游的良方是什么？我的答案很简单：旅游主管部门形成了"有投诉即有查处"的良性机制，问题就会迎刃而解。顺便提一下，国家旅游局在官网上将即将制定的规定昭示于人，也算是开门立法、民主立法，听取人民群众意见的方式。我相信，经过公众的充分议论，上述拟制定的规定已经胎死腹中，不会再出台了。

【补注】国家旅游局后来果然未出台该类规定，五年过去了，未见一名参与低价游的旅客受到处理。当然，低价游引发的纠纷依然不断，2018年3月即出现了"桂林旅游团8元团费午餐白饭配腐乳，游客不消费被骂旅游流氓"的事件，这是另一个问题。

2015年10月27日中国网·观点中国·刘昌松专栏

高额滞纳金

| 银行在曝光前后为何判若两人 |

事件中涉事银行在报道后，咋又变得"弱势"起来了呢？原因也很简单，他们自知在事件中亏理亏法的地方多了去了，担心新闻报道充分发酵，演变成一场对银行暴利的严厉声讨。

谁想到，单位办理的工资卡竟是信用卡，在苏州打工的杨女士8年前多取30元，如今发现滞纳金已过万元，同银行交涉多次，希望涉事银行查清情况，银行方面坚持让其尽快还清"欠款"，否则将报警或上法院起诉。媒体报道后，该事件引起社会各界的广泛关注，涉事银行主动联系杨女士，表示因此事而给其造成的困扰非常抱歉，减免报告已得到批准，现在只需还款29.98元即可。(9月16日澎湃新闻)

看完报道，不少人纳闷：银行在事件曝光前后为何判若两人，前面那么"强势"，客户让其查清一下情况，银行就是不理不睬，一味强调尽快还清，否则报警或起诉；可一经媒体曝光，引起社会的广泛关注后，银行又是道歉又是减免，甚至30元的本金只需归还29.98元，一副"弱势"可怜的样子。其实，了解事情原委后，就一点也不难理解银行的"前倨后恭"了。

我们知道，信用卡有透支功能，持卡人在没钱或钱不够时可先行透支消费，一般还有20天左右的免息还款期，该功能让持卡人感觉特爽；银行方面则可促进资金流动，增进交易机会，增加对客户的吸引力，感觉也很爽。两者还签有协议，仿佛真是平等民事主体之间的"两爽"经济往来。

殊不知，信用卡协议是银行单方拟就的格式合同，免息期过后的高额利息（可计算复利）和滞纳金也是银行单方制定（国家有一个指导幅度）的，持卡用户只有同意或不同意的份。对于不会打理信用卡包括忘记还款者或突然出现无力还款情形者，所产生的滞纳金往往高得惊人。本案中杨女士不知情而透支 30 元，8 年后即达到了 1 万多元，是本金的 300 多倍，即是极例。另据报道，有位李先生信用卡透支 1000 元忘还，一年后银行寄来的对账单所显示的债务已达 12.3 万元，是本金的 120 倍；上海虹口区甚至出现了一家三口因信用卡透支无法偿还而举家自杀的个例。

信用卡透支还款存在如此严重的违约责任，可能很多持卡人事前并不了解，事后接到银行通知往往吓出一身冷汗，精神难以承受。法律是平衡各方利益的艺术，这样的格式合同对持卡人明显不公，立法难道不进行干预吗？遗憾的是，这种"平衡艺术"至今还没有产生。最高人民法院去年出台了《关于审理民间借贷案件适用法律若干问题的规定》（以下简称《规定》）明确，"借贷双方约定的利率未超过年利率 24%，出借人请求借款人按照约定的利率支付利息的，人民法院应予支持。借贷双方约定的利率超过年利率 36%，超过部分的利息约定无效。借款人请求出借人返还已支付的超过年利率 36%部分的利息的，人民法院应予支持。"但该司法解释是针对民间借贷而言的，有则判例让我特别高兴，去年成都市高新区法院参照该《规定》对年利息高达 60%的信用卡债务判处按 24%的利率还款了，还用宪法关于"法律面前人人平等"对其论证了一番，称银行作为贷款者也无权超过民间高利贷的"红线"。期待该判例的精神能上升为立法或有权解释，让法律向弱势群体而非强势群体倾斜。

这还只是信用卡债务的民事责任，已经够吓人的了。在行政责任上，信用卡持有人若忘了还贷，银行会将持卡人纳入"黑名单"，放进征信系统，以后无法再办理信用卡或从事贷款业务。当然最可怕的是，银行还能向警方报案，对持卡人以"信用卡诈骗罪"追究刑事责任，而这个罪名的门槛一点也不高。

信用卡诈骗罪，是指以非法占有为目的，利用信用卡进行诈骗活动，骗取数额较大财物的行为。《刑法》规定了四种行为成立该罪，其中一种即是"恶意透支"，"恶意透支" 1 万元以上，即可刑事追诉。成立"恶意透支"并不难，持卡人超过规定限额或者规定期限透支，经发卡行 2 次催收后超过 3 个月仍不归还，即可认定。像本案，银行认为杨女士超过规定期限透支现本息已达 1 万多元，经催收仍不归还，即可以涉嫌信用卡诈骗罪向警方报案了，这给杨女士的内心施加了多大的精神压力，可想而知。

法律对银行信用卡透支之债权的保护，已经到了无以复加的地步，包括民事手段、行政手段和刑事手段，只要银行向信用卡用户一提起信用卡透支的法律后果，持卡人即会严重后怕而屈服，自然也助长了银行方面的高傲与霸道。

那么，本事件中涉事银行在报道后，咋又变得"弱势"起来了呢？原因也很简单，他们自知在事件中亏理亏法的地方多了去了，例如信用卡开通，需持卡人申请并在格式合同上签字确认，而涉事银行为增加信用卡的发卡量，该环节应该也没有执行，不然杨女士咋一点也不知道呢；又例如，银行应当每月免费邮寄对账单，让持卡人透明掌握每笔消费支出，涉事银行应该也未落实，不然，杨女士咋会 8 年也未发现呢？再说，杨女士当年只有 30 元的透支，现被催收 1 万多元，此新闻若经充分发酵，极有可能演变成一场对银行暴利的严厉声讨。如此梳理一下，涉事银行立即"道歉""免款"，也就不难理解了。

【补注】文中提到的《规定》出现了 24% 和 36% 两个数字。对此，最高人民法院向媒体解释说，年利率的 24% 是民事法律应予保护的固定利率；24% 至 36% 则作为一个自然债务区，如果要提起诉讼，要求法院保护，法院不会保护，但是如果当事人愿意自动履行，法院也不反对；超过 36% 则是无效区。

2016 年 9 月 19 日《南方都市报》·刘昌松专栏

老虎咬人

| 如何厘清野生动物园与游客的法律责任 |

　　赵女士作为成年人，明知猛兽区的危险性而擅自下车，自身过错很大；但园方将自己的责任开脱得干干净净，理由并不充分。

　　7月23日，北京八达岭野生动物园发生了一起东北虎致游客伤亡事件，赵女士在东北虎区下车时被老虎咬伤，其母下车营救时被老虎撕咬致死。近日赵女士通过媒体发声，对于动物园拒绝担责仅愿意承担定损的15%道义责任感到不满，将提起法律诉讼。(10月16日澎湃新闻)

　　现在双方各执一词，赵女士方认为，野生动物园履行安全告知义务上还显不够，巡逻员未下车施救，现场没有麻醉枪等设备，未尽到安全保障义务，应承担主要责任，其提出了274万元的赔偿要求。野生动物园方则认为，自己已经履行了充分的安全告知义务，安全保障措施也是到位的，政府调查组也有了"不属于安全责任事故"的结论，因而他没有法律责任，只愿意在定损的基础上，承担15%的道义责任。目前对赵女士母亲死亡，双方共同定损为124.5万元；对赵女士的受伤，双方未形成一致定损，赵女士方主张159万元左右，动物园主张75.4万元。按照园方的说法，我计算一下，应该是只愿承担约30万元的道义责任。双方主张差距悬殊。

　　根据双方披露的信息，我在此斗胆预测，园方绝不能推脱得那么干净，并非只有道义责任而没有法律责任，其确实存在一定过错，应承担相应的侵权赔偿后果。

首先应明确，赵女士购票，动物园提供服务，双方之间形成了游园服务合同关系。但这种由《合同法》确立的服务关系，只限于一般层面——只要购票即应允许游园，未让游园即应退票并赔偿损失；购票不游可依约不予退票，损失由游客自负等方面。至于发生了野生动物伤人事件后的责任，则不是游园服务合同所能涵盖的，而应由《侵权责任法》进行规制。

侵权责任一般实行"谁主张，谁举证"，即原告主张被告侵权，应由原告证明被告有过错应担责。但法律也规定了少数例外情形，实行"举证责任倒置"，即原告主张被告侵权，由被告证明自己没有过错，证明不了即担责。动物园的动物侵权即是如此。《侵权责任法》这样规定："动物园的动物造成他人损害的，动物园应当承担侵权责任，但能够证明尽到管理职责的，不承担责任"（第81条）。也就是说，法律在此首先推定动物园管理者有过错，直接令其担责；然后又规定动物园作为被告可以证明自己管理上没有过错，来推翻法律的推定。举证责任上实行的正是"原告主张，被告举证"之倒置规则。动物园免责的法定情形是唯一的，即证明自己"尽到了监管职责"。

具体到本案，赵女士方主张园方侵权应当担责，依法不由原告赵女士方证明园方有过错，而应由被告园方证明自己尽到了管理职责，没有过错，才不承担责任；园方证明不了自己没有过错，就应当承担侵权责任。当然，赵女士方虽没有举证义务，但有举证证明对方有过错的权利，其行使了这一权利就会大大增加园方证明自己没有过错的难度，令其完成不了举证责任，承担败诉赔偿的风险。

本案中园方称，东北虎园内有11块安全警示牌分布于游览线路沿途两侧，间距30到100米不等，履行安全告知义务似乎很充足了。但赵女士方提出，当时虽然签订了协议，但园方的检票员并没有特别提醒赵女士方注意"自驾车游览六严禁"的规定。这恰恰提醒了园方，应在此多尽些提醒义务，事后园方在新修订的协议中，三个条款下划线并加粗，进行了改进，实际上等于间接承认了安全告知义务上还有些许不足。

园方又称，其巡视员事发时就在园内，见到赵女士下车就用喇叭喊话，让她回到车内；老虎袭击赵女士后，巡视员立即启动巡逻车赶到山坡下，同时用设备呼叫隔壁两个园区的巡逻车也赶过来，似乎尽到了安全保障职责。但赵女士方提出了园方没有配备麻醉枪、猎枪等设备，安全保障不到位。园方仅称"麻醉枪、猎枪等属于国家管制器具,有严格的管理和使用办法"是不够的,还需证明获得它们来保障游园安全存在法律上的障碍。而《枪支管理法》明确规定:"野生动物保护、饲养、科研单位因业务需要,可以配置猎枪、麻醉注射枪。"可见,园方未配备猎枪、麻醉枪等,"非不能也,是不为也",如此危险的游览项目,不作这些必要的装备配备,确实难以说"尽到了管理职责",进而难以为自己开脱免责。

毋庸否认,赵女士作为成年人,明知猛兽区的危险性而擅自下车,自身过错很大,但园方将自己的责任开脱得干干净净,法律上的理由也不那么充分;所谓政府组织的调查组认定其不属于生产安全责任事故,也只是其不承担行政责任的依据,而其民事责任的有无和大小,有赖于法院根据双方的举证情况和举证规则作出认定,让我们共同期待事件的进展。

2016 年 10 月 17 日《南方都市报》·刘昌松专栏

陈光标

|"首善"还是"首骗",法律确证是正途|

> 期待陈光标能把握诉讼机会,完成证明责任,让人们感到"标哥"还是那个"中国首善"的标哥;千万不要找个理由又撤诉了,那就彻底坐实了媒体和公众的质疑,人们更相信其为"中国首骗"了。

最近几日,陈光标因财新和网易的两篇重磅报道,深深卷入了舆论的旋涡。财新网报道的题目为《陈光标:"首善"还是"首骗"?》,直指陈光标的慈善捐款涉嫌严重注水,报道借采访对象的话表明,其声称的 20 亿捐赠,实际可能只有 2000 万至 3000 万元,相差近 100 倍,其声称捐建 52 所希望小学、博爱小学或光彩小学,没有一所能够得到证实;此外还提到陈光标公司涉嫌伪造约 180 枚假公章,用于制作假证书和假捐赠发票之事。网易的公号文题为《切胃减肥背后的陈光标:业务瘫痪债务缠身》,不仅直指陈光标 3 个月瘦身 52 斤的"秘诀"不是其代言宣传的吃"天杞园特殊膳食"加科学运动,而是靠切胃手术来实现的,陈的公司真实情况是债务缠身,业务瘫痪。

过去人们关注陈光标,只是认为他是个奇葩,做慈善不应那样高调张扬,两篇报道出来后,公众的关注点一下子变了,质疑的重心为陈光标的大量捐赠是否存在,他到底是"中国首善"还是"中国首骗"?

报道经过朋友圈刷屏般的转发,弄得几乎家喻户晓,妇孺皆知。陈光标坐不住了,不仅召开了 40 分钟的新闻发布会,还将两家媒体以侵害名誉权、荣誉权为由起诉到了南京市秦淮区法院，要求判令两被告停止侵害，赔礼道歉，消除影响，恢复名誉，并要求财新传媒公司一家即赔偿损失 100 万元（对网易主张的赔偿数额不详），据称法院已经立案。陈光标迅速出击，力挽狂澜，正是因为报道威胁到了他最根本的利益——中国首席慈善家头衔。

我认为，陈光标的两步棋都正确，新闻发布会回应舆论，可达到危机公关，快速"灭火"、抢占舆论制高点的效果；法律诉讼则从根本上还自己清白。当然，这两步棋真正发挥作用的前提是，陈光标本身确实清白，且手上有证明清白的可靠证据。

然而，陈光标的第一步就玩砸了。他在新闻发布会上念念和散发通稿，指称 99% 的捐赠到位（另有 1% 分批到位）；伪造公章是公司另两名高管的作为，他不仅不知情而且是报案人；他不欠银行和任何个人一分钱；切胃减肥根本不存在，等等，这种从正面回应舆论质疑的行为，是完全必要的。错在之后，陈光标以"新闻发布会"而不是"新闻回答会"为由断然拒绝回答媒体的任何提问。这种拒绝的姿态一下子让发布会变得没有意义，让人反而更加狐疑了，你陈光标到底担心害怕什么？你真的有诚意接受舆论的监督吗？再者，陈光标把新闻发布会取名为"让证据说话"，他哪怕举证证明媒体质疑的一个质疑点——比如媒体称所谓 52 所学校的捐助都子虚乌有，证明它们是存在的，就能达到四两拨千斤的作用，然而有的不过是摆出了一堆毫无逻辑关系的记账凭证、各种捐赠票据和荣誉证书的扫描件。总之，陈光标在新闻发布会上的表现反而暴露了其底气不足，部分坐实了媒体对他的质疑。

陈光标通过新闻发布会来澄清事实，还自己以清白的第一步努力没有实现，但他还有一个最重要的、最权威的机会，那就是通过诉讼方式来证明。尤其有意思的是，这个机会是他自己争取的。当然，这个机会是否能真正把握住，取决于他在法庭上能否"让证据说话"。

我们知道，侵犯名誉权、荣誉权的诉讼，实行"谁主张、谁举证"的原则，陈光标主张两家媒体的报道属于捏造事实、无中生有的诽谤，成立名誉和荣誉侵权，就应当拿出证据来，证明自己的 20 亿元捐赠都是真实的，其"中国首善"的名头是名副其实的。特别应指出的是，在法庭上出示的证据应是有法律效力的票据，而不应是一些无单位盖章的"记账凭证"。例如捐建 52 所希望小学、博爱小学或光彩小学，就应该分别是青基会、红基会、光彩会出具的接受捐赠的票据。

关于陈光标是否参与伪造约 180 枚假公章的事实，其实报道也未下结论，陈光标在新闻发布会上出示了他报案后被立案的相关材料，其真伪还有待于考证，但最终证明他与本案无涉，应是他提到的两名公司高管案件往前推进，现在案发已经近半年了，尚未进入审判环节，嫌疑人还被取保候审了，很是蹊跷，相信这次事件有助于推动彼案的办理。

另外，名人起诉媒体侵犯名誉权的诉讼也有其特殊性，名人的名誉权还应受正当舆论监督权的制约。即使报道有些失实，但只要报道有根有据，基本属实，也不构成侵权。值得提出的是，我国《慈善法》规定，县级以上人民政府民政部门应当及时向社会公开慈善信息，并免费提供慈善信息发布服务。而财新调查记者反映，这次采访，首都的慈善机构尤其是中华慈善总会帮了大忙，但地方的一些慈善机构却非常难以获得信息。其实，媒体记者也可通过申请政府信息公开的形式，向各级政府包括中央政府的民政部门获取。

期待陈光标能把握诉讼机会，完成证明责任，让人们感到，"标哥"还是那个"中国首善"的标哥；千万不要找个理由又撤诉了，那就彻底坐实了媒体和公众的质疑，人们更相信其为"中国首骗"了。

【补注】耐人寻味的是，此案到现在也检索不到裁判结果，拟或双方已经和解结案，只是因为约定，双方都不得对外泄露协议内容，才未向外界披露？也未可知。

2016 年 9 月 26 日《南方都市报》·刘昌松专栏

护　照

　　一般而言，不能将电影中塑造的艺术形象的不适法行为评价为创作人员的行为，以某种违法或犯罪的构成要件机械套用，进行处罚。

　　知名律师王才亮针对近日热播电影《战狼Ⅱ》喊话，原因是该电影结尾亮出的一本中国护照并非真实护照，该律师称护照的持有者涉嫌变造国家机关证件，理由是该护照背面印有六行大字："中华人民共和国公民，当你在海外遭遇危险，不要放弃！请记住，在你身后，有一个强大的祖国！"而真正的中国护照背面空无一字。(8月9日中国江西网)

　　此后，又有新浪实名认证的另一律师许思龙通过微博直接向公安部刑侦局和公安部"打四黑除四害"喊话，称电影《战狼Ⅱ》剧组变造护照，已涉嫌《刑法》第280条规定的变造国家机关公文、证件、印章罪，请依法立案查处！

　　实际上，这两名律师所表达的意思并非完全一样。王才亮律师还只是说，真正中国护照的背面空无一字，如果影片中的人物在原护照的背面增加那几行字，就会弄巧成拙，把真护照变成假护照，给自己增加麻烦，电影中的艺术人物涉嫌变造国家机关证件。当然，他也指出，(电影)对国家颁发的证件不能随意更改，否则对公众有很大误导，容易制造社会矛盾，(因此)《战狼Ⅱ》剧组涉嫌违法。

而许思龙律师则是向具体的国家机关实名举报，其认为剧组人员的行为不只是行政违法，而是涉嫌变造国家机关证件犯罪，要求立案查处。

那么，《战狼Ⅱ》剧组的行为真的涉嫌变造国家机关证件之违法或者犯罪，应当受到行政处罚或刑事追究吗？他们能够逃过这一劫吗？

不可否认，电影创作艺术并非法外之地，也有创作的边界；若创作行为本身违法犯罪，同样应受法律追究。例如制作、发行淫秽电影以谋取利益，可能涉嫌制作、复制、传播淫秽物品牟利罪，受到刑事追究。当然，我国对电影实行严格的事先审查机制，淫秽电影很难面世，即该类犯罪难以既遂。再比如，电影创作中不经小说原著作者同意，擅自改编人家作品而拍摄电影，可能涉嫌著作侵权而承担民事责任，等等。

但国家不可对电影等艺术创作布下天罗地网，针对剧组的轻微不慎便冠上违法甚至犯罪的帽子，对剧组等艺术创作人员予以追究，否则将彻底窒息艺术创作的生命，不利于艺术的繁荣，对社会发展有害。一般而言，不能将电影中塑造的艺术形象的不适法行为评价为创作人员的行为，以某种违法或犯罪的构成要件机械套用，进行处罚。或许《战狼Ⅱ》的剧组真的符合变造国家机关证件罪的构成要件，但也应注意考虑违法犯罪的阻却事由。我们来简要分析一下。

所谓变造国家机关证件罪，是指利用真实的国家机关证件，采取涂改、抹擦、拼接等方法，对国家机关制作的证件进行加工改造，以便使其内容发生变化的行为。护照为"国家机关证件"无疑，变造护照成立"变造国家机关证件"违法或犯罪。一般变造护照的方法为变造真实护照的有效期限，变造持证人的姓名等，以达到非法使用的目的（是否真正实际使用不影响违法犯罪的成立）。仅仅从形式上讲，像《战狼Ⅱ》从角色需要出发，将现实生活中某人的护照，对其姓名和证件有效日期进行 PS，可能是常见的制作道具手段，恰恰不需要在护照背面增加那几行字，就是"变造国家机关证件"的行为，形式上即符合了变造国家机关证件罪的构成要件。

为什么现实生活不会对此类"犯罪"追究责任呢？原来追究某人某行为的刑事责任，除了其在形式上符合某罪的犯罪构成要件外，还需要不具有正当化事由（又称阻却犯罪的事由）。各国刑法规定的正当化理由一般包括正当防卫、紧急避险、履行职务行为、执行命令行为以及经权利人同意行为等。我国刑法只明文规定了正当防卫和紧急避险两种正当化理由，但刑事理论上和司法实践中都是承认另外几种正当化事由的。例如某行刑人员甲明知开枪会打死罪犯乙，却照样扣动扳机打死乙，希望自己的行为导致乙死亡，也确实发生乙死亡的后果，表面上完全符合了"故意杀人罪"的构成要件，但甲是执行命令的行为，具有正当性，而将其行为除罪。

同理，《战狼Ⅱ》的剧组人员明知自己 PS 护照的行为，是在利用真护照变造假护照，形式上符合了变造国家机关证件罪的犯罪构成要件，但符合"履行职务的行为"之正当化理由，因而不成立犯罪。《战狼Ⅱ》剧组若只有用真护照 PS 姓名和有效日期的"变造"行为，不会有人包括报道中的律师会认为应追究剧组人员的法律责任，就是这个道理。推而论之，也不能因为他们想增强点电影艺术效果在护照背面加了几行字，就成立违法犯罪了。所以，《战狼Ⅱ》的剧组人员不存在因此受到刑事追究之虞。

当然，从普法意义上讲，真实的护照背面没有那几行字，剧组那样做会导致一些观众看了电影后对护照式样产生误解。因此，我同意王才亮律师所建议的，剧组"应该立刻做事后澄清，告诉公众影片中护照乃虚假道具"，以消除可能导致的不良影响。

2017 年 8 月 12 日《南方都市报》·刘昌松专栏

春　游

| 春天来了，学校要不要组织孩子们走出去 |

文/戴平华　罗娜（新法制报记者）　刘昌松

为了孩子的健康成长，春游只能疏不能堵。每年至少应举行一次春游或者秋游。风险可通过投保专项险种和通过专业旅游公司来化解，既要确保安全，又要满足孩子们的春游（秋游）梦。

4月10日，海南澄迈县一所小学组织学生春游，谁料旅游车在文昌县（今文昌市）侧翻，8名小学生当场死亡，32人受伤。警方调查后称，学校租用的旅游车无跨区域营运资质，所以在出海口市区域后为躲避检查，走小路以致发生车祸。

目前，涉嫌安全生产事故责任罪（刑法上没有这个罪名，可能是记者的笔误。法定罪名是什么，下述）的学校校长、学校投资人及其丈夫、肇事司机和大巴车车队负责人被刑拘。11日，教育部再发紧急通知，强调"严格审批学校组织春游"。

记者从南昌市教育局了解到：该局也已发出紧急通知，禁止中小学校组织学生出市游玩，各级各类学校原则上不组织大规模的师生春季旅游活动，市内小型出游活动也要严格按照有关规定的要求，租用或乘坐安全检测合格、行驶证照有效齐全、具有合法资质的车辆（船只）运送师生，严禁乘坐不具备有关资质的黑车黑船，严禁气象条件恶劣时出行。地势险峻或安全措施不

到位的地方不得前往，南昌市以外的地方也不得前往……

其实，出于安全担忧，很多学校多年未组织春游，类似事件的发生，对还想组织春游的学校来说，无疑是一个"警钟"，还敢组织春游吗？春游安全应该由谁负责？出了事故该如何追责？目前的处理是否刑责扩大化了？如何避免因噎废食确保学校春游既安全又丰富？

春游安全，风险如何化解？

【新法制报】春游，已变成了一场"游不游、怎么游"的论战。中国教育科学研究院研究员储朝晖称，"现有法规对春游中学生的安全责任没有明确的划分和界定，一旦发生事故，学校几乎要负全责，校长承受不了、教师也担当不起。"那么春游安全，风险如何化解？

【刘昌松律师】日本的中小学组织学生出游，由政府为学生们投保，以此作为一项儿童社会福利；一旦发生事故，日本学生的家长不会去找学校，而是直接找保险公司。我国财政能力有限，借鉴时可变通为由学生的家长来承担春游专项保险的保费，可设定为强制险种，但保费应定得较低，或可破解该难题。

审批制有作用还是沦为"挡箭牌"？

【新法制报】因为对安全的担忧，很多学校多年未组织春游；出游要报告审批，但事实上教育部门根本不敢批准报上来的春游计划。此次出事的小学就因"报了也批不了"而自行组织活动。报告审批制是否合理？还是沦为了"挡箭牌"？

【刘昌松律师】教育主管部门"严格审批学校组织春游"，在性质上应属于行政许可行为。依照《行政许可法》的规定，创设一种行政许可事项，只能由法律和行政法规来规定，部门规章不能去创设。但法律和行政法规并没有对学校组织春游需要行政审批作出规定，教育部的规范至多是政府部门规章，无权为自己创设这种审批权。因此，我认为目前教育部门"严格审批学校组织春游"的行为缺乏法律依据。教育主管部门应变审批主义为准则主义，只要学校对春游的预案等准备工作达到规定的条件，即应放行，然后去督促落实好安全防护措施。

避免追责扩大化可杜绝因噎废食？

【新法制报】海南春游事故发生后，5人被刑拘的消息无疑让校长们在作出组织春游的决定前寝食难安。难道出现这类交通意外校方负责人也涉嫌犯罪？目前的追责是否在正常范围内？如何避免其他学校因噎废食？

【刘昌松律师】"4·10春游事故"的处理肯定扩大化了。司机违反交通运输管理法规，涉嫌交通肇事犯罪，对其予以刑事追究，于法有据；涉案车辆所属公司因没有跨区域营运的资质，车队队长视情况同样可按交通肇事罪处理。

至于学校的校长、学校投资人被指涉嫌安全生产事故责任罪，有些牵强。该种犯罪准确的罪名为重大责任事故罪，是指在生产、作业中违反有关安全管理的规定，因而发生重大伤亡事故或者造成其他严重后果的行为。其主体必须是从事生产、作业的企业人员。而学校的校长组织学生春游，可理解为组织学生户外教育活动，无论如何也不能理解为生产活动，不具备重大责任事故罪的主体资格，以该罪对他们予以刑事追诉，有类推定罪之嫌，严重违反罪刑法定原则。

春游，到底应该怎么组织？

【新法制报】面对"学生盼、学校怕、家长忧"的春游，还需不需要？春游，又到底应该怎么组织才能确保既安全又丰富？

【刘昌松律师】为了孩子的健康成长，春游只能疏不能堵。我认为应当像对待法定节假日一样，每年至少举行一次春游。由学校组织安排，学生家长配合以及为学生投保专项险种，提倡通过专业的旅游公司组织游览，教育部门则对学校准备工作是否到位进行必要检查，并通过政府协调气象、交通、旅游、餐饮等部门提供保障服务。如此这般，既能确保安全，又能满足孩子们的春游（秋游）梦。

2014年4月17日《新法制报》·圆桌议题

郭德纲

┃能褫夺徒弟艺名吗┃

文/戴平华（新法制报记者）　刘昌松

> 艺名为艺人专有专享，艺人离开了原团体，自然也可以使用，社会也会认可；相反，原团体把艺名扣下来，让其他艺人使用，才构成侵权，侵犯艺名专有人格权，也成立不正当竞争。

8月31日，郭德纲发了一则微博，立即引发热议："该清的清，该驱的驱。所谓的清理门户，是为了给好人们一个交代。凡日月所照、江河所至皆以忠正为本。留下艺名带走脸面，愿你们万里鹏程。从此江湖路远，不必再见。"

据悉，就在此前一天的德云社"纲丝节"专场演出上，郭德纲首次颁布《德云社家谱》，称"列入族谱的都是家人"。而微博所配图片中，可见《家谱》上记载："另有曾用云字名者二人，欺天灭祖悖逆人伦，逢难变节卖师求荣，恶言构陷意狠心毒，似此寡廉鲜耻令人发指，为警效尤，夺回艺名逐出师门。"

那么现在问题来了，师傅所赐艺名到底归谁所有？是否归属于艺人？德云社能不能收回被逐出师门艺人的艺名？被逐艺人使用原艺名，是否会涉嫌傍名牌构成侵权？郭德纲虽未指名道姓，但能不能这样公开指责曾经的"劣徒"？

北京慕公律师事务所的刘昌松律师，接受了《新法制报》记者"法律圆桌议题"栏目的邀请，谈了自己的看法。

师傅所赐艺名到底归谁所有？

【新法制报】投入师门，师傅赐个艺名，从此艺名就是走南闯北的专有称号，并凝结着演艺人士个人及其流派的艺术魅力和社会影响力，以及艺术事业成功后带来的经济价值。那么，艺名到底该归属谁？属于个人还是其所属的"社"或师傅？

【刘昌松律师】艺名毫无疑问应归艺人个人所有，其同姓名一样是艺人的符号，属于人身权，同人身不可分离，具有专属专享性，也不可转让；同姓名不同的只是因声誉而附加了一定的财产价值。不能因为艺名是哪个人或哪个单位给起的，而改变这种性质。例如某个名人给某孩子起了个名字而出名了，该名字也属于某名人了？这样处理显然很荒唐。

德云社能不能收回被逐出师门艺人的艺名

【新法制报】很多艺名本身是具有典型的流派传承性，师傅根据其辈分来定，如被德云社要除名的两位演员，属于云字辈，现在师傅不待见了，要收回艺名，合理吗？这个在法律上能不能说得过去？流派艺名是否该禁止被逐"劣徒"使用？

【刘昌松律师】流派艺名同其他艺名在本质上并无二致，只是起名有些自己的规律罢了，同样应专属于艺人本人，不管艺人因什么原因离开团体，包括退休，也只能艺人使用，团体将艺名冠于艺人，像泼出去的水一样，泼附于艺人之身，覆水难收啊，同"良徒""劣徒"也没有关系。想收回去有法律上的障碍，这是人身权的专属性所决定的。

被逐艺人使用原艺名，是否会涉嫌傍名牌构成侵权？

【新法制报】几个云字辈的艺人在外演出，其实很容易会被观众将其和"德云社"联系起来，很多人甚至会主动使用或者不自觉地引导观众将其定义为"前德云社"演员的属性来进行宣传，那么这些行为是否妥当？是否构成侵权？

【刘昌松律师】既然艺名是艺人专有专享的，艺人离开了原团体，自然也可以使用，社会也会认可，不存在什么不妥，德云社的艺人也不例外；如果有人包括媒体使用"前德云社"演员的属性来进行宣传，我认为也很正常，因为那是人家艺人演艺生涯的正常履历，不侵犯什么权。相反，德云社把艺名扣下来，让其他艺人使用，才构成侵权，侵犯艺名专有人格权，也成立不正当竞争。话说回来，如果艺人在原团体口碑不好，是个坏名声，这种宣传也不会带来正面意义。说来说去，艺人自身言行是为艺名赋值（正负值）的主要因素，原团体的宣传有重要作用，也只是外因。

公开指责"欺师灭祖"的"劣徒"是否构成侵权？

【新法制报】师门传承，这一传统形式在法治时代，显然面临诸多考验，双方的权责利应该如何保障？更为关键的是，以公开的形式，公开师门矛盾，称被逐"劣徒""欺天灭祖悖逆人伦，逢难变节卖师求荣，恶言构陷意狠心毒，此寡廉鲜耻令人发指"，会否构成侵犯名誉权？

【刘昌松律师】我认为在现代法治时代，可通过合同约定，艺人离开原团体后继续使用原艺名，应补偿原团体为艺名包装宣传所付出之代价的一部分，这种约定如果公平地体现了彼此的权责利关系，是能够得到法律支持的。但原团体若未付出代价（需要证据证明），艺名叫座完全是艺人自身努力的结果，所约定较高的补偿金，也不会得到法律支持。至于郭德纲责骂徒弟之语，确实有点狠，但若徒弟真的那么"劣"，那么悖逆人伦，责骂之词就是用在这种场合的，我认为也不构成侵权；如果说得不是事实，举不出任何证据或举出的证据证明不了，那就是侮辱、诽谤，涉嫌侵犯徒弟的名誉权。

2016 年 9 月 6 日《新法制报》·圆桌议题

鹦 鹉

|卖 2 只自家养的获刑 5 年冤不冤 |

　　如果现有证据表明，王某或者谢某"主观上确实不知他出售或购买的是珍贵濒危野生动物"，那么，他们的行为就不构成非法收购、出售珍贵、濒危野生动物罪。

　　深圳宝安区法院近日判决，深圳市民王某将自己孵化的 2 只小太阳鹦鹉以每只 500 元的价格出售给谢某，已构成出售珍稀、濒危野生动物罪；另在其承租的房屋里查获 45 只被列入《濒危野生动植物种国际贸易公约》附录 II 的鹦鹉待售，也构成犯罪未遂，判处其有期徒刑 5 年，并处罚金人民币 3000 元。目前，王某已向深圳中院提起上诉，知名律师徐昕已接手此案，将为王某作无罪辩护。(5 月 6 日《南方都市报》)

　　"卖 2 只自家养的鹦鹉获刑 5 年"，是否太出离常识？这个话题引起媒体的广泛关注是必然的，徐昕律师还在网上发起投票，到笔者截稿时为止有 93% 的投票人认为"王某冤枉"。《新京报》《环球时报》、澎湃新闻等媒体也相继发表评论，多数评论认为王某判罪不冤，但顶格量刑 5 年太重，认为判决没有兼顾天理和人情。只有《环球时报》微信公号的评论标题有点惊悚，称"如果这个男子真的无罪，那中国所有的珍稀野生动物就危险了"。

　　说实在的，相对于王某因出售 2 只自家养的鹦鹉而获刑 5 年，我更关注同一份判决中的另一名被告人，即花 1000 元购买王某所出售 2 只鹦鹉的谢某，他因此获刑 1 年 6 个月，缓刑 2 年，罚金 3000 元。面对谢某的判决笔者也感到后怕，因为我自己也特别喜欢鹦鹉，只因家里人说养狗和养鹦鹉只能选择其一，而孩子选择了养狗，我养鹦鹉的愿望只能暂时搁置。而且即使身为律师，我也不知道鹦鹉还区分濒危不濒危，若稀里糊涂买回濒危鹦鹉，就完全可能成为现在谢某的角色。虽说只是缓刑，但自己所钟爱的律师职业肯定是做不成了（法律规定，受到刑事处罚便丧失做律师的资格）。

那么问题来了：如果现有证据表明，完全不知道出售或购买的鹦鹉为濒危野生动物，也可构成非法收购、出售珍贵濒危野生动物罪吗？

我国传统刑法理论（现在依然占主导地位）认为，一个人的行为要构成某种犯罪，必须符合四个构成要件，即犯罪客体、犯罪客观要件、犯罪主体、犯罪主观要件，缺一不可。犯罪的主观要件中，必须要有罪过包括故意或者过失，没有故意或者过失的行为，不构成犯罪；而非法收购、出售珍稀、濒危野生动物罪的主观要件只能是故意。

所谓故意犯罪，是指明知自己的行为会发生危害社会的结果，并且希望或者放任这种结果发生，因而构成犯罪的主观心理态度。一般认为，犯罪故意由认识因素和意志因素两方面构成，其中认识因素又包括"事实性认识"和"违法性认识"两方面。本案中的"事实性认识"是指认识到所出售的鹦鹉为濒危野生动物；"违法性认识"是指对国家法律禁止购买、出售濒危野生动物有认识。诚如有评论所指出的，世界大多数国家包括我国都不把"违法性认识"作为成立犯罪的要件要素，但任何一个国家肯定都要将"事实性认识"作为成立犯罪的必备要件要素。

我们只能说，行为人只要知道购买、出售的是濒危野生动物，即使他不知道国家法律禁止该濒危野生动物的购买与出售，这种认识因素的缺乏都不影响对他的定罪。但绝不能说，行为人"主观上可能确实不知他卖的是珍贵濒危野生动物"，还仍然将其入罪。

再举一个类似的例子。行为人不知道经常殴打自己老婆是触犯刑律的，该"违法性认识"的缺乏不影响其虐待罪的成立；但如果行为人是一名完全不能辨认自己行为的精神病人，不知道经常殴打的是自己老婆，还以为是家里的一个练手模型，那肯定不能成立虐待罪，因为缺乏"事实性认识"。

因此，如果现有证据表明，王某或者谢某"主观上确实不知他出售或购买的是珍贵濒危野生动物"，那么，他们的行为就不构成非法收购、出售珍贵、濒危野生动物罪。也因此，笔者在徐昕律师发起的投票中，投了"王某冤枉"一票。

但笔者不认为本案的判决尤其是通过本案所作的广泛报道是没有意义的，因为这让公众知道了很多人爱养的宠物鹦鹉，是有濒危和非濒危之分的，下次购买和出售鹦鹉时就会仔细甄别。否则，放任出售、购买濒危鹦鹉的结果发生，就切切实实构成了非法收购、出售珍稀、濒危野生动物罪。本案提醒我们，像这种被公众普遍驯养的动物，如果存在濒危与非濒危之分，国家应当加大宣传力度，让公众产生"事实性认识"。

除此之外，我们也要引导公众认识到，万一某人因缺乏"事实性认识"而不幸进入刑事诉讼程序，国家法律也有除罪途径，即根据所处的不同诉讼阶段，可分别作出"撤销""不起诉"或者"宣告无罪"等处理。这是厉行法治、保障人权的必然要求。

2017 年 5 月 7 日 法制网·法制评论

群主踢人

| 法律真的管不着 |

私人建立的微信群，群主与群友之间是基于情谊的关系，出现"踢人"纠纷，绝大多数情况下不属于法院主管范围，法院的确可裁定不予受理。

群主以违反群规为由将群友移出微信群，是否要负法律责任？最近，山东青岛莱西法院对此类案件作出的裁判，很有讨论价值。

大致案情是，山东平度法院立案庭庭长刘德治任"诉讼服务群"群主，平度律师柳某圣通过他人邀请的方式加入此群，因为两度发布与"群规"要求不合的消息，经提醒后拒不改正，刘以违反群规为由将柳移出群。

柳某圣向法院提起名誉侵权之诉，要求刘德治重邀其入群、赔礼道歉和赔偿1万元抚慰金（后变更为2万元）。平度法院受理后，报请青岛中院指定莱西法院管辖，后者近日裁定驳回起诉，核心理由是"群主与群成员之间的入群、退群行为，应属于一种情谊行为，可由互联网群组内的成员自主自治，不属于法院受理民事诉讼的范围"。

我认为，涉事法院的裁定理由并无问题，对于某些争议性话题也不乏判例价值，比如微信群踢人是否属于侵权等。依照该法院的口径，个人为特定宗旨建立的微信群，群主发布群规，志趣相投则加入群聊，志趣不投则离开群聊，是一种情谊行为，不由法律调整，这其实也是从法律与常情层面，对涉及微信群建群和退群等行为作出了评析。

情谊行为，可大致理解为生活中体现友谊关系的行为，法律不管友谊和一般道德之事。例如答应叫醒某人到站下车，结果自己也睡着了，某人坐过站误事，就不能通过法律救济，至多是道德谴责。

本案中群主刘德治发布群公告，并@所有人，主要内容为："请大家实名入群；群宗旨主要交流与诉讼立案有关的问题；群内不准发红包；群内言论要发扬正能量，维护司法权威；违者，一次警告，二次踢群。"群友柳某圣在群里两度发布不当消息，刘德治认为违反群规，将其移出群，无可厚非，不仅法律不能干涉，恐怕道德上也不好非难。

本案成讼可能与两个因素有关，一是群名为"诉讼服务群"，又是立案庭庭长当群主，容易让人误解为公共服务群，原告即有这样的误解；二是群主将群友移出群聊，习惯使用"踢群"一词，本案群主也使用了该用语，这容易让被"踢"者有受侮辱之感。其实，作为一种通俗的网络用语，"踢"这个字指向的是移出群的动作，硬说是故意侮辱，有些言重了。

总之，私人建立的微信群，群主与群友之间是基于情谊的关系，绝大多数情况下不属于法院主管范围，对此法院可裁定不予受理；即便不慎受理，也应当驳回起诉，避免介入。

这里值得一提的是，群主在"踢"人时，应避免使用侮辱性词语，否则也有成立名誉侵权的可能，那不是踢人本身的后果，而是使用侮辱语言的结果。另外需要指出的是，微信平台设置群主有"踢人"的权力，是同群主的责任连在一起的，符合权责一致的原则。因为《互联网群组信息服务管理规定》规定了"谁建群谁负责"，对于群友在群里发布危害国家安全、损害他人名誉以及传播黄赌毒等违法内容，群主放任这种行为的发生，是要承担连带责任的。

这就是我们通常所说的，互联网不是法外之地。在这种情形下，群主与群成员之间，就不仅仅是情谊关系，而存在法律关系了。

2019 年 7 月 31 日《新京报》时评·观察家

公共安全与网络安全

枪案之一

| "枪支" 认定标准应由谁制定 |

期待"两高"尽快就"枪支"认定标准作出司法解释，或者直接由全国人大常委会作出立法或解释，以消弭公众对公安部之行政解释将"经营玩具枪"等也任性地认定为犯罪的焦虑与恐慌。

近日，在街头摆气球射击摊的天津大妈赵春华，被法院以非法持有枪支罪一审判刑 3 年半，赵不服已提起上诉。在天津同一地点经营的另 13 名"同行"，8 人被取保，4 人被羁押，后面的命运也悬而未决。媒体梳理发现，此前全国各地类似案件已达 23 起之多，其中 17 人被判缓刑，3 人被判管制，3 人被判实刑。(1 月 1 日澎湃新闻、《北京青年报》)

另有资料显示，自 2011 年到 2015 年，全国破获各类涉气枪、仿真枪案件 9000 余起，抓获犯罪嫌疑人 8 万余名，已被判处刑罚的，从无期徒刑、有期徒刑到管制刑不等，也有不按犯罪处理的，呈现一片混乱局面。面对突然冒出这么多涉枪刑事案件，尤其是经营玩具枪生意也涉嫌犯罪，因严重背离实际感受和生活常识，公众对此提出了强烈质疑。

质疑矛头多指向 2010 年《公安机关涉案枪支弹药性能鉴定工作规定》(下称《规定》) 的 "枪支" 认定标准。因为对涉案枪形物是否鉴定为 "枪支"，是买卖枪支罪、非法持有枪支罪等涉枪犯罪案件认定的关键；而上述《规定》中规定，"对不能发射制式弹药的非制式枪支……当所发射弹丸的枪口比动能大于等于 1.8 焦耳/平方厘米时，一律认定为枪支"，该标准可谓定案中的关键之关键。有专业人士指出，1.8 焦耳/平方厘米比动能的射击力，只能将皮肤打出一个红点，根本不具有任何杀伤力。有报纸发表社论认为，该标准过严，让人们的行为动辄触碰"红线"，应当作出调整。而我的观点是，根本不应由行政主管机关来制定涉枪刑事案件的认定标准，而应由"两高"（最高人民法院、最高人民检察院）出台相关司法解释，或者由全国人大常委会作出立法或立法解释。

法律人都知道，《刑法》虽规定了近十个涉枪罪种，但刑法本身并未对"枪支"进行定义。拿赵春华涉嫌的非法持有枪支罪为例，刑法只是规定，违反枪支管理规定，非法持有枪支的，处 3 年以下有期徒刑、拘役或者管制；情节严重的，处 3 年以上 7 年以下有期徒刑。可见该罪罪状中的"枪支"为"空白罪状"，得根据其他法律规定来"补白"。而《枪支管理法》第 46 条规定："本法所称枪支，是指以火药或者压缩气体等为动力，利用管状器具发射金属弹丸或者其他物质，足以致人伤亡或者丧失知觉的各种枪支。"

在这里，法律只对"枪支"的重要特质即"发射的物质要足以致人伤亡或者丧失知觉"进行了"定性"，而未作"定量"规范，"定量"认定确实另须标准进行规范。关键是，这个标准应由谁来制定。

全国人大常委会《关于加强法律解释工作的决议》（以下简称《决议》）规定，"凡关于法律、法令条文本身需要进一步明确界限或作补充规定的，由全国人民代表大会常务委员会进行解释或用法令加以规定"。"凡属于法院审判工作中具体应用法律、法令的问题，由最高人民法院进行解释。凡属于检察院检察工作中具体应用法律、法令的问题，由最高人民检察院进行解释。……"而对刑法中涉枪案件应如何认定进行解释，显然属于"两高"制作司法解释的范畴；当然，由全国人大常委会制作立法解释或者用法令加以规定更没有问题。

"两高"同属于宪法体制下的国家司法机关，其制作司法解释有着严格的程序规范，包括立项、调研、起草、听取各方面意见尤其是专家意见等，最后由最高法审委会、最高检检委会集体讨论决定，其活动方式也严格遵循"公平优先，兼顾效率"的原则。这样制定出来的刑事司法解释，就会充分考虑刑法的立法本意（例如认定枪支应契合法律规定的"足以致人伤亡或者丧失知觉"的字面射程要求）、刑法的谦抑性以及其他制裁无可替代性等要素，避免不必要地扩大刑法适用范围。

上述《决议》规定，"不属于审判和检察工作中的其他法律、法令如何具体应用的问题，由国务院及主管部门进行解释。"因此，若不涉及枪支犯罪之检察和审判而只涉及枪支管理中如何具体应用法律的问题，公安部作为枪支主管部门，当然有权进行解释。但这种解释只能限于对枪支的日常管理，包括枪支配备的许可、登记、枪支行政违法的查处等，不应涉及涉枪犯罪的认定标准。

据报道，参与制定上述认定枪支标准的某专家之前曾撰文称，"穿透人体皮肤的投射物的比动能临界值是 10 焦耳~15 焦耳/平方厘米"，这说明他认为《枪支管理法》中的"枪支"，大致应按这个标准来认定，而后来出台的"枪口比动能大于等于 1.8 焦耳/平方厘米时，一律认定为枪支"的标准与此大相径庭，可见该专家的意见在当时被漠视了。

因此，期待"两高"尽快就"枪支"认定标准作出司法解释，或者直接由全国人大常委会作出立法或解释，以消弭公众对行政解释将"经营玩具枪"等也任性地认定为犯罪的焦虑与恐慌。

2017 年 1 月 2 日《南方都市报》·刘昌松专栏

枪案之二

|"枪形物"应当实行分级管理|

应对枪形物实行分级管理,"足以致人伤亡或丧失知觉的"纳入刑法规制;"有一些伤害力但伤害力不大的",纳入治安管理规制;至多"只能打出一个小红点、几无伤害力的",纳入玩具枪范畴,允许市场自由流通。

河南新县法院在网络上公开竞拍 15 把能发射 BB 弹的枪形物,竞拍前只鉴定了价格而未鉴定枪口比动能,此事经报道后引起广泛关注。目前事件有了新进展,新县法院官方通报称,该院见到报道后立即从网上撤回了该部分拍品,并将这些玩具枪送到信阳市公安局物证鉴定所进行鉴定,结论是送检物品属不能发射制式弹药的非制式枪支,其枪口比动能均未达到 1.8 焦耳/平方厘米,均不能认定为枪支。(1 月 5 日澎湃新闻)

通报对竞拍的枪形物之用语挺有意思,一开始说将"玩具枪"送检,可既然知道是玩具枪,还有必要送检吗?市面上大量的玩具枪检得过来吗?后面又称"枪形物品""非制式枪支"等。北京理工大学徐昕教授对这一结果毫不意外,"相信法院会很快让公安出具一个枪口比动能低于 1.8 焦耳/平方厘米的鉴定意见,公安会立即出具,哪怕没有枪支鉴定条件"。我也是这样相信的。

徐昕教授所说的鉴定条件不具备,应是不具备这样的条件:适格的司法机关对新县法院竞拍枪支案予以受案排查；及时固定提取检材并严格保障送检枪形物与竞拍物品的同一性；复核由不同人员分别进行并分别签字以示负责等程序要求。现新县法院采取这种自我提取、自我送检并"自证无罪"的方式，是滑稽可笑的。

细较起来，公众对新县法院竞拍"玩具枪"事件给予极大关注，应是所拍枪形物与天津大妈赵春华涉案的枪形物太相似。赵春华也称她的气球射击摊用枪为"玩具枪"，但因 6 把枪形物的枪口比动能大于 1.8 焦耳/平方厘米的枪支认定标准（尽管这点射击力只能将皮肤打出一个红点），一审法院以非法持有枪支罪判处其有期徒刑 3 年 6 个月。在《刑法》近十个涉枪罪种中，非法持有枪支罪是较轻的，一般为 3 年以下，最重刑也只有 7 年。

而法院是最懂法的机构，其将同天津大妈相似的枪形物在网上竞拍，若涉嫌刑案，就不是"非法持有枪支罪"那样简单，而是涉嫌非法买卖枪支罪，该罪是枪支犯罪中最严重的一种，最高刑为死刑。要知道，2015 年《刑法修正案（九）》废除了走私武器弹药罪（当然包括走私枪支）等 9 种罪的死刑，也没有废除该罪死刑。涉嫌如此严重犯罪，经媒体报道后，有关追诉机关理应主动介入排查，绝不能让涉案单位自查自纠，因为刑法规定，"对任何人犯罪，在适用法律上一律平等，不允许任何人有超越法律的特权"。

其实我并不认为新县法院竞拍此次"玩具枪"，真的涉嫌非法买卖枪支罪，即使竞拍枪形物达到了 1.8 焦耳/平方厘米的枪支认定标准。因为枪支犯罪的主观要件均为"故意"，过失不成立这类犯罪，而所谓"故意"必须是"明知"为枪支而非法持有或买卖等。我相信，新县法院的法官和天津大妈一样，都认为那些枪形物是"玩具"而非"枪支"，缺乏明知故犯的"故意"要件。如果不考虑主观要件，只要非法持有或买卖了枪支，即按犯罪处理，就是"客观归罪"，是违背罪刑法定原则的。

诚然，我国目前的枪支认定标准过低，是一个不争的事实，2010 年出台该"世上最严标准""史上最严标准"，其严格管控枪支的动机是好的，但过低的标准会将过去一向认为是玩具的枪形物划到枪支范畴，打击面过宽，对公民自由的限制过多，应当调整。但在标准未修订的前提下，若明知枪形物达到枪支认定标准，还去非法持有或买卖，自然成为犯罪。立法上修订标准是一码事，明知达标还去持有或买卖，又是另一码事。

最近，四川攀枝花市也出现了"枪案"，仿佛赶趟似的。该市原国土局局长陈某恕在集会上开枪射击该市主要领导，导致两位市领导险些死亡，目前还在抢救之中，陈畏罪自杀。不需鉴定，陈某恕使用的枪形物已经达到了《枪支管理法》中所规定的"足以致人伤亡或者丧失知觉"的枪支认定要求，国家对枪支的管控应重点放在这类危害性极大的真枪上。

我所担忧的恰恰是这类真枪，国家在管控上存在一些盲点。例如攀枝花案若不以这种惨烈的方式出现，陈某恕持有的枪能被发现和收缴吗？再比如，重庆原司法局局长文某有一个罪名就是私藏枪支罪（当然他不是因该罪被判处死刑的），他曾当重庆市公安局副局长多年，配枪条件不具备后仍不上缴，若不因其他事犯案，他私藏的枪支能被发现和收缴吗？像这类不再有配枪条件而不上缴的人又有多少，我想应该不是个小数。

再提一件我亲历的事。我当军事法官时曾审理过一起某军官贩卖民用枪支案，29支枪都卖给了地方的一些局长、处长、院长、企业老板等有头有脸的人，某军官有详细记载，我们按图索骥追回了那些枪支，也将情形通报了当地有关部门，但没见到有人受处理。这些枪大多为杀伤力较强的真枪。

不久前，我撰文提出，涉及刑事犯罪的"枪支"认定标准应由全国人大常委会立法或作出立法解释，或者由最高人民法院、最高人民检察院通过司法解释作出规定，且不能背离法律所确定的"足以致人伤亡或者丧失知觉"的质的要求，而不能由枪支主管部门确立刑事标准，更不能由其确立只能将皮肤打出红点那样低的刑事标准。现在我进一步认为，应对枪形物分级管理："足以致人伤亡或丧失知觉的"纳入刑法规制；"有一些伤害力但伤害力不大的"，纳入治安管理规制；至多"只能打出一个小红点、几无伤害力的"，纳入玩具枪范畴，允许市场自由流通。一句话，对枪支管理应严而有格，张弛有度。

2017年1月9日《南方都市报》·刘昌松专栏

枪案之三

|火柴枪也能算"枪支"吗|

从新闻所附图片来看，那把"火柴枪"很像早些时候农村常见的那种以自行车链条、铁丝和橡皮筋制成，用火柴头上的火药打出声响的玩具。这种"火柴枪"搁在任何公共场所，都不会让人将其与"枪支"联系起来，对持有这种玩具枪按真枪监管，对常识的颠覆是巨大的。

据媒体报道，去年 9 月 27 日上午，株洲市民叶某在路上被交警拦下，并被发现车座储物箱内藏有一把火柴枪。株洲警方经鉴定，认为该火药枪以火药为动力，具备火药枪的本质特性，应认定为枪支。日前，株洲市天元区检察院以涉嫌非法持有枪支罪对叶某提起了公诉。(1 月 13 日《南方都市报》)

新年伊始，又起"枪"声。去年底在北方，天津大妈赵春华气球射击摊的"游戏枪"被认定为枪支，法院也是以非法持有枪支罪一审判处其 3 年 6 个月，颠覆了公众对枪支的概念；现在在南方，株洲又爆出这起"火柴枪也算枪支"的案件，使得枪支的概念再次被颠覆。有刑事法律专家跟评说："没想到，我小时候还制造过枪支!"

这虽有调侃的成分，但按照株洲"火柴枪案"的认定逻辑，还真是这个结论。想到自己年幼时，我们小一点的孩子造不来火柴枪，看到大孩子玩，馋得眼珠子都要掉出来，热心的邻居大叔一下子造了十多把火柴枪分发给我们。若此事发生在现在的株洲，依上述案件的认定逻辑，大叔的麻烦可就大了，那可是制造火药发射枪十来支的严重犯罪，依刑法和有关司法解释，非法制造火药发射的非制式枪支 5 支以上，可处无期徒刑或者死刑，最轻刑也是有期徒刑十年；而非法持有枪支罪还只是枪支犯罪中的轻罪，最重也只有 7 年！

若真的对邻居大叔以"非法制造枪支罪"判处其无期徒刑或者死刑，人们一定会感到这样的处理太荒谬——不靠谱的事情放大了一看，就更清楚它的荒谬性了！逻辑学上，假设某命题成立，从该命题往下推，即推衍出十分荒谬的结论，从而认为假设命题也不成立，这种论证方法叫反证法，数学上也是可以运用的。我认为，这不过是文学上"夸张"修辞格在科学领域的应用罢了。我通过"帮孩子们制造火柴枪成立非法制造枪支罪，数量太大可判处死刑"的荒谬性，来反证"持有火柴枪成立非法持有枪支罪"的命题也不能成立，不知株洲"火柴枪案"的办案人员是否接受我的这种论证？

我们常说，执法不能背离常识，作为制裁最为严厉的刑事执法更应如此。当一起案件被爆出明显违背常识时，我们的司法机关和司法人员就应该多问几个为什么，多思考问题的症结所在。若认为自己的执法没有问题，是公众的理解出了偏差，就应该多作回应和引导。

此前媒体报道，株洲市天元区检察院的承办检察官回应，"据刑法规定，非法持有以火药为动力发射枪弹的非军用枪支 1 支以上的，构成非法持有枪支罪。在缺乏辨别能力的情况下，市民不要在网上或其他市场购买类似枪支。"该回应似乎在说：你弄不清楚网络上销售的枪形物是什么，就不要买来持有；买来持有，只要鉴定为枪支，就涉嫌枪支犯罪了。而按照刑法要求，非法持有枪支罪的主观要件必须"明知是枪支而持有"，是"故意"犯罪，过失不成立该罪。当南都记者进一步追问时，该检察官不再回应了，着实令人遗憾。

其实，该案已起诉到法院，证据已经固定，办案单位披露"火柴枪认定为枪支"的一些细节，不会妨碍案件办理，反而能消弭公众的焦虑和不安，很有必要。例如这样一些问题即有必要回应：该火柴枪是只能打出响声，还是也能发射子弹；若能发射子弹，能发射什么样的子弹；若其发射力较强，能否"足以致人伤亡或者丧失知觉"；该火柴枪的源头如何，等等。

假如实际情况是，该"火柴枪"的杀伤力真的很强，"足以致人伤亡"，达到了《枪支管理法》所规定的枪支标准，虽然给叶某定罪因要考虑主观要件仍值得商榷，但至少应提醒人们，社会上有一种借"火柴枪"之名行制售"真枪"之实的情形存在，让公众警觉；另外也应通报追根寻源，查处打击该"枪支"制造窝点和经销场所的情形，而不能只打击末端的持有者。

另外，从网络上随新闻所附图片来看，那把"火柴枪"很像早些时候农村常见的那种以自行车链条、铁丝和橡皮筋制成，用火柴头上的火药打出声响的玩具。这种"火柴枪"搁在任何公共场所，都不会让人将其与"枪支"联系起来，对持有这种玩具枪按真枪监管，对常识的颠覆是巨大的。此前，关于枪支的认定标准应由谁制定和应怎样制定，我已经撰文谈了看法，不再赘述。现在我特想提到的一点是，我们司法机关管控枪支的能力总是有限的，"假作真时真亦假"，将"玩具枪"同真枪一样进行管控，一定会大大弱化对真枪的监管；当我们把更多的精力都放在打击玩具枪的时候，当执法执不过来的时候，真枪有可能乘机泛滥，严重威胁公共安全。

根据《枪支管理法》的规定，"枪支"应是以火药或者压缩气体等为动力，利用管状器具发射金属弹丸或者其他物质，足以致人伤亡或者丧失知觉的各种枪状物。这个概念不应一再被突破。接下来，"株洲叶某案"要进行一审，"天津大妈案"要进行二审，这两起严重颠覆"枪支"概念的涉枪案件将何去何从，让我们一起关注它们的后续进展。

2017 年 1 月 14 日《南方都市报》·刘昌松专栏

枪案之四

|界定枪支标准的一次契机|

治安管理处罚法修订意见，明确了仿真枪最多只有治安处罚责任而没有刑事责任，若立法获得通过，是否就能帮助"天津大妈"等案排除犯罪呢？不能！因为这些案件中的枪形物都被鉴定为"枪支"而非仿真枪。这说明，核心问题还是"枪支""仿真枪""玩具枪"的认定标准问题。

1月16日，公安部官网发布《治安管理处罚法（修订公开征求意见稿）》（以下简称《修订意见稿》）向社会公开征求意见，为期一个月。《修订意见稿》涉及个人信息保护、无人机飞行、仿真枪管理等多项内容。由于近期连续发生涉枪刑事案件，将公众普遍认知的"仿真枪"认定为"枪支"，使得修订意见稿中对伪真枪管理的新规定，格外引人注目。

我认为，这或许是一个理顺玩具枪、仿真枪和真枪管理的良好契机。我国立法上虽然使用了"仿真枪"概念，但主管部门规定的认定标准低得离谱。若这次修法能对仿真枪进行科学合理的界定，再借修法之机进行大量宣传，让公众形成明确认知，就能既严格管控枪支，又很好地避免"天津大妈""株洲大叔""四川大蔚"等动辄触碰刑网事件的发生。

《枪支管理法》有两处使用了"仿真枪"概念。一处是第22条规定，禁止制造、销售仿真枪。另一处是第44条规定，制造、销售仿真枪的，由公安机关、工商行政管理部门按照各自职责范围没收其仿真枪，可以并处制造、销售金额 5 倍以下的罚款，情节严重的，由工商行政管理部门吊销营业执照。可见，该法只针对制造、销售仿真枪，而对购买、持有仿真枪，未作出任何禁止和处罚规定。

现行的《治安管理处罚法》只字未提"仿真枪"，只提到"枪支"。具体规定为，"非法携带枪支……国家规定的管制器具的，处五日以下拘留，可以并处五百元以下罚款；情节较轻的，处警告或者二百元以下罚款。非法携带枪支……国家规定的管制器具进入公共场所或者公共交通工具的，处五日以上十日以下拘留，可以并处五百元以下罚款。"这里的"枪支"，当然是指真枪而非仿真枪。结合刑法及相关司法解释，应是指行为人携带以压缩气体等为动力的非军用枪支 1 支（携带 2 支以上即成立非法持有枪支罪了），或者持有枪支是合法的，但带到公共场所了。也就是说，依现行法，持有、携带仿真枪完全不具有违法性。

所以，有的报道称该修订意见稿加大了对仿真枪的治安处罚力度，其表述是不恰当的。准确的表述应为，修订意见稿"加大对仿真枪的监控力度，首次将持有、携带仿真枪纳入了治安管理处罚的范围"。修订意见稿集中规定在第 36 条和第 37 条：制造、买卖、运输、邮寄、储存、持有仿真枪，哪怕数量仅为 1 支，也是治安违法；但哪怕数量再大，也只是治安违法而不是刑事犯罪；对持有仿真枪的管理则有个怀柔缓冲地带，不是直接予以处罚，而是规定拒不交出才处罚，处罚力度也较小。

上述修订意见，明确了仿真枪最多只有治安处罚责任而没有刑事责任，若获得立法通过，是否就能帮助"天津大妈"等案排除犯罪呢？不能！因为这些案件中的枪形物都被鉴定为"枪支"而非仿真枪。这说明，核心问题还是"枪支""仿真枪""玩具枪"的认定标准。

公安部 2008 年制定的《仿真枪认定标准》规定，符合下列三种情形之一，即可认定为仿真枪：一是枪口比动能小于 1.8 焦耳/平方厘米（不含本数）、大于 0.16 焦耳/平方厘米（不含本数）的；二是具备枪支外形特征，并且具有与制式枪支材质和功能相似的枪管、枪机、机匣或者击发等机构之一的；三是外形、颜色与制式枪支相同或者近似，并且外形长度尺寸介于相应制式枪支全枪长度尺寸的二分之一与一倍之间的。这个标准同公安部 2010 年制定的《公安机关涉案枪支弹药性能鉴定工作规定》"枪口比动能大于或等于

1.8 焦耳/平方厘米"即认定为"枪支"是衔接一致的。

按照上述认定标准，游戏娱乐用的玩具枪完全没有存在空间，想给孩子造一把外形、颜色、长度酷似真枪而完全没有发射功能的玩具枪，让孩子玩得稍嗨一点都不行，因为那会被认定为仿真枪，持有都是违法的；想让孩子玩得更逼真、更有感觉一点，造一把能将皮肤打得小疼的玩具枪也不行，会被认为是真枪，更是犯罪。

我们知道，《治安管理处罚法》是全国人大常委会制定的，修订权也属于该国家机构，公安主管机关并无修订权。但公安机关是该法赋予的唯一执法机关，我国部门立法现象由来已久，大量国家立法包括法律修订都由主管部门起草，这次《修订意见稿》的起草也是如此。根据立法程序，《修订意见稿》将根据征求的意见修改后提交国务院审议，再以国务院的名义提请全国人大常委会审议，最终变成法律。

期待全国人大常委会借这次立法之机，能直接对枪支、仿真枪、玩具枪作出清晰合理的界定，建议恢复 2001 年的枪口比动能大于 16 焦耳/平方厘米的"枪支"认定标准；建议将枪口比动能大于或等于 1.8 焦耳/平方厘米小于 16 焦耳/平方厘米作为"仿真枪"的认定标准；建议将枪口比动能低于 1.8 焦耳/平方厘米作为玩具枪的认定标准，让刑法的归刑法，治安的归治安，游戏的归游戏。

【补注】文中所说"天津大妈""株洲大叔"枪案，分别是指前面两篇文章中提到的天津大妈赵春华案，株洲大叔叶某案；文中提到的"四川大蔚"枪案，是指四川小伙刘大蔚通过网络从我国台湾地区购买仿真枪案，下文的补注中有详细介绍。

2017 年 1 月 21 日《南方都市报》·刘昌松专栏

枪案之五

|"提高枪支认定标准"时机已成熟|

> 建议大于或等于16焦耳/平方厘米的为枪支，由《刑法》进行规制；大于或等于1.8焦耳小于16焦耳的为仿真枪，由《治安管理处罚法》进行规制；小于1.8焦耳/平方厘米的为玩具枪，不进行规制，这样关系就理顺了。

"两会"上传来消息：全国政协委员、天津财经大学法学教授侯欣一今年的提案名称是《关于提高枪支认定标准的建议》，建议将枪支分为非限制类枪支、限制类枪支和禁止类枪支，只对禁止类枪支入刑。(3月5日搜狐新闻)

我认为，提高枪支认定标准之国家立法的时机已经成熟，应尽快列入全国人大常委会的立法计划并抓紧实施。理由至少有以下几点。

其一，这几年各地数以万计的仿真枪入刑案，尤其是其中一些典型案例通过媒体报道，引起了公众对该问题广泛深入的关注，对枪支认定标准过低是导致"不该入刑的案件入刑了"的重要因素，公众对此达成了相当的共识。

天津大妈摆气球射击摊位入刑案、株洲大叔网购火柴枪入刑案、绍兴"最美交警"购买仿真枪练习运动射击被追诉案等，一次次背离常识的仿真枪入刑案强烈冲击着人们的视野。其中最为著名的是四川少年从我国台湾地区网购24支仿真枪被以走私武器罪判处无期徒刑案，把仿真枪完全等同于真枪甚至等同于武器的荒唐性充分展示出来。

最为戏剧化的是河南新县法院三次在网上拍卖"玩具枪"29支，包括"反恐狙击枪""神枪手模型枪"等，从而将最懂法的法院也分不清仿真枪与真枪的问题，摆到了公众面前。

这样的案例报道出来后，社会各界要求提高枪支认定标准的呼声持续高涨，我认为，这是该问题进入国家立法程序最重要的群众基础。

其二，枪口比动能大于或等于1.8焦耳/平方厘米的枪支认定标准，其确定过程被公示，使得该标准的不合理性被公众普通认知。

人们纵向比较发现，我国内地2001年的枪支标准曾是16焦耳/平方厘米（是现在标准的8倍多）；横向比较又发现，美国为21焦耳/平方厘米，俄罗斯为19焦耳/平方厘米，日本为20焦耳/平方厘米，我国香港地区的标准被认为过低也为7.1焦耳/平方厘米。可见，我国内地现行的枪支认定标准低得过于离谱，而过去的标准比较适中。

其三，《治安管理处罚法》的修订工作正在进行，公安部2017年1月公布的《修订意见稿》，已将仿真枪的监管纳入治安管理处罚范畴，且已向全社会广泛征求意见。这是一个重要的立法契机，蔡学恩代表也提到了这点。

我曾为此专门撰文指出，《治安管理处罚法》乃全国人大常委会制定，修订权也属于该国家机关。根据立法程序，公安部会根据征求的意见对《修订意见稿》进行调整，再提交国务院审议，再以国务院的名义提请全国人大常委会审议，最终变成法律。

而理顺枪支管理的关键正在于确立仿真枪的标准。侯欣一委员将枪支分为非限制类枪支、限制类枪支和禁止类枪支，同现行的玩具枪、仿真枪和枪支的称谓是一致的。仿真枪（限制类枪支）的标准确定后，超过仿真枪标准的枪形物即是枪支（禁止类枪支），低于仿真枪标准的枪形物即是玩具枪（非限制类枪支），就一目了然了。

关于枪支与仿真枪的界限，我同侯欣一委员的观点不谋而合，即回到之前16焦耳/平方厘米，但他未对仿真枪与玩具枪的标准提出具体建议，我的建议为1.8焦耳/平方厘米，因为这是接近对皮肤有伤害性的一个标准。这样，大于或等于16焦耳/平方厘米的为枪支，由《刑法》进行规制；大于或等于1.8焦耳小于16焦耳的为仿真枪，由《治安管理处罚法》进行规制；小于1.8焦耳/平方厘米的为玩具枪，不进行规制，关系就理顺了。

总之，社会关于枪形物应分级管理的共识已初步达成，确立枪支的标准也深入人心，立法的契机也来到眼前。所以我说，"提高枪支认定标准"的立法时机已经成熟。

【补注】"四川少年刘大蔚"枪案，是指四川刘大蔚通过网络从我国台湾地区购买仿真枪案，一审认定其走私枪支 24 支，被以走私武器罪判处无期徒刑，二审维持原判。

此后徐昕教授代理刘大蔚家属申诉，福建高院以量刑过重为由启动再审程序，改判其有期徒刑 7 年 3 个月，因其作案时刚年满 18 周岁，不具有法定减轻处罚情节，现在法定刑以下判处，福建高院便依法报请了最高人民法院核准并获得核准。该案申诉成功应得益于 2018 年 3 月"两高"《关于涉以压缩气体为动力的枪支、气枪铅弹刑事案件定罪量刑问题的批复》（以下简称《批复》）的出台。

因为该《批复》指出："对于非法制造、买卖、运输、邮寄、储存、持有、私藏、走私以压缩气体为动力且枪口比动能较低的枪支的行为，在决定是否追究刑事责任以及如何裁量刑罚时，不仅应当考虑涉案枪支的数量，而且应当充分考虑涉案枪支的外观、材质、发射物、购买场所和渠道、价格、用途、致伤力大小、是否易于通过改制提升致伤力，以及行为人的主观认知、动机目的、一贯表现、违法所得、是否规避调查等情节，综合评估社会危害性，坚持主客观相统一，确保罪责刑相适应。"枪口比动能不再是唯一认定标准。从此，天津大妈摆气球射击摊被追刑责一类案件应该不会再发生，涉枪案件会大大减少，但 1.8 焦耳/平方厘米之过低枪支认定标准仍未动摇，玩具枪和仿真枪入刑的风险尚未从根本上铲除，因此，还得为完善枪支鉴定标准继续努力。

2017 年 3 月 6 日《南方都市报》·刘昌松专栏

乘客不系安全带

｜"一律处罚司机"并无法律依据｜

> 深圳规定"驾驶机动车在高速公路、城市快速干道行驶，机动车驾驶人和乘车人未按规定使用安全带的，处五百元罚款"。因此乘客不系安全带受处罚有依据，但乘客不系安全带不处罚乘客而一律处罚司机，没有法律依据。

2月13日，深圳市公安局交警支队官方微博发布消息称，当日上午，深圳交警机动训练大队民警"巡逻至滨河皇岗立交路段时，查获一辆出租车"，发现后排乘客未按规定系安全带。随后，执法人员以"驾驶人在乘客未按规定系安全带的情况下驾驶机动车"为由，对涉事出租车司机处以罚款200元。许多网友为出租司机鸣不平，执法民警解释称因为作为营运车辆，司机需要"一直提醒乘客，直至他系上安全带为止"，"乘客执意不系，可以让他下车"，"乘客不系，司机就会被罚款"。(2月16日《新京报》)

深圳交警的解释可以这样理解，只要乘客不系安全带，就应一律处罚司机。笔者认为深圳交警如此执法有些武断，且没有法律依据，也对出租司机不公平。

首先，笔者并不否认深圳交警对乘客不系安全带的违法行为享有处罚权。《道路交通安全法》规定，机动车行驶时，驾驶人、乘坐人员应当按规定使用安全带。但是，法律未规定哪些乘坐人员应使用安全带，《道路交通安全法实施条例》之行政法规也没有对该条款进行细化。因此，《深圳经济特区道路交通安全违法行为处罚条例》作为地方性法规，规定驾驶机动车在高速公路、城市快速干道行驶，机动车驾驶人和乘车人未按规定使用安全带的，处五百元罚款，是对上位法的细化，同上位法不相抵触，应属有效。

有人拿北京一则判例说事，认为深圳地方性法规无效，应属类比不当。北京那则判例为：出租车司机杨洋在国家博物馆附近临时停车送客，北京交警依地方性法规开出了 200 元罚单，后该罚单被东城区法院撤销。因为《道路交通安全法》规定，这种情形下交警只应指出杨洋违法之处，予以口头警告，并责令其立即驶离；只有杨洋不在现场或者虽在现场但拒绝立即驶离，才可处 20 元以上 200 元以下罚款。北京的地方性法规同上位法抵触，不应适用。

显然，北京这则判例属于上位法有明确规定，下位法同上位法确实抵触；而本案中，深圳地方性法规是在上位法规定不明确时而作的细化明确，同上位法并不抵触，这种机械类比并不妥当。因此，深圳交警有权对乘坐人员不系安全带的行为进行处罚。

其二，笔者认为深圳交警虽有权作出处罚，但乘客不系安全带一律处罚司机的做法却没有法律依据，是不妥当的。

一是同现有法律规定相悖。《道路交通安全法》明确规定：我国境内的车辆驾驶人、行人、乘车人以及与道路交通活动有关的单位和个人，都应当遵守本法。这说明，乘车人也应遵守《道路交通安全法》，乘车人违法了也可作为被处罚的对象。而深圳交警的做法，人为地缩小了被执法人员的范围，未免让人有《道路交通安全法》只约束司机而不约束乘坐人的错觉。

二是未根据情况区别对待。司机驾驶车辆，应对行车安全负第一责任，这并没有错。司机有义务提醒乘坐人系好安全带；若未提醒，乘坐人未系安全带，司机受到处罚具有合理性；若提醒了，乘坐人不听，仍处罚司机，则有违"责任自负不株连他人"的一般法治原则。深圳交警以"乘客执意不系，司机可以让他下车"作为理由苛求司机，理由并不充分，司机反而有遭拒载投诉的风险。

三是不利于教育违法者本人。深圳的做法无法引导乘客遵守系安全带的规定，类似于"甲得病乙吃药，却无法治疗甲的病"的逻辑。而且，处罚乘客并非不具有可操作性，只处罚司机有简单化执法之嫌。

当然，后排座乘客不系安全带的违法现象，电子眼很难抓拍到，一般为现场执法所发现。因此，出租司机可以提高证据意识，向乘客进行安全提示的过程可以录音备查，为避免自己受到处罚提供依据。

2017 年 2 月 16 日 光明网·光明时评·刘昌松专栏

见死不救

| 立法规制应该，但难以适用于行人车辆 |

我国可以借鉴发达国家立法，将"见死不救"入刑，只是即使该行为入刑了，该规范也难以适用于道路事故中的过往行人和车辆，因为其受《道路交通安全法》的特别规范，难以符合适用条件。

近两天来，一起今年4月份发生在河南驻马店的交通肇事案件视频，引发全网关注。从视频看，因肇事车逃逸和现场经过路人和车辆未对被撞倒女子及时施救，从而引发"路人太冷漠"的质疑。针对"冷漠说"，6月8日，驻马店警方通过官微回应，当时有十几个人拨打110、120电话，但是无人敢轻易挪动伤者。警方还透露，涉案司机已被逮捕，赔偿也已到位。（6月8日《华西都市报》）

画面上看到撞人者扬长而去导致被害人遭受二次碾轧身亡，公众强烈要求将肇事者缉拿归案予以严惩，现官方及时披露，涉案司机已被逮捕，等待他的至少是以交通肇事罪中逃逸致人死亡情节在7年至15年的法定刑内处罚，至于民事赔偿"已经到位"；画面上看到过往那么多行人车辆，面对被害人倒地处于危险境地而无动于衷，公众又产生"人心咋冷漠至此"的感叹，警方又披露有十几个人拨打110、120报警，只是无人敢轻易挪动伤者。这种公共信息的及时披露，极大地安抚了公众，也在很大程度上平息了汹涌的舆情，值得点赞。

很快，公众把目光聚焦到过往行人和车辆对被害人"见死不救"的立法规范上，以防止将来类似事件再次发生。这是理性而富有建设性的。

该事件与 2011 年的"小悦悦"事件有一比，"小悦悦"遭碾轧后 17 人路过无人援手，最后过来的拾荒老人施救了，感动了无数人。"小悦悦"因碾轧过重还是死亡，但过路人无一承担责任。我当时也高度关注了此事件，还因此成为该事件中肇事司机的二审辩护人。我认为，对"见死不救"进行立法是必要的，但根据各国立法情况来看，国家即使制定了"见死不救法"，也难以适用到类似本事件的过往行人和车辆身上。

例如，《法国刑法典》规定："任何人对处于危险中的他人，能够个人采取行动，或者能唤起救助行动，且对其本人或第三人均无危险，而故意放弃给予救助的"，按怠于给予救助罪，"处 5 年监禁并扣 50 万法郎罚金"。德国、挪威、瑞典、意大利、西班牙等国法律也有类似规定，其中《德国刑法典》的规定很有代表性："意外事故、公共危险或困境发生时需要救助，根据行为人当时的情况急救有可能，尤其对自己无重大危险且又不违背其他重要义务而不进行急救的，处 1 年以下自由刑或罚金。"

我国在这方面的立法确实还处于真空地带，亟待填补。但比较一下发达国家这些立法例，会发现它们有一个共同的特点，即对"见危不救""见死不救"入罪都有着十分严格的限制条件，那就是施救行为不会对救助者本人造成危险或重大危险，也不会给他人造成危险，这几乎等同规定"举手之劳时不施以援手要承担刑事责任"。这是法律平等保护原则的必然要求，法律不苛求牺牲一个人的安危去拯救另一个人的安危。

而像本事件中在过往车辆密集的道路上施救，无论是冲进马路上将受害人搬离危险路面，还是在车来方向设置路障或警示标志，施助人自身都要冒相当的危险，也可能危及其他人的安全，因为车辆躲避施救者也容易引发事故。因此，哪怕是交警人员在道路上执法，也应以不危害公共安全为原则，不能在繁华路段用警车追截违法车辆人员，而应采取其他方法执法。因此，立法对见死不救入罪，也难以适用交通事故中的过往车辆司机和行人。

我国《道路交通安全法》第 70 条规定：在道路上发生交通事故，车辆驾驶人应当立即停车，保护现场，立即抢救受伤人员，"乘车人、过往车辆驾驶人、过往行人应当予以协助"。这里只是要求在肇事司机施救时，其他车辆和人员有协助配合而不得阻挠的义务，而未规定有单独救助义务。即使这种义务也只有表明法律态度的意义，而没有规定违反该义务存在任何法律责任。

立法如此处理有其无奈之处，因为立法要规定责任哪怕行政责任，应具有可操作性，而道路上和道路旁的过往车辆和行人繁杂，难以规定离现场多远的人和车有义务，即使找到相关人也可能借口未注意到事故或者自身有急事要处理等理由，执法成本和难度实在太大。另外，如果人多时就"法不责众"，人少时就遭受处罚，对人少时的过往人车也很不公平，这应是立法未规定责任的原因。

也有人说，即使立法不能从反面惩罚"见死不救"者，也可从正面鼓励人施救，例如制定"好人法"，使得好人在救助时没有后顾之忧，像美国《善行法案》所规定的那样，"如果施救人员在帮助他人时造成意外伤害，可以免遭法律诉讼"。其实我国新通过的《民法总则》第184条即有类似规定："因自愿实施紧急救助行为造成受助人损害的，救助人不承担民事责任。"这就是我国的"好人法"，该法2017年10月1日生效，只是该规定尚需大力宣传和积极倡导。

总之，我国可以借鉴发达国家立法，将"见死不救"入刑，只是即使该行为入刑了，也难以适用于道路事故中的过往行人和车辆，因为其受《道路交通安全法》的特别规范，难以符合适用条件。避免本事件再次发生，还得指望"好人法"深入人心以及公众救人道德意识的普遍提高。

2017 年 6 月 10 日 光明网 · 光明时评 · 刘昌松专栏

晨跑队

| 到主路上跑步没有任何借口 |

无论是行人、非机动车，还是机动车，只要在道路上活动和行驶，都应当严格遵守《道路交通安全法》等交通法规，什么情形都不能成为晨跑队到机动车道跑步的理由。

近日，山东临沂交警部门通报称，7月8日5时20分许，女司机董某驾驶出租车，沿涑河北街由东向西行驶至临西十二路交会东50米处时，因操作不当，与正在晨练的行人丁某、王某、商某发生碰撞，致使三人受伤，其车辆部分损坏。商某经抢救无效死亡，出租车司机董某因涉嫌交通肇事罪现已被刑事拘留，事故正在进一步调查之中。另据媒体报道，当时晨练跑步的队伍为临沂市山鹰运动协会的"晨跑队"，该协会会长表示，"当时晨跑的地方主路两边都在修路，路不好走，锻炼的人才会跑到机动车道上"。

目前司机董某虽被刑事拘留，但事情的经过并未明朗化。从监控视频看，晨跑队20多人，目标那么大，相邻机动车道并无车辆，女出租车司机却驾车冲进了晨跑人群，很不合常理。到底是疲劳驾驶、酒后驾驶，还是打手机严重分神等，相信司法机关很快就会有调查结论。

但该事件不合常理之处还在于，山鹰运动协会的晨跑队居然领着20多人成两列队伍，浩浩荡荡在机动车道上跑起步来！要知道，那可是机动车道而不是跑道，跑步队员们并不拥有路权，可见协会和队员们的安全意识之缺乏程度。面对质疑，该协会会长给出的理由是，"当时晨跑的地方主路两边都在修路，路不好走，锻炼的人才会跑到机动车道上"。可应知道，无论是行人、非机动车，还是机动车，只要在道路上活动和行驶，都应当严格遵守《道路交通安全法》等交通法规，什么情形都不能成为晨跑队到机动车道跑步的理由。

《道路交通安全法》明确规定，行人应当在人行道内行走，没有人行道的靠路边行走。而监控画面显示，案发路段的道路上有明显的标线，路边尚有近一个车道宽的非机动车和人行道，但晨跑队不是跑在路边，而是跑上了机动车道，而且一直在该道上行进直到案发，这当然是严重违反交通规则的。行人违规到机动车道活动一旦因此引发事故，被害人也应自担部分责任，而不能将板子都打在机动车驾驶人身上。当然，本案在民事责任的承担上，组织者山鹰运动协会是存在过失责任的，尽管其承担能力可能很有限。

可能有人说，在马路边跑步要横过马路咋办，这也有交通规则。法律规定：行人通过路口或者横过道路，应当走人行横道或者过街设施；通过有交通信号灯的人行横道，应当按照交通信号灯指示通行；通过没有交通信号灯、人行横道的路口，或者在没有过街设施的路段横过道路，应当在确认安全后通过。行人（跑步者适用行人规定）若不遵守该规定，一旦出了事故，同样要自担部分或全部责任。

至于本事件肇事司机董某的法律责任到底如何，根据警方通报和媒体报道初步显示的情形来看，本案中受害人不可能是无责的，因此司机的责任为主要责任或同等责任的可能性较大（次要责任的可能性较小）。若是主要责任，死亡一人即应受到交通肇事罪的刑事追究；若是同等责任，则有可能不构成犯罪，因为此种情形下要达到"死亡三人以上"才受刑事追究，已经立案追究的，还得撤销案件。

近些年，类似于此次案件在马路上"暴走"或跑步健身的团体屡见报端，2017 年 6 月中旬就有青岛马路"暴走团"被指妨碍交通，经交警协调后更换场地。而临沂一事再证了，锻炼健身还是应该选择合适场地，不能干为了健康而危及生命的蠢事。

2017 年 7 月 11 日光明网·光明时评·刘昌松专栏

酒　驾

| 查处"同车"人员没依据 |

公安部是享有部门规章制定权的，其曾经对酒驾"同车"罚款的立法之所以夭折，除有"连坐"之嫌外，应该还与违反《立法法》的相关规定有关。

近日，武汉市公安局交管局出台一项新政：对查获的酒驾情形，在依法对驾驶员进行处罚的同时，一律对"同车"人员进行现场教育；对于查获醉驾情形的，一律将"同车"和"同桌"饮酒人员，送往醉驾警示教育基地，进行1小时深度教育。当地交管局称，新政是为加大对酒驾、醉驾的打击教育力度，关于对同车、同桌者开展教育具体举措目前还在研究当中。（7月17日《新京报》）

公安部和地方公安拟出台规定，对"同车"人员进行"连坐"处罚，并不是什么新鲜事，但一般在征求意见中即胎死腹中；而对"同桌"饮酒人员也进行处罚，应该算武汉警方的"创举"。谁也不否认武汉交警的出发点是好的，但其做法明显涉嫌滥用职权。

2009年公安部《关于修改酒后驾驶有关法律规定的意见（征求意见稿）》拟规定，同乘者如不劝阻、不制止酒驾司机，将面临罚款处罚，因有"连坐"之嫌，争议太大，该项规定最后夭折。深圳市交警局2014年向深圳市人大常委会提出修订地方性法规的建议，对同酒驾者具有上下级、父子等特定关系的同车人拟处以 100 元罚款，也因同样的原因而告吹。

公安部是享有部门规章制定权的，其对酒驾"同车"罚款的立法之所以夭折，除有"连坐"之嫌外，应该还与违反《立法法》的相关规定有关。《立法法》规定，"部门规章规定的事项应当属于执行法律或者国务院的行政法规、决定、命令的事项。没有法律或者国务院的行政法规、决定、命令的依据，部门规章不得设定减损公民、法人和其他组织权利或者增加其义务的规范，不得增加本部门的权力或者减少本部门的法定职责。"法律或者国务院的行政法规、决定、命令既然没有规定要对酒驾"同车"进行罚款处罚，公安部执的是哪门子"法"呢？部门规章若规定了对"同车"罚款，即是法外减损了公民权利、增加了公民义务，其夭折是必然的。

武汉市公安交管局不享有任何立法权，其辩解称，"我们是教育，没说过要处罚"。若是对于酒驾"同车"人员当场进行批评教育，这种解释或许说得过去。当场教育几句，不像"警告"处罚会留下案底，没有多少人会抵触，"新政"规不规定意义都不大；关键是，新政要求将醉驾的"同车"和此前饮酒的"同桌"人员一并送往醉驾警示教育基地进行 1 小时深度教育，这是涉嫌限制人身自由的处罚或强制措施。

没有法律依据地限制公民人身自由，本质上就是非法拘禁，是权力任性的表现，是严重违法行为，而且比处以若干元罚款的违法性质要严重得多。纵使有良好的执法动机，也不影响行为的违法性。

更值得注意的是，武汉交警的这项"新政"并非处于征求意见阶段，而是正在执行之中。滥用职权、侵犯公民权益的政策措施，一天也不能继续下去，笔者认为应尽快叫停。

2017 年 7 月 17 日光明网 · 光明时评 · 刘昌松专栏

农村酒驾

| 必须下绝招、狠招方可遏制 |

从根本上提升农民对酒后驾驶危害性的认识，恐怕还得想一些绝招、狠招，不能简单套用城市治酒驾的方法。当然，任何绝招、狠招都不是目的而是手段，最终目的是让农民认清酒后驾驶、醉酒驾驶的危害，有针对性地提高他们的交通安全意识。

据报道，河北省沧州市大官厅乡刘某，在驾驶轿车行经沧县马官厅村时，与对向驶来的重型半挂货车相撞，刘某和坐在车上的妻子、儿子、女儿四人全部遇难。经检测，刘某血液中酒精含量 176.61 毫克/100 毫升，属于醉酒驾驶机动车。报道还披露了河北省交管局通报的 3 月份以来，河北省任丘市、秦皇岛市、定州市的另三起农村醉驾事故，死亡人数一共 8 人。河北省交管部门针对此形势，近期在全省范围开展了严重交通违法行为的"百日整交"活动，专门针对农村地区酒后驾驶违法行为开展专项治理。

除特别偏远的山区外，全国农村各地的道路交通情况虽不完全一样，但影响农村交通安全的因素有其共同性。近年来，随着农村公路网的普遍建立，农村车辆的种类越来越多，交通状况也越来越繁杂，农民的交通安全意识和守法意识还未有明显提高。很多地方无论是驾驶人还是家属，都存在着"农村不查酒驾"，认为酒后驾驶"没有事""没人管"的心理。特别是各种传统节日和庙会等聚会饮酒的高峰期，酒驾事故明显多发。这些都使得酒驾造成重大交通事故的比例呈上升趋势。

治理农村酒驾问题，应引起国家和全社会高度重视，并须采取坚决有效的措施进行治理，河北省"百日整交"这样的执法行动虽能起到立竿见影的效果，但不是治本之法。从根本上提升农民对酒后驾驶危害性的认识，恐怕还得想一些绝招、狠招，不能简单套用城市治酒驾的方法。当然，任何绝招、狠招都不是目的而是手段，最终目的是让农民认清酒后驾驶、醉驾驾驶的危害，有针对性地提高他们的交通安全意识。

醉驾入刑后，城市中的酒驾行为的确大为下降，这一方面有赖于城市交管部门严格执法，另一方面还有赖于对执法典型案例的宣传很见成效。以北京市为例，醉驾刚刚入刑，就发生了某知名艺人醉驾被判6个月拘役的事件，事发后，由于判罚及时、宣传到位，在市民中很快建立了"喝酒不开车、开车不喝酒"的群体性安全意识。

靠宣传典型案例的方法，之所以在城市效果好、见效快，很大程度上是因为城市传播力广，城市人员因其具备职业属性，一旦醉驾入刑就不能从事公务员等公职，也不能担任律师等社会职务，酒驾成本大，所以不敢酒后驾车。可是在农村，这种方式的作用就非常受限，因为农村人员分散，传播力不如城市，农民就算酒驾被处理，也顶多是被当地交管部门教育一番，并无"丢饭碗"等其他影响。

所以，要想有效治理农村酒驾问题，在关键时机、关键场合动真格查处酒驾是可行的措施之一。农村人员平时较为分散，但婚丧嫁娶、逢年过节、庙会赶集等，一定是村民们聚会、饮酒的高峰期，有车的村民一般都习惯开车举家出行。在人员集中，酒驾后可能造成安全隐患巨大的时候，地方交管部门应及时组织执法组，在村口或进入主干道的匝道上严格执法。一旦查获酒后驾车的村民达到酒后驾驶标准，就该严格执法，处以暂扣6个月驾照、罚款5000元以下、处15日以下拘留等处罚，绝不能有人说情就网开一面。达到醉驾入刑标准的，即使未引发任何交通事故，也应坚决判刑处6个月以下拘役的刑罚，以达到警示作用。

除了定时、定期设卡治理，对待农村酒驾问题，更重要的解决方式还是常态化宣传。让"喝酒不开车、开车不喝酒"的安全意识宣传得进村入户，入脑入心。具体而言，把发生在同县同乡的真实酒驾醉驾案例隐去个人信息，用通俗易懂的语言将其违法行为和应该遵守的法律法规解释清楚，对村民来说极具说服力。若把案例制作成光盘或宣传册，让村民聚集观看或者分发到村民们手中，加之地方的严格执法，农村的酒驾治理效果应十分可期。

　　此外，促进农村村委会、村民志愿者建立交通治理联勤机制，也是解决农村酒驾问题的现实路径之一。充分利用民间自治力量细化管理，不但可以减轻地方监管人员不足的问题，还能把聚会不劝酒的健康民俗，以及喝酒不开车的正确交通规则意识，真正传达到村民心里，促成农村群众思想的转变。

　　　　　　　　2018 年 4 月 8 日 光明网・光明时评・刘昌松专栏

道路执法

|自身不危害公共安全是原则|

交警等路面执法者在道路上执法，本为维护公共安全，切忌自身也成为公共安全的威胁者，成为被执法的对象。

据报道，9月21日上午，河北唐山45岁男子李某某在石家庄谈固大街绿洲路集市上，驾驶一辆奥迪Q7汽车疯狂冲撞，撞伤多名路人。多名交警拦截无效，最后汽车竟冲上车管所大厅的台阶，撞进车管所大厅，门口玻璃碎了一地，李某某已经被控制。(9月22日央视网)

此前石家庄裕华公安分局官方微博以"裕华公安分局成功处置一起危害公共安全案件"为题发出通报，称李某某乃吸食过量毒品后驾驶车辆，致5名群众受伤，其中1名腿部骨折，4名轻微伤。民警第一时间赶到现场处置，李某某将车门及车窗锁闭，持一把剪刀顶在自己咽喉部位拒绝下车。民警采取强制措施抓捕时，该司机突然驾车逃离现场，后在裕华公安交警大队院内，民警将李某某成功抓获。

应该说，当地警方将此案定性为"危害公共安全案件"问题不大，但这是个很大的概念，到底是治安案件，还是刑事案件；若是刑事案件，是主观过失的交通肇事，还是主观故意的危险驾驶、以危险方法危害公共安全，语焉不详。有评论认为，吸食过量毒品驾驶的危害一点也不亚于醉酒驾驶，醉驾已经入刑，建议毒驾也尽早入刑，我也以为然。但依"罪刑法定"原则，单纯毒驾目前尚不能作刑事处理，若涉及其他犯罪则除外。个人认为，本案抛开李某某吸食过量毒品情节，光驾车撞向集市人群，不顾他人死伤，最后也确实将多人撞伤，其行为应是故意而非过失，已涉嫌成立"以危险方法危害公共安全罪"。

李某某涉嫌治安违法还是刑事犯罪的疑惑还在其次；更让人疑惑的是，警方一直尾追在后，李某某又是自投罗网，真不知"成功抓获"的说法从何而来！再者，民警到达现场后的执法措施真的是"成功处置"吗？其本身是否也存在危害公共安全，存在法律责任？

《交通警察道路执勤执法工作规范》要求，拦截、检查一般应选择不妨碍道路通行和安全的地点进行；遇有机动车驾驶人拒绝停车的，不得站在车辆前面强行拦截，或者脚踏车辆踏板，将头、手臂等伸进车辆驾驶室或者攀扒车辆，强行责令机动车驾驶人停车；交通警察一般不得驾驶机动车追缉，可采取通知前方执勤交通警察堵截，或者记下车号，事后追究法律责任等方法进行处理；堵截车辆应采取设置交通设施、利用交通信号灯控制所拦截车辆等非直接拦截方式，不得站立在被拦截车辆行进方向的行车道上拦截车辆，等等。立法这些规定的目的，显然是因为交通执法的场所在公共道路上，查处的对象又为使用中的机动车，应尽力防止查处中的次生危害公共安全后果的发生。

反观本案，警方当时可能并不知晓李某某吸食了过量毒品，但司机撞伤人后，不仅拒绝下车，还用剪刀顶自己的喉咙，说明情绪已异常激动，这种情绪状态下随时有可能做出过激行为，危及公共安全。再从网友上传的现场视频来看，马路两侧的人群非常密集，若李某某再次驾车冲向人群，后果不堪设想。此时，警方理应尽快安排车辆或其他障碍物等设施将奥迪Q7前后"堵截"起来，再努力稳定李某某的情绪。遗憾的是，这些措施没有，警务人员反而使用枪状物体使劲敲打司机侧的车窗玻璃，不断刺激李某某，导致李某某驾车飞快逃离，撞倒了一辆自行车和一个桶状设备等，且撞进交警大队院内的车管所大厅。

交警等路面执法者在道路上执法，本为维护公共安全，切忌自身也成为公共安全的威胁者，成为被执法的对象。这不是危言耸听，之前已有先例。例如，广西高速公路管理局的执法员马某和副大队长叶某新在道路执法时，见有大货车停靠在距前方收费站入口匝道600米的应急车道内，在叶某新的默许下，马某驾驶执法车沿应急车道逆行前往处置。大货车司机害怕被处罚，便驾车向左打方向行驶至行车道欲离开，马某仍逆行驾车与大货车对向行驶逼停大货车，此时恰有一辆小客车行至该处，追尾碰撞停在超车道内的大货车车尾右侧，造成小客车上 3 名乘客死亡、5 名乘客受伤的严重后果，后法院以马某犯以危险方法危害公共安全罪，判处其有期徒刑 13 年；以叶某新犯滥用职权罪，判处其有期徒刑 4 年。

石家庄的案件中裕华警方的相关警务人员也是在道路上执法，也是用非常危险的方法执法，只是手段不同而已，不能因为本案中李某某急逃并未撞死人，就用"后果论"来评论警察的执法行为。我认为，本案中的警务人员已经渎职，涉嫌成立"以危险方法危害公共安全罪"，检察机关应当介入查处。退一步说，即使达不到犯罪的程度，根据《道路交通安全法》规定，也应由监察机关、公安督察部门和上级公安交通管理部门介入监督。

2016 年 9 月 24 日《南方都市报》·刘昌松专栏

醉　驾

|"不再一律入罪"应当慎行|

　　该规范性文件的名称为"量刑指导意见",不是"定罪量刑指导意见",亦即定罪问题不应成为其规范的范围。现该文件对醉驾是否入罪进行规范,有"跑题"之嫌。

　　最高法院公布的《关于常见犯罪的量刑指导意见(二)(试行)》[以下简称《意见(二)》] 5月1日起正式试行,《意见(二)》对危险驾驶罪等8种常见罪给出了量刑指导意见。

　　其中关于危险驾驶罪规定:"对于醉酒驾驶机动车的被告人,应当综合考虑被告人的醉酒程度、机动车类型、车辆行驶道路、行车速度、是否造成实际损害以及认罪悔罪等情况,准确定罪量刑。对于情节显著轻微危害不大的,不予定罪处罚;犯罪情节轻微不需要判处刑罚的,可以免予刑事处罚。"

　　这一规定被舆论解读为"醉驾不再一律入罪",并引发争议。

量刑指导意见并非司法解释且有"跑题"之嫌

　　《意见(二)》开宗明义称,"根据刑法和刑事司法解释等有关规定,结合刑事审判实践,制定本指导意见"。

　　司法解释一般由最高人民法院审判委员会讨论通过,并标明文号。《意见(二)》属于法院内部的政策指导性文件,不属于司法解释。最高人民法院虽专门为《意见（二）》下发通知要求"全面深入组织实施"，但政策指导性文件非司法解释，不能引用作为判案依据。

《意见（二）》表明了最高人民法院对"醉驾不再一律入罪"的态度。虽然《意见（二）》指出法院应当综合考虑醉酒程度、机动车类型等六个方面因素，决定是否定罪和是否处刑等问题。但值得注意的是，该规范性文件的名称为"量刑指导意见"，不是"定罪量刑指导意见"，亦即定罪问题不应成为其规范的范围。现该文件对醉驾是否入罪进行规范，有"跑题"之嫌。

纵观《意见（二）》和 2017 年 4 月 1 日实施的《量刑指导意见》一共所规定的 23 种罪行量刑指导规范，有 22 种罪行仅规定了量刑，包括起点刑、刑罚量、基准刑等，只有危险驾驶罪对定罪问题作了规定，显得很不协调。

有司法权僭越立法权之嫌

"危险驾驶罪"是 2011 年《刑法修正案（八）》新增加的。该罪有两种情形：一种是"追逐竞驶"，法律附加了"情节恶劣"才构成犯罪；另一种是"醉酒驾驶"，没有"情节恶劣"等任何附加条件，即构成犯罪。

从文本层面解释，只要"醉驾"就应当入罪。并且"醉驾一律入罪"的概念，从危险驾驶罪产生即进入人们的观念。

其实，2011 年醉驾入罪之初，最高人民法院时任副院长张军也表达过"醉驾不一律入罪"的观点，称醉驾情节显著轻微的可以不判罪。但该观点当时不占主导地位，很快被淹没。现在已不是最高人民法院某个负责人的表态，而是写进了司法文件。就此意义讲，《意见（二）》有司法权僭越立法权之嫌。

有人认为，《刑法》第 13 条规定了，情节显著轻微，危害不大，不认为是犯罪，"醉酒驾驶"情节显著轻微，也应适用。

《刑法》第 13 条是刑法总则条款，统摄整个刑法分则的各种罪的罪刑规范，如果某种行为的社会危害性未达到一定的严重程度，属于显著轻微范畴，就不应类型化为刑法分则中的某种犯罪。

以酒驾为例，根据不同情况，法律规定了三个幅度，即酒后血液中酒精含量低于 20 毫克/100 毫升的，完全不处罚；血液中酒精含量在 20 毫克/100 毫升以上低于 80 毫克/100 毫升的，只给予治安处罚而不予刑事追究；只有血液酒精含量达到 80 毫克/100 毫升的，才构成危险驾驶罪。

因此，《刑法》在酒后驾驶机动车问题上，已经充分考虑了"情节显著轻微，危害不大，不认为是犯罪"的情形。

法理层面，喝酒是主观行为，达到醉酒标准，仍要驾车上路，成为"马路杀手"，就已经具备了"严重社会危害性"，应当入罪，这也是《刑法》本身未再附带其他条件的缘故。

或打开脱罪"后门"

"醉驾一律入罪"后，行为人血液中酒精含量只要超过相应标准，不再考虑其他因素，立即予以刑事立案，即使行为人是名人、国家公职人员等权势群体，醉驾入罪受到刑事处罚会失去公职，也毫不姑息。

因此，"醉驾一律入罪"产生强大威慑力，更契合了"法律面前人人平等"的法治理念。

"醉驾一律入罪"的弊端当然存在，最大的问题可能就是过于死板。例如醉驾入罪，不考虑行驶路段一刀切，即使在偏僻的乡村道路，危害性很小，也构成犯罪。

但没有绝对完美的立法，"醉驾一律入罪"也是如此。在我们这样一个酒驾现象非常严重的国家，矫枉适当过正也是有必要的。

《刑法》将"醉驾一律入罪"后，产生了怎样的效果？以太原为例，2012 年查处醉驾 792 人，2013 年则为 527 人，2014 年为 599 人，2015 年为 425 人，2016 年截至 5 月 20 日为 88 人，可见醉驾数量呈明显下降的态势。

当然也应看到，醉酒驾驶的总体数量还是不小，一个省份一年有几百起，说明严格执法做得不够。如果醉驾必然受到刑事追究，不可能有例外，相信很少人敢去以身试法。刑罚的效果不在于严厉性，而在于及时性和不可避免性。

《刑法》规定醉酒驾驶即成立犯罪，未附加任何条件。但《意见（二）》却规定，行为人达到"醉驾"标准后，还要再综合醉酒程度、是否造成实际损害以及认罪悔罪等因素进行定罪量刑，若"情节显著轻微危害不大的，则不予定罪处罚"。这就改变了犯罪构成要件，提高了醉驾入罪门槛，不利于遏制醉酒驾驶这一顽疾，甚至让此前遏制"醉驾"的努力前功尽弃。

此外，《意见（二）》的规定本身很模糊，普通公民达到醉驾标准，追诉机关想从重定罪，谁为他们考虑"其他情节"除罪？此前，权势阶层达到醉驾标准入罪，司法人员想为他们脱罪很难，而现在，"醉驾不再一律入罪"给权势阶层打开一道脱罪"后门"，也为权力寻租提供了土壤。

2017 年 5 月 16 日　财经网·财经时评

黑代驾

|万一遭遇了怎么办|

文／张静（新华社记者）　韩骁　张新年　刘昌松　杜才云

因为害怕醉驾入刑，即使遭遇"黑代驾"碰瓷，很多车主也不敢报警。在"醉驾一律入刑"已广为人知的背景下，回家路上的"最后两百米"能够获得法律上的宽宥吗？

近日，央视前主持人郎永淳醉驾案被质疑遭"代驾仙人跳"，尽管当事方后来辟谣称并无此事，但"黑代驾"现象也再次引发社会关注。多地警方及媒体曾经通报、报道"代驾仙人跳"事件，"精准碰瓷"违法犯罪值得警惕。记者采访了四位专业人士，就遭遇"黑代驾"怎么办，谈了自己的看法。

代驾做局者涉嫌敲诈勒索

韩骁（北京市康达律师事务所律师）

近日，南京市民王某在醉酒后遭遇"代驾仙人跳"。代驾司机驾车在距离王某小区200多米路程时借故匆忙离开，王某自己一开车，代驾同伙便驾车制造两车剐蹭事故，然后以报警相威胁，向王某索要高额钱财。王某担心酒驾遭遇刑责，被迫给了对方万元"私了费"。

近年来，代驾碰瓷团伙利用酒驾处罚规则，抓住车主醉驾不敢报警的心理敲诈勒索的事件在各地发生多起，"套"住了不少醉酒车主。

代驾做局从作案手法来看没什么技术含量，无非几个步骤：冒充代驾或本身就是不良代驾——借口脱身——同伙制造事故——以威胁报警索要高额钱财。

代驾做局者涉嫌敲诈勒索。2017 年 3 月，河南省许昌市魏都区人民法院对一个针对酒驾人员实施"碰瓷"的犯罪团伙作出判决，该团伙内部分工明确，3 个月先后作案 6 起，涉案金额 7 万多元，法院认定的罪名就是敲诈勒索罪。《刑法》第 274 条规定："敲诈勒索公私财物，数额较大或者多次敲诈勒索的，处三年以下有期徒刑、拘役或者管制，并处或者单处罚金；数额巨大或者有其他严重情节的，处三年以上十年以下有期徒刑，并处罚金；数额特别巨大或者有其他特别严重情节的，处十年以上有期徒刑，并处罚金。"

相关案件在法律认定上不存在什么困难。难的是如何预防代驾"碰瓷"。不法分子往往会作各种反侦查伪装，比如，他们往往会身穿知名代驾公司的衣服在饭店、酒吧附近"守株待兔"，主动询问他人要不要代驾。如果对方同意就直接开始代驾，这样就避免了通过平台派单，从而隐藏了其个人信息。此外，因为车主担心酒驾会被处罚，很多人即便被敲诈也不敢报警，往往自认倒霉，致使犯罪分子屡屡得手、逍遥法外。

谨慎找代驾，遭讹要报警

张新年（北京京师律师事务所律师）

使用来路不明的代驾，车主的财产安全和人身安全都可能会受到侵犯，所以在使用代驾服务前，务必注意几点：

要通过正规代驾平台下单，平台派来的司机都有信息备案，车主最好和代驾公司签订代驾服务协议，明确必须送达指定位置等服务要求。不要贪便宜找酒店、餐馆、酒吧门口主动招揽生意的代驾司机。如果不得已找了这样的司机，一定要查看对方驾照，确认对方的基本信息，并留下对方的联系方式。

一定要让代驾司机将车停到停车位再结束服务，千万不要因为任何原因在目的地附近结束服务，自己驾车。一旦遇到"半途而废"的代驾，如果该代驾是从平台找的，车主可以在代驾司机下车后，投诉至代驾平台，要求平台安排其他代驾司机赶到现场进行服务。如果此前上车的是没有平台管理方的"黑代驾"，此刻车主也应该在停车处另外通过代驾平台再约合法代驾。还可以联系亲朋、4S 店车主服务等来救急，或者把车留在原处，他日再来取车。总之，千万不能有任何侥幸心理，不能选择自己驾驶，哪怕开一小段也可能构成危险驾驶罪。

如果不幸遭遇"代驾碰瓷"，车主不要慌张，应第一时间报警并如实陈述自己请代驾的事实经过及遭遇讹诈的具体情况，通过警方笔录形成部分证据。其次，还要收集现场证据，如登记对方车牌号、留存代驾司机通话记录、如果是转账支付则留存转账记录、给停车地点及车辆剐蹭受损情况拍照等。

法律如何对待"最后两百米"

刘昌松（北京慕公律师事务所律师）

因为害怕醉驾入刑，即使遭遇"黑代驾"碰瓷，很多车主也不敢报警。在"醉驾一律入刑"已广为人知的背景下，回家路上的"最后两百米"能够获得法律上的宽宥吗？

从趋势来看是有可能的。2017 年最高人民法院颁布的《关于常见犯罪的量刑指导意见（二）（试行）》规定："对于醉酒驾驶机动车的被告人，应当综合考虑被告人的醉酒程度、机动车类型、车辆行驶道路、行车速度、是否造成实际损害以及认罪悔罪等情况，准确定罪量刑。对于情节显著轻微危害不大的，不予定罪处罚；犯罪情节轻微不需要判处刑罚的，可以免予刑事处罚。"

上述案例中醉酒的王某只驾驶了十几米，即被代驾同伙追尾而逼停。假设王某未遇追尾事故，他可能将车开到家，完成几百米路程的醉酒驾驶。这最后几百米路程，主要在社区通行，而社区道路一般不属于公共道路，故该段道路的醉驾不符合"在公共道路上醉酒驾驶"的法定条件，不构成危险驾驶罪。当然，若王某在小区内醉驾出现了其他情形，如不慎将人撞死或撞伤，则可适用过失致人死亡或过失致人重伤罪等来追究。

王某在距离小区门口十几米的公共道路上醉酒驾驶的行为，对公共安全危害有限，加上王某之前有请代驾的安全驾驶意识、绝大部分路程由代驾完成，这一小段路的醉驾也是被人下套所致，因此，可以认定王某的行为"情节显著轻微危害不大"，依法可不按犯罪处理，这是于情合理、于法有据的。退一步说，即使严苛地以"醉驾一律入刑"处理，其找过代驾、仅开了很小一段路，也能获得定罪免刑等从轻处罚。

"黑代驾"乱象怎么治

杜才云（时事评论员）

近年来，酒后代驾市场的持续升温，吸引着越来越多的从业者。据统计，2016 年，全国代驾行业总订单已超过 2.53 亿单，其中 97.8% 为酒后代驾。2017 年上半年，中国互联网代驾市场规模达 29.65 亿元，呈稳定增长趋势。

在代驾行业蓬勃发展的同时，也出现了行业管理无序现象，漫天要价、肇事逃逸、醉汉应约、趁机盗窃、代驾"碰瓷"等乱象频出。代驾行业不规范安全隐患大，遭遇"黑代驾"，更让车主们很受伤。加强代驾市场监管，整治"黑代驾"，民众呼声极高。

代驾乱象泛滥，还与行业发展过快，监管跟不上、打击力度不够有关。"龙多不治水"，对于代驾平台、代驾人员的管理，市场管理部门只管公司注册，物价部门只管物价，交警部门只管代驾在行车途中违章行为，缺乏监管部门和综合监管手段，直接导致"黑代驾""黑平台"见缝插针、应运而生。然而，由于代驾平台、代驾个人、代驾行为涉及种种社会问题、经济问题，光靠运管运政部门的确无法进行完整监管，还必须由公安交警部门、物价部门、市场管理部门等相关部门做好配合，共同清除监管盲区、死角。

综合来看，要强化对代驾的顶层设计，出台相关规定，全面规范代驾人、代驾平台资质，使监督管理做到于法有据；要由当地政府组建代驾运营监督管理领导小组，高度重视监管工作，把监管作为常态；要安排运管运政部门牵头负责，其他相关部门严格履行好机构编制部门及法律法规所赋予的职能职责；要建立违法平台、违法个人"黑名单"制度，开展联合打击违法行动，让不良平台销声匿迹，让不良代驾付出沉重代价，以有力作为维护被代驾人合法权益。

2017 年 11 月 16 日《瞭望东方周刊》

网络暴力

┃对其必须坚决说"不"┃

我们坚决反对侵犯人权的人肉搜索和作为其孪生兄弟的网络暴力，因为它们的杀伤力之强，社会危害性之大，通过众多事件已让人们有了清晰的认识。

据媒体报道，近日有网友爆料，某位初中女老师因发表了对《魔道祖师》的不满言论，被该书作者墨香铜臭的粉丝们人肉搜索并人身攻击。其中有个网名为"差池"的粉丝，是这名老师的学生，其跟踪老师拍照记地址，在网络上进行骚扰，这一系列网络暴力最终导致该老师自杀，幸好发现及时被送医院救治脱险。随后书粉们竟然计划组织二次人肉，并线下一家家医院搜索，疑似想与该老师当面对质。目前网警已介入调查该事件，学生"差池"已发文道歉。

该事件引起了公众较大关注，共青团中央、紫光阁官微分别为此事发声，明确表示拒绝网络暴力，人肉犯法。对此，除了要为共青团中央和紫光阁官微的明确态度点赞，更要为网警及时介入调查鼓掌。国家和全社会应当积极行动起来，坚决地对人肉搜索和网络暴力说"不"，让相关违法犯罪人员及时得到应有制裁，以遏制这股歪风。

近些年来，人肉搜索和网络暴力事件屡屡发生，今年又呈高发态势。前不久四川德阳女医生，同两名男孩在游泳池起冲突，很小一件事因人肉搜索和网络暴力而无限放大，最后善良内向的女医生不堪忍受，愤而自杀身亡；6月份江苏南京童先生因2岁儿子被狗咬伤而摔死泰迪狗，网络暴力也导致童先生的妻子割腕自杀，幸好抢救及时保住了性命；4月份，一孕妇在一餐厅因故绊了男童一脚，视频传到网上后，孕妇遭人肉搜索，另一孕妇被误认为是当事人，年龄住址等信息全曝光并被谩骂攻击，不堪其扰。

如此的人肉搜索与网络暴力事件，数不胜数。其实，人肉搜索本身是一个有别于机器搜索的中性词，是指以互联网为媒介，通过海量人工互助提供知悉信息的方式，不断汇总和清晰信息，以查找人物或者事件真相的群众运动。本文提到的人肉搜索是个贬义词，特指侵犯人权的人肉搜索，必须坚决反对。侵犯人权的人肉搜索和作为其孪生兄弟的网络暴力，因其杀伤力之强，社会危害性之大，通过众多事件已让人们有了清晰认识。它们可以伤人，也可以杀人，是严重违法和犯罪行为，只是国家和全社会对其警觉还明显不够，法律发力也不及时和强烈，才导致它们屡屡冒出来兴风作浪。

人肉搜索和网络暴力的违法性，主要体现在泄露个人隐私，侵犯公民个人信息，以及侮辱、诽谤他人人格，损害他人名誉等方面。对此，轻者可给予拘留、罚款等治安管理处罚，承担民事赔偿责任，重者可按涉嫌侵犯公民个人信息罪、侮辱罪、诽谤罪等承担刑事责任。

回到这次书粉们人肉并攻击女教师事件中，有两点让人特别惊讶。

一是参与事件的人中有某初中学生，而且就是女教师的学生。有人提醒他这是违法的时候，这位学生还回答"没事""我未成年"，朋友告诉其有"少管所"，还认为是吓唬他。殊不知，已满14周岁的人已经可以给予拘留等治安处罚了，只是适当从轻或减轻处罚而已。哪怕不满14周岁不负行政或刑事责任，国家在必要时也是可以收容教养的。

二是女教师自杀未遂已送医院救治后，书粉们竟然计划组织二次人肉。这些粉丝们意欲何为，难道真的要把女教师逼得自杀既遂才罢休吗？可见，网络暴力从线上走到线下，已经猖狂到了何种地步，也反映了这些粉丝心中，缺乏对他人权利的起码尊重，以及对法律秩序是何等的漠视和藐视！

在此类事件中，我们期待能有更多官媒和自媒体站出来发声，让人肉搜索和网络暴力变成过街老鼠，人人喊打；也期待警方尽快查明牵头者和积极参加者，依法依规严肃处理，决不姑息迁就；更期待将来人肉案件，哪怕尚未形成公共事件，警方也能快速介入，对网络暴力保持持续高压态势，直至其销声匿迹。

2018 年 9 月 5 日 光明网·光明时评·刘昌松专栏

电信诈骗

|律师借你一双防范慧眼|

> 现在骗子下手的对象,早已不再限于"有钱人"或者"穷人"这类特定群体,所谓"信者皆可骗"。

"古老的电信诈骗"成了这段时间的高频刑事案件。昨天,一名清华大学的教师又被冒充公检法的骗子骗走 1760 万元人民币。不久前,山东临沂 18 岁女孩徐玉玉在即将就读南京邮电大学的前夕,被骗子通过电话以发放助学金名义骗走 9900 元学费,伤心欲绝而最后真"绝",引起教育部和公安部的高度关注,几天后破案,数名犯罪嫌疑人被抓获。现在骗子下手的对象早已不再限于"有钱人"或者"穷人"这类特定群体,所谓"信者皆可骗"。

下面,律师结合近期发生的电信诈骗案,解答一些人们心中的困惑。

一、"骗的就是你"

徐玉玉离世前提出了一个值得玩味的问题。

"咱家都这样了,为什么还有人来骗我?"

徐玉玉提出该问题的逻辑是:骗子行骗应看看对象,要骗也该去骗那些有钱人家;像她家那么穷,怎么下得了手;即使得逞了,能心安理得吗?

只能说,这是好人的心理,而不是骗子的心理。美国华盛顿大学、伦敦商学院、哈佛大学和宾夕法尼亚大学等四所高校开展的一项骗子犯罪心理研究发现，绝大多数骗子觉得自己的行为没什么不妥，是靠智慧挣钱，是劳动所得。

研究者还向诈骗犯受试者提出两个相互关联的问题：你在欺骗他人时会有什么感觉？通过欺骗达到目标后又有什么感受？绝大多数人的回答是：在骗人时感觉有一点糟糕，但是欺骗成功之后会觉得很开心。研究报告还写道：那些诈骗者往往觉得，他们比那些循规蹈矩的人更聪明更优秀。——这才是骗子的心理。

骗子称在行骗时心里有一点点"糟糕"，应该不是考虑到被骗对象的经济境况，而是担心被识破或被抓的心理反应，是一种"害怕""提防""紧张"等心理现象的混合；而一旦钱被骗到手，骗子的心理便转化为巨大的满足，是一种成功感、成就感和满意感的混合体验，伴随着"对方玩不过我，还是乖乖把钱打给了我"之聪明过人的陶醉感。他们的描述是"很开心"，就像过节一样。如果他们在行骗时心里所"糟糕"的是被骗对象经济状况不好，那诈骗成功后的体验一定伴随着"自责""内疚"，而不会那么开心。

因此，能当骗子的那些人，大多是同情心差，心地没那么善良，不会时常替他人着想者。有这样心理品质的人或练就成这样心理品质的人，即使"不差钱"，也可能为体验欺骗成功的"快感"而加入骗子的行列。还应指出的是，骗子选中的对象，往往经济状况较差，这些人因为缺钱，容易滋生贪便宜心理，诈骗更容易成功。

二、聪明，但不代表不会被骗

山东理工大学大一学生宋某宁离世前提出的问题："我这么聪明的人咋就被骗了呢？"

宋同学的被骗情节很简单，骗子说他的一个信用卡被人透支6万元，并说出了他的身份证号码和信用卡号码，他就按要求转账了2000元到骗子的账号上。

宋同学提出上述问题的逻辑是：受骗者一般都在智商上有缺陷，都是比较愚笨之人，聪明的人难以上当受骗。宋同学是一名高考超过重点大学录取分数线50多分的高智商者，是一名就读于有16个博士点之省重点大学的高才生，他认为自己聪明无可厚非，他离世前发出的"我这么聪明的人咋就被骗了呢"之悲鸣，反映了其内心强烈的自责感和羞愧感。

其实，宋同学的逻辑也不完全正确。我国高考录取现在还是唯分数论，考上重点大学的同学智商一般不差，但高考分数低者倒不一定智商就低，因为还有其他很多因素的影响，高智商未必考出好成绩。可是，高智商者不意味着情商也高，更不意味着能力高，"高分低能"现象大量存在也是事实。另外有研究表明，一个事业成功的人往往是智商和情商的完美结合，且智商只占 20%，情商却占 80%。

可见，诈骗也是高智商和高情商相结合的高智能行为，当然是违法犯罪范畴，不能作为"事业"来做，但骗子真有可能将其当作"事业"来看待，当作一门"技术活"来对待。也就是说，诈骗者也是智商和情商不低的人，只是将聪明才智用错了地方，正所谓"聪明反被聪明误"。因此，别小看了诈骗者的能力而高估了自己的能力。宋同学被骗的钱其实不多（只有 2000 多元），且在对亲戚感叹了"我这么聪明的人咋就被骗了"之后，还再次被同一骗子又骗了些钱财，才气绝身亡。从某种意义上讲，他是被活活"气"死的，这恰恰从一个侧面反映，宋同学的情商和自我认知能力是有缺陷的！

三、骗子们或许非常了解你

南京理工大学张姓女同学提出的问题是，"对方对自己购买机票的所有信息都掌握得准确无误，由不得我不信，他是如何知道的呢？"

张同学是吉林临江市人，正读大二，手机短信提示她，她乘坐东方航空公司 8 月 25 日沈阳飞往南京的 MU2827 航班由于机械故障已取消，需要拨打退票电话进行改签或退票，改签成功后还可以获得 200 元补偿。她打退票电话联系上"人工客服"，说需要到银行取一个改签票，她以为是航空公司就没多想，插了交学费的那张卡，几番操作之后，等到她再把卡插进去的时候，卡里的 19 000 元不翼而飞，只剩下了 150 元。张同学禁不住发问："对方对自己购买机票的所有信息都准确无误，由不得我不信，他是如何知道的呢"？

张同学的发问，问出了众多人的心声，网络和媒体大量的评论都在谴责骗子的同时，将矛头更多指向违法泄漏"个人信息"的机构和其中的"内鬼"。有兜售个人信息者甚至表示，全国中小学生学籍信息管理系统，包括学籍号、学校、入学方式、住址、家庭成员等，有一半数据他都有；即使手头没有，只要告诉他名字，也都能很快拿到。通过媒体的深挖，机票购票信息、婴儿生产信息、车祸事故信息等渠道的个人信息泄漏，也存在类似的严重情形。张同学的问题在此已经得到回答，我不赘述。

值得提出一下的是，这些非常具体和个性化信息的泄漏，直接导致了电信诈骗由"广种薄收"型转化为"精准打击"型的升级。实践证明，虚假信息中若含有大量真实信息时，诈骗的成功率便会大大提高。

四、诈骗案多如牛毛，侦破力度难持续

有不少网友质问："只要公安部门拿出破获徐玉玉案件的力度，电信诈骗都是可以破案的；现在电信诈骗这样猖獗，公安部门的不作为应是重要原因吧？"

网友的前一句话是对的，"只要公安部门拿出破徐玉玉案件的力度，电信诈骗都是可以破案的"。但要知道，徐玉玉案虽然涉案金额不到 1 万元，却是惊动了教育部和公安部的"大案"，公安部为此发出了最高规格的 A 级通缉令，即通令全国公安机关协同作战，尽快缉拿嫌疑人。一起小小的刑事案件，一旦上升到维稳的政治高度，极尽体制之力，这起电信诈骗案这么迅速侦破，就不难理解了。而且电信诈骗，通过电信行业和金融行业及利用网络实施，处处都留有痕迹，只要多部门高度协同，再调集公安网侦方面的精兵强将，破获难度并不大。

但徐玉玉案的破获是不可复制的。诈骗犯罪的立案起点不高，仅为 3000元，据统计，2014 年全国电信诈骗犯罪发案 50 余万起，比 2013 年多出约 20万起，呈高速递增的势头，这还不包括大量未报警或者报警了也未立案的数字。最新报道称，电信诈骗的破案率还不到 10%（个人认为，这恐怕还严重高估了），这也影响了受害人报案的积极性。每一起电信诈骗案都能拿出徐玉玉案那样的警力来侦破是不可能的，这得多少警力呀！

再说，《刑法》规定了近 470 种罪，诈骗只是其中一种，电信诈骗又只是诈骗中的一部分，此外还有杀人、绑架、抢劫、强奸、贩毒等 40 多种常见重罪案需要侦办，这也是数额不大的电信诈骗案不被公安机关重视的客观原因。徐玉玉案是因为"骗死了人"和"引起了舆论的强烈关注"，有高层领导批示"必须尽快侦破"，否则，几名案犯现在还不知在哪逍遥自在哩！南京理工大学的张同学案，因为人未死，数额接近 2 万元又怎样，明显有人涉嫌"侵犯公民个人信息罪"，连案都未立，"去哪儿网"和东方航空公司的客服都表

示，个人信息不是从他们那泄漏出去的，设想张同学的个人信息被侵犯案和诈骗案，公安机关不仅立了案，而且由公安部督办，恐怕快速破案也不是难事。

此外，预防电信诈骗犯罪涉及很多行业和部门，从这个角度上讲，将打击不力的责任都归于公安机关也失之公允。福州、泉州是全国电信诈骗犯罪的重灾区，当地公安机关即表示，电信运营商拦截不力，导致虚拟任意号码的网络电话处于无人监管状态，为电信诈骗横行提供了便利，而运营商则称，"这是行业规则问题，企业无法改变；监管成本太高，无力投入这笔钱"。

五、"这里是借你借你一双慧眼防忽悠热线"

有网友试问："公安部都只在强调预防而不是打击电信诈骗犯罪，到底如何才能防范不被电信诈骗呢？"

是的，公安部通过央视给出的招数，由原来的"三个一律"变成了"六个一律"，即：1. 接电话，不管你是谁，只要一谈到银行卡，一律挂掉。2. 只要一谈到中奖了一律挂掉。3. 只要一谈到是公检法税务或领导干部的一律挂掉。4. 所有短信，但凡让我点击链接的，一律删掉。5. 微信不认识的人发来的链接，一律不点。6. 所有 170 开头的电话一律不接。还称，能做到这六个"一律"，基本上就不会上当受骗了。

但也有问题，"170"开头的电话不接，"171"开头的电话接不接？徐玉玉案使用的诈骗电话就是 171 号段的。现公安部门根据徐玉玉案又改口说"170、171"开头的两种虚拟运营商号段的诈骗多。

"只要一谈到是公检法税务或领导干部的（电话）一律挂掉"，今天有一个刷屏的段子对此进行了吐槽，说法院工作人员电话通知当事人领取传票，当事人多次挂断，法院人员多次打进，怎么解释，当事人就是不信，还聊到了"一谈到法院的电话一律挂掉"的警示，法院人员只好冒充快递员说当事人有一封快递，当事人才答应来接收。

其实，法官通知当事人很少遇到这种情况，因为法院电话从来不会要当事人转账到某个账号上。这当然只是一个讽刺公安部门之警示太绝对的段子。

那么，防电信诈骗到底有何绝招，我的回答很简单，千言万语汇成一句警示：别指望天上掉馅饼，任何电话短信微信 QQ 要求你打款，都不要轻信；

非同有关人见面或者通过多种方式得到确信，绝不行动。万一被骗了咋办？我的态度是，该报警的报警，该提供各种证据线索的提供，但对破获案件追回款项不要抱太大的希望，因为你一般不会是"徐玉玉"，而徐玉玉案不具有可复制性！

2016 年 8 月 31 日《今日排行榜》·排行评论

共享单车

｜如何避免其变成"独享单车"｜

> 共享单车是城市的一道风景线，可以一直亮丽下去，我不同意"凭国人现在的素质，还不配享用"的说法。我更相信"好的制度使坏人变好，差的制度使好人变坏"的法律格言。

据媒体报道，近日，厦门市庄姓女子因把"ofo"小黄车的车漆刮掉，重新喷上蓝色，车身上的二维码、车牌等信息被油漆覆盖，硬是将共享单车改成了"独享单车"，被该市思明区警方以涉嫌盗窃处以 10 日拘留。报道称，这是厦门因盗窃共享单车被拘的第一案。（3 月 16 日《厦门日报》）

据说，像庄女士的这种做法并非个例，投放有小黄车的 26 个城市或多或少都有存在。那么，这类案件定性为治安盗窃违法是否准确？有的人开一个户即控制多辆共享单车（我女儿昨天专门给我试了一下小黄车，确有这个缺陷），供家人和朋友独占使用，按照厦门警方的处理逻辑，自然因多次盗窃就成立盗窃罪了；而在北京，类似情形是以故意损毁公私财物之治安违法来处理的。到底哪种定性更准确？我个人认为，北京警方的定性更准确些。

所谓盗窃，是指以非法占有为目的，采用规避他人管控的方式，转移而侵占他人财物管控权的行为。盗窃可分为一般盗窃和盗窃犯罪，两者的行为目的和方式一样，区别主要在于数额和次数等。例如盗窃一次达到了数额较大的标准，即成立盗窃罪；未达到数额较大的标准，则成立治安违法；若盗窃 2 次以下数额较小是治安违法，盗窃 3 次以上即成立盗窃罪。

庄某们将共享单车改成"独享单车"的行为，最不符合盗窃定性的地方是，庄某们只是较长时间霸占单车的使用权而不是所有权，甚至在使用时还交纳租金。只是庄某们出差等时间可能一周不使用单车，小黄车公司就一周没有租金收入，给经营公司造成的损失还是蛮大的。这种通过对财产毁损性控制来减少所有者财产价值的行为，更符合故意毁坏公私财物的构成要件。

当然，一个人用破坏性方式控制多辆小黄车，严重影响小黄车公司的生产经营，虽不能用盗窃罪追究，但可按破坏生产经营罪处理，该罪刑期一般为 3 年以下；情节严重的，最高可达 7 年，不至于放纵这类严重侵权行为。

但我更想强调的是，靠行政处罚或刑事追究来维护共享单车的经营秩序，保护经营公司的利益，力度是很大，效果也会很好，但因查处成本高，不应也不可能成为主要手段。防范和控制单车经营风险，主要还是经营者自己的责任。人是趋利避害的生物，如果单车经营公司的监管漏洞太多，也会促使用户去钻监管空子来谋取自身利益。我认为，应当采取合同手段和技术手段并举的方式，来防控经营风险，这里还是以小黄车为例。

先说说合同手段。我们知道，用户下载"ofo"小黄车公司的 APP（应用程序，下同），按约定交纳了 99 元押金后，用户即与小黄车公司形成了租赁合同关系。当然，用户采取一定方式，硬是将共享单车改变成独享单车，肯定是严重的违约行为，也构成对小黄车公司财产的侵权，成立了违约责任与侵权责任的竞合，小黄车公司依法可选择其一让用户承担责任。

实践中，小黄车丢失、毁损或以各种方式独占享用的情况大量存在，但还未见小黄车公司对任何一名用户按违约责任或侵权责任追究的报道。有人认为，可能与追责成本太高有关，这或许是一个重要因素，但我认为，可能与其共享协议对扣划押金责任没有约定或约定不明的关系更大。如果约定了经营公司发现用户自行加锁或变相加锁，即扣划部分押金或者全部押金；随意将车停在哪些地方如何扣划押金，等等，便可让用户增加违约成本且具有可操作性。当然，追究侵权责任一般得通过诉讼方式进行，对证据要求高，维权成本高，不可成为常态。

为此，建议在用户扫描 APP 时，不仅有电子合同文本，更重要的是违约扣划押金条款要凸显出来，并让用户单独点击确认。

再谈谈技术防控手段。我们知道，小黄车在技术防范风险方面确实存在不少漏洞，例如一个用户能同时使用多辆单车（万一遇到不良用户，损失会无限放大）、无法通过 GPS（全球定位系统）定位锁定车辆位置（用户无法确定，公司也无法确定，难以找回车辆）、一个车锁固定一个开锁密码且终身不变（人为地破坏了编号，别人即无法使用，而记住密码的人能无偿使用）等等，都是很大的漏洞，这为一个用户同时控制多辆单车或不付费而使用单车提供了可能。

有网友称这是小黄车公司的一种策略，其想让用户低价甚至无偿使用来最大限度占领市场，逼迫摩拜等公司高价收购它。我认为这一判断的猜测成分太大，若不是这样，小黄车公司还真应好好学学摩拜，人家咋能做到准确定位，做到一个用户同时只能使用一部单车，而你们就做不到？

总之，共享单车是城市的一道风景线，可以一直亮丽下去，我不同意"凭国人现在的素质，还不配享用"的说法。我更相信"好的制度使坏人变好，差的制度使好人变坏"的法律格言。

2017 年 3 月 20 日《南方都市报》·刘昌松专栏

网贷自杀

|提示平台责任应加强|

用户在平台注册时，重要的禁止行为要作为协议内容凸显出现，让用户特别承诺；平台使用时应即刻弹出严厉的忠告和法律风险告知。有了这样的提示，有的大学生觉得风险太大，就会选择放弃，不去冒这个险了。

厦门华夏学院在校大二女生因卷入校园贷"裸条"，利滚利欠下 57 万元巨额债务，在无力还款、母亲收到自己的裸照、被疯狂催债后选择自杀。该事件涉及的网贷平台为"今借到"，其运营公司负责人对媒体表示，"我们最近处理这件负面的事情也是心力交瘁"，"我们不是放贷平台，也不管催债，只是做电子借条的"。（4月21日澎湃新闻网）

最先因"裸条借贷"事件被曝而引起关注的网络平台是"借贷宝"，没想到"借贷宝"做不下去了，很多借贷关系又转移到了"今借到"这个平台上。可见，大学生网贷确有刚需的因素，也证明了这种平台的存在，有一定的合理性。

"今借到"的负责人喊冤似有些道理：我们只是一家科技公司，为不见面的借贷双方提供隔空打电子借条、保存电子借条和当事人信用信息的技术服务，哪晓得不良贷款人会干一些违法犯罪的勾当，叫我一家注册资金才10万元、股东才两三人的小私家公司如何防范和应付处理呢？

其实干什么都有风险——开一家旅店，旅客在店里打打杀杀，涉嫌治安或刑事案件了，旅店不也要配合调查处理吗？哪怕因此而停止营业相当长时间，也是必须付出的代价。当然，打打杀杀的人涉嫌犯罪，应由他们自己承担责任，旅店老板和工作人员不必替他们承担行政责任和刑事责任，这也是"罪责自负"原则的要求，但旅店的房间无法上锁，大厅没有安保和监控设施，旅店也可能被有犯罪倾向的人看中，作为犯罪的场所，这时旅店虽不承担刑事和行政责任，但民事赔偿责任恐怕不能免。桥归桥，路归路，各有各的责任。

同样的道理，不良放贷人和网贷平台的责任也应分开说。

先说说不良放贷人的责任。不良放贷人利用网贷平台，放高利贷，搞利滚利，声称不还款即将裸照发到网上，以此来威胁借款人及时还贷，对于索要超出受法律保护部分的非法债务，其行为已涉嫌敲诈勒索罪；如果真的将借款人的裸照发到网上，则可能同时涉嫌侮辱罪和传播淫秽物品罪，还存在泄露他人隐私的民事侵权责任。这些刑民责任，当然应当由不良放贷人自己承担。

也有网友替不良放贷人辩白：这些都是借款人愿意的呀，借款人不同意，他们也拿不到其裸照；如果借款人按时偿还了本息，也不可能发生被威胁的现象；借款人知道了不按时还款的后果还给人家发去裸照，双方完全是"周瑜打黄盖——一个愿打一个愿挨"；裸照就是一个担保，如果借款人不担心点什么，大把大把地借钱消费了，还不了债也无所谓，这个贷款生意就没法做了。

不可否认，借款人将自己的裸照发给对方作担保，自身是有重要过失的。人物照片是人格象征物品，"裸照"还是自己的绝对隐私，将此交给不良商人控制，等于将自己的人格向不法人典当，其巨大的风险是不言而喻的。俗话说，"人有脸树有皮"，个人尤其是女生的裸照泄露出去，对其心理的打击是摧毁性的，可能有的大学生进行网贷时未想这么多。

举一个例子。曾有人用流氓软件窃取了央视某著名主持人手提电脑里的个人裸体写真照，敲诈几十万元未成发到网上，敲诈者当然受到了刑事追究，但这名央视主持人也立即提交了辞呈，因为网络上传播其裸照，使得他无颜再站在台上主持节目，这就是人格尊严的重要。厦门的那名女大学生，最后不得已选择自杀，从某种意义上说，也是她不当冒险的代价，只是太沉重了。

但放贷者必须清楚，治安违法和刑事犯罪的责任是法定的强制的，约定改变不了这种法定性质。借款人的冒险和人格自贬，并不是放贷人违法犯罪的免责事由，要知道，违反社会公共利益和善良风险的"同意"根本就是无效的。

再说说"今借到"网络平台的责任。俗话说，"没有金刚钻，别揽瓷器活"。网贷平台为民间借款提供居间服务的空间，像宾馆、商场、银行等服务业一样，也是一个大的公共场所，应尽到公共场所管理人的安全保障义务；否则，造成他人损害的，依侵权责任法的规定，应当承担相应的责任。

这种安全保障义务的范围，"今借到"应当有所预测并尽力去避免。例如对用户应进行明确的风险提示。用户在平台注册时，重要的禁止行为要作为协议内容凸显出现，让用户特别承诺；平台使用时应即刻弹出严厉的忠告和法律风险告知。有了这样的提示，有的大学生觉得风险太大，就会选择放弃，不去冒这个险了。

另外软件上的技术漏洞也应尽力去弥补。比如双方交易的阶段实行跟踪显示，要求双方上传资金交割完成的凭证，运用人体照片抓取功能进行监控等。"今借到"的这些义务做得不到位，就可能存在民事责任。现在"处理这件负面事情也是心力交瘁"，其中就包括死者家属的索赔，就是其面临的法律后果。

当然，对于校园贷的刚需，国家和社会应想办法去满足，像银行等一些正规金融机构，也可以设计一些适合的消费产品。否则，光抱怨"今借到"等网贷平台的无序是没用的。

2017 年 4 月 22 日《南方都市报》·刘昌松专栏

公款打赏

|能要求主播退回吗|

当网络直播公司的受赠结果是王某犯罪行为的后果时，理论上讲是可以追回的。因为此时直播公司获得的受赠款成了王某犯罪行为的赃款，其又不成立法律意义上的善意取得，就应当依法予以追缴。当然，追缴的难度非常大。

利用公司财务上的漏洞，28岁的镇江男子王某在不到一年时间里，挪用了890万元单位资金。而这些钱，王某既没有用来改善家里生活条件，也没有用来购置豪车洋房，大部分都打赏给了网络主播。在被公司发现后，王某自杀未遂选择了投案自首。日前镇江警方公布了相关案情。(5月19日闽南网)

给网络主播打赏居然也能如此疯狂，着实让人开了眼界。网友们在不理解王某行为的同时，也提出了诸多法律问题，例如王某的行为到底构成什么罪，能判处多重的刑罚，尤其是王某所在单位能否追回王某打赏出去的钱。

先说说王某的行为涉嫌的罪名和相应的刑责。由于报道提供的信息量有限，本文只能在这个基础上分析各种可能情况下的刑事责任。

报道称，王某所在的单位是一家房地产公司，这家公司的财务管理混乱，主办会计和出纳会计都是王某，王某可以在没有任何监管的情况下，随意将单位资金打到自己的卡上。从2016年4月到2017年2月，总共挪用六七十次，大部分钱都打到了一些网络直播平台。

从这些信息来看，王某所在单位应该是一家私营房地产公司，因为国有或国家控股的房地产公司一般为大型企业，难以出现会计和出纳一身二任的情况。根据刑法规定，公司、企业或者其他单位的人员，利用职务上的便利，将本单位财物非法占为己有，数额较大的，构成职务侵占罪，处5年以下有期徒刑或者拘役；若数额巨大则在5年以上15年以下有期徒刑，可并处没收财产。该罪"数额较大"的追诉起点为6万元、数额巨大的起点为100万元，本案远远超过了"数额巨大"的起点，可能在10年至15年之间量刑；由于存在自首，可在此基础上从轻或减轻处罚。

如果王某所在的公司为国有单位（可能性小），所侵占的财产为国有款项，其行为涉嫌的罪名即为贪污罪，贪污数额达300万元以上的，即具有了"数额特别巨大"的情节，最高刑可达死刑。

如果王某将非国有单位资金转到自己银行卡后未想占为己有，而只想挪作一时所用，则涉嫌挪用资金罪，该罪比职务侵占罪要轻，最高刑只为10年，哪怕挪用资金数以千万或亿元计算。法律这样规定，很大程度上也让所在单位对其财务监管不严负了不小的责任。当然，如果王某的行为是国有单位的人员挪用国有资金（可能性小），则涉嫌挪用公款罪，最高刑为无期徒刑。

法律如何区分王某的行为是直接占有型的职务侵占（或贪污）还是临时使用型的挪用资金（或者挪用公款）呢？当然不仅看王某嘴上怎么说，更重要的是看他客观上怎么做。如果他采取各种方式（例如用假发票）把账做平了，自以为单位看不出资金缺口，那就是职务侵占或贪污；如果他未将账做平，单位查账一下子就能发现这个缺口，一般应认定为挪用，即使这个挪用永远也还不上。报道称王某家庭经济情况一般，听说单位要审计后，即想到自杀以谢罪，应该是一审计即能发现缺口，或为挪用性质。

再谈谈王某打赏网络主播的单位巨款能否追回。警方表示，他们正在积极查找这些主播，但将王某挪用的资金追回来非常困难。

网络主播一般通过合法注册的网络视频公司进行直播，网络观众进出自由，打赏自由。打赏是观众对主播表现的赞赏，法律性质为赠与，表面上是打赏主播，实际上打赏的钱进到直播公司账上，主播只能按合同约定获得提成（当然可能所占比重很大）。打赏同一般赠与并无二致，只有在受赠人采取欺诈、胁迫等方式，让赠与人作出不真实意思表示时，所发生的赠与才可请求法院撤销；或者附条件的赠与，受赠人未履行所附条件，或者受赠人严重侵犯赠与人或者其近亲属利益等（这些情况在网络直接打赏中一般不存在），赠与人才可以请求撤销，返还财产；否则，赠与的财产交付给受赠人后，是不能再要回去的。

当然，当网络直播公司的受赠结果是王某犯罪行为的后果时，应该是个例外，理论上讲是可以追回的。因为此时直播公司获得的受赠款成了王某犯罪行为的赃款，公司接受款项也不是基于交易行为，不能适用法律上的善意取得，故可以依法予以追缴。但正如警方所说，追缴的难度非常之大，因为打赏的钱进到直播公司后，作为公司的营业收入，公司交纳了税收、提取了公积金、公益金，支付了有关提成和其他经营成本后，可能所剩无几了，让公司都吐出来不可能；向主播追回的难度也大，因为直播公司使用了海量的主播，又由于主播的收入不是非法收入，即使找到了某些主播，其辩解这部分钱已经花完，警方也难以有所作为。

当然，有的女主播同王某由线上互动发展到线下交往，有的还同王某发生了性关系。如果女主播明知王某是挪用单位资金来打赏她还鼓动王某那样做，则成立挪用资金罪（或其他犯罪）的共犯，在追究女主播的刑事责任的同时，可追回其违法所得，此时追缴女主播的财产范围就比较宽泛了。

2017 年 5 月 20 日《南方都市报》·刘昌松专栏

责任政府与警检有度

凉拌菜

> 大量假冒伪劣食品、有毒有害食品不去查处，"打老鼠不打老虎"，去选择性地重拳出击卖凉拌菜者，也是引发热议的重要原因。

广州黄埔区一家火锅店超范围经营，21 天卖"拍黄瓜""青椒皮蛋"等凉菜，赚了 139 元，招来一张罚款 1 万元的行政处罚告知书。近日，这份告知书在微信朋友圈流传甚广并引起热议。黄埔区食品药品监督管理局表示，该处罚依法依规，没有故意为难当事人，由于火锅店已关门，食药监局找不到人，才张贴行政处罚告知书，后面会走程序。(7 月 26 日《南方都市报》)

黄埔区食药监局的处罚行为或许真如其所言，程序和实体上都依法依规，没有问题，但为何在公共舆论场上能引起这么大的争议，也确实值得深思。

先为黄埔区食药监局说点公道话，这起超范围经营食品的行政处罚，在程序和实体上可能确实依法依规，问题不大，也借机作一个行政处罚方面的普法。

首先来看看该机关处罚程序的合法性。该机关既然已经弄清楚火锅店 21 天内经营凉拌菜收入 139 元的细节，说明此前已经来过该火锅店调查取证，锁定了火锅店超范围经营的违法事实。至于有人提出，邻居店面人员介绍火锅店已开张半年，处罚机关为何只认定 21 天，其实这更符合有证据查实的认定、无证据查实的不认定之执法规范。

依《行政处罚法》规定，查清违法事实后，对公民 50 元以下、对法人或其他组织 1000 元以下的罚款可当场作出处罚。由于此案针对单位，罚款数额也超过 1000 元，未当场处罚是正确的。若店面未关，食药监局可直接向店主告知违法事项、违反的法律条文和处罚依据，当面听取其陈述申辩，并让店主签字确认即可；现找不到店主，张贴《行政处罚事先告知书》，将上述事项一一告知，且明确了陈述申辩的期限、地点，以及逾期的后果，之后再听取其陈述申辩即可正式作出处罚决定了。至于有人说未告知听证权利，由于数额较大的罚款（对公民处 5000 元以上，对单位处 5 万元以上）才需该程序，因此不告知听证没有问题。

再谈谈该机关拟罚款 1 万元在实体上的合法性。作为地方性法规的《广东省食品安全条例》（以下简称《条例》）第 12 条规定从事食品生产经营应当依法取得许可，并按照许可范围依法生产经营。该《条例》第 60 条规定，未按照许可范围从事食品经营的，由县级以上政府食药监部门没收违法所得和违法经营的食品，并可没收用于违法经营的工具设备和原料；违法经营的食品货值金额不足 1 万元的，并处 5000 元以上 5 万元以下罚款，货值金额 1 万元以上的，并处货值金额 5 倍以上 10 倍以下罚款；情节严重的，责令停产停业，直至吊销许可证。

本案涉案火锅店超范围经营的食品货值只有 139 元，属于不足 1 万元的情形，食药监局拟罚款 1 万元，确实在其权限范围内。至于有网友称行政处罚的种类还有警告，为什么不适用？这好理解，因为条例未赋予执法部门先警告再罚款的权限，超范围经营食品关涉消费者的生命健康不是小事。上述《条例》第 62 条即规定，食品生产经营企业未建立健全食品安全管理制度的，由县级以上政府食药监部门责令改正，给予警告；拒不改正的，处 1 万元以上 5 万元以下罚款。可见，没有安全管理制度虽然违法，但没有超范围经营食品严重，条例就设置了"警告"前置程序。

有人说，食药监局要完全依法办案，为何未没收刀具、案板等违法经营的工具和设备呢？一是条例只规定"可以"没收，而不是"应当"没收；二是这些工具设备也用于且主要用于其他合法经营的食品项目。

最后谈谈这起合法合规的行政处罚为何引起争议。我认为主要有这样几点缘由。

一是可能认为，即使合法也不合理。各国行政法大多明确规定了行政执法的比例原则，要求行政主体实施行政行为时应兼顾行政目标的实现和保护相对人的权益，二者应有适当的比例。我国行政法虽未规定比例原则，但国务院《全面推进依法行政实施纲要》要求，行政机关"所采取的措施和手段应当必要、适当"，有比例原则的意味。本案超范围经营食品的货值 139 元（不足 1 万元），黄埔区食药监局既未顶格处罚 5 万元，也未最低处罚 5000 元，而是拟罚款 1 万元，属于自由裁量的范围，也很难说违反了比例原则。

二是公民认知上的合理与行政法上的合理之间存在距离。作个浅显的类比可知，本案黄埔区食药监局即使按最低规格处罚 5000 元，还是会有不少人认为罚多了，原因在于普通公民只是将 139 元的违法数额同 1 万元罚款金额简单比较，未能像立法者那样理性考量。其实，从严格意义上的依法行政来讲，如果黄埔区食药监局对火锅店不作处罚，反而涉嫌行政不作为违法；若只给予警告处罚，又涉嫌滥用职权违法。当然，罚款 5000 元或许更人性化一些。

三是老百姓对主管部门的选择性执法很有意见便借机发泄。报道中记者在广州的街上随便一访查，即发现了"有火锅店经营范围没有凉菜，菜单上却有凉拌木耳等凉菜，不少消费者都点了凉菜"，这说明该类违法很普遍，是摆在街上和桌面上的违法，且不是只持续一两天，却没有处罚后果。全区乃至全市又有多少家，是否都会被执法，为什么偏偏是这一家被处罚？这可能才是引发争议的主要原因。要知，"法律面前人人平等"，是社会最基本的公正要求。

此外，大量假冒伪劣食品、有毒有害食品不去查处，"打老鼠不打老虎"，去选择性地重拳出击卖凉拌菜者，也是引发热议的重要原因。

法谚有云："法律的威慑力不在于处罚有多重，而在于其不可避免性。"如果超范围卖凉拌菜都受处罚，都受这么重的处罚，其他食品严重违法的处罚更不必说，如此这般，就根本不可能引发本案遭热议的事件。

2017 年 7 月 28 日《南方都市报》·刘昌松专栏

辩护全覆盖

|刑诉制度的重大突破|

长期以来我国律师刑事辩护的参与率只有30%左右，这个数字既包括强制指定辩护的律师数目，也包括被告人或其近亲属委托辩护的律师数目。现在一下子提高到了100%，即所谓的"全覆盖"，这当然是"量"的重大突破！

近日，最高人民法院、司法部联合出台了《关于开展刑事案件律师辩护全覆盖试点工作的办法》（以下简称《办法》），要求北京、上海、浙江、安徽、河南、广东、四川、陕西八省（直辖市），在全省（直辖市）或选择部分地区试行刑事案件审判阶段律师辩护的全覆盖。为有效落实"辩护全覆盖"，《办法》还对辩护律师的知情权、申请权、申诉权、会见权、阅卷权、收集证据权以及发问、质证、辩论等方面的执业权利，进行了比较全面细致的规定，不少规定是全新的，是我国刑事辩护制度的重大突破。

《办法》对我国刑事辩护制度的重大突破，既表现在"量"的方面，也表现在"质"的方面，因而获得了一片叫好声。

其一，《办法》对我国刑事辩护制度在"量"方面有重大突破。

这里所说辩护制度"量"方面重大突破，是指《办法》要求刑事案件审判阶段必须有辩护人参与的案件范围，在数量上大大提升，辩护人（主要是律师）参与刑事案件审理的辩护率由原来的30%左右，一下子提高到了

100%，即所谓的"全覆盖"。这当然是"量"的重大突破！

据权威学者研究，长期以来我国刑事诉讼活动中律师辩护率只有30%左右，由于非律师担任辩护人的情形不多（这个数字对"律师辩护率"的影响不大）。还应知道，这个30%的律师辩护率，既包括强制指定辩护的律师数目，也包括被告人或其近亲属委托辩护的律师数目。

现在《办法》要求，"被告人具有刑事诉讼法第三十四条、第二百六十七条规定应当通知辩护情形，没有委托辩护人的，人民法院应当通知法律援助机构指派律师为其提供辩护"（此即前述强制辩护）。"除前款规定外，其他适用普通程序审理的一审案件、二审案件、按照审判监督程序审理的案件，被告人没有委托辩护人的，人民法院应当通知法律援助机构指派律师为其提供辩护。"这便使有辩护人参与辩护的案件一下子扩大到了一审普通程序刑事案件、所有二审和再审刑事案件。

由于刑事案件一审程序除普通程序外，还有简易程序和速裁程序，因而《办法》进一步要求，"适用简易程序、速裁程序审理的案件，被告人没有辩护人的，人民法院应当通知法律援助机构派驻的值班律师为其提供法律帮助。"这便使刑事案件的辩护率（主要是律师辩护率）达到了100%的无死角覆盖。

其二，《办法》对我国刑事辩护制度在"质"方面也有重大突破。

由于刑事诉讼关涉被告人的生命、自由和财产，同人权关系最为密切，《办法》开宗明义指出，制定本办法是"为推进以审判为中心的刑事诉讼制度改革，加强人权司法保障，促进司法公正，充分发挥律师在刑事案件审判中的辩护作用"。可见，《办法》不但追求让每名被告人都获得辩护人（主要是律师）的帮助，同时也追求让辩护律师充分发挥辩护作用，能同强大的国家追诉权形成制衡，以避免冤假错案，从而促进司法公正。

为了充分发挥律师的辩护作用，《办法》有实质性突破的规范至少有这样几个方面。

一是确立了案件中被告人若无人辩护则审判无效并对造成该情形的人追责的制度机制。《办法》明确，第二审法院发现第一审法院未履行通知辩护职责，导致被告人在审判期间未获得律师辩护的，应当裁定撤销原判，发回原审法院重新审判；法院未履行通知辩护职责，或者法律援助机构未履行指派律师等职责，导致被告人审判期间未获得律师辩护的，依法追究有关人员责任。

二是要求法庭充分重视辩护律师的意见。实践中，辩护律师申请法院收集、调取证据，法院大多以"没有必要"口头驳回；同样，辩护律师申请法庭通知证人、鉴定人、有专门知识的人出庭作证，法庭往往也以"必要性不大"为由，敷衍搪塞。现《办法》规定律师要求法院书面提供驳回申请理由的，法院必须书面说明理由。可以想到，试点地区法院再驳回辩护律师的申请，就会慎之又慎，辩护律师的申请被采纳的概率自然会大大提高。

辩护律师意见最大的，莫过于辩护意见再正确也被法院漠然视之，且裁判文书只是简单地称"辩护意见与事实和法律不符，不予采纳"，而不讲任何具体道理。现《办法》要求裁判文书，"对于律师依法提出的辩护意见未予采纳的，应当作出有针对性的分析，说明不予采纳的理由"。

三是对侵犯律师辩护权的行为规定了明确的救济措施。《办法》要求法院、司法行政机关和律师协会建立健全维护律师执业权利快速处置机制，畅通律师维护执业权利救济渠道。最难得的是，《办法》明确了法院的监察部门具体负责受理律师投诉，并且要求法院在官方网站、办公场所公开受理机构名称、电话、来信来访地址，及时反馈调查处理结果。

当然，《办法》还只是最高人民法院和司法部制定，因而只能规范审判阶段的辩护，不能规定侦查和审查起诉阶段；还只在部分地区试点，而非全国推行。期待一年试点期满后，能形成更成熟的规范，并写入正在修订的《律师法》中，能在全国范围内普遍适用，使我国的刑事辩护制度全面升级。

【补注】2018 年底，最高人民法院、司法部又下发了《关于扩大刑事案件律师辩护全覆盖试点范围的通知》，决定从 2019 年 1 月起，试点工作范围扩大到 31 个省、自治区、直辖市，延长试点工作的时间到何时截止未作规定。不难预测，"辩护全覆盖"试点结束之日，就是该项工作正式全面推行之时。另外，简易程序和速裁程序中未委托律师辩护的被告人，由值班律师提供法律帮助，注意不是担任其辩护人。因此，将《办法》精神称之为"辩护全覆盖"可矣，称之为"辩护人全覆盖"不准确。

2017 年 10 月 13 日《南方都市报》·刘昌松专栏

律师调解

|解决纠纷多了一种选择|

建立律师广泛参与调解机制，让律师扮演"法官"角色参与处理案件，律师们当然乐意，但律师最关心的是经费保障，因为律师是以收取服务费作为谋生手段的。如果标准定得过低，律师也不会有什么积极性。

近日，最高人民法院、司法部联合印发的《关于开展律师调解试点工作的意见》（以下简称《意见》）在媒体披露，引起了强烈反响。《意见》规定，律师调解将在北京、黑龙江、上海、浙江、安徽、福建、山东、湖北、湖南、广东、四川等11个省（直辖市）开展试点。届时，法院的诉讼服务中心或诉调对接中心、县乡的公共法律服务站、律师协会、有条件的律师事务所，将分别设立"律师调解工作室"。可以想见，不久的将来，律师调解将成为我国民商事纠纷化解机制中的重要组成部分。

我们知道，社会这个复杂机体，不可避免地存在刑事、民事、行政各种纠纷，其中民商事纠纷占了绝大多数。从形式上讲，我国除法院通过诉讼解决民商事纠纷外，还有社区的人民调解、行政机关的行政调解、仲裁机构的仲裁裁决等解决纠纷的途径，但这些纠纷解决机制在实践中发挥的作用很有限——人民调解虽覆盖了几乎所有社区且不收费，但因调解员缺乏专业性和权威性，社区百姓并不太买账；行政机关调解不收费是优点，但也因此缺乏动力，其调解结案的纠纷很少；仲裁机构是收费服务，也具有专业性，但只设在中等城市，数量有限，加之人们还不习惯选择它，解决纠纷的数量也不多。这些原因，共同导致大量纠纷汇集到了人民法院，北京一家法院的派出法庭半年受理案件即达上万件，不少法官手头积压了上百起案件，经常连夜加班也审不过来，案件质量也难以保障。因此，《意见》的出台非常必要。

其实，通过诉讼外机制化解纠纷，已是当今国际化发展趋势。最为有名的，莫过于美国的 ADR（Alternative Dispute Resolution 替代性纠纷解决办法）机制，它就是一个由法官以外的第三方参与协助解决纠纷的步骤或程序，其中由律师主持的专业咨询或法律援助性质的 ADR 机构，是一种重要形式，现在已在世界范围内得到推广。当然，美国产生该机制也非偶然，美国 45 位历任总统中有 26 位是律师出身，其中律师出身的总统林肯就特别看重律师在化解纠纷中的作用。他说："劝阻诉讼吧，尽可能地说服你的邻居达成和解。向他们指出，那些名义上的胜诉者实际上往往是真正的输家——损失了诉讼费、浪费了时间。律师作为和平的缔造者，将拥有更大的机会作个（调停的）好人。"

经过改革开放近 40 年来的发展，我国已有 2.6 万家律师事务所和 32.8 万名执业律师，这是一笔巨大的社会资源。为当事人提供法律服务，帮助其化解民商事纠纷，本来就是这支宏大队伍的重要使命和业务范围，因而建立律师调解机制不会增加律师行业的总体负担。现有执业律师均通过严格的国家司法考试测试，又经受过大量的司法实践磨炼，有着处理纠纷的丰富经验。因此，吸收律师直接参与到民商事纠纷化解机制中来，绝对是发挥律师的专业优势、职业优势和实践优势的明智之举。

此外，《意见》配套措施中有两条对当事人和调解律师很有吸引力，将会有力推进律师调解工作落地。一是律师主持达成的调解协议可申请法院确认其效力，或符合条件的可直接向法院申请支付令，予以强制执行。二是赋予律师用书面形式记载调解过程中双方没有争议的事实并由当事人签字确认，将来涉诉当事人无须对这一事实进行举证。

不过，我国建立律师广泛参与调解的制度，并非一蹴而就，需要经费保障和其他配套措施的支持，否则，即使建立起来了也很难持久和长效。

现在建立律师广泛参与调解机制，让律师扮演"法官"角色参与处理案件，律师们当然乐意，但律师最关心的是经费保障，因为律师是以收取服务费作为谋生手段的。对此，《意见》确实作了安排，一是通过政府采购来解决，二是按"有偿和低价原则"，由律所直接向双方当事人收取，具体标准由试点省份制定并报批。但也应看到，如果标准定得过低，律师也不会有什么积极性。窃以为应该比照刑事法律援助的律师办案补偿标准，比其略高一些来确定。

总之，《意见》创设的律师广泛参与调解的纠纷处理机制，是一件十分值得期待的事情。现在虽只在 11 个省份试点，相信最高人民法院和司法部会及时总结经验教训，积极推进改革实践成果的制度化、法律化。届时，全国各地随处可见"律师调解工作室"的牌子，成为我国城乡的一大风景，在及时化解民商纠纷中发挥重要作用。

【补注】2019 年 3 月，司法部公布了一组数据。截至 2018 年底，全国共有执业律师42.3 万多人。律师人数超过 1 万人的省（区、市）有 18 个，分别是北京、河北、山西、辽宁、上海、江苏、浙江、安徽、福建、山东、河南、湖北、湖南、广东、重庆、四川、云南、陕西；超过 2 万人的省（市）有 8 个，分别是北京、上海、江苏、浙江、山东、河南、广东、四川；超过 3 万人的省（市）有 2 个，分别是北京、广东。从律师类别看，专职律师有36.4 万多人，占85.89%，兼职律师1.2 万多人，占2.87%，公职律师3.1 万多人，占 7.43%，公司律师7200 多人，占 1.71%，法律援助律师7400 多人，占 1.75%，军队律师1500 人，占 0.35%。

另外，《全面深化司法行政改革纲要（2018-2022 年）》提出目标，2022年全国律师总数达到 62 万人，4 年间增加 22 万名律师，每年需要新增 5 万名律师。对此，有评论称，"粗略预计每年通过法考的人数可达 10 余万人，而每年报名人数约 60 万人左右。这个通过率有点类似于司考时代 2008 年至2011 年前后，通过率骤然上升，随后逐渐下降。"

2017 年 10 月 17 日 光明网·光明时评·刘昌松专栏

大米变黄

| 政府应担起责任来 |

市场经济就是法治经济；法治经济应是一种有序的经济，国家职能机关则是市场秩序的"看守"。市场若处于良好的秩序状态，"看守"应无为而治；秩序一旦出现问题，"看守"一要"看见"二是"守护"，机制才处于正常状态。

北京市朝阳区十里堡的居民杨先生，2个月前在发现华堂商场购买的"梅河长粒米"使用一个月后，出现淘米时水变黄；近日该大米直接变成了黄色。杨先生担忧，自己一家老小都吃了这种变色的大米，会不会对家人的身体健康造成影响。（据《中国食品安全报》报道）

该事件通过媒体的报道，也引起了公众的担忧。

大米是老百姓日常生活用品，应为白色或半透明晶状物，现在杨先生家购买的大米，颜色突然变黄，依常识来看，这种现象肯定不正常。当然，如果该大米有保质期，例如杨先生购买该大米时，包装显示保质期还剩一个月，杨先生于一个月后食用过期大米才出现这些问题，恐怕很难找商家或厂家承担责任。

但本案的情况不是这样。杨先生购买的大米属于散装食品，印有"华堂商场"字样的简易包装上，既没有生产日期，也没有保质日期，只有一个"包装日期"。这一做法明显违反法律，是对消费者生命健康不负责任的表现。

《食品安全法》（2009 年）第 41 条第 2 款规定："食品经营者销售散装食品，应当在散装食品的容器、外包装上标明食品的名称、生产日期、保质期、生产经营者名称及联系方式等内容。"因此，华堂商场在消费者发现问题后追要说法，还说不清楚该大米的生产日期和保质期，连一句道歉也没有，更没有其他说法，非常不妥；这样做，也会失去消费者的信任。

当然，杨先生一家真要商场承担赔偿责任，也存在一些法律上的障碍，例如他们不知道一家人的身体健康到底受到哪些影响，即出现了什么损害后果（侵权法上有"无损害即无侵权"的原则，杨先生主张侵权赔偿，必须证明损害及大小），这需要对一家人的身体进行全面体检，甚至还要做一些特殊的专项检查，这自然是一笔不小的开支。若检查发现问题，当然可以通过法律途径，让生产大米的厂家或销售大米的商家来承担赔偿责任；但是，如果未发现问题呢？由杨先生一家自己来承担这笔开支也明显不公平。

另外，对涉案大米进行鉴定，并鉴定出与食用者身体损害之间的因果关系，这更是一笔不小的支出，若由杨先生一家先行支出，这等于让他们一家为公众安全买单，显然更不公平。——若类似事件需要这样去维权，那老百姓维权的成本也太大了，多数情况下消费者只能选择放弃。

商家只逐利怕担责，带有些通病，当然应当谴责，但在该事件中，媒体只把目光盯在经营者身上，而没有盯住另一个重要的该盯住的主体——食品安全监管者，则是不小的疏忽。其实，《食品安全法》对举报食品可能存在安全隐患及如何处理，有着十分详备的制度设计。

杨先生通过向媒体曝光的方式，披露华堂商场销售的"梅河长粒米"变黄事件，相当于公开举报。按照《食品安全法》的规定，监管部门接到举报后，应尽快介入调查，并采取一些应急措施，例如封存有关大米，责令暂停不合格大米的销售；及时组织对涉案大米的鉴定，对涉案大米可能存在生物性、化学性或物理性的危害进行风险评估。其中，当然应包括对杨先生一家人的身体健康状态进行检查。

法律规定，若食品安全风险评估结果得出"食品不安全"的结论，国务院质监、工商和食药监管理部门应当依据各自职责立即采取相应措施，确保该食品停止生产经营，并告知消费者停止食用；甚至制定、修订相关食品安全国家标准。法律还规定，根据食品安全风险评估结果，对可能具有较高程度安全风险的食品，国务院卫生行政部门应当及时提出食品安全风险警示，并予以公布。

我们常说，市场经济就是法治经济；法治经济应是一种有序的经济，国家职能机关则是市场秩序的"看守"。市场若处于良好的秩序状态，"看守"应无为而治；秩序一旦出现问题，"看守"一要"看见"二是"守护"，机制才处于正常状态。因此，"梅河长粒米变黄事件"还有一个价值，可用它来检验一下国家有关部门对食品安全风险评估的法律机制是否有效，让我们一起期待。

2013 年 7 月 12 日《甘肃日报》·甘肃评论

烟　草

| 广告泛滥依旧，应查渎职责任 |

根据新《广告法》，只要在公共视野里出现烟草制品名称、商标、包装、装潢等，都可认定为烟草广告违法的情形。

据报道，新探健康发展研究中心和北京市义派律师事务所，12月27日联合发布《新广告法实施一周年禁止烟草广告执法观察报告》（以下简称《报告》）。《报告》称，他们对北京、青岛、深圳等18个"无烟城市"的监管部门，申请了控烟相关政府信息公开，已做出回应的15个城市的政府信息反映，仅8城开展了新广告法的学习活动，3城表示接到过举报电话并公开了情况。报告认为，在没有相关法律解释和部门规章的情况下，新《广告法》禁止烟草广告的执行率较低。（12月27日澎湃新闻）

呜呼！做出信息回复的15个城市中只有3个城市有过查处烟草广告违法的情况，具体查处例数还羞于公布，且是"无烟城市"呈现的状况，可见全国烟草广告的监管形势确实堪忧。《报告》所称缺乏相关法律解释和部门规章，或许是一个原因，但我认为，这绝不是主因，关键还在于提高烟草广告监管的执法观念，应动真格执法。

首先，把板子重点打到规范不明上，似有帮执法不力找借口之嫌。《广告法》对执法主体和范围的规定，还是比较明确的。《广告法》规定，国务院市场监督管理部门主管全国的广告监督管理工作，县级以上地方市场监督管理部门主管本行政区域的广告监督管理工作，这便堵死了各部门之间因监管不明而相互推诿的大门。

《广告法》规定，"禁止在大众传播媒介或者公共场所、公共交通工具、户外发布烟草广告。"在这里，"大众传播媒介""公共场所""公共交通工具""户外"等概念都清晰明确，没有细则和法律解释，认定难度也不大。广告法还规定，"禁止利用其他商品或者服务的广告、公益广告，宣传烟草制品名称、商标、包装、装潢以及类似内容"。这就将变相烟草广告一并禁绝，对那些想绕道者也亮了红灯。

可以说，根据新《广告法》，只要在公共视野里出现烟草制品名称、商标、包装、装潢等，都可认定为烟草广告违法的情形。而对于那些怠于认真履行监管职责，不想动真格的执法者而言，立法再细再完善也是枉然。

《报告》称，"百度搜索引擎、微信公众平台、新浪微博等网络烟草广告泛滥"，这是立法不明确的问题吗？显然不是，互联网属于"大众传播媒介"不应有争议。或许查处互联网上的广告发布者比较困难，但找到烟草广告主还是比较容易的。所以，未查处这类烟草广告，"是不为也，非不能也"。

其二，烟草广告监管的执法不能只靠运动式检查和群众举报，而应增强执法的积极性和主动性。《报告》显示，15个城市中"仅8城开展了烟草广告的执法检查，其中仅2城提供了相关数据"。众所周知，开展运动式执法检查，时间固定，动静很大，简直是在告诉广告违法者"暂时收起来"，其收效可想而知。就是这样的执法检查，也只有两个城市有数据，另外6个城市是否真搞了还值得怀疑。

其实，违法的烟草广告同其他违法行为很不一样，它是一种招摇过市、十分张扬的违法，因为只有这样才能达到广告效果。只要执法人员不定期地到辖区范围走一走，几乎都能发现；而只要发现一起查处一起，无侥幸可言，谁还敢把烟草广告挂出来？那种在办公室里坐等群众举报，甚至接到举报后也懒得查处的执法态度，本质上是一种不作为渎职，辖区内的违法烟草广告不泛滥才是怪事。

其三，提高执法意识，动真格执法，是做好烟草广告监管工作的关键。在这一点上，应特别强调破除"我国是烟草大国，烟草是重要税收来源"，"我国烟民多，烟草广告也是为这部分群众服务"，"烟草广告违法算不上违法，或算不上多大违法"等陈旧观念，建立我国是《烟草控制框架公约》的缔约国，应履行条约义务；烟草广告严重毒害年轻一代和影响整个民族未来；应转变经济发展模式，逐步减少对烟草税收的依赖；烟草违法也是违法，同样应严格执法，不执法就是渎职等新观念。

只有监管部门的认识到位了，相关工作才会跟上去，才会消除"办公室坐等举报执法"的消极做法，增强监管人员执法的主动性；才会通过对具体案件的严肃查处，来提高商户对烟草广告违法性的认识；才会走上街头，向群众大力宣传广告法中禁止烟草广告的规定，提高他们的觉悟，进而增强其举报的积极性。

当然，尽快出台相关法律解释和实施细则还是很有必要的，因为这本身就是国家重视这项工作的表现，也可大大增强执法的可操作性，同时不给执法不力找借口的机会。期待全国各地的烟草广告监管状况尽快有一个大的改观，明年再见到两家民间机构联合发布的《报告》，能呈现出另一番景象。

2016 年 12 月 31 日《南方都市报》·刘昌松专栏

身份证

｜警察能随意盘查吗｜

公民出门没有携带身份证的义务；警察无权随意盘查公民的身份证，警察的盘查仅限于法定时机场合；不是说公民遇人说"我是警察，请出示你的身份证"，公民就必须配合"执法"。

深圳宝安民警对两名过马路女孩盘查身份证的事件还未平息，昆明街头又冒出了有人冒充警察以查身份证名义将被害人拉上轿车实施抢劫的报道。两个事件联系起来，紧密相连的三个问题便严重地纠结着许多人：一是公民出门是否有义务携带身份证，该问题的实际意义是，不携带身份证是否有不利的后果？二是警察是否有权随意盘查公民的身份证，也就是说，是否警察在什么时机、什么场合都可以盘查公民的身份证？三是只要穿着警服的人一说"我是警察，请出示你的身份证"，公民就必须配合吗？

根据法律的相关规定，以上几个问题的答案，其实都是否定的。

一、公民出门没有携带身份证的义务，单纯不携带身份证，没有不利后果

公民出门是否有义务携带身份证？对此，2003年发生的孙志刚事件是个分水岭，之前和之后的答案正好相反。

孙志刚事件之前的立法是义务本位的，公民出门携带身份证，确实是一

项义务，否则，公民无法证明自己是谁，身份不明，确有可能被警察适用《城市流浪乞讨人员收容遣送办法》（已废除）予以收容遣送。

孙志刚事件后，国家废除了上述办法，以权利为本位，出台了《城市生活无着的流浪乞讨人员救助管理办法》，公民出门在外，即使真是"没有身份证证明自己是谁"的流浪乞讨人员，国家设立的救助站也只有"来去自由"的救助义务，而没有收容关押和强制遣送的权力。相反，公民忘带身份证乘坐火车、飞机，还有权要求警方现场办理临时身份证，以方便其出行。

二、警察无权随意盘查公民的身份证，警察的盘查仅限于法定时机场合

这里的核心是"随意"二字，若回答是肯定的，便意味着警察在任何时机、任何场合都可以盘查公民的身份证，公民必须配合；若回答是否定的，公民还应知道哪些时机场合，警察无权盘查身份证，可以依法主张自己的权利。

我们知道，由于身份证上印着持证公民的姓名、性别、民族、出生日期、常住户口所在地住址、公民身份号码等信息，这些信息都属于个人隐私范畴；若不是办事需要，公民一般不愿将这些信息示之于人，其中也包括人民警察，这当然是可以理解的。

现行《身份证法》2003 年制定，2011 年修订。据当初参与制定该法的学者介绍，当时确有少数参与立法者主张，人民警察只要是依法执行职务，就可以随意查验居民身份证；但多数参与立法者认为，人民警察对居民身份证也不能想查就查，如果对无关人员可以随意查验居民身份证，不利于保障公民的合法权益，也容易引发许多问题。

最后 2003 年《身份证法》根据多数意见，规定了人民警察依法执行职务，遇有下列情形之一的，经出示执法证件，可以查验居民身份证：（1）对有违法犯罪嫌疑的人员，需要查明身份的；（2）依法实施现场管制时，需要查明有关人员身份的；（3）发生严重危害社会治安突发事件时，需要查明现场有关人员身份的；（4）法律规定需要查明身份的其他情形。（第 15 条）

可见，即便是人民警察，法律也未授权其可以"随意"盘查公民身份证，而只限于 4 种情形可以盘查。这 4 种情形的前 3 项，要么是某人涉嫌违法犯罪，要么某人在"实行管制现场"和"突发事件现场"，且有查明其身份的

必要，条件相当严格。至于第 4 项，立法技术上称为弹性条款，一般情形下不得适用，它只是为将来某部"法律"规定何种情形也可盘查居民身份证预留制度接口。请注意，只有全国人大及其常委会制定的"法律"才能为此设限，行政法规、地方性法规等都不能作出这样的规定。

需要特别注意的是，随着治安形势越来越复杂，为加强人群特别密集公共场所的治安管理，在飞机票实行实名制基础上，火车票、轮船票也逐渐实行起实名制（汽车票暂未推行）。在这种背景下，2011 年《身份证法》修订时在第 15 条第（三）项后面增加了一种情形作为第（四）项，即"在火车站、长途汽车站、港口、码头、机场或者在重大活动期间设区的市级人民政府规定的场所，需要查明有关人员身份的"，人民警察也可依法查验身份证。原来的第（四）项变更为第（五）项。

新增加的这一项，的确大大地扩展了警察盘查公民身份证的范围，但也不是所有的公共场所，警察都能查验身份证，法律明确限定为"火车站、长途汽车站、港口、码头、机场"之五种交通港口。像集贸市场、商场、医院、电影院、公园、运动场以及城镇街道等公共场所，警察都不能随意对公民盘查身份证。在城市地段尚且限制在这样几种场合，依当然解释，在农村所有地段，更是不得随意盘查公民身份证。

至于城市举行重大活动，社会治安形势最为复杂，法律扩大警察盘查公民身份证的范围，是必要的，但也仅限在"设区的市级人民政府规定的场所"；而不是说，只要某市举行重大活动，警察在全市范围内都可以对公民盘查身份证；还应注意，只有直辖市和地级市的政府才能划定这种场所，县级市政府完全无权这样做。

显然，深圳宝安民警对两名过马路的女孩盘查身份证，不属于《身份证法》第 15 条规定的五种情况中的任何一种。

三、不是说公民遇人说"我是警察，请出示你的身份证"，公民就必须配合"执法"

前引《身份证法》第 15 条对警察盘查公民的身份证设定了程序限制，必须符合"依法执行职务时"，"经出示执法证件"两点限制条件，才可以查验居民身份证。《人民警察法》第 9 条关于当场盘问也有类似的限制。

就是说，某人即便是警察，但在他度假、逛街、旅游、外出办私事等非执行职务的场合，无权盘查他人的身份证，必须是在"依法执行职务"时才有这个职权，当然，休假中临时接受任务，也算"依法执行职务"。

再者，警察盘查公民身份证时，不能仅靠一身警服证明自己的职务身份，而必须出示自己的执法证件，要一"出"二"示"，光拿出来晃一晃不行，还得示之于人，让执法对象明确知道你是哪个单位的警察，姓甚名谁，职务如何，警号多少等。否则，执法对象咋知道你是真警察还是假警察；就是真警察，执法对象若认为其执法违法，也应知道投诉谁。

总之，出示证件是盘查的前提条件，不出示证件，公民就有权拒绝配合。像昆明街头那个冒充警察的抢劫犯，也是对被害人喊"我是警察，请出示你的身份证"，还以到其车上检验身份证真伪为由，将被害人拉上轿车实施抢劫。这种情形下，公民无原则的配合，就是纵容犯罪。

2016 年 6 月 12 日《新京报》时评·沸腾

残疾人

｜报警反被摔伤，警方应否担责｜

残疾人曹某宏遭到持刀追砍，选择向警察求救，完全合理；警察出手相救，是其职责要求，无论被求救的是防暴警察还是一般治安警察。

"有困难找民警"，这是个深入人心的社会常识。陕西省志丹县精神残疾人曹某宏也知道这个道理。今年5月的一天，他在志丹县前广场买饭时，被流浪人员抢走饭钱，讨要过程中还被对方持刀追砍，情急之下他向停在路边的一辆防暴警车求救，见无反应又敲窗，而车上下来的3名工作人员反将他摔倒致伤。近日志丹县公安局回应媒体记者，承认警方在执法中存在过错，并称局里已有书面调查结论但一直未提供给媒体。不过有一点很清楚，志丹县公安局至今未向伤者道歉和作出任何赔偿。

此案中，警方是否存在道歉和赔偿的法律责任呢？答案是肯定的。

"有困难找民警"，不仅仅是人民群众对警察的一句爱评，更是有法律依据的职责和义务。《人民警察法》第21条规定："人民警察遇到公民人身、财产安全受到侵犯或者处于其他危难情形，应当立即救助；对公民提出解决纠纷的要求，应当给予帮助；对公民的报警案件，应当及时查处。人民警察应当积极参加抢险救灾和社会公益工作。"

可见，法律要求警察在公民遇到各种"危难情形"时，无论是否求救，都应"立即救助"，没有警种之分，没有上下班之分，也没有工作日休假日之别。这是警察职务的光荣和神圣之处，也是其特殊的职责和使命所在。

因此，残疾人曹某宏遭到有人持刀追砍，选择向警察求救，完全合理；警察出手相救，是其职责要求，无论被求救的是防暴警察还是一般治安警察。本案若是警察不救，曹某宏被人砍伤砍死，警方肯定负有不作为的渎职责任。

令人惊讶的是，被求救警车上的 3 名警察下车，不问青红皂白地将求救者曹某宏摔倒，导致"曹某宏头皮裂伤、轻型颅脑闭合性损伤，右肩部擦伤"。对此，警方一方面承认看了监控，当时执法确实有错，另一方面又不说错在何处，反称当时"车上民警行为是合理的，毕竟无法判断这个持棍子的人是否还会有其他暴力行为"。

防暴警察是专门组成用以压制暴动、强制解散示威人潮的警察队伍，其装备和技能都比较强。现仅遇到一个人拿着棍子来敲警车车窗，至少应问明敲窗原因再采取相应措施，而不能立即恼羞成怒，下车将敲窗者贸然摔倒致伤。而在什么情形下警察可对公民采取这种强制措施呢？《人民警察法》也有所规范，那就是"对严重危害社会治安秩序或者威胁公共安全的人员"才能采取，这当然也是在弄清情况的基础上。曹某宏仅仅是用棍子敲了下警车，谈不上"严重危害社会治安秩序或者威胁公共安全"；敲窗自有敲窗的缘故，警察不了解敲窗原因即下车一顿摔揍，无疑是错误的。对于曹某宏的受伤，即使不是故意造成的，至少也是有过失的。

《人民警察法》第 50 条规定："人民警察在执行职务中，侵犯公民或者组织的合法权益造成损害的，应当依照《中华人民共和国国家赔偿法》和其他有关法律、法规的规定给予赔偿。"这里的职务侵权，包括故意侵害也包括过失侵害，都应依法承担赔礼道歉、赔偿损失等职务侵权责任。

曹某宏的家人说："有精神残疾证的曹某宏被打伤后，在志丹县住院 40 天，因受到惊吓，出院后又在延安治疗精神方面的疾病，目前已花费 3.2 万元"，"警方至今未赔偿一分钱"。对此，志丹警方回应称："没有及时作出赔偿是因为伤者家属要钱太多，警方没办法满足"。问题是，警方对该事件的发生，是否真的心存歉意？为何至今未到医院看望过曹某宏，未向其作出哪怕一句道歉，也未支付过一分钱的医疗费？

其实，警察也是人，在处警过程中面临着巨大的心理压力，执法中出现偏差和过错很正常，只要能正视错误勇于担责，人民群众是会理解的。但如果逃避责任，或者为自己的行为文过饰非，那么，无论一开始的错误多么微小，都会让人反感。

2017 年 9 月 8 日 荔枝网·荔枝锐评

车　震

|女子自杀，拍视频警察该担何责|

当事正式警察和协警成立共同犯罪，涉嫌构成滥用职权罪（或者玩忽职守罪）和侵犯公民个人信息罪的竞合，依刑法法理应从一重罪处理。

前段时间，网上疯传一段视频，一对男女正在一辆小轿车中亲热，车外多人拍摄。从视频中的对话及多个镜头可以看出，拍摄者一方身穿制式警服，手拿对讲机。

今日凌晨，邯郸警方通报证实该视频拍摄于去年7月，为馆陶县巡特警大队辅警王某某擅自用手机拍摄，后该视频外泄。8月30日早上视频中女子韩某来到县巡特警大队，很快喝下随身携带的农药，后送医院抢救无效，于9月1日下午死亡。现县检察院已成立专案组，巡特警大队大队长被停职，辅警王某某被拘留，县政法委牵头做善后工作。

"车震"这样一个刺激眼球的事件，在引起网络围观之后，竟然引发自杀悲剧，实在令人唏嘘。类似视频在网络传播并非孤例，有必要严肃反思相关各方的过错与责任。

一、不雅视频中的男女玩"车震"是否存在违法或者犯罪

根据邯郸警方的通报，视频中的男女玩"车震"的白色轿车，是停靠在309国道路边的，国道属于公共道路，是典型的公共场所。在这种场合下玩

"啪啪啪"，有可能被不经意的过路人看到和听到，亵渎他人对性的情感，在道德上肯定是应当受到谴责的。

如果"车震"男女在车内进行卖淫嫖娼行为，那同一般卖淫嫖娼没有二致，肯定是违法的。但除此之外，很难说他们违反什么法律。有的网友提到是否涉嫌成立聚众淫乱、组织淫秽表演等，那简直挨不着，就两个人，咋成立"聚众"，咋成立"组织"？

真不知道去年7月馆陶县巡特警大队发现该情况是如何处理的，从视频中车内男子不断要求私了来看，警方应该是要将他们带到警署进行处理。这当然也能说得过去，万一是卖淫嫖娼，不调查怎么弄清楚，但问明不是卖淫嫖娼，若还进行处理，就明显不对了。

总而言之，像这种在马路和广场边玩"车震"的行为，一般只应受到道德谴责，还谈不上治安违法，更谈不上刑事犯罪。若警方对"车震"男女查明了不属于卖淫嫖娼的情形，就不是一起治安案件，不需要作出治安处罚，就应当着青年男女的面将视频删除干净，以免外泄之患或消除当事人的担忧。这是正常做法。

二、当事警员对韩姓女子的死亡应承担何种责任

邯郸警方的说法是，当时是一名临时工（协警）擅自用手机拍摄的，也就是说，不是当天执法警察用执法记录仪正常拍摄，而是私人手机拍摄，外泄出去就不足为怪了。似乎这样，警方的责任就小得多。

其实道理不应这么讲。辅警又称协警，是在警力严重不足情形下出现的一种现象，是辅助正式警察开展工作的财政补助性事业人员，其穿着的制服同正式警察区别不大，一般人很难分别。协警上岗前应进行严格培训，其本身没有执法权，应听从正式警察的指挥，其辅助从事的警务，应该由正式警察和所在的警察机构承担责任。

当时在场"穿制服的警务人员有3名以上"，若都是协警去巡逻执勤，肯定是错误的；若有正式警察在场，正式警察为什么不制止协警用手机"擅自拍摄"？当事协警当然要承担自己的责任，但有关正式警察和巡特警大队领导也有不可推卸的责任。

我认为，当事正式警察和协警成立共同犯罪，涉嫌构成滥用职权罪或者玩忽职守罪和侵犯公民个人信息罪的竞合，依刑法法理应从一重罪处理。

可能有人说，那是女子想不开，不尊重自己生命，不应让当事警察对其死亡负责。但仔细想想，人有脸树有皮，如此视频内容"在馆陶网友中广为扩散""视频病毒式扩散给当事人带来恐慌"，有几个人的心理能够承受？当事女子到巡特警大队羞愤自杀，同警员基于职务行为录下视频又不当外泄之间，应存在刑法上的因果关系，当事警员涉嫌滥用职权罪或者玩忽职守罪。

此外，当事协警的行为也涉嫌侵犯公民个人信息罪。协警王某某擅自拍摄的视频属于那对青年男女最为私密、最应保密的个人信息，将其外泄即为提供他人且为提供给了不特定的公众，是最严重的一种提供，且造成了信息当事人死亡的严重后果，完全符合情节特别严重之该罪的构成要件，应在3年至7年之间处刑；因取得这些信息是在履行职务的过程中所为，还应从重处罚。当事正式警察即使只是没有制止王某某，因为有制止的职责，也因"不作为"而成立侵犯公民个人信息罪的共犯。

如前所述，相关警员涉嫌滥用职权罪（或者玩忽职守罪）和侵犯公民个人信息罪，属于同一个行为触犯数个罪名的情形，成立刑法理论上的想象竞合犯，不数罪并罚，而只按一个重罪处理。由于两罪的法定刑都有两档且两档完全一样，我认为适用滥用职权罪或玩忽职守罪更为合适，因为其职务犯罪的特征更明确一些。

2016 年 9 月 3 日 凤凰网·凤凰评论

抢错孙子

| 拘留 5 日是否处罚过轻 |

文/戴平华（新法制报记者）　刘昌松

> 我国法律没有赋予爷爷奶奶以探望权，在立法调整之前，爷爷奶奶就是没有探视权的，只有取得监护人同意后才可直接探视；否则，只能在自己的儿子或者女儿行使探视权时一同探望。

国庆期间，北京市丰台区某商场孩子被抢事件引发社会高度关注。10月6日，北京市公安局通报了案件的核查情况。

经核查，李某及老伴因儿子与媳妇关系不合，一直见不到孙子，李某的朋友沙某某等三人同情其遭遇，愿意帮忙找其儿媳要回孩子。然而，由于将住在同小区的事主张女士错认为老人儿媳，而发生了错抢孩子事件。

警方通报称，丰台分局依据调查情况作出不予刑事立案决定之后，以扰乱公共场所秩序对李某和沙某某、运某某、高某某3人作出行政拘留5日的处罚决定。其中高某某因患有心脏病、脑梗、糖尿病等多种疾病，依据《拘留所条例》第19条，停止执行拘留。

那么，这一认错儿媳抢错孙的行为该如何定性？警方的处罚是否妥当？孩子家长能精神索赔吗？法律又该怎么去保障亲情的延续？新法制报邀请了5位专家进行圆桌讨论。下面是五位之一刘昌松律师的观点。

问题一：认错儿媳抢错孙，该如何定性？

【新法制报】即便"认错儿媳"，但抢人的行为业已发生，并扰乱了公共秩序，那么这一行为该如何定性？是扰乱了公共秩序，寻衅滋事，还是抢劫？很多人质疑这是拐卖儿童，那么这一行为是否构成此罪？

【刘昌松律师】现查明事实，确属认错儿媳抢错孙，首先即可排除拐卖儿童，因为没有出卖目的。抢孩子后，若以孩子为人质，要挟孩子的亲友给钱，可成立绑架罪，但无论如何抢孩子不构成抢劫罪，因为抢劫罪是"以非法占有财产为目的"的犯罪，孩子是人不是财产。寻衅滋事罪也不构成，因为该行为不是无事生非的流氓行为，本案事出有因，不是出于流氓动机。公安机关定性为扰乱公共场所秩序是正确的，因为哪怕亲属之间存在监护权、探视权之争，也应通过合法途径去争取，而不是在公共场所抢夺孩子，造成社会秩序的混乱。

问题二：如果真的抢走了，法律性质是否发生了根本转变？

【新法制报】好在因为商场人多，孩子没有被抢走，但假设孩子真的被抢走了，这个性质又该如何认定？

【刘昌松律师】即使真的抢走了，查明的事实还是"认错儿媳抢错孙"，我认为行为性质并未发生改变，还是扰乱了公共场所秩序，只是情节更严重一些，例如现在抢夺孩子未遂被处罚行政拘留 5 日，若抢夺孩子既遂可能被拘留 10 日。

问题三：仅仅行政拘留，警方的处罚是否妥当？

【新法制报】目前，警方以扰乱公共场所秩序为由，对当事人进行了处罚，那么，在这起事件中，考虑到抢错人的行为已然发生，几名嫌疑人到底应当承担怎样的法律责任？是否民事上、刑事上都存在责任？仅仅行政拘留几天，是否处罚过轻？

【刘昌松律师】丰台公安机关以扰乱公共场所秩序对李某、沙某某、运某某、高某某等 4 人作出行政拘留 5 日的处罚决定，说明办案机关认为他们的行为情节显著轻微，尚不构成犯罪，无须承担刑事责任；行政拘留 5 日本身即是行政责任，另外还需要对受害方承担民事责任，包括赔礼道歉、赔偿一定损失。

问题四：警方和家属是否失当？孩子家长能精神索赔吗？

【新法制报】按照当事家长发帖描述，警方在事件的处理中，最初含混不清，存在不作为。但此后的信息披露证实，家长的描述存在对相关信息的"屏蔽"，比如抢夺小孩不成，几名嫌疑人并非"一跑了之"，反而是亲自去商场保卫处，要求保安别让她们母子离开。那么警方和家属在这起事件中，处置是否有失当处？不管如何，作为家长，经此惊魂一幕，那么，他们后续能通过什么途径，继续维护自己的权益？能精神索赔吗？

【刘昌松律师】拐卖儿童的人贩子，也常假借看错人了，因而社会公众包括被抢夺孩子的家长都会非常紧张并感到害怕，家长开始描述事情经过有些失真也可以理解。警方简单地称"不予立案"也有一些不妥，抢夺孩子一般应按拐卖儿童来看待，哪怕客观情况不是，也应如此处理，避免社会恐慌，先治安立案或者刑事立案，调查发现不是这种情形再撤销案件也不迟。至于精神损害赔偿，最高人民法院有关司法解释规定，非法使被监护人脱离监护，导致亲子关系或者近亲属之间的亲属关系遭受严重损害的，监护人有权向法院起诉主张精神损害赔偿。

问题五：法律怎么去保障亲情关系的延续？

【新法制报】我们注意到，问题的起因是当事人之一李某的儿子与儿媳曾经闹过离婚，法院未判离但分居了。而老奶奶也一直没有见到过孙子，甚至报案多次，于是策划了这起"抢孙子"的闹剧。家庭纠纷社会化，让我们看到了人性非常柔软的一面：那就是爷爷奶奶对儿孙是否有探视权？法律该如何去保障亲情关系的延续？如果儿媳一直不让他们见孙子，他们就只能饱受"相思之苦"吗？

【刘昌松律师】虽然爷爷奶奶或外公外婆探望孙子外孙，于情于理讲得通，但我国法律没有赋予他们探望权。这当然可以改进，但在立法调整之前，爷爷奶奶就是没有探视权的，应尊重法律。爷爷奶奶要么取得监护人的同意后直接探视，要么在自己的儿子或者女儿行使探视权时，抓紧一同探望。

2018 年 10 月 9 日《新法制报》·圆桌议题

卖点食盐

| 这也被刑拘，小伙伴们惊呆了 |

前年国家工信部公布方案，国家将在 2016 年全面取消食盐专营，只是现在还未看到官方消息；在这种形势下，关于食盐专营入刑，更应十分慎重。

有媒体报道，深圳宝安区一便利店非法销售非碘盐，店主庞某被刑事拘留 13 天后，因检察院对庞某作出了不批捕决定，现庞某被取保候审回家。庞某对记者说，他一共从宝安 44 区天虹商场后面的批发部进了 54 袋盐，但具体的店名不记得了，其后卖了 26 袋，包装上标明是碘盐，没想到是非碘盐；他说，"早知道就不进这批盐了，本来平时也不卖盐，这次是顺便进了一些"。

取保候审可不是撤销案件，只是变更了一下刑事强制措施而已。也就是说，该案还得继续追诉下去。该事件让人特别震惊的地方在于，一个开便利店的小民，仅仅卖点盐就能以涉嫌犯罪抓起来；全国这么多开食品店的，包括数以千万计的社区小卖部，哪一家不卖食用盐，又有多少经过有关部门批准取得资质后才去专营，要都送进大牢的话，恐怕监狱都装不下吧？

当然，如果便利店店主的行为确实违法，警方就是不抓别人专抓了他，他也只能发句"法律面前应人人平等"的牢骚，挽救不了自己的命运。关键是，他的行为依法是否构成犯罪？

报道未披露庞某涉嫌的罪名，只说庞某被刑事拘留又被取保候审了。从报道反映的案情来看，庞某出事似乎不是因为没有专营资质，而是因为销售了非碘盐，可能严重危害人体健康，那涉嫌的罪名就应是"销售有毒有害食品罪"（例如销售含三聚氰胺、苏丹红等有毒物质的食品），或者"销售不符合卫生标准食品罪"（例如销售细菌指数严重超标，足以造成严重食物中毒等后果的食品）。警方对涉案食盐的安全性进行了检验鉴定，似也印证了这一点。现鉴定结果为"无毒无害"，按理就应撤销案件了。

现在并未结案，应该是另有缘故。那我们来看看庞某的行为是否还涉嫌其他罪名。根据刑法规定，若销售者在销售的产品中掺杂掺假，以假充真，以次充好或者以不合格产品冒充合格产品，销售金额达5万元以上的，就涉嫌成立销售伪劣产品罪。但该罪为"故意"犯罪，庞某并不是明知为非碘盐而冒充碘盐，以假充真或以次充好，主观上只有"过失"；再说才销售26袋盐，案值怎么也未达到5万元的追诉标准。因此，涉嫌以该罪进行追诉，应该可以排除了。

还能挨得上的罪名，就是非法经营罪了。依《刑法》规定，未经许可经营法律、行政法规规定的专营物品，扰乱市场秩序，情节严重的，成立非法经营罪。最高人民检察院2002年有个专门的司法解释称，违反国家有关盐业管理规定非法销售食盐，情节严重的，应当依照刑法规定的非法经营罪追究刑事责任。这里的国家"规定"，是指国务院的《盐业管理条例》（已失效）。该条例明确：食盐零售业务，由商业行政主管部门指定的商业企业、粮食企业和供销合作社零售单位负责。需要委托个体工商户、代购代销食盐的，由县级商业（含粮食、供销）行政主管部门批准。

未经批准取得资质即销售哪怕含碘食盐，也成立"非法经营"，这肯定没错，至少可行政处罚，但要入刑，还要看是否达到了刑事追诉标准，达到"情节严重"的程度。上述最高人民检察院司法解释规定的标准是，"非法经营食盐数量在20吨以上的；或者曾因非法经营食盐行为受过2次以上行政处罚又非法经营食盐，数量在10吨以上的"，予以刑事追诉。这就解释了为什么那么多小卖部卖食用盐而未受到刑事追究，销售量太少呗。

但该解释还有一条，"以非碘盐充当碘盐或者以工业用盐等非食盐充当食盐进行非法经营……依照处罚较重的规定追究刑事责任"。也就是说，只要以非碘盐充当碘盐进行非法经营，就可以非法经营罪追究了。但也应注意，该罪也是"故意"犯罪，也要求明知是非碘盐而故意当碘盐去销售，才成立犯罪。本案中庞某看见包装上写着"碘盐"字样误以为是碘盐而购入销售，近期自己家里吃的也是这种盐即是例证，只存在"过失"，显然不符合该罪的主观要件。

退一步说，就算庞某主观要件上符合非法经营的构成，但其为第一次所为，且数量如此之少，依《刑法》第 13 条的规定，虽有危害社会的行为，但"情节显著轻微危害不大的，不认为是犯罪"，也不应按犯罪处理。还值得一提的是，前年国家工信部公布方案，国家将在 2016 年全面取消食盐专营，只是现在还未看到官方消息；在这种形势下，关于食盐专营入刑，更应十分慎重。

2016 年 9 月 7 日 凤凰网·凤凰评论

逮　捕

|刑事案件不羁押应成为常态|

逮捕被大量滥用的根本原因，除了观念问题以外，还有一个大的因素，就是我们的办案机关需要努力提高办案能力，可以向发达国家的警方学习，尽快改变离开羁押嫌疑人、离开口供就不会办案的现状。

刚刚结束的全国"两会"上，最高人民检察院副检察长孙谦参加海南团小组会审议"两高"报告，列席并就一些问题作出回应，他谈到保护民企发展时说，对于民企犯罪行为，不用逮捕也能办的案子，一律不逮捕。(3月14日新华网)

首先夸夸最高检，现在全国检察系统不批捕率以及不起诉率较以前有了较大提升，我们刑辩律师对此都有切身感受。这是检察系统的一个很大进步。但一旦涉及犯罪，"批捕是常态，不批捕是例外"的总体状况，并未从根本上改变。否则，孙检针对民企犯罪行为，称"不用逮捕也能办的案子，一律不逮捕"，也不会成为新闻。

我们对国外这方面信息的感受正好相反，每当美国、加拿大等国传来我国公民涉嫌犯罪哪怕非常严重犯罪也能保释的消息，例如，周立波涉枪涉毒案、刘强东涉嫌强奸案、孟晚舟所谓违反美国制裁伊朗法案等，当事人几乎都能获得保释，国人常常羡慕得眼珠子都要蹦出来。

其实，我国法律中许多制度同国际是接轨的，逮捕制度也不例外。只要正确理解和适用逮捕制度，我国也能做到"取保是常态，逮捕是例外"，不需要对民企涉嫌犯罪案子搞特殊待遇。

我们来看法律对取保候审和逮捕是怎样规定的。

先看取保候审的规定。《刑事诉讼法》第 67 条第 1 款指出："人民法院、人民检察院和公安机关对有下列情形之一的犯罪嫌疑人、被告人，可以取保候审：（一）可能判处管制、拘役或者独立适用附加刑的；（二）可能判处有期徒刑以上刑罚，采取取保候审不致发生社会危险性的；（三）患有严重疾病、生活不能自理，怀孕或者正在哺乳自己婴儿的妇女，采取取保候审不致发生社会危险性的；（四）羁押期限届满，案件尚未办结，需要采取取保候审的。"

对于上述规定，现在就是嫌疑人患严重疾病和怀孕，取保落实得稍好一点，可能判处拘役的，不应逮捕也被逮捕了（例如，危险驾驶罪最高刑为 6 个月拘役也逮捕了）。其实法律的规定是，哪怕是"可能判处有期徒刑以上刑罚"，只要"采取取保候审不致发生社会危险性的"，一律可以取保。什么叫"有期徒刑以上刑罚"？它当然包括有期徒刑本身，我国单个罪判有期徒刑最高为 15 年，在此"以上"的刑罚就是无期徒刑或死刑了，也就是说，哪怕可能判处无期徒刑或死刑的案件，只要取保候审没有危险，都可以取保，以最大限度地保障人权。

例如涞源反杀案，王某求爱不成，深夜强闯民宅侵犯老人和女儿反被老人砍死，现在两老人在全国舆论的影响下，已经无罪不起诉了。可是当初涞源警方连防卫过当也未认定，因为王某倒地后老人还砍死了他，被认为"防卫不适时"，直接认定为涉嫌故意杀人犯罪了，检察机关建议警方取保放人，警方就是不放，就是典型例子。退一步说，即使两老人真的构成故意杀人犯罪，对其取保候审有什么社会危险性？一样可以取保候审！但一些公安人员已形成强烈的思维定势，重案哪能取保，再老实的人也不行。可见重罪能不能取保，是执法观念问题，不是法律上有什么障碍。

再来看逮捕的规定，其实同取保候审的精神完全一致。《刑事诉讼法》第 81 条规定："对有证据证明有犯罪事实，可能判处徒刑以上刑罚的犯罪嫌疑人、被告人，采取取保候审尚不足以防止发生下列社会危险性的，应当予以逮捕：……"据此，逮捕的条件可概括为三：一是现有证据已经证明在嫌疑人、被告人身上有犯罪事实，有相当数量和质量的证据；二是可能判处徒刑以上刑罚，仅仅可能判处管制、拘役或者独立适用附加刑的，不能逮捕；三是采取取保候审尚不足以防止发生社会危险性，有逮捕必要，这是关键条件。

有哪些情形算是"不足以防止发生社会危险性"呢，法条也有很好的指引，这就是《刑事诉讼法》第 81 条中列出的五种情形（有之一即可）："（一）可能实施新的犯罪的；（二）有危害国家安全、公共安全或者社会秩序的现实危险的；（三）可能毁灭、伪造证据，干扰证人作证或者串供的；（四）可能对被害人、举报人、控告人实施打击报复的；（五）企图自杀或者逃跑的。"实践中绝大多数案件不存在这五种情形，取保候审（要求其遵守一定之规）一般能防止发生危险性，再不行还可以监视居住（限其仅在住处活动），而不是非要逮捕不可。因此，取保完全能够而且应该成为常态，让逮捕成为例外。

回到孙检说到的民企涉嫌犯罪尽量不逮捕问题。孙检说："我们不是给民企特殊的保护，民企犯罪多种多样，主要是行贿"，"行贿之后，要不要办？要依法办，但不一定抓他。"其实，行贿受贿的案子，最容易发生毁灭证据、串供等妨碍司法的情形，我们的司法机关连这个都认为能够防范，其他的案子还怕什么？

孙检还说："检察机关要自我纠正，不要一犯罪就逮捕，因为一逮捕，企业就麻烦了。个体民营企业的老板一不在，企业就乱套了。"而我要说，个体民营企业数量庞大，尤其是个体企业，规模很小，几乎等同一个或几个自然人。我期待最高检等高层司法机关，观念再解放一些，努力建立起这样的观念：自然人自由的价值大如天，生命和自由等人身价值，远远大于身外之物的财产价值，不仅大于一个个体企业的价值，也大于大型民企或国企的价值。

我国对待有些事件，是体现了这一观念的。例如前几年河北蠡县一名 5 岁男童在跟随父亲收白菜时不慎掉落约 40 米深的枯井后，国家和社会动员 60 台挖掘机连续奋战 5 天进行救援，最后孩子已无生命气息，就是典型例子。抗震救灾中这类例子很普遍，不惜一切代价，主要体现在拯救生命上。现在还需要进一步建立，不惜一切代价维护自由！自由的价值丝毫不亚于生命！有人们耳熟能详的裴多菲的诗为证："生命诚可贵，爱情价更高。若为自由故，两者皆可抛。"在这里，自由的价值是最高的。

再说，我们对一个小小的个体民企都愿意"不用逮捕也能办的案子一律不逮捕"，对自然人涉嫌犯罪的案子，又何尝不可以这样呢！尊重自由、维护自由，善莫大焉，应尽快纠正逮捕被大量滥用的不正常状况。

　　我认为，逮捕被大量滥用的根本原因，除了前述观念问题以外，还有一个大的因素，就是我们的办案机关需要努力提高办案能力，可以向发达国家的警方学习，尽快改变离开羁押嫌疑人、离开口供就不会办案的现状；否则，涉罪必押的执法观念就很难改变。

2019 年 3 月 16 日 《慕公法治论坛》

晒亲人遗体照

| 同国家秘密无涉 |

> 被害人亲属没有权利将这些照片放到网上"示众"。公安部门是国家重要的执法部门，其做法和说法一定要有法律依据。该案中警方人士遭舆论质疑，其实并不冤。

4月17日，四川师范大学"遭斩首"学生芦某清的哥哥芦某强告诉记者，他被成都市龙泉驿区刑警大队的工作人员要求就微博上晒出弟弟"身首异处"的照片而致歉，因为这涉嫌泄露国家秘密，属于违法行为，同时要求他提供微博的账号和密码。龙泉驿区刑警大队的工作人员确认了此事，表示刑事案件侦办过程中的卷宗等资料属于国家秘密。

亲属晒被害人"身首异处"的尸体照片，虽事出有因，但确有不妥。诚然，被害人家属应是出于对本案能否得到公正处理的某种担忧，才出此下策的，但是，将照片晒于网上，本质上是"示众"，即使执行极刑的罪犯，法律也规定不得"示众"。因此我认为，被害人亲属追求公正心切，但没有权利将这些照片放到网上。

而警方人士所谓的"刑事案件侦办过程中的卷宗等资料属于国家秘密"，也查无法律依据，难以成立。被害人尸体属于物证，成为案卷材料一部分没有问题，但侦查阶段的卷宗材料不向当事人和诉讼参与人包括辩护律师公开，不意味着它们必然属于国家秘密（当然，涉及国家秘密的刑事案件，其相关材料可能为国家秘密）。《保守国家秘密法》规定："国家秘密及其密级的具体范围，由国家保密行政管理部门分别会同外交、公安、国家安全和其他中央有关机关规定。""国家秘密及其密级的具体范围的规定，应当在有关范围内公布，并根据情况变化及时调整。"我们并未见到"刑事案件侦办过程中的卷宗等资料属于国家秘密"之规定，故办案人员的说法难以成立。

至于有警方人士称"非法获取国家秘密罪，其中第6条有规定追查刑事犯罪中的内容属于国家秘密"，则完全是无稽之谈。非法获取国家秘密罪规定在《刑法》第282条，该条只有一款，并没有所谓"第6条"（或第6款或第6项）。《刑法修正案（九）》倒是新增了泄露案件信息罪，规定"司法工作人员、辩护人、诉讼代理人或者其他诉讼参与人，泄露依法不公开审理的案件中不应当公开的信息，造成信息公开传播或者其他严重后果的"，可成立该罪。可见，泄露案件信息确有可能入罪，但需是"不公开审理案件中的不应公开的信息"，故意杀人案是公开审理案件，不属于此类。而且，规定该罪的条文中还明确指出，犯前款罪，泄露国家秘密的，依照故意泄露国家秘密罪或过失泄露国家秘密罪定罪处罚，也反推"案卷材料一般不是国家秘密"。

最后，公民违法或犯罪的行政责任或刑事责任，其形式是法定的，根本不存在向国家机关及其工作人员"赔礼道歉"的责任形式，赔礼道歉只用于民事责任或国家赔偿责任之中。至于让被害人家属提供微博账号和密码，则更是不妥，公民若存在网络言论违法行为，也应由网监部门进行处理，而不是公安机关。

公安部门是国家重要的执法部门，其做法和说法一定要有法律依据。该案中警方人士遭舆论质疑，其实并不冤。

2016 年 4 月 19 日《京华时报》·京华时评

警方和法院

| 两者"掐架"，案件如何了结 |

面对福建高院民事生效裁判"并非虚假诉讼"的认定，山东高密警方强行按涉嫌"虚假诉讼罪"刑事立案，到底该如何收场呢？

据报道，因一起民间借贷纠纷，福建宁德人陈某峰将山东高密的山东盛世国际路桥建设有限公司（以下简称"盛世公司"）及自然人樊某亮诉至宁德中院。在宁德中院对该案作出一审判决后、福建高院二审开庭前，高密市公安局以陈某峰在该案中涉嫌虚假诉讼为由，跨省刑拘了他。11月13日，福建高院二审该案后作出终审判决：盛世公司、樊某亮偿还陈某峰300万元本金及利息，并且认定该民事案件并非虚假诉讼，不予采纳陈某峰系虚假诉讼的主张。目前，陈某峰被羁押在高密市看守所近4个月。

也就是说，福建高院和山东高密警方对陈某峰的行为是否属于虚假诉讼，作出了完全相反的认定。

虚假诉讼罪是2015年《刑法修正案（九）》新增的一个罪名，是指以捏造的事实提起民事诉讼，妨害司法秩序或者严重侵害他人合法权益的行为。通俗地说，虚假诉讼罪就是捏造事实告到法院，企图借法院民事裁判来达到非法占有他人财物目的的行为，认定该罪的前提条件是，行为人捏造事实进行了民事诉讼。

本事件中，福建高院不采纳虚假诉讼主张的理由，恰恰是"陈某峰在本案中所主张的债权是通过案外人贾某、林某对盛世公司福建分公司、樊某亮

296

的债权而来，贾某、林某对盛世公司福建分公司和樊某亮的债权真实存在，陈某峰受让贾某、林某债权后，向盛世公司福建省分公司、樊某亮所主张的本案债权有事实基础"。显然，该案中"捏造事实进行诉讼"的前提条件不存在。

还应指出，虚假诉讼案件一般的情形是，当事人双方"一个愿打一个愿挨"，共同捏造事实来骗取法院作出错误裁判，损害案外第三人利益。因为受害人若是案内当事人，一定会通过举证和抗辩，让虚假诉讼难以得逞。2015年11月，最高人民法院第二巡回法庭认定了该院第一例虚假诉讼案，确认上诉人和被上诉人两公司之间不存在借款关系，构成虚假诉讼，裁定驳回上诉请求，并对两公司各罚款人民币50万元整。该案就是原虚假诉讼案已成功取得生效判决，是利益受损的案外人申诉，才启动再审程序认定和追究的。

高密警方跨省拘捕陈某峰，诡异之处不仅在于当时民事案件尚在二审中，警方无从知道异地法院审理的案件涉嫌虚假诉讼，更在于盛世公司本身是案件的当事人而非案外人，完全可以通过举证和抗辩，让法院认定陈某峰与樊某亮签订的《借款（担保）协议》是出于诈骗盛世公司之目的，认定系虚假诉讼来制裁对方，无须警方半路出手。

现在问题更严重了，福建高院已作出生效裁判，而生效裁判具有既判效力，任何组织和个人必须尊重；生效裁判所确定的事实，不需另行举证，本身即可作为认定事实的依据。因此，面对福建高院生效裁判对该案"并非虚假诉讼"的认定，山东高密警方的刑事程序该如何追诉下去，值得围观。

【补注】澎湃新闻2019年6月3日报道："三年过去了，取保候审也早已届满，山东高密警方对陈某峰案既不移送起诉也不撤案；而在福建，省高院的二审判决已经生效并执行，法院认定该民间借贷不涉及虚假诉讼。近日，陈某峰提交了国家赔偿申请书，要求赔偿因错误逮捕而造成的经济损失280万元及精神损害抚慰金30万元"。中国人民大学法学院陈卫东教授接受媒体采访时表示，"从目前披露的情况来看，这起案件很像是山东警方插手干预异地经济纠纷，用涉嫌制造虚假诉讼为由拘留原告，帮助被告一方争取权益。"后面应该会有指使启动刑事程序的领导和警察被渎职问责。

2016年12月14日《京华时报》·京华时评

童言无忌

> 执法者虽然是通过这名孩子知道了其父亲酒后驾驶，但是，执法者完全可以直接以何某后来的交待和其他证据来追究刑事责任或者行政责任，不把孩子的话作为证人证言，或者将孩子的话作为证言，但注意为孩子保密，避免将其置于舆论漩涡。

6月12日凌晨2点左右，重庆的何刚（化名）先生酒后驾车从潼南回重庆，在成渝环线高速公路铜梁立交的匝道处发生单车事故。为了逃避酒驾处罚，何刚竟拉着5岁的儿子弃车徒步离开现场。岂料，没走多远，父子俩就被重庆高速路执法队的巡逻人员发现。满身酒气的何刚称，代驾见发生事故后跑路了，执法人员转而和小朋友沟通，纯真的小男孩当即告诉执法者，车上就他们父子俩。(6月13日《重庆商报》)

根据经验判断，何刚血中的酒精含量很可能已达到醉驾标准，涉嫌构成危险驾驶罪，可能面临6个月以下拘役的刑事责任，还可能被吊销驾照，10年内不得重新取得机动车驾驶证，或者只达到酒后驾驶标准，受到10日以下拘留、2000元以下罚款的行政处罚。有一点极不可思议，从潼南到重庆有110公里，醉驾走高速，还带着孩子，作为父亲，何刚居然敢上路！

关于此事，网上的很多声音问：5岁孩子的证词能有效吗？孩子作为近亲属能作证吗？我更关心的问题则是，交通执法人员向媒体披露孩子证明父亲酒后驾驶这一信息是否合法和妥当。

从法律角度来讲，5岁孩子的证词是有效的。我国《刑事诉讼法》只规定"生理上、精神上有缺陷或者年幼，不能辨别是非、不能正确表达的人，不能作证人"。可见，生理上有缺陷的人、精神上有缺陷的人和年幼的人不能作为证人，其关键的后置条件，就是达到"不能辨别是非、不能正确表达"的程度。拿年幼为例，法律未规定年幼到多小不能作证，虽然年幼但能辨别是非、能正确表达的孩子，就能作证。因此，5岁孩子作证的效力不是问题。

其次，近亲属作证或检举告发也是有效的。我国古代法律确有"亲亲得相首匿"的规定。例如汉代法律即规定，直系三代血亲之间和夫妻之间，除犯谋反、大逆罪外，有罪可以相互包庇隐瞒，不向官府告发。此后历代大多沿袭此规定。但我国现代法律没有这样的规范，相反我国刑事诉讼法要求"凡是知道案件情况的人，都有作证的义务"，未将近亲属排除在外。可见，执法人员让小孩作证，"检举"自己父亲是否酒后驾驶，是合法的。

可是，执法者向媒体披露这一"新闻"，却让这名5岁的孩子可能遭受父母、亲朋好友和老师同学的诸多议论。想必这些人大多会称，这名孩子亲手将自己的父亲送进了监狱，因为父亲本已经"聪明"地找到了"代驾跑了"的借口，又只是单边事故，执法者也懒得花精力去弄清，很可能让何刚自己修车了事。在一片指责声中，孩子承受得了吗？

换一种思路，执法者虽然是通过这名孩子知道了其父亲酒后驾驶，但是，执法者完全可以直接以何刚的交待和其他证据来追究刑事责任或者行政责任，不把孩子的话作为证人证言，或者将孩子的话作为证言，但注意为孩子保密。这样，就避免了将孩子置于事件和舆论的漩涡，能够较好地保护这名"大义灭亲"的孩子。

更重要的是，执法者向媒体、向社会披露孩子证明其父酒后驾驶的信息，有什么社会有益性？难道是鼓励孩子们以后都来效仿吗？我们都知道，"公权力没有法律授权不可为"，是现代法治社会的一条基本原则；也知道《未成年人保护法》明确规定，"中央和地方各级国家机关应当在各自的职责范围内做好未成年人保护工作"。因此，公权力的行使若涉及未成年人的成长，就是很大的事，就应慎之又慎。公权力机关和执法人员不能有那么重的好奇心，认为有趣就披露。

【补注】"亲亲得相首匿"，是指我国古代允许一定范围的亲属之间，除谋反、大逆等以外，对于一般犯罪可以首谋隐匿的制度。首谋即主谋，不是受指使。汉律规定，卑幼匿尊亲长，不负刑事责任；尊亲长首匿犯死罪的卑幼，虽应处刑，但可以请求减免。《汉书》原文有："自今子首匿父母，妻匿夫，孙匿大父母，皆勿坐。其父母匿子，夫匿妻，大父母匿孙，罪殊死，皆上请廷尉以闻。"

2017 年 6 月 16 日 光明网·光明时评·刘昌松专栏

的哥劫杀孕妇

|此案中警察涉嫌渎职|

本案疑犯的户籍所在地警方，也应对此认真调查并依法作出处理，别认为开这么一张"无违法犯罪记录证明"只是小事一桩，它也与本案的发生存在关联性。

1月31日晚9点多，上海松江怀孕三个月的孕妇梁某乘坐出租车时，被司机抢走身上所有银行卡，并被掐昏后绑上双手扔进雪夜的河水中溺亡。其丈夫当天午夜连续收到多个银行卡被取现的提示短信后报警，随后在死者生前乘上出租车的派出所、居住地派出所、银行卡被取现的ATM机所在地派出所等之间来回奔波，但因失踪者为成年人且失踪未超过24小时等原因，直到案发次日中午才被立案侦查，嫌犯一天后在河南老家落网，警方证实其两年前因涉赌被行政拘留，现还背着10多万元的赌债。(2月22日澎湃新闻)

看了这则消息，稍有良知的人，心里都会堵得慌，一连串的问题会自然冒出：真有失踪24小时才能刑事立案的荒唐规定吗？各派出所有权这样推诿吗？有违法犯罪记录的人是如何进入出租车司机行业的？

首先应当指出，我国法律从来没有失踪24小时报案才能刑事立案的规定。不少人将失踪24小时以上才会录入失踪人口信息网，移花接木为"失踪24小时报案才能立案"加以扩散，在社会上引起了相当大的混乱。当然，成年人离开住所或居住地下落不明，情况非常复杂，应该视情况而定，即使失踪超过24小时甚至更长时间，也不一定能刑事立案（在失踪人口信息网中备案是必要的），因为刑事立案是有自身条件的。

《刑事诉讼法》规定，公安机关对于报案，应当迅速进行审查，认为有犯罪事实需要追究刑事责任的时候，应当立案（第110条）。本案中，被害人梁某是一名孕妇，雪夜打车，又在郊区空旷人稀路段，上车后给丈夫的微信是"我打到车了""回家的路上了"，后没有回家，其手机关机，其丈夫的手机短信上屡屡显示她携带的银行卡取现，这一系列现象综合提示，梁某极有可能遭受到了犯罪侵害且有生命危险，明显符合刑事立案条件，警方接到报案后理应及时立案并采取紧急措施。

诚然，从警方了解的情况来看，梁某丈夫在次日零点43分收到银行卡取现失败短信后才报警，此时梁某已被疑犯掐昏扔进雪夜河中数小时，警方即使及时出警，也可能避免不了梁某遇害的结局。但梁某的丈夫在意识到妻子危险时报警救妻，是他的不二选择，警方及时审查出警，更是其神圣职责。撇开本案具体情况，很多情况下警方及时出警，还是能够避免严重后果发生的。而本案中当事警方以成年人失踪未超过24小时来搪塞，将老百姓对"失踪24小时以上报案才能立案"的谬传变成了"执法依据"，实在令人惊讶。对此，梁某丈夫当时的那个着急状可想而知，而其"情绪濒临崩溃沟通困难"居然还成了他在三个派出所奔波、难以立上案的一个重要理由，更是匪夷所思。

要知，《刑事诉讼法》还规定，司法机关对于报案，无论是否自己管辖，都应当接受；对于不属于自己管辖而又必须采取紧急措施的，应当先采取紧急措施，然后移送主管机关（第108条）。该规定是由刑事案件的紧迫性所决定的，且司法机关之间彼此联系起来既方便又规范，也省得增加报案人不必要的麻烦。可见，案件中的相关警务人员让死者家属再到其他派出所报警的做法，难逃不作为的渎职嫌疑。

我甚至认为，退一步讲，即使梁某当时不是遇害，而是路遇熟人下车，又因熟人紧急需要钱而取钱时忘记密码，当时手机没电，一忙起来还忘了给家人打电话，丈夫因此报警，这种情况下警方也应刑事立案。因为出现这么多"碰巧"毕竟罕见，即使发生了也应当"宁可信其有、不可信其无"，刑事立案后经侦查发现没有犯罪事实，也没有什么可怕的，依法撤销案件就是。《公安机关办理刑事案件程序规定》第183条第1款第1项所规定的，经过侦查，发现没有犯罪事实，应当撤销案件，就包括这种情形。公安机关在这种情况下立案后又撤销案件，反映其对人民生命财产高度负责的精神，不仅不违反法律，不违背社会常理，反而应当充分肯定甚至嘉奖。

本案中还有一点值得关注，按照相关规定，出租车司机是特种行业，在入职前须提供户籍地派出所出具的 5 年内无违法犯罪记录的证明。所谓"违法犯罪记录"，包括受到行政拘留、收容教养、强制隔离戒毒等行政违法记录，以及被判处刑罚的犯罪记录。本案疑犯在入职 2 年前因涉赌被行政拘留过，至今还背负着 10 多万元的赌债，这样的人成为出租车司机，其人身危险性着实太大，他又是如何取得从户籍地警方开出"无违法犯罪记录"之证明的？

因此，本案疑犯的户籍所在地警方，也应对此进行认真调查并依法作出处理。别认为开这么一张"无违法犯罪记录证明"只是小事一桩，它显然也与本案的发生存在关联性。

总之，公共安全无小事，负责公共安全的公安部门，任何一个环节的渎职疏忽，都可能对社会治安带来严重威胁，决不可小觑。

2016 年 2 月 23 日 中国网·观点中国·刘昌松专栏

个人信息

|警察应谨记特殊保护职责|

警用个人数字证书掌握着所有公民的个人信息，且掌握的公民个人信息事项也最全。因此，公安机关的人民警察，应谨记对公民个人信息保护的神圣职责，绝不能为私事擅自利用个人数字证书。

2014年7月，身为温州市永嘉县强制戒毒所副所长兼永嘉县拘留所副所长的缪甲，为帮助堂弟缪乙和黄某报复该县工商局工作人员王某，私自使用个人数字证书查询王某的个人信息包括开房信息。缪乙和黄某认为，正是王某刁难，其共同投资的二手车交易公司才未开办成。缪乙和黄某利用获得的开房信息截图，再配以"王某在温州地区有多套房产，任职期间到瓯北宏泰宾馆等多处酒店开房达200余次"的帖文，引起社会广泛关注。王某不堪其扰而报警，后因心情不好外出在武夷山卧轨自杀。此前，永嘉法院和温州中院两审均以非法获取公民个人信息罪分别判处缪乙和黄某有期徒刑10个月和1年，各处罚金2000元。日前，永嘉法院又对民警缪甲以滥用职权罪一审判处有期徒刑8个月，缓刑1年。（2月10日澎湃新闻）

本事件中，民警缪甲非因工作需要，违规使用警用个人数字证书多次查询被害人王某身份信息、开房记录等个人信息提供给亲友使用，最终导致公务员王某卧轨身亡、导致两亲友锒铛入狱，也导致缪甲自身入刑，教训十分深刻。

我们知道，现代社会已进入到信息社会，个人信息保护已上升到了十分重要的地位。而我国立法对个人信息保护的认识也经历了一个不断发展的过程，其中也包括警察在保护个人信息上的特殊职责。

1997年《刑法》制定时，关于个人信息的犯罪，还仅限于将隐匿、毁弃或者非法开拆他人信件，情节严重的行为，规定为侵犯通信自由罪；特定职责的人中，只规定了邮政工作人员私自开拆或者隐匿、毁弃邮件、电报罪。这两种犯罪虽同公民个人信息有关，因为信封上涉及家庭住址、信的内容也可能涉及个人隐私等信息，但不是直接针对侵犯公民个人信息入罪。

鉴于国家机关（尤其是公安机关）或者金融、电信、交通、教育、医疗等单位，都掌握着大量的公民个人信息，这些单位的工作人员出售个人信息、非法提供个人信息的现象大量存在，从而导致许多公民的生活安宁受到很大威胁，也为网络、电信诈骗等违法犯罪提供了极大方便。因此，2009年《刑法修正案（七）》对这些单位的工作人员增设了出售、非法提供公民个人信息罪（该报道中的民警缪甲即成立该罪）；对相对应的人则设定了非法获取公民个人信息罪（该报道中的缪乙和黄某即成立该罪），其中包括收买、窃取或以其他方法非法获得公民个人信息。该两罪的法定刑为3年以下有期徒刑或者拘役，并处或者单处罚金。

2015年《刑法修正案（九）》将两罪合并成一罪，罪名变更为"侵犯公民个人信息罪"，主体范围扩大了，无论是上述单位的工作人员还是零星个人出售、非法提供公民个人信息都入罪，窃取或以其他方法非法获得公民个人信息也入该罪；法定刑升格了，分为两档，一般为3年以下有期徒刑或者拘役，并处或者单处罚金；情节特别严重的，为3年以上7年以下有期徒刑并处罚金；将在履行职责或者提供服务过程中获得的公民个人信息，出售或者提供给他人的，作为"从重处罚"情节。

报道中的缪乙和黄某在《刑法修正案（九）》出台前即裁判，依当时刑法规定的罪名处理自然不错；民警缪甲在《刑法修正案（九）》生效后判处，但《刑法修正案（九）》较之前的刑罚重，根据从旧兼从轻的原则，也应适用行为时的旧刑法，又因滥用职权罪和非法提供公民个人信息罪之间存在法条竞合，按"特别法优于一般法"的适用原则，应以非法提供公民个人信息罪而非滥用职权罪处理。因此，一审判决适用的罪名值得商榷。

可喜的是，我国民事立法也开始重视个人信息保护。2016年11月全国人大常委会审议的《民法总则》（二审稿）即增加规定："自然人的个人信息受法律保护。任何组织和个人不得非法收集、利用、加工、传输个人信息，不得非法提供、公开或者出售个人信息。"这里的任何组织，当然包括公安机关；这里的任何个人，当然包括人民警察。

特别值得提出的是，银行等金融单位只掌握着金融客户的个人信息，电信单位只掌握着手机和固话客户的个人信息，教育机构只掌握学生家庭的个人信息，医疗单位只掌握就诊人员的个人信息等，而公安机关的警用个人数字证书则掌握着所有公民的个人信息，且掌握公民个人信息的事项也最全，甚至包括本案涉及的开房记录。因此，作为公安机关的人民警察，应谨记对公民个人信息保护的神圣职责，绝不能为私事擅自利用个人数字证书。否则，在这方面出现的滥权失职，轻者会受到党纪政纪处罚，重者还会有刑事责任。

当然，警察因工作需要查询某公务人员的个人身份信息和有关其他信息时，正好发现其存在多套房产和不正常频频开房的记录，通过组织通报到有关纪检监察部门，这不是渎职滥权，而属于警察职责范围，也不侵犯个人隐私。

2017 年 2 月 11 日《南方都市报》·刘昌松专栏

垃圾分类

┃派专人监督侵犯隐私了吗┃

> 主管部门委派相关人员在垃圾回收点督察监管，对投放垃圾的市民进行监督和指导，具有合理性。这个时候，相关的隐私保护应让位于落实公共政策。

近日，有不少网友在网上分享他们在投放垃圾时的"不幸"遭遇。有人说垃圾点多达五六个大爷大妈盯着，翻看要扔的东西，感到毫无隐私可言；有人抱怨垃圾房旁装监控；还有人抱怨管理者管得太宽，说人家端午节刚过就把艾草扔了等，不一而足。

可以说，这是强制推行垃圾分类必然出现的现象。只是，在这其中需要厘清的一点，这样做是否真的侵犯隐私权？

派专人监督垃圾分类是否涉嫌隐私侵权

派专人监督垃圾分类，是否涉嫌隐私侵权，这无疑是个法律问题，涉及公共卫生政策的推行与隐私权保护的冲突。

垃圾中是否存在一定的隐私？回答是肯定的。例如丢弃生活垃圾的种类会暴露我们的饮食习惯，尤其是最近吃了什么，可能我们并不愿让人知晓；还有些可能非常私人化的物品（如用过的卫生巾、安全套等），更是不愿暴露。除此之外，还有物流包装上未处理掉的地址、电话号码，以及其他可能泄露个人信息的物品。

在众目睽睽之下，被垃圾分类监管者进行垃圾分类，的确容易暴露隐私。

但政府强制推行垃圾分类，尤其是在推行初期，市民垃圾分类习惯尚未养成，必须有一定的监督指导措施，来保障垃圾分类的执行。

因此，主管部门委派相关人员在垃圾回收点督察监管，对投放垃圾的市民进行监督和指导，具有合理性。当此之时，相关的隐私保护应让位于落实公共政策。

其实，法律对隐私的守护也是有一定限度的。例如案件涉及的隐私对律师便不会保密，疾病涉及的隐私对医生也不保密。因此，垃圾回收涉及的个人隐私对回收监管人员也不应保密，否则其无法执行职务。在垃圾房安装监控，同样具有合理性。

但正如律师有职业道德和执业纪律约束，医师有行业规范和医德约束一样，垃圾回收监管人员也应当在上岗之前进行相关培训。

培训内容应包括职业道德规则，要求其对执行回收监管职责中的"所见所闻"，除有现实公共安全隐患应及时报告以外，应做到守口如瓶。垃圾房"电子眼"的监管人员，也应遵守同样的要求。

至于物流包装上未处理掉的个人信息，是个老生常谈的隐私保护问题，同垃圾收回监管之间没有必然的联系。从理论上讲，行为人抛弃含有个人信息的物流包装，是对个人信息的自由处分，是放弃其隐私利益，给人收集垃圾中这类信息提供机会，所以行为人自身应多些谨慎。

垃圾监管人员应履行本职，不当"太平洋的警察"

垃圾分类监管人员的本职，是监督指导好垃圾分类投放，指导市民按照"可回收物""有害垃圾""湿垃圾""干垃圾"等分类标准（不同城市可能有不同标准）进行投放。对个人和单位不按规定投放垃圾，而且经教育拒不改正的，由有执法权的工作人员依法依规给予一定数额的罚款，也是其职责所在。

但应知道，现代法治原则是私法自治。只要行为人的行为没有违反法律法规和社会公共利益，其行为就是自由的，他人不得干涉。除紧急情况为了他人利益可进行"无因管理"外，其他情形下法律都不鼓励人"当太平洋的警察"。垃圾投放监管人员也不应例外，对于垃圾分类之外的事务不应过问太多。

　　现代年轻人观念更新快、自主意识强，很多人不太喜欢别人对其行为品头论足，这是垃圾回收监管指导工作中要特别注意的。我国各地出台垃圾分类政策几乎都有十多年了，但强制推行才刚刚起步，部分市民不理解、有抵触情绪，这是可以理解的。

　　在具体监管过程中，有些事项只属于道德范畴，并不违法，监管人员即应避免过多干涉引起冲突。例如，有的人衣服鞋袜八成新即扔了，有的鲜花插上两三天就更换，有的白面馒头吃上两口就放进垃圾袋，有的内裤穿一次即当成垃圾，有的饮料未过期也处理掉等，监管人员看不过眼可以善意提醒，但应注意分寸。

　　说到底，垃圾分类强制推行离不开"人"。而在强制推行过程中，派专人监督指导引起一些人不理解、不适应，是很正常的现象，对此我们工作人员应有充分准备，并提前对可能引发的法律纠纷与社会冲突进行预判，做好有效的应对预案，推进垃圾分类工作更高效地进行。

2019 年 6 月 21 日《新京报》时评·专栏

追诉期限

｜能否适用于 21 年前奸杀案｜

新密警方 2013 年已通过 DNA 锁定了嫌疑人为刘某某，想必对刘某某也采取了网上追逃等措施，属于公安机关对刘某某已经立案侦查的情形，此时 20 年追诉时效期限并未届满，即发生了追诉时效无限期延长的情形，虽然 4 年后才将其抓获，也应不受追诉期限的限制。

21 年前，犯罪嫌疑人刘某某在河南新密奸杀一名 8 岁女童后潜逃，这起案件一度在当地引发较大恐慌，警方多次调查未果。直到 2013 年警方才通过 DNA 锁定嫌疑人为刘某某。今年 3 月，新密警方得悉刘某某在新疆克拉玛依一带活动，便通过当地警方将刘某某抓获。最高人民检察院官网近日发布消息称，虽然按照刑法规定，本案的 20 年追诉期限已过，但考虑到犯罪行为恶劣、后果严重，依法以涉嫌强奸罪核准追诉犯罪嫌疑人刘某某。（7 月 15 日《新京报》）

追诉时效，是指刑法规定的司法机关追究犯罪人刑事责任的有效期限。刑法规定了四档追诉时效期限：某种犯罪的法定最高刑不满 5 年的，过了 5 年不再追究；法定最高刑为 5 年以上不满 10 年的，过了 10 年不再追究；法定最高刑为 10 年以上有期徒刑的，过了 15 年不再追究；法定最高刑为无期徒刑、死刑的，过了 20 年不再追究，如果 20 年后还认为必须追究的，须报请最高人民检察院核准。可见，前三种情形下的追诉权绝对消灭，只有最后一种情形下相对消灭。

刑法还规定，追诉时效期限从犯罪之日起计算，犯罪行为有连续状态（像惯窃、惯骗，过一阵子再犯该种罪），或者继续状态（像非法拘禁、重婚，犯罪既遂后行为呈持续状态）的，从犯罪行为终了之日起计算；在追诉期限以内又犯罪的，犯前罪的追诉期限从犯后罪之日起计算。这在刑法理论上称为追诉时效中断，从中断之日起重新计算追诉期间。

本案报道称刘某某对女童先奸后杀，最高检仅以"涉嫌强奸罪"核准追诉，可能出于稳妥。当然，强奸致死同故意杀人一样，法定最高刑都为死刑，则其追诉时效期限为 20 年，从犯罪之日起计算，至今已经 21 年了。刘某某此后又未连续出现强奸或杀人的行为，该罪也不是继续状态的犯罪，加上这 20 多年间刘某某又未实施其他犯罪，也不存在从犯后罪之日起计算的情形。因此，20 年的追诉时效期限届满，河南新密警方认为仍须追诉，依法层报最高人民检察院核准，在程序上似没有问题。

可是《刑法》第 88 条第 1 款另有规定："在人民检察院、公安机关、国家安全机关立案侦查或者在人民法院受理案件以后，逃避侦查或者审判的，不受追诉期限的限制。"这在刑法理论上被称为追诉时效延长，且为无限期延长。而新密警方 2013 年已通过 DNA 锁定了嫌疑人为刘某某，想必对刘某某也采取了网上追逃等措施，属于公安机关已经立案侦查，此时 20 年追诉时效期限并未届满，即发生了追诉时效无限期延长的情形，虽然 4 年后才将其抓获，也应不受追诉期限的限制。因此，新密警方对刘某某继续追诉无须报请最高检核准。当然，如果警方是在满 20 年后才通过 DNA 锁定刘某某，则需要报请最高人民检察院核准。

为什么法律要规定追诉时效制度，不再追究超过某一时限的犯罪行为？我认为，至少有以下几点因素：

一是出于限制国家刑罚权的考量。现代法治认为，国家权力是有边界的，刑法为犯罪规定构成要件以及追诉时效期限，都是对国家刑罚权的限制，以防止罪刑擅断，维护社会秩序。追诉时效制度对国家刑罚权设限，在故意杀人等最严重犯罪的追诉上还表现得不太明显，因为还有 20 年后经最高检核准可以追诉的可能，而 5 年、10 年或 15 年追诉期限对国家刑罚权的限制是至为明显的。例如某甲交通肇事后逃逸致人死亡，法定最高刑为 15 年，经过 15 年后司法机关才发现案犯为某甲，则国家对某甲的刑罚权已彻底消灭，最高人民检察院也不能核准后追诉。

二是取证困难的考量。案件经过时间越久，有些痕迹可能消失，有些物证难以取得，有些证人已过世或已联系不上，或者对案情的记忆已经模糊，等等，这些客观现象都不利于对犯罪的证明，而刑事证明责任严格，须达到事实清楚、证据确实充分的程度，分层划线终结刑案的追诉即有必要，使司法机关有更多精力办理现行案件。

三是基于刑罚目的等因素的考量。国家通过剥夺罪犯自由等刑罚方式对罪犯进行改造，主要目的是预防罪犯再犯罪。如果某甲在 15 年追诉期间内夹着尾巴做人，未再犯案，等于自己把自己改造好了，同在监狱服刑 15 年有一定意义的等效性，此时再给予其 15 年以下刑罚，有违刑罚的目的，也浪费国家司法资源。

当然，替被害方复仇，以及平息民愤，也是刑罚的重要功能，像上述交通肇事逃逸致死案，15 年以上时间的经过，被害方的复仇心理渐渐减弱，相关民众也逐渐淡忘此案，再追诉的价值确实小了。当然，不妨碍被害方追究其民事赔偿责任，因为民法上有 20 年最长诉讼时效（不称追诉时效）期限，该期限还可以延长，且民事证明标准比刑事要低得多。

总之，本案新密警方未执着于命案必破理念，发生"呼格案"那样抓不着嫌疑人就将报案人屈打成招等类似情形，而是尊重办案规律，"21 年间对嫌疑人的追捕一直未间断过"，时机成熟时即破案了，还是很值得称赞的。我国追诉时效制度也为此提供了保障，本案继续追诉没有任何问题。本案不是第一例报请最高检核准追诉的案例，只是本案是否真的需要核准，确实值得商榷。

2017 年 7 月 17 日《南方都市报》·刘昌松专栏

儿童弑母之一

┃送收容所应慎重┃

在目前情形下，除了那种"天不怕地不怕，家长拿他更没法"，啥坏事都敢干的罪错儿童，应坚决地送少管所或工读学校外，一般情形的儿童应当尽量不送。

近日，湖南沅江发生一起未成年人持刀杀害亲生母亲案件，凶手是被害者12岁的儿子吴某。益阳市教育局相关部门负责人介绍，吴某没满14岁，不能进行拘留或进少管所，所以被警方释放，由家长接回监管。孩子亲属表示想把他送回学校继续接受教育，却遭到了家长们的反对与担心，"怕他又犯事"。

唉，因不满14周岁，治安拘留不成，收进少管所也不成，孩子还若无其事地说"我又没杀别人，我杀的是我妈"。这让人感到，面对这类恶性案件，对涉案孩子拍不得、打不得，法律似乎束手无策。我的意见是，社会对这类案件的发生当然应高度重视，但也不应过度解读。

其一，这是很极端的个案，不是也不会成为普遍现象，社会不必过于焦虑。

我国犯罪呈现越来越低龄化倾向，这是不争的事实。最高人民检察院曾有统计数据，我国初中以下文化程度占全国各级检察机关审查起诉未成年犯罪嫌疑人的90.24%，这里面还不包括不满14周岁不受刑事处罚的孩子，因为他们不会成为犯罪嫌疑人而纳入该统计范畴,我们可以想见,这类罪错孩子应有一定数量。这是全社会必须高度重视低幼年龄孩子发生严重危害事件,加强对全体少年儿童预防犯罪教育的实践依据。

但低龄孩子中发生像 12 岁吴某弑母这类恶性案件,毕竟十分罕见。有人评论此事时,甚至举出了 2018 年 11 月山东一小区内 24 岁大学生刘某将陪读母亲杀害的例子。可要知道,刘某案虽然也是弑母,但刘是成年人,拿到这里凑数不合适。当然,我们到网上还可以检索到一些儿童杀人的特例,例如 2016 年广西 13 岁少年杀害 3 名儿童案,但总体来说这都属极端个案,发生原因很复杂,只能按个案来对待,不应因此造成社会恐慌和焦虑。

其二,刑法对这类案件的处理也有所依据而不是空白,只是过于原则,应当细化。

依我国《刑法》规定,我国负刑事责任的最低年龄为 14 周岁,但普遍负刑事责任的年龄为 16 周岁,14 周岁至 16 周岁的未成年人仅对杀人、抢劫、强奸等八种严重罪行负刑事责任,不满 14 周岁的儿童则一律不负刑事责任。

但《刑法》同时规定,"因不满 16 周岁(当然包括不满 14 周岁)不予刑事处罚的,责令他的家长或者监护人加以管教;在必要的时候,也可以由政府收容教养。"因此,湖南益阳教育部门的说法也不周延,"不能进行拘留或进少管所",不意味着不能进教养所接受教养、不能进工读学校接受特殊教育。

"责令他的家长或者监护人加以管教",确实规定得过于原则,谁去责令,以什么法律文书去责令,家长或监护人如何管教,如何监督检查管教效果,都没有细化的规定,因而缺乏可操作性,实践中往往像本案一样一放了之,对社会严重不负责任。因此,刑法的该条规定亟待立法完善使其真正落地,否则即成为一句口号。

其三,政府对罪错儿童的收容教养应当专业和规范,否则应十分慎重。

我国很少地方针对罪错儿童设立了收容教养所,有的将这种儿童放在未成年犯管教所代为管教。但未成年人是生理心理快速发展的重要时期,现在高素质的未成年犯管教人员十分奇缺,一些罪错儿童进了少管所,往往旧的心理扭曲未矫正,良好的行为规范未形成,还交叉感染,染了更多的毛病,变得更"坏"了,这样回归社会,同样是对社会严重不负责任。

我认为,在目前情形下,除了那种"天不怕地不怕,家长拿他更没法",

啥坏事都敢干的罪错儿童，应坚决地送少管所或工读学校外，一般情形的儿童应当尽量不送。

拿本事件为例，儿童吴某的父母长期在外打工，吴某主要同爷爷奶奶生活，因被溺爱和贪玩，学习成绩不好。案发当天他母亲得知其逃学被老师通报，还发现他又吸烟后，挥起皮带一顿猛抽，又砸烂了他的手机，才引爆了孩子的积怨（孩子对警方说"我就是恨她"），导致惨案发生。

我倒认为这孩子说"我又没杀别人，我杀的是我妈"或是句实话，我不同意某些人机械类推，认为该孩子"连妈都敢杀，还有谁不敢杀"；当然，该孩子的说法严重错误——他人不该杀，妈妈更不该杀，这正是需要疏导和教育的。

但这孩子还不属于"坏透了"的那种，我想孩子的父亲从此事件中应该会得到警醒，警方责令孩子父亲制定管教计划，其父应能听进去；政府再安排心理专家疏导孩子，并定期检查管教落实情况，效果应不错。我相信这孩子还有救，还不属于非得收容教养的情形。

对于该孩子返校，同校的其他孩子家长们反对与担心，"怕他又犯事"，心情可以理解，也应该得到理解，在他们没有看到任何管教措施的情况下尤其如此。因此，建议当地教育部门协调该孩子转校，并和当地公安机关联手，共同落实对该孩子的管教和帮管措施。

2018 年 12 月 12 日红星新闻·红星评论

儿童弑母之二

| 送收容所就妥了吗 |

弑母儿童往何处去？最新消息是送长沙某收容所了，但依然让人放心不下。

12月11日报道称，益阳市教育局相关部门负责人介绍，由于沅江弑母男童未满14岁，不能进行拘留或遣送少管所，所以被警方释放，由家长接回监管。男童亲属表示想把他送回学校继续接受教育，却遭到了其他家长们的反对；拟带男童回村，村民们也不答应。

12日报道称，男童已被带离原生活环境，由监护人及公安、教育、镇政府共同对其进行定点监护管理，并进行心理疏导、法制辅导、文化教育等，有关部门也将根据男童教育转化情况和相关法律规定，采取进一步教育管束措施。

13日报道又称，弑母男童的爷爷奶奶表示，男童已被接走送往长沙某收容所，接受为期三年的管束教育，费用也不用家里承担，其父亲将继续外出打工。

先来看看三天三种方案，哪种方案最优吧。

第一种方案，可称为"放任不管型"，各方都不答应。公众普遍感到焦虑，认为一颗定时炸弹，随时可能在哪儿引爆；同校其他家长恐惧，担心自己孩子"与虎狼相伴"，转到本市其他学校也会产生同样的问题；政府及有关部门受到不作为的强烈指责。可以说，在强大舆论之下，它的夭折是必然的。

第二种方案，可称为"豪华定制型"——离开本市，不脱离监护，落实义务教育，心理、法制辅导随行，公安、教育、镇政府共管，定期评估效果，所需费用自然是财政买单。该方案像是豪华的"私人定制"，不仅经济成本太高，落实起来也相当困难，而且开支上师出无名，应是当地政府在汹涌舆情下，欲尽快摆脱舆论指责的"拍脑瓜"之举。因为没有法律依据，尽管完美但不太现实，一旦上级介入进来，被否决掉也是分分钟的事。

第三种方案，可称为"一关了事型"，除了孩子，其他各方可能都满意了。公众的焦虑情绪得到平息，男童家人不用再为孩子去处发愁，学校和其他家长尽可以放心，政府遭到指责的危机也化解了。尤其是，这样处理有法律依据，谁也挑不出毛病。

法律依据是什么呢？《刑法》第17条第4款规定，"因不满16周岁不予刑事处罚的，责令他的家长或者监护人加以管教；在必要的时候，也可以由政府收容教养"。也就是说，依法处理此类事情只有两种选择，要么责令家长管教，要么政府收容教养。前者即是前述第一种方案，既然各方都不答应，剩下的只有政府收容教养了。

现在该男童已被"依法"送往长沙某收容所，各方都如愿以偿了，还有什么不放心的呢？但我心里五味杂陈，很为该男童不安，还真不放心。

我曾在媒体撰文谈到，我同意大多数人的观点，政府对该男童绝不能放任不管，又不同意简单地将其送收容所等监管场所"一关了事"。原因很简单，目前的工读学校也好，收容教养所也罢，都缺乏像样的专业教师队伍（用中国人民公安大学李玫瑾教授的话说，就是"都萎缩了"，好教师哪里留得住），送到那里的孩子，都是些"天不怕地不怕，家长拿他更没法"，什么坏事都敢做的罪错儿童。而只是一时糊涂铸下大错的孩子，送进去应特别慎重，不然，心理扭曲未矫正，良好习惯养不成，还"交叉感染"上更多毛病，就彻底毁了这类孩子。

我同情这个男童，正是因为他只是一名"一时糊涂铸下大错"的孩子。我向采访记者求证到，采访中只听到该男童对他妈妈的"记恨""有意见"并相互起冲突的说法，未听到他对同学、对老师、对邻里、对爷奶等有任何暴力行为。因此，这次酿成惨案应是多种因素相互作用的结果：母亲对该男童长期缺乏关爱，在孩子心中产生了较深的积怨，应是一个基础性因素，不然孩子下不了手；母亲在得知孩子逃学被老师通报，还发现其偷吸家里 4 包香烟后，恼羞成怒，挥起皮带猛抽，又砸烂孩子手机，处理方法简单粗暴，是引爆积怨、酿成悲剧的直接原因（尤其是手机，现已成为这类孩子满足游戏玩性、消除孤独感的重要工具，摔其手机像是要他们的命一样，不容小觑该因素）；当然，男童的道德法制观念极度缺乏，基本是非观念未形成也是重要因素，例如他认为"我又没杀别人，我杀的是我妈"，仿佛杀别人是违法犯罪，杀自己家人，就像母亲打自己一样，是自己家里的事，无关别人；加之男童对学习没有兴趣，成绩不好，以及网络游戏玩多了，打打杀杀的画面经常冲击视觉，都是不可忽视的影响因素。

总之，该男童并没有暴力倾向，也不是那种无法无天的孩子，只是一时糊涂铸下大错，只要好好正面引导和教育，完全能成为一个好人。我不同意某些人机械类推，认为该孩子"连妈都敢杀，还有谁不敢杀"，我推断一般情况下他根本不会去伤害他人，我甚至有收养该男童来试试的想法，但因不会被允许，还会遭到"作秀"的指责，只能作罢（在 NGO 组织发达，充分重视公民力量的社会，这种想法不难实现）。

现在把该男童同那些无法无天的孩子关在一起，他可能真的破罐子破摔——反正是个"杀人犯"，还在乎什么！自身缺陷一点未得到弥补，还学会一身毛病，将来再犯大案可能是大概率的事，那时刑事处罚他，倒没有了刑事责任年龄的障碍，应了有学者担心的"养猪困局"（即"养肥了再杀，养大了再打"），还可能将有人或有些人作为垫背，这里的"有人"当然包括你我他。

我不主张对该男童一关了事，也不主张一放了事。我的建议是，男童不离开沅江，当地政府和被警醒的父亲共同制定好管教计划，政府协调转校，安排心理专家疏导，家长负责落实管教计划，学校予以配合，教育与公安等部门定期检查落实情况。同前述"豪华定制型"方案相比，这是一台并不奢侈的"个性定制"，可称之为"政府监督下的家长管教"。这其实也是我的立法建议。

当然，送收容所进行教养我也不排斥，但有个前提，即收容所已成为高大上的特殊教养机构，那里有高素质的儿童心理专家、高素质的文化课教师、高素质的德育法制教育专家、高素质的生活辅导老师，有规范的教学计划和优美的生活环境，能适时安排被教养人回家探亲，同法定监护人接触，安排被教养人同社会接触，让他们逐渐成为正常的"社会人"，最后能健健康康地回归社会。

这其实也是我的立法建议，即努力完善《刑法》第 17 条第 4 款规定的收容教养制度，至少在一个地级市建立一所高品质的收容教养机构，这样的投入当然很大，但非常值得！这是面对我国犯罪越来越低龄化趋势的必要举措，也是预防和减少未成年人犯罪的重要手段，还是落实未成年人保护政策的温馨工程。

话说回来，如果工读学校、收容所还是现在这个样子，我真不赞成将吴某某这类"一时糊涂铸下大错"，还有得救的孩子送到那里，为将来少造点孽。

2018 年 12 月 15 日《慕公法治论坛》

领导偷情

|领导没事，举报者反被拿下|

> 防腐反腐，不能光指望"夫人倒戈""情人反水"，那样概率太小，
> 更应建立制度反腐，而制度也得人执行，得有人发现线索并向组织反映，
> 组织有举必查，才能形成良性循环。

一则"民警偷拍上司通奸被行拘"的消息突然火了。说的是浙江台州公安局黄岩分局原民警池某，跟踪偷拍时任黄岩公安分局副局长周某某，获取了周与一女性通奸的证据，将其交给了黄岩区纪委，但纪委以"未造成不良影响"为由未予处分，反而是池某被单位关禁闭 7 日、行拘 6 日。池某对所受行政处罚不服，提起行政诉讼。

该案引起公众极大关注，原因有三：一是下属民警跟拍举报领导，虽不乏私人恩怨，却客观上掌握了领导违纪的证据；二是"有图有真相"的举报，领导毫发无损，举报者反被"拿下"；三是被举报局长未停职，由其手下对举报者调查处理，这正常吗？

防腐反腐，不能光指望"夫人倒戈""情人反水"，那样概率太小，更应建立制度反腐，而制度也得人执行，得有人发现线索并向组织反映，组织有举必查，才能形成良性循环。其中同事、下属因为彼此接触较多，掌握相关线索相对容易，应成为反腐的重要力量。

但这支力量的作用目前发挥得并不好，因为举报顶头上司，不仅要花大

量的时间和精力，而且是门"技术活"，弄不好就会暴露自己，风险极大。也正因为如此，池某锲而不舍地监督举报更显艰难和可贵。他的行为，对落实党和国家的反腐倡廉政策是有积极意义的，在一定程度上说，应当得到有关部门尤其是纪检监察部门的肯定。

"有图有真相"的举报，纪检部门应该重视。从报道披露的情况来看，在短短三个月时间，池某即在地下车库拍到周某某偷情视频6次，其中有3次为上班时间。据二人的对话反映，之前周某某在办公室偷情也有3次。

《中国共产党纪律处分条例》规定："与他人发生不正当性关系，造成不良影响的，给予警告或者严重警告处分；情节较重的，给予撤销党内职务或者留党察看处分；情节严重的，给予开除党籍处分。"如此多次，且不乏在上班时间、在办公室与人偷情，怎会"没有不良影响"？

更进一步看，即便不处分偷情的周副局长，但将池某关禁闭和行拘，又是何道理？如何证明在对池某的行政处罚案中，周副局长没有利用职权对其打击报复？

从程序上讲，池某受处罚时，周某某并未调离分局，仍是分局领导，由其下属对池某调查处理，在形式上明显程序违法，因为这实质是被举报人担任领导的机关对举报人进行处罚。当池某的代理律师当庭提出此点时，黄岩公安分局未作出回应。现在本案已成为公共事件，该分局有向公众回应的义务。

此外还有一系列程序问题，比如《人民警察法》规定，对违反纪律的人民警察，必要时可对其采取禁闭措施；禁闭时间最长为7日。但要注意，池某偷拍上司偷情，不是执行职务的违纪行为，后来被处罚也不是把他当作违纪的警官，而是当作行政相对人。问题来了：禁闭决定是谁作出的？依据是什么？为何还顶格适用了？

至于本案最大的争议焦点——公职人员的隐私权是否应让位于公民监督权，我国法律虽未明确规定，但池某代理律师所引用的"隐私权是自然人享有的对与公共利益无关的个人信息、私人活动和私有领域进行支配的人格权"，可谓法学界的通说。周某某作为公职人员、分局领导，在上班时间外出与人通奸，可能涉嫌权色交易、作风腐化等违纪违法问题，确实不属于个人隐私。分局以侵犯隐私对池某作出拘留处罚，可能涉嫌适用法律不当。

总而言之，此案虽为"行政拘留6日是否合法"而起，案件似不大，但涉及公民的监督权，涉及公职人员廉洁性以及是否存在对举报者打击报复等重大问题，就不是一件小事了。期待主审法院慎重对待此案，依法作出公正裁判。

2018 年 5 月 14 日 澎湃新闻·澎湃评论

副局长投毒

|未追刑责有斟酌余地|

所谓目前所能获取到的证据只能证实熊某的行为涉嫌故意伤害，但故意伤害须造成轻伤以上损伤结果才能追究刑事责任，经诊断受害人赵某无明显损伤后果，未达到轻伤以上的损害程度。但也请注意，故意伤害罪是有未遂形态的。

陕西宁陕县烟草专卖局副局长熊某向主持工作的副局长赵某投毒一案，在引起社会广泛关注后有了新进展。

宁陕县政府新闻办公室的《关于熊某故意伤害他人案有关情况说明》（以下简称《情况说明》）披露：去年11月16日，宁陕县公安局以熊某涉嫌故意杀人对其立案侦查，两次报请批捕，县检察院均未批准，后县公安局撤销刑事案件，行政上对熊某作出拘留10日，并处罚款500元的处罚。给出的理由是，理化检验鉴定意见不能证明熊某所使用的药品及剂量能致人死亡，现有证据不能证明熊某主观上有杀人的故意。目前所能获取到的证据只能证实熊某的行为涉嫌故意伤害，但故意伤害须造成轻伤以上损伤才能追究刑事责任，经诊断，受害人赵某无明显损伤后果，未达到轻伤以上的损害程度。

该答复结果，同样引起了很大的争议。我也认为这样处理，还有商榷余地。

《情况说明》给出的基本案情有些简单：经侦查，嫌疑人熊某因对单位主持工作的领导赵某不满，将农药甲氰菊酯约半支（5毫升/支）倒入赵某烧水壶内，赵某饮水后感到不适，经医院诊治赵某生命体征正常。

这里还有些情节不知是否查清，若查清了，可根据不同的主观动机、犯罪手段的客观危害状况，分别给予不同的处理。

例如，若嫌疑人熊某了解该农药的毒性比较温和，小剂量只会稍难受而不会对身体造成大碍，于是很有分寸地只倒了半支到赵某烧水壶内，只想让赵某感到不适一下，则连伤害的故意也难以认定，适用《治安管理处罚法》第43条"故意伤害"的规定进行责罚，也值得商榷。

再例如，若嫌疑人熊某以为该农药的毒性很强，半支即可要赵某的命，不料该农药毒力不大，赵某饮下后竟然安然无恙，熊某的行为则成立故意杀人（未遂），因为其主观上想杀害赵某，但因意志以外的原因（认为错误导致工具不能）而没有得逞，属于故意杀人未遂，应比照既遂犯从轻或减轻处罚。

又例如，若熊某认为甲氰菊酯的毒力还可以，小剂量也可导致某些器官损坏，但不至于导致人死亡，不成想，半支剂量几乎没什么作用。这种情形下，自然不能定故意杀人（未遂），因为知道该药不致命，没有杀人的故意；但有重伤他人的故意，在这种情况下若造成他人连轻伤也构不成的后果，按现在学界通说，也应按故意伤害罪（未遂）来处理，宁陕县有关部门的态度与此不同，他们认为故意伤害罪是结果犯，若没有轻伤以上的结果是不构成该罪的，不存在未遂一说。这一点笔者很难认同。

可见，若在上述基本案情的基础上，还能深挖出熊某作案目的和对作案工具认知程度等案件情节，对于准确认定案件性质很有帮助。但挖掘这些情节，很大程度上依赖于在第一时间得到熊某认罪悔罪、如实交待的配合，这其实也是法律规定"在第一次讯问后才安排辩护律师会见"的重要原因。

应当指出，我国现行刑事诉讼法经过几次修订，都依然保留了"犯罪嫌疑人对侦查人员的讯问，应当如实回答"的规定，只是对"与本案无关的问题，才有权拒绝回答"。也就是说，我国法律未赋予犯罪嫌疑人、被告人以沉默权，目的是方便司法机关更容易获得诸如作案目的和对作案工具认知程度等对口供依赖性较强的证据。

但人有趋利避害的本性，可能侦查人员使尽全身解数，也未必能"撬开"嫌疑人的嘴，甚至可能是"零口供"，侦查人员还是应当把重心放在收集其他客观证据上，万不可采取刑讯逼供的方式。

　　本案中，如果熊某对于作案目的和对作案工具的认知，确实不作交待，或者作虚假交待，是完全可能的。对于这一块查不清楚，还是应按照有利于嫌疑人、被告人的原则进行处理。

2018 年 5 月 24 日 澎湃新闻·澎湃评论

操场尸骨之一

本案不会像有人担忧的，"估计全靠言词证据"定案，至少有尸骨、血迹（当时提取的）及衣物等物证、当时报案材料、承包工程方面的材料等书证、当时的现场勘验笔录、现场辨认笔录、现在的 DNA 鉴定意见、证人证言，另外还可能或已经取得口供。

新晃一中"操场尸骨案"有了最新进展，DNA 鉴定结果显示，操场尸骨确实为邓世平老师。这个鉴定结果没人感到意外。但这个尸骨确认，仍然有着重要法律意义，主要表现有两个方面。

一是此前邓世平的身份为"失踪人"，2007 年其亲属无奈向法院申请，法院宣告邓世平死亡，这只是法律上"推定死亡"，目的是让其婚姻关系消灭，其配偶可以另行结婚而不构成重婚；其留下的财产可以依法进行继承，也使其法律地位免于悬而未决的状态。鉴定结果出来后，就可以确定邓世平属于"自然死亡"了。顺便提一下，自然人"生不见人死不见尸"的状况，只能叫失踪人，一旦见到尸体后，可以称其为"死者"了。

二是邓世平在当地公安机关一直只是作为失踪人备案，并未作为刑事被害案件立案，而没有立案就不会有侦查。现在杜少平涉黑案团伙成员供出，16 年前杜少平杀害了邓世平，尸体掩埋于新晃一中操场，并根据其指认找到尸骨，现尸骨鉴定为邓世平，"邓世平被害案"就可以正式立案侦查了，杜少平可列为重大涉案嫌疑人。

报道称，湖南省市县三级公安机关，正在抓紧审讯杜少平和收集其他相关证据。有人对本案证据收集表示了强烈担忧，称"估计得全靠口供，估计也判不了死刑"，当然，这里说的口供，或应理解为言词证据（包括口供证人证言等）。这种担忧不是完全没有道理，因为此案已过 16 年，时过境迁，但其观点也过于悲观了。

根据《刑事诉讼法》的规定，法定刑事证据种类有八种，即（1）物证；（2）书证；（3）证人证言；（4）被害人陈述；（5）犯罪嫌疑人、被告人供述和辩解；（6）鉴定意见；（7）勘验、检查、辨认、侦查实验等笔录；（8）视听资料、电子数据。

此案目前已有哪些证据，还能收集到哪些证据呢？这里根据《刑事诉讼法》规定的八种证据种类，简要梳理一下。

1. 物证，目前本案已经有了一些。

（1）尸体即属于物证，现在尸体只剩下尸骨了，但尸骨同样是物证。

（2）衣物、标签是物证。报道称"皮肤组织已不复存在，身上的衣服从内至外分别是衬衣、毛衣和带纽扣的棉衣外套，衣服上的标签还依稀可见"，衣服、标签也是物证。

（3）血迹也属于物证。报道还称，"2003 年 3 月，邓家人向湖南省公安厅寄送报案材料后，怀化市公安局派警察邓水生前来调查。邓水生是搞痕迹鉴定的，他在现场的墙上提取到了血迹"，此时离"失踪"才 2 个月，这说明，怀化市公安当时还是掌握了一些证据的，墙壁上有血迹的地方，很可能就是第一现场，埋尸的操场，应是第二现场。说不定还提取到加害人杜少平的血迹，因为邓老师反抗有可能导致加害人受伤。

2. 书证，本案也会有一些。邓家高度怀疑杜少平的报案材料，当时杜承包工程的相关材料，当时疑似邓向教委的举报材料，当事人的一些身份信息等，都是书证。其中也有指向杜少平有作案动机的。当然，杜少平或其他人有记载当时作案情形的日记等书证，可能没有或难以得到。

3. 证人证言，目前已经有两名杜少平同伙的在案供证。如果他们真是没有参与杀人，而只参与埋尸，他们就是本案的"污点证人"，否则就是共犯。他们已经被羁押，分别讯问得到，能够相互印证，证据的可采度较高。而且，完全知情的证人所作陈述，在法律上属于直接证据，即单独一个证据即能证明谁作案以及如何作案的证据。有直接证据的案件，还有少量其他证据能够印证一下，即可定案。

有哪些证据属于直接证据呢？嫌疑人的口供、记载作案经过的日记等书证、知情人的证言、同案犯交过手的被害人陈述、拍摄作案经过的视听资料，都可成为直接证据。而物证、对物证进行鉴定的鉴定意见、现场勘查笔录，都是一鳞半爪地反映案情，只能是间接证据。完全靠间接证据定案，则要达到一定的证据量，每个证据环环相扣，形成证据链条，并排除其他合理怀疑的程度，才能定案，要求要高得多。

后面很可能会有新的证人出现，那得看当时参与杀人或搬尸或在现场的还有谁。

4. 被害人陈述，杀人既遂的案件都不存在这一类证据，本案也一样。

5. 犯罪嫌疑人的供述和辩解，通常称为"口供"，有报道称"杜少平和两名同伙已供认……"若真是这样，本案的认罪口供已经有了。但也有报道称，"杜少平至今未承认杀害邓世平"。法律规定，没有被告人的供述即"零口供"，证据确实充分的，可以认定被告人有罪和处以刑罚。可见，在已经有其他直接证据的情形下，口供上抵赖不一定有用，还少了个"认罪态度好"的从宽情节。

不过，我国目前办案，对口供十分依赖，有口供哪怕是重刑之下的口供也踏实，没口供不踏实。相信公安机关的办案能力，只要他想得到，杜少平若还未招供很快也会招供的。在刑事侦查中，如果口供稳定，一般也得取得四五份口供材料，还得不同的讯问人员进行，中间还得相隔几天、一周或更长；若有反复，可能要讯问 10 来次，我见到最多的有 20 多次的口供。报道称，"专案组正在抓紧审讯杜少平"，就是这个意思。

6. 鉴定意见，本案已经有了。操场尸骨鉴定是邓世平的，即是此类证据。2003 年 3 月，怀化警方提取的血迹，应该保全了，也可进行鉴定，若鉴定为混合血迹，既存在邓世平的血，也存在杜少平的血，那价值就太大了。尸体上的衣物，若有鉴定条件也可鉴定。

7. 勘验、检查、辨认、侦查实验等笔录，可能也有了一些。前面说过，怀化的痕迹专家在墙壁上提取到血迹，有血迹的地方很可能就是第一犯罪现场，当时应该有拍照、画图、提取血迹，做过一些勘查，当然也制作了笔录。杜少平的两名同伙对第二现场即埋尸的操场进行了指认，现场辨认笔录也有了。随着侦查的深入，第一现场的指认笔录也可能得到。侦查实验是模仿当时的时空条件，看某些现象能否出现，本案根据进展的需要，也有可能去做，所形成的侦查实验笔录，是印证证据真伪的一种证据。

8. 视听资料、电子数据。这是近些年办案十分依赖的一类证据，本案案发于 2003 年 1 月，当时监控还不普及，新晃又是少数民族贫困县，当时安装的监控可能就更少了。因此，本案中这类证据很可能没有，除非嫌疑人是个变态狂，将杀人的过程自行拍摄下来。这种可能性极小。

总之，本案不会像有人担忧的，"估计得全靠口供""全靠言词证据"定案，至少有尸骨、血迹（当时提取的）及衣物等物证、当时报案材料、承包工程方面的材料等书证、现场勘验笔录、现场辨认笔录、DNA 鉴定意见、证人证言，还可能取得口供。另外，"估计也判不了死刑"一说，恐怕也难成立。现在奉行"疑罪从无"而不是"疑罪从轻"，若因为时间久远，确实收集不到确实充分的证据，只能对杜少平涉嫌故意杀人罪的指控作出无罪宣告，而不能搞什么留有余地地判处死缓或无期徒刑。若证据确实充分，当然可判处极刑。

为了保障本案公正有效地推进，我还是建议由中央组成专案组直接办理，或者指定怀化以外的司法机关异地管辖。现在所谓省市县三级办理，新晃、怀化还是基本办案力量，若有些之前暗中阻碍立案的人员参与进来，可能导致有些证据该取得的取得不到，已取得的莫名其妙地丢失，使得迟到的公正也难以实现。这正是回避制度的意义所在。但本案当时并未立案，阻碍立案的人员是隐形的，很难用回避措施来避免这种干扰，整体回避即异地管辖，是不错的选择。

【补注】2019 年底，怀化市靖州法院对怀化市公安局原侦查员、法医邓水生以徇私枉法罪判处有期徒刑 14 年。仅仅从现场勘查一个环节即可知道，该案并不复杂，若无邓水生等一批人渎职枉法，当时这起杀人案件是完全能够破获的。撰写此文时媒体披露的信息十分有限，还不敢对邓水生妄加猜测。

2019 年 6 月 25 日《慕公法治论坛》

操场尸骨之二

> 黄校长最后很可能被以受贿罪和国有事业单位人员滥用职权罪追究刑事责任，当然也可能查出其参与杀人，成立故意杀人罪的共犯。

新晃一中操场尸骨案，DNA 鉴定结果出来了，确认为邓世平老师的尸骨。新晃一中当时校长黄炳松现已由监察委而不是由公安机关立案，即表明现有证据难以证明黄炳松参与杀害邓世平。因为哪怕他在该杀人案中只起次要作用，只是从犯，也应由公安机关立案侦查。

设想黄校长对杜少平杀害邓世平真的不知情，而是杀害后才知晓，并存在网传的积极协助杜少平在学校操场掩埋邓老师遗体，散布邓老师携款逃离的谣言，还声东击西地组织学校老师到处"寻找"邓老师（除了学校操场），他是否涉嫌成立包庇罪呢？

回答是否定的。包庇罪规定在《刑法》妨害司法罪一节，是指向公安、司法机关故意作假证包庇他人犯罪的行为。本案当时没有刑事立案，邓世平只作为"失踪人"进行了备案，司法机关根本未向黄校长调查了解，作假证包庇无从谈起。

还有的说，黄校长至少成立徇私舞弊不移交刑事案件罪吧。该观点似是而非。因为该罪是指行政执法人员在执法中发现了犯罪情形，徇私舞弊而不移交司法机关，情节严重的行为。例如税务人员发现严重逃税，达到犯罪标准，徇私情不移送公安机关立案追究，即成立本罪。而本案中，中学校长不是行政执法人员，主体上不构成该罪。

还有的网友提到徇私枉法罪，黄校长就更不可能单独构成了。因为该罪是指司法工作人员徇私枉法、徇情枉法，明知有罪的人不追究，明知无罪的人去追究，或者在刑事审判中，故意违背事实和法律作枉法裁判的行为。本案中的校长也不是司法人员，主体上不符合，不能单独成立该罪，成立该罪的教唆犯、帮助犯等共犯，没有问题。

当然，"学校操场建设的招投标上不规范以及对预算超标负有责任"，基本上可以确认了。但这是一个可轻可重的行为，轻者可能就是一般违法违规问题，纪律处分即可；重者就可能涉嫌国有事业单位人员滥用职权罪，属于监察委管辖的 88 种罪之一。别看杜少平是黄炳松的外甥，黄校长若未得到他的好处，也未必会冒风险顶着招标不规范的压力，超预算 80 万元而结算成 120 万元（这在 16 年前可不是一个小数目），这里面就可能涉及行贿受贿犯罪，属于监察委的主管范围。

我预测，黄校长有可能被以受贿罪和国有事业单位人员滥用职权罪追究刑事责任。当然，不排除随着刑事侦查的深入，又发现杜少平在杀害邓世平老师前找过黄校长商讨，黄校长哪怕对杀人方案未置可否，只要其主观上放任了杜少平杀人，客观上有义务制止而未制止杜少平杀人，就成立不作为的故意杀人罪，成为杜少平的共犯。

如果发现黄校长不仅放任杜少平杀害邓老师，而且就是网友们所说的是主谋和始作俑者，那他就同杜少平一样罪大恶极，可能一同受到最为严厉的刑事制裁——本案虽然只有"一条人命"，但也可能以"两条人命"来承担责任。

【补注】我在百度动态上发表该文后，该文的阅读量达到了 3255 万，创造了本人网络发表文章的单篇阅读量之最，反映了百度动态的人气之旺，也反映公众对该话题关注的热烈程度。但同样是该文，在百度百家号的阅读量只有 4 万，百度的两个平台，人气差异可真不小。关于黄校长最终承担的责任，下一篇的正文和补注中有谈到。

2019 年 6 月 26 日百度网·百度动态 & 百家号

操场尸骨之三

丨从整体通报解析各方责任丨

> 俗话说，善有善报，恶有恶报；不是不报，时候没到；时候一到，一切都报。杜少平及其保护伞遭到报应的一天终会来到。

湖南省扫黑办和怀化市委通过新华社通稿，向社会发布新晃"操场埋尸案"的整体情况通报：在扫黑除恶专项斗争中深挖出的历史积案新晃"操场埋尸案"（邓世平被杀案）已经彻底查清，杜少平及其同伙罗光忠被依法逮捕，并以涉嫌故意杀人罪提起公诉；该案涉及的黄炳松等19名公职人员分别受到开除党籍、开除公职等相应党纪政务处分，其中10人因涉嫌犯罪被依法逮捕并移送审查起诉；杜少平涉恶犯罪团伙13名成员全部被依法逮捕并提起公诉。

该案6月下旬在媒体披露后，立即引起全社会的惊讶、恐慌、焦虑，并持续保持巨大关注。在中央扫黑办的直接督办下，湖南省及怀化市两级政法机关紧锣密鼓地开展工作，10月18日对杜少平以故意杀人等罪名移送审查起诉，公众的焦虑情绪得到较大缓解，现在又通报全部涉案人员的查处归属，公众心理得到巨大安慰。

下面根据通报，对涉案各类人员的法律责任作一简要分析，顺便也提提对邓世平老师予以大力表彰的建议。

一、以杜少平为核心涉黑团伙的法律责任

通稿指出，从 2008 年起，杜少平纠集姚才林、杨松、杨华、江少军等人，在新晃县晃州镇、扶罗镇等地非法放贷、暴力催债、非法插手民间纠纷，共同故意实施寻衅滋事、非法拘禁、聚众斗殴、强迫交易等犯罪活动 13 起，形成了以杜少平为首的涉恶犯罪团伙。该涉恶犯罪团伙 13 名成员，均被依法逮捕并提起公诉。

这里涉及寻衅滋事罪、非法拘禁罪、聚众斗殴罪、强迫交易罪 4 个罪名，杜少平等主要成员，可能还会多一个组织、领导、参加黑社会性质组织罪。这 5 个罪名本身都没有死刑和无期徒刑，组织、领导、参加黑社会性质组织罪最高刑为 15 年（黑社会性质组织首要分子被判死刑，一定是因为另涉故意杀人、故意伤害致死等罪名），寻衅滋事罪、聚众斗殴罪的最高刑为 10 年（若斗殴中致人重伤或死亡，则转化按故意伤害罪、故意杀人罪处理，现没有转换罪名，说明未出现这些情节）。强迫交易罪的最高刑为 7 年，非法拘禁罪的最高刑只有 3 年。也就是说，除杜少平外，其余 12 名成员应该只在有期徒刑幅度内判处，再多个数的有期徒刑进行并罚，都不能升格为无期徒刑（如果数罪总和刑未超过 35 年，实际执行的最高刑不得超过 20 年；若总和刑超过 35 年，实际执行的最高刑可达 25 年）。杜少平因另涉及杀人并埋尸操场案，下面另行分析。

二、杜少平、罗光忠杀害邓世平老师的法律责任

通稿指出，2001 年下岗职工杜少平采取不正当手段，违规承建新晃一中操场土建工程，并聘请罗光忠等人管理。在施工过程中，杜少平对代表校方监督工程质量和安全的邓世平产生不满，怀恨在心，于 2003 年 1 月 22 日伙同罗光忠将邓世平杀害，将尸体掩埋于新晃一中操场一土坑内。

这当然是有确实充分的证据证实的犯罪事实，两人涉嫌故意杀人罪。杜少平即使有认罪坦白甚至自首等情节，也可能不从轻，因为这只是"可以"而不是"应当"从宽情节，根据本案杀人动机卑劣，手段残忍，将尸体埋于老师和学生经常活动的操场，说明行为人丧失人伦之主观恶性达到极深程度，加上近十来年又成为涉黑犯罪的头目，因而判处极刑的可能性很大。

至于杀人同伙罗光忠，从通报来看，他不是杜后来的涉黑团伙成员，其

杀人罪责应视其参与程度来定，若是主要策划、实施者，也不排除判处极刑可能；若只是一般参与，则判处死缓、无期徒刑的可能性很大；若还有坦白或自首情节，判处有期徒刑的可能性也存在。

三、杜少平案背后"保护伞""关系网"的法律责任

通稿指出，杨军 2001 年时任新晃县公安局党委副书记、政委，在得知杜少平杀害邓少平后，接受杜少平和黄炳松的钱物和请托，利用职务之便，干扰、误导、阻挠案件调查，帮助杜少平逃避法律追究，涉嫌徇私枉法罪，给予其开除党籍、开除公职处分，对其涉嫌犯罪问题移送检察机关审查起诉。

时任新晃县政法委书记杨清林、公安局长蒋爱国，副局长杨学文、副局长刘洪波，刑侦大队长曹日铨，副大队长陈守钿等，在办理邓世平被杀案过程中，不依法履行职责，涉嫌渎职犯罪，给予开除党籍、开除公职等处分，对其涉嫌犯罪问题移送检察机关审查起诉。可见当时对刑案有查处职责的公安政法领导几乎全军覆没！

所谓徇私枉法罪，是指司法工作人员徇私枉法、徇情枉法，对明知是无罪的人而使他受追诉，对明知是有罪的人而故意包庇不使他受追诉或者在刑事审判活动中故意违背事实和法律作枉法裁判的行为。杨军是司法工作人员，接受钱物后徇私徇情枉法，对明知有罪的杜少平等故意包庇不使他受追诉，确实构成了该罪。该罪最重为有期徒刑 15 年。杨军同时还存在受贿犯罪，但法律规定两者牵连时只从一重罪处理，而现在未通报按受贿罪处理，应该是受贿数额不大，徇私枉法严重。

通稿还重点提及时任新晃一中校长（已退休）的黄炳松，称他在得知杜少平杀害邓世平并埋尸于操场后，伙同杨军等人帮助杜少平逃避法律追究，涉嫌徇私枉法罪（共犯），给予其开除党籍处分，取消其退休待遇，对其涉嫌犯罪问题移送检察机关审查起诉，可见是按徇私枉法罪的共犯处理的。

根据通报，黄校长未参与杀害邓世平的事实已经清楚。其罪名也大致确定，按徇私枉法罪（杨军的共犯）处理。可要知道，他若不是杨军的共犯，因其不是司法工作人员，主体上是不能成立该罪的；他的行为当然成立包庇罪，现作为共犯也成立徇私枉法罪，即同时触犯了包庇罪和徇私枉法罪两罪，同样按想象竞合原理（一行为触犯数罪按最重罪处罚，不数罪并罚），当地司法机关按徇私枉法罪对他进行追究是正确的。

通报中还提到了当时任怀化市公安局刑侦支队正科级侦查员、副主任法医邓水生（现已退休），在参与办理邓世平被杀案过程中，接受黄炳松的请吃或钱物，不依法履行职责，涉嫌渎职犯罪，给予其开除党籍、开除公职、取消其退休待遇等处分，对其涉嫌犯罪问题移送检察机关审查起诉。我在之前的评论中提到过他，他收集到现场血迹等证据，但提取到的证据少得可怜，原来这里面有"鬼"。他一同受到刑事追究是应该的！可见，像杜少平杀害邓世平老师这种并不难破的杀人案，凶手必须搞定各个环节才能逍遥法外，而此案正是"全环节覆没"！

四、顺便提一下，鉴于邓世平老师的壮举和死得惨烈，建议对其塑像和追认为烈士

通稿通报，经查，2001 年，新晃县下岗职工杜少平采取不正当手段，违规承建了新晃一中操场土建工程，并聘请罗光忠等人管理。在施工过程中，杜少平对代表校方监督工程质量和安全的邓世平产生不满，怀恨在心，于 2003 年 1 月 22 日伙同罗光忠将邓世平杀害，将尸体掩埋于新晃一中操场一土坑内。

结合之前的报道，邓世平老师代表校方监督工程质量和安全，不畏强权，刚正不阿，勇于同腐败行为作斗争，用生命捍卫学校操场等设施建设，最后确实献出了宝贵生命，而且死得如此惨烈，其尸骨还被埋于全校师生经常活动的操场上。他的行为完全符合"为了抢救、保护国家财产、集体财产、公民生命财产牺牲"的烈士评定条件，应追认为烈士。

我建议将新晃一中操场命名为世平操场，在该校里或其他更合适的地方，为邓世平老师建立雕像，收集整理邓老师的生平事迹，因为他能有这样的壮举绝不会是偶然的，一定是他一贯为人的结果。

在改革开放进入深水区的新时代下，反腐形势依然严峻，像邓老师这样无私无畏的英雄不是多了，而是太少了。国家只有大力表彰英雄，为其树碑立传，让人们认识英雄；全社会形成崇尚英雄的风气，让人们敬慕英雄，想当英雄；同时也让英雄的亲人后代有着优厚的烈属待遇保障，让英雄没有后顾之忧，人们才敢当英雄。如此这般，关键时候，英雄才能站得出来，才有更多的英雄站出来！

【补注】2019 年 12 月 17 日至 18 日，湖南省怀化市中级法院当庭宣判被

告人杜少平犯故意杀人等罪，数罪并罚，决定执行死刑，剥夺政治权利终身。被告人罗光忠犯故意杀人罪，判处死刑缓期二年执行，剥夺政治权利终身。其他 12 名黑恶成员被告人分别被判处 1 年至 8 年不等的有期徒刑。

邓世平被害一案中，共有 19 名失职渎职的公职人员牵涉其中，目前 10 人被判刑、9 人被党纪政务处分。对新晃侗族自治县公安局原政委杨军、新晃一中原校长黄炳松均以徇私枉法罪判处有期徒刑 15 年；对怀化市公安局原侦查员、法医邓水生以徇私枉法罪判处有期徒刑 14 年；对新晃公安局原副局长刘洪波、新晃公安局刑事警察大队原副大队长陈守钿、原大队长曹日铨、原侦查员陈领、新晃一中原办公室主任杨荣安以徇私枉法罪分别判处 13 年至 10 年不等的有期徒刑；对怀化市公安局原副局长杨学文、新晃公安局原局长蒋爱国以玩忽职守罪分别判处有期徒刑 9 年、7 年。

2019 年 11 月 26 日《慕公法治论坛》

监狱会见

| 新规 "新" 在何处 |

文/刘彩玉（环球时报英文版记者）　刘昌松

除了罪犯犯了新罪，律师会见监狱不派员在场外，其他情形的律师会见，监狱都是可以派员在场的。这一规定还有待进一步改进，建议直接取消。

12月10日，新华社发布消息，司法部近日出台了《律师会见监狱在押罪犯规定》（文中也称《新规》），施行13年的《律师会见监狱在押罪犯暂行规定》同时废止。该新规有哪些亮点，律师会见罪犯难的问题解决了吗，还有哪些可进一步改进的地方。对此，刘昌松律师接受环球时报英文版记者刘彩玉的采访，谈了自己的观点。

【环球时报】《律师会见监狱在押罪犯规定》有哪些亮点？

【刘昌松律师】一是规定律师可一人会见，此前规定一般为两名律师，至少为一名律师带一名律师辅助人员参加；二是规定服刑罪犯的监护人、近亲属可代为委托律师，此前规定对此未作明确，监狱一般要求律师提供罪犯亲自寄出的委托书；三是规定律师代理罪犯申诉也可到监狱会见，此前律师只是在罪犯有新罪担任辩护人或者代理人、担任民事或行政案件代理人，代理调解、仲裁等可以会见在押罪犯；四是规定辩护律师会见被立案侦查、起诉、审判的在押罪犯时，监狱不得派警察在场，这同《刑事诉讼法》的规定一致了，此前规定是一律可派员在场，等等。

【环球时报】以往会见会遇到哪些困难，对于律师来说，这份新规出台后，律师会见权有保障了吗？

【刘昌松律师】以往会见最大的困难是，监狱往往要求律师持有罪犯亲自签署的授权委托书，这确实很难及时获得，因为律师同罪犯未见上面，如何联系，如何委托；通过亲属探监转达，费时费日，新规明确罪犯的监护人、近亲属可以代为委托律师，一下子就解决了这个问题；其次是以前必须两名律师会见也增加了当事人和律师的负担，新规对律师会见没有再设人数限制，有了较好的解决。

【环球时报】《新规》还有哪些希望改善之处？

【刘昌松律师】除了罪犯犯了新罪，被立案、侦查、起诉、审判，律师会见时监狱不派员在场外，其他情形的律师会见，监狱都是可以派员在场的。这一规定还有待进一步改进，建议直接取消。因为，既然罪犯再犯新罪时律师会见都不必派员在场，举重明轻，其他情形的会见，为何要派员在场呢？！

2017 年 12 月 10 日《环球时报》·英文版

各类案件与裁判公正

非遗之一

|"传承"反被判刑的悖论|

不能把一个功臣当成一名罪犯来对待,否则,"五道古火会"这项省级"非遗"咋办?

河北省赵县南杨家庄的"五道古火会",2011 年即被列入河北省非物质文化遗产名录,该村 79 岁的老人杨风申是该项非遗唯一传承人。去年 2 月 19 日,他在制作古火会上需要燃放的烟花时被警方拘留,后被法院以非法制造爆炸物罪,判处有期徒刑 4 年 6 个月。杨风申觉得冤枉,制作了 20 年古火会烟花,从来不知道这会违法,他已提起上诉,正焦急等待二审结果。(6 月 29 日《新京报》)

这起刑事案件的悖论之处在于:"非遗"是国家着力保护和传承的精神财富,是国家文化主管部门依《非物质文化遗产法》(以下简称《非遗法》)要着力肯定和扶持的行为,而杨风申老人作为非遗传承人,正在传承该项"非遗"活动时却被国家司法部门依据《刑法》予以严厉打击。法律如此患上"精神分裂症",国民包括杨风申老人就不知该如何行为了。

我们先来详细分析这种悖论,再看看能否化解这种悖论。

一方面,依《非遗法》,杨风申老人的传承行为应该受到鼓励和保护。

《非遗法》2011 年颁布实施,当年"五道古火会"即被列入河北省非物质文化遗产名录。2012 年,杨风申成为市级非遗项目代表性传承人,石家庄市政府为其颁发了证书；2013年，杨风申又成为省级非遗项目代表性传承人，河北省文化厅为其颁发了证书。这是国家机关对杨风申老人合法传承人身份的正式认可。

而成为非遗传承人并不容易，依《非遗法》规定应当具备三个条件：一是熟练掌握其传承的非物质文化遗产；二是在特定领域内具有代表性，并在一定区域内具有较大影响；三是积极开展传承活动。尤其是第三项，必须积极开展传承活动，才能当选上。

据报道，自从1996年杜老命师傅去世，年近60岁的杨风申接班，成为新中国成立后古火会的第四代传人，且是唯一熟练掌握古火会所需烟花之配方和制作工艺的人，每年都由他主持操办村里元宵节最盛大的古火会，在当地确实相当闻名。省、市政府机关给他颁发非遗代表性传承人证书，既是国家对他十多年来积极传承活动的充分肯定，也是鼓励他将该项非遗再积极传承下去。

不仅如此，《非遗法》还要求，县以上政府文化主管部门，应根据需要采取措施，支持传承人开展传承活动。

另一方面，依《刑法》规定，杨风申老人似乎真的应该受到追究。

因为他没有取得烟花爆竹生产许可证，且在每年元宵节前夕都用几百公斤火药，"擅自"制作成数百个"梨花瓶"等特种烟花，且经鉴定具有爆炸性，因此，国家司法部门以非法制造爆炸物罪追究其刑事责任，似乎也没有问题。

还应知道，非法制造爆炸物罪是枪支犯罪中最重的一个罪种，是《刑法》第125条所规定的"非法制造、买卖、运输、邮寄、储存枪支、弹药、爆炸物罪"，能够肢解出来的一个选择性罪名，一般情节的法定刑为3至10年；情节严重的为10年以上有期徒刑、无期徒刑或者死刑。

可见，杨风申老人被适用的"非法制造爆炸物罪"，是一种最轻为3年、最重为死刑的重罪。如果罪名成立，根据老人同类行为纵跨20年来综合评价，认定其"情节严重"应不为过，相应的法定刑最重为死刑，才判4年半不仅不重，还有过轻"放纵"之嫌；而众多参与其中的人包括鼓励老人"积极传承"的政府官员，也应是同案犯，至少是从犯（例如帮助犯），应一并追究刑事责任；现在只判处老人，也违反了刑法面前人人平等的基本原则。但真的如此追究，给老人判接近于死刑的刑罚、给村民和政府官员相对较轻的刑罚，则更背离常识和人们生活观念。这样，我就用归谬法论证了刑事追究老人的荒谬。

换个角度而言，既然只判杨风申老人4年半徒刑，公众还普遍认为太重了，就应该好好检省杨风申老人的行为是否存在可以除罪的因素，从而消除这种悖论。

行为上貌似犯罪，但法律将其除罪，理论上称为排除犯罪的事由，或称正当化事由。我国刑法明文规定的除罪事由只有正当防卫和紧急避险。例如某女性面临危及生命安全的强奸犯罪时，用刀直捅强奸犯心脏导致其死亡，仿佛完全成立了故意杀人罪，但法律说她是无罪的，就因为其存在正当防卫的除罪事由。

除了正当防卫和紧急避险以外，国外刑法和我国刑法理论都承认依照法律的行为、执行命令的行为、正当业务行为、经权利人承诺的行为等，也属于除罪事由。例如行刑者执行命令将罪犯处死，应没有人认为是犯罪，就因为他是执行命令的行为，具有正当化事由。同样，杨风申老人执行政府积极传承"非遗"活动的命令，为何就不能为其除罪呢?!

至于杨风申老人制作"梨花瓶"等特种烟花的行为，确实存在安全隐患，则是另一个法律问题，政府应通过帮助村镇设立相关实体，解决相关生产许可等措施来化解，对此，《非遗法》也有财政扶持和减免税收等政策依据。总之，不能把一个功臣当成一名罪犯来对待，否则，"五道古火会"这项省级"非遗"咋办?

2017年7月1日《南方都市报》·刘昌松专栏

非遗之二

| "传承案"二审应体现程序公正 |

　　老人因十多年传承"非遗"有功而被授予"非遗传承人";案发当时正在为"五道古火会"制作烟花,该行为相当于正在执行传承"非遗"的法令,以此作为正当化事由,老人的行为即可除罪。

　　我在《南方都市报》7月1日个论专栏,就河北赵县"五道古火会"省级非遗传承人杨风申,在制作古火会使用的烟花之传承"非遗"活动时被抓,后被判4年6个月一案发表了评论。当时所依据的《新京报》报道称,"杨风申老人已提起上诉,正焦急等待二审结果"。其实,评论发表前,《新京报》第二天又披露惊人消息,有人发现石家庄中院已在6月14日将该案的二审裁判文书上网,结果为"驳回上诉,维持原判",但该案二审审判长又向记者表示,二审裁定书虽已上网,但这并非最终判决结果,目前该案还在审理期间。

　　昨天在微信朋友圈见有人转发《新京报》关于本案的上述后续报道,惊掉下巴的同时,也感到有必要就此案进行一点补评,主要回答两个问题:裁判文书"提前"上网说明了什么?该案到底生效还是未生效?

　　先回答第一个问题,裁判文书"提前"上网说明了什么。我认为,至少说明了这样两点:

　　一是当事法院对裁判文书上网的严肃性认识不足,管理上极其混乱。因为按规定,上网公布的对象应是生效法律文书,公布的时间应为裁判生效后7

344

日内（作些技术处理需要时间），公布的目的是用这种方式接受社会各界对生效裁判文书的监督，促进司法公正，提高司法公信力。而二审裁判文书生效的标志是二审裁判的宣告，本案的二审裁判尚未宣告、尚未送达当事人和辩护律师，当事人和辩护人还在傻傻地等着二审开庭发表意见，此时二审裁判文书已经上网公开，这是严重的本末倒置，司法公正无以体现，司法公信力更是严重受损。

二是暴露了当事法院存在二审程序"连过场也懒得走"的严重问题。以前舆论更多是指责有些法院二审程序走过场，听不进当事人的上诉理由和辩护律师的辩护意见，简单维持一审判决。本案不同，在目前全国法院全面推进以审判为中心的刑事诉讼制度改革的形势下，有关司法文件明确指出，"案件事实查明在法庭、诉辩意见发表在法庭、裁判结果形成在法庭"，本案二审合议庭连听取当事人的陈述意见和律师的辩护意见之过程也懒得去走，直接单方面将二审裁判文书制作出来，并且已经上网。本案二审审判长对此倒是直言不讳，"当时确实是这么考虑判决结果的，所以才有那个裁定书发布出来"，连遮羞布也不需要了。

再回答第二个问题，本案那个已经上网的裁判文书到底生效还是未生效。回答是肯定的：未生效！

我们知道，刑事案件无论一审、二审的开庭审理，都包括五个阶段，即开庭、法庭调查、法庭辩论、被告人最后陈述、评议宣判。二审即使不开庭审理，宣判同样是审理程序的最后一道工序。对于宣判，《刑事诉讼法》在第一审程序中如此规定："宣告判决，一律公开进行。当庭宣告判决的，应当在五日以内将判决书送达当事人和提起公诉的人民检察院；定期宣告判决的，应当在宣告后立即将判决书送达当事人和提起公诉的人民检察院。判决书应当同时送达辩护人、诉讼代理人。"

为避免立法语言上的重复，第二审程序中未规定宣判问题，但刑事诉讼法也明确指出："第二审人民法院审判上诉或者抗诉案件的程序，除本章已有规定的以外，参照第一审程序的规定进行。"可见，公开宣判同样是二审必经程序。本案尚未经过二审裁判宣判环节，因此我同意本案二审审判长的说法，"二审裁定书虽已上传至中国裁判文书网，但这并非最终判决结果，目前该案还在审理期间"。这样回答不违反程序法，尽管未生效裁定书上网存在严重错误，相关责任人应受到失职追究。

那么，本案已经上网的二审裁判文书，在性质上是什么呢？我同意有评论认为的，只相当于"二审裁判文书的草稿"，法院将裁判文书的草稿上网了。我们不能根据最高人民法院关于"裁判文书生效后7日内在中国裁判文书网公布"的司法文件规定，来倒推"本案二审裁判文书已经生效"，因为宣判是二审裁判文书的最后程序，是法律的硬性规定，最高人民法院的司法文件无以影响法律规定的效力。

因为，若当事法院二审裁判理由和裁判结果真的是已经上网的裁判文书那个样子，当事法院完全可以承认裁判已经作出，就是上网的那个样子，反正"提前公布"已经错了，再履行一个"宣判"和"送达"程序即结束本案。

本案尚在二审程序中，期待石家庄中院严格保障当事人诉权，认真听取辩方的意见，让正义以看得见的方式实现。在此我还是坚持，老人因十多年传承"非遗"有功而被授予"非遗传承人"；案发当时正在为"五道古火会"制作烟花，该行为相当于正在执行传承"非遗"的法令，以此作为正当化事由，被采纳的概率较大，供二审辩护人参考。

【补注】2017年12月29日，本案二审宣判，杨凤申犯故意制造爆炸物罪，免于刑事处罚。这也算中国特色的"无罪判决"，同真正的无罪判决相比，对老人而言，主要是背负了不应有的刑事污点，但免除了蹲监狱之苦；对司法机关而言，主要是不存在国家赔偿，不会有人被问责。无罪不敢从无，牺牲最大的是法治精神。

2017年7月10日《南方都市报》·刘昌松专栏

醉酒审案

｜致休庭被清除法官队伍不冤｜

《法官法》规定，法官"不得拖延办案，贻误工作"；违反该规定的，轻者给予处分，重者可追究刑事责任。因此，东安县法院决定给予魏法官记大过处分，并调离法院系统，于法有据，也不冤枉。

近日，湖南永州中级人民法院官方微博通报，该市东安县法院法官魏某扬"醉酒致休庭"事件，东安县法院决定对魏某扬给予行政记大过处分，提请县人大常委会免去其东安县法院审判员和镇派出法庭副庭长职务，报请县委同意调离法院系统。(11 月 12 日澎湃新闻网)

该事件在舆论场中引起较大反响。有人认为，仅仅只是午餐陪人饮酒，后果也只是下午开庭未成，而不是公款吃喝，也不属于司法腐败，批评教育一下即可，没必要给予处分；即使给予处分，记大过已足，清除出法官队伍就太重了；有人却认为，魏某扬身为法官，职责意识太差，处罚还轻了，应开除公职。我的观点是，"醉酒致休庭"，被清除出法官队伍不冤！但仅以此事由开除公职，理由尚不充分。

先说说"记过调离"冤不冤。根据官微通报，魏某扬是应同学杨某某邀请，陪同从广州回东安的同学邓某某、唐某中午饮酒，导致下午开庭不能正常进行而休庭。有网友之所以认为处罚太重，恐怕同对通报这段话的理解有关——偶尔出差归来自无必要聚餐相见，邓某某、唐某同学应是长期在广州工作，难得回县城一次，"有朋自远方回"，为其接风洗尘，应为人之常情；加之不是主动安排为同学接风，而是另有同学邀请，不去参加确实难为情，至少是被动的；聚餐饮酒的都是同学，总不能为了工作，连朋友也不要了。

这是从情理角度上讲，似有可原宥之处，却未讲法纪之理。别的先不说，为了落实中央"八项规定"精神，湖南省高院 2016 年 7 月专门出台了《关于禁酒的八条规定》，其中明确："严禁法院工作人员在工作时间和工作日早、中餐饮酒。"这可是绝对红线，理应严格遵守，但魏法官没有半点犯忌意识，工作日的中餐酒不仅饮了还醉了，还误了工作。上述规定指出，违反该规定的行为均应严厉责罚，视情节轻重分别给予不同处分。因此，从政纪角度对魏法官的处理不冤。

从法律角度讲，法庭开庭审案是最严肃的事情。法律规定，原告无正当理由不到庭，可按撤诉处理；被告无正当理由不到庭，可缺席审判。如果原告、被告都按时到庭，而法官无正当理由不到庭，或者到庭后因醉酒而在庭上睡去，会有什么后果？最直接的后果是，只能休庭另定日期审理，本事件即导致了这样的后果。醉酒导致休庭，当然不是正当理由所致，对当事法官也应有处罚。《法官法》即规定，法官"不得拖延办案，贻误工作"；违反该规定的，轻者给予处分，重者可追究刑事责任。因此，东安县法院决定给予魏法官记大过处分，于法有据，也不冤枉。

至于法院同时决定提请县人大常委会免去魏的审判职务，这本身并不是处分而是工作变动，因为《法官法》规定的处分种类只有"警告、记过、记大过、降级、撤职、开除"，免职不是。按法律规定，县法院审判员、副庭长职务，由县法院院长提请同级人大常委会任命，同样也由院长提请作相应免职。按通报的提法，魏法官"违反了工作纪律，损害了法官形象，造成恶劣的社会影响"，法院领导认为其不适合仍在法官位置上任职，提请免职，理由充分，程序正当，亦无不妥。至于调离法院后到何处任职，法院报请党的组织部门安排，也符合组织原则。

再说说若"开除公职"是否就妥。我认为，处分轻重也应讲究行政法上的比例原则，不能只要违反纪律，尤其是因此给单位抹黑，就顶格处分。《法官法》规定的违法违纪表现一共有 13 项，处分有 6 个等级，应据情选择适用。拿"拖延办案，贻误工作"为例，也有故意拖延或者过失拖延之分，前重后轻，因饮酒误事大致还是过失范畴，同故意拖着不办还是有区别的；拖着不办，也有拖的时间长短之别，拖一年甚至几年同拖上一月几月也有区别，因醉酒延期审理，导致拖延时间有限，因此，当事法院若给予魏法官开除处分，虽让部分网友解气，但对魏法官并不公正，也不符合法治原则。

当然，我也不认为当事法院对此事件的处理全然正确，没有值得商榷之处。从媒体披露的信息来看，11月5日、6日网友微博披露此事，11月6日下午当事法院官微即发声，称法院党委高度重视，已安排纪检调查；11月7日凌晨官微即通报上述处理决定，反应还算迅速，但"醉酒致休庭"之事发生于今年8月22日，距现在已快3个月了，难道相关当事人一直未将此事向法院反映过，而是在两个多月后直接微博爆料了？

相应的问题便是：若没有网友微博视频爆料，尤其是媒体跟进报道，当事法院会否作出如此处理；即使处理，是否会如此迅速。对此，当事法院也应该倒查一下，向公众作出回应。毕竟，"法律的威慑力不在于其有多么严厉，而在于其后果不可避免"。有投诉即有反应；有违法即有查处，才算真正建立起了正常问责机制。

2017年11月13日《南方都市报》·刘昌松专栏

失信人

| 法院为其"定制彩铃"不违法滥权 |

> "为失信被执行人定制手机彩铃服务"的执行措施，将执行法院通常所作的大面积公布失信被执行人名单，调整为向所有同失信被执行人进行通讯联系的亲朋好友公布，针对性极强，大大"压缩老赖活动空间，让其在朋友圈丢尽脸面，无处躲藏"，让其"赖名远扬"，这种特殊威慑力是惊人的。

近日，河南省登封市法院为失信被执行人定制手机彩铃服务，以促其尽快履约的信息，引起公众极大的关注。手机彩铃内容为："你拨打的机主已被登封市人民法院发布为失信被执行人，请督促其尽快履行生效法律文书确定的义务"。登封市法院执行局负责人说，这个彩铃"老赖"自己取消不了，只有履行完法院判决，由法院出具手续方可恢复正常。（6月14日中国青年网）

据悉这并非孤例，且不是登封法院的首创，山东省淄博市张店区法院2017年4月份即对"失信被执行人"采取了同样的措施，该院是淄博中院指定该项目试点法院。

从报道反映的情况来看，效果非常明显，已有失信被执行人向登封法院称："今天周末你们上班不？我马上还钱，我快受不了了，你们赶快给我彩铃下了吧！"据称，该办法有望在试点后在某些省份全面铺开。

那么问题来了，法院这样做合法吗？著名法学学者何兵教授认为，法院强制执行的法律手段，只有查封、冻结、划拨、拘留、判刑，法院不能想起一出是一出；公民的通讯自由和秘密受宪法保护，且手机运营商与客户是合同关系，法院无权强行植入彩铃。

何兵教授的说法有一定道理，《民事诉讼法》规定的传统民事强制执行措施，确实为查封、扣押、冻结、划拨、拍卖、变卖等，再不行还可司法拘留15日以下，或者移送有关机关追究拒不执行判决、裁定罪的刑事责任，但该法2012年修订时增加了执行法院可"在征信系统记录、通过媒体公布不履行义务信息以及法律规定的其他措施"等内容。

为了落实新措施，2013年最高人民法院出台了《关于公布失信被执行人名单信息的若干规定》，该规范明确指出："各级人民法院可以根据各地实际情况，将失信被执行人名单通过报纸、广播、电视、网络、法院公告栏等其他方式予以公布，并可以采取新闻发布会或者其他方式对本院及辖区法院实施失信被执行人名单制度的情况定期向社会公布。"

因此，登封法院和张店法院等为失信被执行人定制那样的彩铃，也不是师出无名，不是没有任何依据的"想起一出是一出"。法律和司法解释既然规定可以将失信被执行人的个人信息向全社会公布，那么也完全可以向其中与失信被执行人有通讯联系的人定向公布。

我们知道，通过广播电视和报纸网络等媒体公布失信人名单，虽然对失信被执行人有一定的威慑力，但因其名单往往一大片，某一具体失信被执行人的名单很快就被冲淡和淹没了，且只有到公布的媒体版块中阅读才会知晓，因而督促履行的作用很有限，许多"老赖"不在乎，也是这个缘故。

登封法院和张店法院等"为失信被执行人定制手机彩铃服务"的执行措施，其创新之处正在于，将执行法院通常所作的大面积公布失信被执行人名单，调整为向所有同失信被执行人进行通讯联系的亲朋好友公布，针对性极强，大大"压缩老赖活动空间，让其在朋友圈丢尽脸面，无处躲藏"，让其"赖名远扬"，这种特殊威慑力是惊人的。

总之，既然法律赋予了法院公布失信被执行人名单的强制执行权，赋予了有关单位包括电信部门有协助执行的义务，在这个基础上所作的"为失信被执行人定制手机彩铃服务"的创新，就没有滥用职权问题。

2017年6月15日 光明网·光明时评·刘昌松专栏

误录为强奸犯

|9年不纠正，于法于理都不该|

　　"王天荣"们没有任何违法犯罪行为，不应为司法机关的过错而使自身利益遭受损失，有关机关查明错误后应当尽快更正才是。

　　陕西榆林市民王天荣（化名）向媒体反映，因自己与同镇不同村的一名被判10年的强奸犯同名同姓，甚至身份证号也相同，这导致他的身份信息被错误录入违法犯罪人员信息库，9年来被公安部门带去调查二三十次，给生活带来极大困扰，现在更是影响到孩子上学。但对此，当地公检法机关来回推诿，问题至今未得到解决。近日记者随同王天荣走访三机关，证实了其说法。

　　此案并非个例，类似情形时常见诸网络和报端。此前《新京报》报道，河南郑州市公民胡某岩的身份信息于10年前被一盗窃犯盗用判刑6个月，5年前胡某岩的生活开始受到重大影响，但有关机关一直以"真犯"是谁未找到为由不予纠正。

　　这类案例不禁让公众产生深深的疑惑：有关司法机关的工作人员明知自己的失职渎职行为，正严重损害着公民的合法权益，为何9年迟迟不予纠正？法治观念差暂且不说，基本的同理心在哪里？

　　报道反映，王天荣因为存在所谓"案底"，到正式单位应聘屡屡失败，最后只能在相熟的朋友工地上打零工；每年出行都遭公安盘查两三次，一去派出所就得几个小时，又是验血又是照相；胡某岩本打算报考公务员，因为无法通过政审也只得放弃，连政治前途也耽误了。可见，这个信息录入错误，对相关公民的生活工作影响甚巨，有关机关迟迟不予消除，本质上是对公民权利的严重侵犯。

从报道的案例来看，违法犯罪人员信息库的录入错误，根源在于有关刑事裁判文书中的身份信息错误；裁判文书的身份信息订正了，录入信息自然会作出相应的订正。《刑事诉讼法解释》规定，"原判决、裁定认定被告人姓名等身份信息有误，但认定事实和适用法律正确、量刑适当的，作出生效判决、裁定的人民法院可以通过裁定对有关信息予以更正"。可见这种情形如何处理，法律规定得很明确。

当然，榆阳区公检法三机关当年办案，只要有一家机关认真查实一下，都可能避免这一错误，例如同镇同名同姓不奇怪，但绝对不可能户籍住址也相同，即同一个户籍住址不可能有姓名相同的两个人，以此便可严格区别开两个公民（本案中两个人身份号码登记也相同，应是当地公安非常特例的另一个重大失职，而一般刑事判决书的被告人信息不写身份号码），因此三家机关对错误的形成都有责任，现彼此推诿毫无道理。正确的做法应是，任何一家机关接到王天荣的反映都应引起高度重视，并及时联系协调另两家机关，由公检机关提供查实的证据，由人民法院以裁定形式作出订正，进而按《关于建立犯罪人员犯罪记录制度的意见》的要求，"人民法院应当及时将生效的刑事裁判文书以及其他有关信息通报犯罪人员信息登记机关"，予以订正。

再看胡某岩案办案人员对不予删除信息给出的理由："关键是案件从胡某岩身上删除了，不就等于盗窃案不存在了吗，谁来担负这个责任？"这一理由貌似有理，实则荒谬之极：该信息不删除，"真犯"的信息并未录入，有关机关掌握不到其行踪，而只能掌握没有犯案的胡某岩的行踪，这对维护社会治安没有半点意义，也完全背离了建立违法犯罪人员信息库的目的。

其实，司法机关查明了某公民身份信息被"真犯"盗用，而"真犯"的真实身份反而不明时，依有关规定也是有解决办法的。《人民检察院刑事诉讼规则》规定："被告人真实姓名、住址无法查清的，可以按其绰号或者自报的姓名、住址制作起诉书，并在起诉书中注明。被告人自报的姓名可能造成损害他人名誉、败坏道德风俗等不良影响的，可以对被告人编号并按编号制作起诉书，并附具被告人的照片，记明足以确定被告人面貌、体格、指纹以及其他反映被告人特征的事项。"

参照上述规定，若查明刑事裁判文书中被告人的身份信息确为盗用其他公民的，当然要用裁定予以更正；若被告人的真实身份已经查明，自然更正为其真实身份；若未查出真实身份，则可以对被告人编号（例如甲或乙），附上被告人的照片，并记明反映被告人特征的事项，然后将该内容录入到违法犯罪人员信息库。

总之，"王天荣"们没有任何违法犯罪行为，不应为司法机关的过错而使自身利益遭受损失，有关机关查明错误后应当尽快更正，以落实《宪法》和《刑事诉讼法》规定的"尊重和保障人权"原则，并对过去和现在的渎职侵权行为予以严厉问责，以及向"王天荣"们公开赔礼道歉、恢复名誉，赔偿他们的物质和精神损失。这才是有关司法机关应有的担当，也才能避免以后类似情形再次发生。

【补注】 据澎湃新闻 2018 年 6 月 12 日报道，媒体报道后公安榆阳分局即安排案审人员展开调查，并从榆阳区法院调阅侦查卷、审理卷、判决书发现，侦查卷上实际作案人员身份证号与全国违法犯罪人员信息资源库中信息不一致，系将王天荣身份信息错误录入全国违法犯罪人员信息资源库。公安榆阳分局将情况逐级申报至陕西省公安厅，并在媒体报道一周内就将错误信息予以更正。

针对九年来为何迟迟不予纠正的问题，榆阳警方称王天荣从未找相关部门反映问题，才导致错误一直未得到有效处理。对此，王天荣则称，九年里，他每次到公安榆阳分局，连门都进不去，就被值班人员推到法院或者检察院协调处理，"我连门都进不去，更不要说找到相关部门或者是主管领导"，这次能进入榆阳分局反映情况，也是因为和记者一起。

2018 年 6 月 6 日 光明网·光明时评·刘昌松专栏

活　埋

┃只判 15 年，裁判理由还不充分┃

工人作业时坠入深坑，老板怕赔钱铲土将其活埋，之后还谎称失联，这么严重的故意杀人犯罪，最终只获刑 15 年，必须有充分过硬的理由。

据《新京报》报道，去年 5 月 31 日，薛某受雇为人切割钢材意外落入坑中，坑长 1.85 米、宽 1.5 米、深 2.8 米，雇主张强"得知没动静后"，"怕给人治病花钱"，开来铲车埋人，一车土倒向坑里，又一车土压在上面，致薛某死亡。判决书显示，张强不顾在场另外俩工人阻拦，决定填土埋人，后叮嘱工人不要外传、压碎薛某的电动车、到薛家寻人、报警薛某失踪，试图掩盖真相。此后在警察询问下，案情很快真相大白。今年 1 月 2 日，沈阳中院以故意杀人罪一审判决张强有期徒刑 15 年，因没有上诉和抗诉，判决已生效。可是近日，此案判决书被人传到网络引发舆论激烈讨论，量刑过轻成为质疑焦点。

应该说，被告人的辩护人关于本案仅成立"过失致人死亡罪"，以及被告人两次报警应认定为自首的辩护意见，均未被采纳，彰显了涉事法院秉公办案的态度；公众的质疑点只是量刑轻重而非枉法裁判，也就是技术层面而非司法不公。

其实，本案被告人张强为混淆视听、逃避责任而两次报警等一系列动作，不仅不构成自首，反而构成妨害司法犯罪，只是根据刑法牵连犯的理论和实践，不另定罪而已，可在故意杀人罪中适当从重处罚来体现。其虽有开庭后赔偿 50 万元和被害人家属谅解的悔罪情节，可适当从轻，但轻到有期徒刑 15年，仍值得商榷。

我们来看看法律的相关规定和法理的相关观点。

《刑法》第 232 条规定，"故意杀人的，处死刑、无期徒刑或者十年以上有期徒刑；情节较轻的，处三年以上十年以下有期徒刑。"可见，我国《刑法》对故意杀人罪规定了两档法定刑：一档为"情节较轻的"，法定刑为 3 年至 10 年有期徒刑。所谓情节较轻，法律未予明确，法理和司法实践中一般指（1）义愤杀人；（2）长期受迫害杀人；（3）受被害人请求杀人；（4）大义灭亲杀人以及（5）亲人溺毙婴儿等；另一档为"不属于情节较轻的"，法定刑为死刑、无期徒刑或 10 年以上有期徒刑，即首选死刑。将死刑作为法定刑幅度中首选刑种，这在刑法中乃唯一一处规定，应是契合公众"杀人偿命"之传统观念的缘故。而其他保留死刑罪种的条款中，死刑作为选择刑种，一般排列在最后，表述为"处 10 年以上有期徒刑、无期徒刑或者死刑"。

本案显然不属于第一档 3 至 10 年的法定刑范畴，第二档法定刑幅度也较宽，法官应综合全案各种情节，选择适用 10 年至 15 年有期徒刑、适用无期徒刑、适用死刑（包括适用死缓），有一定的自由裁量权，但自由裁量不是随便裁量，得有相关情节支撑，裁判必须说清理由。

根据立法本意，犯故意杀人罪应将死刑作为首选刑度，若没有任何法定或酌定从宽情节，是应当适用死刑的。法定从宽情节主要有未成年犯、75 岁以上老年犯、自首、坦白、立功等，酌定从宽情节有积极赔偿被害方损失、被害方谅解、犯罪动机不卑鄙、主观恶性不大、犯罪手段不恶劣、被害人自身有过错、一贯表现较好、认罪悔罪诚恳等。法定从宽情节的从宽幅度大，酌定从宽情节的从宽幅度要小得多。

本案中，不存在任何法定从宽情节，酌定从宽情节有一些。法院的判决理由是，"鉴于本案发生在被害人不慎坠入深坑导致昏迷的情况下，被告人张强实施了推土填入坑内掩埋被害人的行为，主观上系间接故意，结合被害人死因上还存在乙醇中毒和不慎坠入深坑的客观实际，充分考虑被告人及其家属积极赔偿被害人家属的经济损失，并取得了被害人家属的谅解，被告人有悔罪表现，综合考量对被告人张强可从轻处罚"。据此，法院根据赔偿、谅解和悔罪的酌定情节，从轻判处张强有期徒刑 15 年。我认为，法院裁判的说理还不充分。

其一，将本案认定为间接故意杀人，本身就是错误的。直接故意杀人，是指积极追求被害人死亡结果而实施的杀人行为；间接故意杀人，是指对被害人有义务救助而不管不顾，死活听便的心理态度，从而发生了人死亡的后果，较直接故意主观恶性较轻。本案中"填土埋人"，是积极追求被害人死亡后果，是典型的直接故意。

其二，被害人"乙醇中毒和不慎坠入深坑"，不是减轻被告人责任的理由。本案鉴定的致死原因，是"钝性外力作用引起严重胸、腹部损伤、颅脑损伤，以及泥沙堵塞呼吸道、掩埋压迫胸腹部引起机械性窒息，终因呼吸、循环功能障碍而死亡"，这同被害人"乙醇中毒和不慎坠入深坑"之间，没有刑法上的因果关系，不应作为"被害人自身有过错"来减轻被告人的责任。

其三，赔偿和谅解的悔罪表现只是酌定情节，从宽程度十分有限。而本案中还存在"活埋"之作案手段恶劣和为"不赔钱就害命"之动机卑鄙，以及前述的妨害司法等酌定从重情节，若对被告人适用死缓（由死刑变成活刑），或者适用无期徒刑，也是不小的从宽了，判处有期徒刑 15 年，的确有量刑畸轻之嫌。

现本案引起舆论巨大关注，期待有关司法机关及时启动纠偏机制，或回应公众关切，给出令人信服的解释和说法。

【补注】据《北京青年报》2019 年 11 月 23 日报道，案件曝光引发舆论关注后，沈阳中院启动再审程序，并于 2019 年 11 月 21 日再审宣判。沈阳中院再审认为，原审被告人张强的活埋行为挑战了社会公德底线，作案后又采取制造被害人失踪假象、串通他人虚假报案等方式掩盖罪行，企图逃避法律制裁，庭审中不能如实供述罪行，其犯罪情节恶劣，主观恶性极深，社会危害性极大，依法应当判处死刑。鉴于张强家属代为民事赔偿并取得被害人家属谅解，对其判处死刑，可不立即执行，遂改判张强死刑缓期二年执行，剥夺政治权利终身。本案的被害人家属已经获赔并谅解被告人，不存在维稳压力，判决也生效了。现在能够再审改判成现在的结果，舆论监督起了决定性作用。

2019 年 3 月 20 日《新京报》时评·快评

田文华

|减刑中的法律问题种种|

文/李华（华商报记者）　刘昌松

　　"毒疫苗"事件、"毒奶粉"事件，也算是"难兄难弟"了。疫苗事件的发酵，让正在服刑的前三鹿集团董事长田文华两年前的减刑，又引发社会广泛关注。本文借此之机，谈谈减刑中的种种法律问题。

　　"毒疫苗"事件、"毒奶粉"事件，也算是"难兄难弟"了。这不，疫苗事件的发酵，让正在服刑的三鹿集团前董事长田文华两年前的减刑，又引发社会广泛关注。

　　回顾一下三鹿奶粉事件：该案造成全国 29.6 万婴儿患上肾结石，11 名死亡的婴儿中不排除有 6 名与食用问题奶粉有关。后来 3 名卖给三鹿集团三聚氰胺牛奶的奶农，被以生产销售有毒有害食品罪判处死刑。2009 年 1 月 22 日，三鹿集团多名高管被以生产销售伪劣产品罪判刑，董事长田文华最重，被判处无期徒刑，她没有上诉。服刑期间田文华被 3 次减刑，最近一次减刑是 2016 年底。

　　田文华的减刑为何能形成热点事件，田文华减刑是否合法合规，华商报记者通过采访提纲和电话连线采访了北京慕公律师事务所主任刘昌松律师。刘律师对相关问题给予了详细解答。

田文华几年前的减刑，为何现在引发广泛关注

【华商报】原三鹿集团董事长田文华减刑为何引发舆论关注？您怎么看待这个事件？

【刘昌松律师】"毒疫苗"事件的舆情尚未降温，长生生物董事长高某芳等10多人，刚刚被以生产销售劣药罪批捕，此时媒体又爆出了当年"毒奶粉"案中最大的人物、原三鹿集团董事长田文华减刑的消息。

其实，田文华当年被以生产销售伪劣产品罪判处无期徒刑，此后获得三次减刑，最近的一次也在2016年就完成了。类似的情况还有，有人翻出山东高院2015年的判决书，该判决认定被害人接种狂犬疫苗后导致失明、脑创伤和二次残疾，长生生物不担责。

多年前的东西现被"好事者"翻出，依然能引起舆论强烈关注，我认为之间的逻辑联系是："毒疫苗"和"毒奶粉"事件等都是涉及千家万户孩子们生命健康的大事件，公众将这些事件联系起来，感到我们的司法环境对制造"毒疫苗"和"毒奶粉"的元凶们太宽容、太仁慈了，对他们不判民事赔偿、适用罪种太轻，后面还有不断的减刑，等等。总之，违法的成本太低，才导致毒害孩子和社会的药品、奶品、食品等事件不断上映，难以遏制。

【华商报】您说对他们适用的罪种可能太轻，是什么意思？

【刘昌松律师】这次长生生物公司的10多人，被批捕的罪名为生产销售劣药罪，若将来法院也以这个罪名判处，则最高刑只有无期徒刑，不存在死刑。问题是，他们的行为真的不能认定为生产销售假药罪吗，后面这个罪种是有死刑的。当地司法机关是否有意绕开重罪名适用轻罪名，让人怀疑。

原三鹿集团的高管，适用罪名上也存在这种情况。包括董事长田文华在内的几名高管，当年都是以生产销售伪劣产品罪判处的，田文华被判无期徒刑，已经是顶格了。为何不适用生产销售有毒有害食品罪判处呢，三名奶农就是以后面这个罪名被判处死刑的呀！奶农将含有三聚氰胺的毒牛奶卖给了三鹿集团，三鹿集团明知是含有三聚氰胺的毒奶而生产和销售，显然也构成生产销售有毒有害食品罪，但当年河北的司法机关选择适用了没有死刑规定的生产销售伪劣产品罪来追究，既有违刑法规定的"刑法面前人人平等原则"，也违反了生产销售伪劣产品罪与另9种生产销售特定种类的伪劣产品罪，应按"特别法优于普通法""重法优于轻法"的适用原则。

当然，判处无期徒刑也不轻，欧盟国家全部废除了死刑，最高刑只为终身监禁。但我国的无期徒刑并不是"终身监禁"，因为有减刑、假释在后面。老百姓感到，对于官员犯罪也就是死刑的威慑力强，判无期徒刑也让人感到没什么，可通过关系不断减刑，很快就出来了。前两年高层注意到了这个问题，最高人民检察院出台了《人民检察院办理减刑、假释案件规定》，最高人民法院也出台了《关于办理减刑、假释案件具体应用法律的规定》《关于减刑、假释案件审理程序的规定》，使减刑、假释工作严格严肃起来。

田文华的减刑是否存在问题

【华商报】当年田文华案的判处即使有问题，也已经生效了。我们撇开这个不说，依您的观点，田文华的减刑是否存在问题？

【刘昌松律师】田文华 2009 年 1 月被判处无期徒刑。三次减刑分别发生在 2011 年 1 月、2014 年 5 月和 2016 年底，分别为无期减为 19 年、减刑 1 年 9 个月、减刑 1 年 6 个月。也就是说，2011 年 1 月减为 19 年后，到现在又服刑了 7 年多，减刑了 3 年零 3 个月，还有余刑 8 年多，法院已经计算清楚了，若不出意外，田文华到 2027 年 8 月 3 日刑满。

从实体上讲，田文华的减刑似乎没有多大的问题。因为田文华被判无期徒刑，法院判决时又没有同时决定"限制减刑"，当其确有悔改表现或者有立功表现时，该减刑就可以减刑。

公众质疑的应该是程序方面。我国法院过去审理减刑案都是书面审，这样容易暗箱操作。最高人民法院 2014 年 4 月出台的《关于减刑、假释案件审理程序的规定》（当年 6 月生效）作了调整，六类减刑案件必须开庭审理了，其中有"在社会上有重大影响或社会关注度高的"案件，田文华案即属此类。该文件还规定，法院审理减刑、假释案件，应当在立案后 5 日内将执行机关报请减刑、假释的建议书等材料依法向社会公示，目的就是接受社会监督。

田文华案第一次减刑发生在 2011 年，被指秘密减刑，因当时并无必须公开的规范，也情有可原；2014 年 5 月的减刑虽有规范，但其正好在规范下个月才生效前裁定了减刑，也算打擦边球；那 2016 年的减刑怎么说，开庭了没有、公示了没有；如果公示了，公众为何完全不知情？应该是这么个问题。

有评论指出，像田文华这样有着恶劣社会影响的个案，如果要减刑就必须接受全社会最严厉的审视，经得起围观和审视的，减刑假释才站得住；如果有一丝一毫的躲躲闪闪，就会造成对于司法公信的损害。我完全赞同。

【华商报】您刚才说，法院未在判处田文华刑罚时决定限制减刑。我的问题是，法院能作出这样的决定吗，什么情况下可作出？

【刘昌松律师】我国刑法有判处刑罚的同时决定"限制减刑"这个制度。刑法总则中有规定，对被判处死刑缓期执行的累犯以及因故意杀人、强奸、抢劫、绑架、放火、爆炸、投放危险物质或者有组织的暴力性犯罪被判处死刑缓期执行的犯罪分子，人民法院根据犯罪情节等情况可以同时决定对其限制减刑。

这里的限制减刑是在判处刑罚的同时由法院决定的，主要适用于累犯的死缓犯和严重暴力犯罪的死缓犯，但限制减刑不是那么绝对，不是减到无期徒刑后就绝对不再减刑，成为"终身监禁"。

终身监禁只在贪污贿赂犯罪中判处，是指罪该判处死刑的贪污贿赂犯罪分子，悔罪退赃比较好的也可不杀，可判处死刑缓期二年执行，同时决定在其死刑缓期执行二年期满依法减为无期徒刑后，终身监禁，不得减刑、假释。这里的限制减刑比较绝对，是"不得减刑"（也只有这种情形才不得减刑），是真正的"终身监禁"，只适用于判处死缓的贪污贿赂犯。

总之，"限制减刑""终身监禁"都是减少死刑适用的刑法制度，适用的对象都是死缓犯。田文华被判处的不是死缓而是无期，不存在限制其减刑的问题。

田文华的减刑应符合啥条件、有何大致限制

【华商报】到底符合啥条件才可以减刑呢？

【刘昌松律师】根据刑法的规定，减刑的条件有对象条件和实质条件。

对象上来讲，被判处管制、拘役、有期徒刑、无期徒刑之主刑的犯罪分子，再符合实质条件，都可以减刑。可见，只有死刑犯不是减刑的适用对象，死刑立即执行的罪犯当然不存在减刑，但死缓犯（也是死刑的一种适用方法）在二年缓期期满后即被减为无期徒刑，减为无期徒刑后，也成为减刑适用对象了。

实质条件上讲，要求罪犯在执行期间，认真遵守监规，接受教育改造，确有悔改表现，或者有立功表现。一般立功为可以减刑，重大立功为应当减刑。有下列重大立功表现之一的，应当减刑：阻止他人重大犯罪活动的；检

举监狱内外重大犯罪活动，经查证属实的；有发明创造或者重大技术革新的；在日常生产、生活中舍己救人的；在抗御自然灾害或者排除重大事故中，有突出表现的；对国家和社会有其他重大贡献的。

据有关资料显示，田文华减刑理由中，2011 年有"三次立功记录，一次被评为狱级改造积极分子，悔改表现明显"；2014 年有"获得多次记功等奖励，确有悔改表现"；2016 年有"记功奖励 2 次，表扬奖励 5 次，2014 年、2015 年度被评为监狱改造积极分子，具有悔改表现"。监狱立功，哪怕一般立功也并非容易，而田文华的记功却非常轻松，不禁让人浮想联翩。

【华商报】减刑有没有一个大致限度？

【刘昌松律师】有。刑法规定，被判处管制、拘役、有期徒刑的犯罪分子，无论减刑多少次，减刑后实际执行的刑期不得少于原判刑期的一半，例如判处有期徒刑 15 年，最后实际执行的刑期不得少于 7 年半；数罪并罚的最高刑期为 25 年，若判了最高刑，实际执行的刑期不得少于 12 年半。

对于无期徒刑犯，刑法规定，减刑后实际执行的刑期不得少于 13 年，同最高有期徒刑 25 年减刑后实际执行的刑期不少于 12 年半紧挨着，取了一个整数。

顺便提一下，这里讲的减刑都是一般减刑，而死缓犯的减刑是一种特殊减刑，根据相关规定，减刑后实际执行的刑期不得少于 15 年，还不包括缓期的二年，也就是说从实际执行死缓之日起算不少于 17 年，再加上立案侦查、审查起诉、一审二审死刑复核的羁押期限，也是不折抵刑期的，实际关押的时间最少也接近 20 年。而实践中的减刑并不容易，很少能达到减刑后服刑最低限度，死缓犯被关押的时间一般为 20 多年近 30 年。

田文华被判处的是无期徒刑，无论她减刑多少次，实际执行的刑期都不得少于 13 年。这就是底线，绝对不能突破。理论上讲，田文华还有不少获得减刑的机会。

罪犯减刑由谁提出、谁审理、如何审理

【华商报】减刑案件由谁提出减刑要求、谁审理减刑案件？

【刘昌松律师】刑法规定，对于犯罪分子的减刑，由执行机关向中级以上人民法院提出减刑建议书。人民法院应当组成合议庭进行审理，对确有悔改或者立功事实的，裁定予以减刑。非经法定程序不得减刑。一般死缓减为无

期、无期减为有期，由服刑地的高级法院管辖；其他刑罚的减刑，由服刑地的中级法院管辖。

有期徒刑和无期徒刑的执行机关都是监狱，拘役和管制的执行机关是公安机关。因此，田文华的三次减刑都是河北省女子监狱提出减刑建议书，第一次由河北省高级法院审理和裁定；第二、三次由石家庄中级法院审理和裁定。

【华商报】法院如何审理减刑案件？

【刘昌松律师】人民法院审理减刑案件，应当组成合议庭进行审理，也就是说，不得由法官一人独任审理，是否可以有陪审员参加，法律未作限制规定，实践中有的有，有的没有。

罪犯减刑有无次数和幅度限制

【华商报】罪犯减刑有次数限制的规定吗？

【刘昌松律师】没有次数限制，但有幅度限制，幅度限制再结合实际执行的刑罚不得少于原判刑期的一半，实际上也等于限制了减刑次数。

【华商报】减刑的幅度有何限制呢？

【刘昌松律师】依最高人民法院有关司法解释，判处死缓的罪犯减为无期徒刑后再有悔改或立功表现的，可减为25年；有重大立功表现的，可减为23年。判处无期徒刑的，服刑2年后确有悔改或立功表现的，一般可减为20年以上22年以下（2016年以前规定为18年以上20年以下）。较长的有期徒刑一次可减刑6个月至2年，较短的有期徒刑、拘役、管制，一次可减刑1个月至6个月。无期徒刑减为有期徒刑后的减刑，一次一般也不超过2年，两次减刑之间的间隙，一般应在1年以上。

田文华的第一次减刑为无期徒刑减为有期徒刑19年，因发生在2016年前，是符合规定的。后面两次分别减刑1年9个月和1年6个月，因"确有悔改并立功表现"，两次减刑之间的间隙都大于1年，这些都合法合规，问题的关键是，未满足公众的知情权，未接受公众的严密监督，因而出现了质疑。

2018年8月2日《华商报》·记者访谈

释永信

| 大和尚有义务去做"亲子鉴定"吗 |

这确实是个两难困境：释永信并无自证清白的义务，但是不做亲子鉴定，会被认为心中有鬼，诽谤诉讼也会不了了之；做了鉴定，即使证明了清白，对一个佛教中人也是个好说不好听的事情。

近来，有关少林寺方丈释永信的网络公开举报，持续成为舆论焦点。举报者以"释正义"之名在网络上公开发帖，并公布身份证号、户籍地等信息，称释永信不仅早已被开除僧籍，还与多名女性保持不正当关系，并称其与少林寺法师释延洁之间生有一女，现又隔空喊话："人物铁证俱在，试问释永信你敢做亲子鉴定吗？"

对此，少林寺寺务委员会的释延芷法师向记者解释，网帖晒出照片中抱小孩的女子确为释延洁；释延洁是少林寺下院的当家法师，抱抱小孩是很正常的事情，而且释延洁与释永信的来往仅限于工作上。这一解释证实了释正义所称照片中的女子为释延洁，但若要证实照片中的孩子不是释永信的子女，最权威的证据还是亲子鉴定。问题是，释永信有义务响应释正义的喊话，去做这个亲子鉴定吗？

从法律上讲，释永信似没有这个义务，但从证明自身清白和制裁诽谤者而言，又有这个必要。

释永信这次面对举报不像以往一样，简单地以"清者自清，浊者自浊"

泰然处之，而是以举报人释正义涉嫌诽谤犯罪向当地警方报案。此举乃以刑事诉讼的手段既制裁诽谤者又证明自己清白，是值得肯定的举措。

所谓诽谤罪，是指捏造并散布某种虚构的事实，损害他人的名誉、人格，情节严重的行为。依刑法规定，该罪为告诉才处理的犯罪，即由被害人作为自诉人直接将被告人起诉到法院，无需公安机关侦查和人民检察院提起公诉；但也有例外，"严重危害社会秩序和国家利益的"，可成为公诉案件。释正义的"举报"若不是事实，则其通过网络肆意捏造并散布著名寺庙方丈与人私通并生下孩子的虚假事实，确实严重损害了公众关于"佛门清静"的观念，既侵犯了被害人释永信的名誉人格，也"严重危害社会秩序"，作为公诉案件处理应无问题。

刑诉法规定，侦查机关为了确定被害人、犯罪嫌疑人的某些特征，可以对人身进行检查，可以提取指纹信息，采集血液、尿液等生物样本；犯罪嫌疑人如果拒绝检查，侦查人员认为必要的时候，可以强制检查。对该法条作反对解释即为，只能对嫌疑人进行强制检查，如果被害人拒绝检查，侦查人员即使认为必要，也不得强制进行。因此，释永信若不愿意做相关亲子鉴定，他完全有权利说"不"。

释永信拒绝作亲子鉴定的不利后果也很明显，即"举报人"是否捏造事实无法查清，进而无法使其受到刑事追究，释永信自身的清白也无法证明。此外，释永信不仅是佛教领袖，还是当任全国人大代表，这么致命的脏水泼向他，他也报了案，若不配合查清相关事实，可能失去原选举单位河南省人大的信任，进而导致被罢免的后果。因此我认为，释永信确有必要去做这个亲子鉴定。

释永信确实进入两难困境：自己并没有自证清白的法律义务，但是不做亲子鉴定，会被人认为心中有鬼，诽谤诉讼也会不了了之；而做了鉴定，即使证明了清白，这对一个佛教中人来讲，也是个好说不好听的事情。

【补注】据《河南日报》2019 年 11 月 23 日报道，根据举报，河南省有关方面迅速成立调查组，查明释延洁因"多发性子宫肌瘤"2004 年即做全子宫切除手术，丧失生育能力，照片中释延洁所抱小孩，是其收养的他人弃婴。

2015 年 7 月 30 日《新京报》时评·第三只眼

真凶自首

| 杀人错案为何仍不纠正 |

王子发的家人在一份申诉材料中说，当初给王子发定罪的法官现在仍身居高位，覃汉宝被定罪意味着王子发案是错案，就要追究相关办案人员的责任，因而硬撑着不纠正覃案的错误。这大约道出了一些原委。

近九年前，广西壮族自治区河池市东兰县青年农民王子发不但没有抢劫杀人，而且同为受害者，但几年后却分别被河池市中院和广西高院判处死刑和死缓。就在他心灰意冷时，因另一起因抢劫罪正在监狱服刑的覃汉宝于2007年2月供认自己是本案的"真凶"，当时法院也因此认定王子发犯罪的关键证据全部被推翻，但他至今仍在坐牢。(6月3日东北法制网)

"亡者归来"或"真凶再现"，是杀人冤案平反的两个重要转机。应该说，广西的王子发比湖北的佘祥林还要冤，因为后者也以故意杀人罪被判刑，但司法机关在"亡者归来"后很快将他释放而且赔礼道歉，并给予了不菲的国家赔偿；而王子发当时以身中20多刀的被害人身份向警方报案，最终却以故意杀人罪被判死缓，现在"真凶再现"已3年多，他却还在监狱里受刑！

此案有这样几点令笔者深思。

一是警方在办理刑事案件的调查取证中竟敢直接伪造证据。在覃汉宝案开庭审理时，被害人吴某谋的儿子和堂弟称他们以前作证时说，"吴某谋对他们说，当时曾和王某高的弟弟王子发一起喝酒"，而公安局制作的笔录却是

"吴某谋说王某发是凶手"。这么重要的直接证据，却是警方为给王子发定罪而制作的虚假笔录！

刑事诉讼法规定，凡是伪造证据、隐匿证据或者毁灭证据的，无论属于何方，必须受法律追究。所谓无论何方，警察当然也不例外，期待能有说法。

二是本案中法院对程序的漠视让人惊叹。刑事诉讼法规定，人民法院审理公诉案件，应当在受理后一个月以内宣判，至迟不得超过一个半月。有法定情形，经省、自治区、直辖市高级人民法院批准或者决定，可以再延长一个月。据此，法院从 2009 年 1 月受理检察机关对真凶覃汉宝案件后，最迟应当在两个半月后作出判决。现在，办理此案的公检机关都认为王子发的案子办错了，而法院就是拖延着覃汉宝案近一年不结案，严重违反了刑事诉讼程序法的规定。

三是司法机关缺乏保障人权的观念，破不了案，便不择手段，冤假错案当然难免发生。申诉机制也形同虚设，本案中的王子发一直在监狱里申诉，但没有人相信他，若不是覃汉宝良心发现供认自己为"真凶"，王子发案的真相很难揭开。

王子发的家人在一份申诉材料中说，当初给王子发定罪的法官现在仍身居高位，覃汉宝被定罪意味着王子发案是错案，就要追究相关办案人员的责任，因而硬撑着不纠正覃案的错误。这大约道出了一些原委。笔者奉劝有关人员，不要在错误的道路上坚持下去，那样只会加重其罪孽。

【补注】本案的最终结果还不错。2010 年 8 月 20 号，河池市中级人民法院作出决定，同意河池市检察院撤回对王子发涉嫌故意杀人的起诉；同一天，东兰县公安局又把撤销案件决定书送到了王子发家。王子发提出 75 万元国家赔偿的请求，结果最后达成了 89 万的赔偿协议，比请求还多 14 万元，包括错误羁押的赔偿费用，也包括医疗费、精神抚慰金以及各种困难补助。

2010 年 6 月 4 日《大河报》·大河评论

五周杀人冤案

| 教训：须坚定坚持"疑罪从无" |

5 名周姓被告人"故意杀人"冤案，被媒体称为"五周杀人冤案"，在没有"真凶出现"的情形下，依据"疑罪从无"原则宣告无罪，值得肯定。

近日，安徽省高院作出再审判决，宣告原审被告人周某坤、周某华、周某春、周某国、周某化无罪。此前 5 人均被以故意杀人罪刑事追究，其中 2 人被判死缓，1 人被判无期，2 人被判处有期 15 年。到今年 1 月，5 名原审被告人中被羁押最长者，失去自由近 21 年。

5 名周姓被告人"故意杀人"冤案，被媒体称为"五周杀人冤案"，虽历经曲折，最终获得平反，同"念斌案""缪新华案"等一样，都是在没有"真凶出现"的情形下，依据"疑罪从无"原则宣告无罪的，值得肯定。但也应看到，本案曾经过两次一审、两次二审，在第一次一审时法院即准备依"疑罪从无"原则宣告 5 人无罪，但最终还是形成了冤案，让人扼腕叹息。"五周杀人冤案"形成的最大教训是："疑罪从无"原则若坚持得不彻底，或将成为酿成冤假错案的大敌。

"疑罪从无"原则，是 1996 年《刑事诉讼法》第一次大修时确立的重要制度。该法第 162 条规定：证据不足，不能认定被告人有罪的，应当作出证据不足、指控的犯罪不能成立的无罪判决。在这里，立法的态度很明确，刑事判罪对证据的要求必须严格，必须达到"犯罪事实清楚，证据确实充分"的程度，才能定罪。哪怕案卷中有95%的证据指向被告人犯罪，仍有5%的证据链条未接上，不能排除其他可能性，不能得出唯一的结论，就应果断宣布被告人无罪，而不能是"疑罪从轻"或者"疑罪从挂"（长期拖延不作出判决）。

笔者注意到，2014年7月25日澎湃新闻即以《安徽司法恶例：被害人父亲法院自尽，被告无罪变死刑》为题，对处于申诉中的本案作了报道。报道反映，1998年10月6日本案第一次开庭，5名被告人当庭否认故意杀人，均指侦查阶段存在刑讯逼供，并当庭亮看伤情；19名证人出庭作证，均当庭否定了以前的证言，不少证人当庭陈述公安机关对他们暴力逼取证言的情形。案件审理后，本案合议庭和安徽省阜阳市中院审委会一致认为，该案事实不清、证据不足，应宣告5名被告人无罪。这说明，当时《刑事诉讼法》大修经过一年多的学习研究，"疑罪从无"的观念，已经在不少法官的头脑中建立起来。

遗憾的是，审委会意见走漏了风声，被害人父亲周某鼎次日便到审判长办公室喝农药威胁，经抢救无效死亡，事情的处理立即出现急转弯。据报道，当时安徽省阜阳市中院未能坚持法律思维，最终一审判处2人死刑、1人无期、2人15年，是因为出于"维稳"考虑。安徽省高院二审发回重审，也只是将死刑改为死缓、其他不变。至此，"疑罪从轻"的错误观念战胜了"疑罪从无"的法律原则，第二次二审维持了这一结果，冤案最终形成。

反思本案，教训多多。此案审判之前的诉讼阶段，当时发生"一家五口深夜被砍，一人当场死亡"的重大恶性案件，当地党政领导和警方的破案压力很大。当地警方基于"命案必破"的观念，抓到一点线索即当成"救命稻草"，前期对嫌疑人和证人暴力取证，后来被告人和证人当庭翻供和翻证可谓必然。本案再次证明，刑讯逼供和暴力取证是酿成冤假错案的头号元凶。

在审判阶段，如前所述，法庭和审委会已经按照《刑事诉讼法》"疑罪从无"的裁判原则，作出了5名被告人无罪的决定，可谓难能可贵，但"维稳"思维又让法院丧失了独立判断和法律原则，层层汇报，让当地党政领导的意志代替了法官的专业判断，冤案自然难以避免。这也让我们深刻认识到当今正在进行的"以审判为中心"刑事诉讼制度改革的意义，即"法官必须中立"，必须贯彻"证据裁判"原则，必须让"审理者裁判，由裁判者负责"。

如此这般，即使审判前公检机关错误地对某人发动了刑事追诉，在审判阶段也能及时叫停。

另外还应看到，现在刑诉改革强调的庭审实质化，才是真正意义的"维稳"措施。拿本案为例，若让被害人的父亲周某鼎及其他家属通过参加庭审，了解到被告席上的 5 名被告人极有可能不是真凶，那样法院再认定他们无罪，被害人一方是完全能够接受的，到法院自杀抗议的情形根本不会发生。我们说，被害人一方追究犯罪的迫切心理，也是想追到真凶，而绝不是想追究一个替身，反而让真凶逍遥法外。

期待本案在纠错之后，能够进一步彻查造成本案错判的各个环节，避免类似的冤案再次发生。

2018 年 4 月 13 日 光明网·光明时评·刘昌松专栏

国家赔偿

|甩掉"国家不赔偿法"的帽子|

在侵犯公民财产的国家赔偿上，还有很大的制度提升空间，例如念斌案的申诉，当事人家属搭进去的财产即有上百万元，这些都不赔就很不合理。

3月12日上午，最高人民法院院长周强向全国人大作法院工作报告。他在回顾2014年工作成绩时，特别强调了要加强国家赔偿工作，主要是明确了国家赔偿案件适用精神损害赔偿的原则和条件，推动建立国家赔偿联动机制，有效保障赔偿请求人合法权益。他透露，去年全国各级法院审结国家赔偿案件2708件，决定赔偿金额1.1亿元。

应该说，2014年是查处冤假错案力度最大的年份，国家赔偿自然较以往要多，力度也提高不少，但由于《国家赔偿法》本身规定的赔偿范围有限，民间有"国家不赔偿法"的讽喻，最高人民法院以司法解释的方式做了些改进工作，主要在国家赔偿中的精神损害赔偿上完善不少，但进步还很有限，仍有很大的提升空间。

周强所说的"明确了国家赔偿案件适用精神损害赔偿的原则和条件"，是指最高人民法院去年7月底公布的《关于人民法院赔偿委员会审理国家赔偿案件适用精神损害赔偿若干问题的意见》（以下简称《意见》），该规范确实对国家赔偿案件适用精神损害赔偿的原则和条件作出了较为明确的规范，《意见》出台前全国的国家赔偿比较混乱。

《意见》规定的精神损害赔偿原则有三：一是依法赔偿原则；二是综合裁量原则；三是合理平衡原则。《意见》规定的精神损害赔偿条件为一个前提条件和三个具体条件。一个前提条件是公民的人身权遭到侵犯才能获得精神损害赔偿，公民财产权益即使遭受再大的侵犯，也不存在精神赔偿问题。三个具体条件，一是刑事司法机关存在违法行使职权的侵权行为，合法行为不存在精神赔偿；二是致人精神损害，无损害即无赔偿；三是侵权行为与精神损害事实及后果之间存在因果关系。

《意见》对精神损害抚慰金赔偿数额应考虑的因素作出了规范，即应考虑精神损害事实和严重后果的具体情况、违法过错程度、侵权手段方式、罪名刑罚轻重、纠错环节及过程、请求人住所地平均生活水平、义务机关所在地平均生活水平等，更对精神赔偿数额的下限和上限作了明确规范，即最低不少于1000元，最高不高于人身自由赔偿金、生命健康赔偿金总额的35%。

举个例子。内蒙古自治区呼格吉勒图案的国家赔偿决定于去年底作出，赔偿金共计205万余元，其中向呼格父母支付死亡赔偿金、丧葬费共计1 047 580元（法律规定这两项为国家上年度职工年平均工资的20倍，2013年的国家职工年平均工资为52 379元，乘以20即是）；支付呼格生前被羁押60日的限制人身自由赔偿金12 041.40元（2013年的国家职工日平均工资为200.69元，限制一日赔偿一日，200.69元乘以60即是）；支付精神损害抚慰金100万元。

若依《规定》的要求，精神赔偿最高不超过人身自由赔偿金、生命健康赔偿金总额的35%，呼格案的精神赔偿最高不应超过（1 047 580元＋12 041.40元）×35%即37.1万元，呼格案的实际赔偿额超过了该标准的2.7倍多。考虑到2005年真凶即出现，呼格父母明知儿子冤枉百般申诉得不到赔偿所遭受的精神折磨，这100万元的精神赔偿又哪里多呢。因此，《规定》关于精神赔偿的上限确实过于保守了。著名的4次判死、错关8年的念斌案获赔总计113万元，其中精神抚慰金主张1000万元，实赔为55万元（该数字还是略有突破的），同当事人的心理期待之差距实在太大了。因此，呼格案突破得好，但也只有个案的意义，通过规范大大提高精神赔偿上限标准，才能真正具有普遍意义。

在侵犯公民财产的国家赔偿上，还有很大的制度提升空间，例如念斌案的申诉，当事人家属搭进去的财产即有上百万元，这些都不赔就很不合理，最高人民法院在完善相关规范上还可以有大的作为。

　　至于报告中提出的"推动国家赔偿联动机制"，还只在"推"的过程中，全国真正"动"起来的面积还不大。广西在推动工作开展方面走在全国的前列，广西梧州市 2014 年 7 月还召开国家赔偿联动机制第一次联席会议，市委政法委、市中院、检察院、公安局、司法局、财政局、法制办、人社局、梧州监狱等联动机制成员单位有关负责人参加会议，会签了《梧州市国家赔偿联动机制工作规则》和《梧州市国家司法救助实施细则》。

　　从参加的机构之众来看，国家赔偿联动机制实际就是调动、协调一切与国家赔偿相关的机构之力量，尽快、依法、合理地解决对公民予以国家赔偿的事宜，以保障公民的合法权益。我们也期待最高人民法院能拿出这方面的全国规范，使国家赔偿机制更加完善。且看明年的报告在这方面又如何表述。

2015 年 3 月 12 日凤凰网·凤凰评论

法言法语

| 法院"罪犯""被告人"不分不是小事 |

将被执行死刑者称为"被告人"还是"罪犯",对公众建立"罪与非罪"的观念相当重要——在法律上还是"被告人"而非"罪犯"身份的人,不能被执行死刑,应成为常识。法院应是最讲法的地方,尤其不能叫错。

乐清顺风车司机钟某故意杀人、抢劫、强奸一案,有了最新进展。近日经最高人民法院依法核准钟某死刑,温州中院收到最高人民法院刑事裁定书后向钟某进行了宣告,并于8月30日下午遵照最高人民法院院长签发的执行死刑命令,对钟某执行了死刑,检察机关依法派员临场监督。

温州中院官微也第一时间以《浙江乐清"滴滴顺风车司机杀人案"被告人钟某被执行死刑》为题,发布了通告,随即许多媒体均以该标题进行了报道。但温州中院方面很快意识到,官微通告还称钟某为"被告人"不妥,将其更正为"罪犯"。

能及时发现这处表述错误并作出更正,值得肯定。但直至现在,绝大多数媒体对此事的报道仍是沿用"被告人"被执行死刑的说法,而广大网民大多从媒体报道而非法院通告了解该项信息,错误用语并未得到澄清。

进一步检索,我发现不少类似的公告用语错误。例如,2009年3月20日的媒体报道《抢劫杀害年轻女子被告人被执行死刑》,2013年1月10日的

《广东惠州五被告人被执行死刑》，2014 年 1 月 22 日的《河南性奴案被告人被执行死刑》等，这些报道的信源都是权威媒体。

乍看起来，这似乎只是"白璧微瑕"，但即便只是表述瑕疵也值得较下真儿：要知道，对被执行死刑者的称谓，跟"无罪推定原则"紧密相关。

1996 年我国《刑事诉讼法》大修，借鉴国际上通行的"无罪推定原则"合理内核，规定了一项很重要的原则，即"未经人民法院依法判决，对任何人都不得确定有罪"，由此带来了三点观念性制度变化。

一是明确了只有法院有定罪权，取消了检察机关具有定罪权性质的免予起诉制度，检察院的三种不起诉中虽有罪轻不起诉，但那是作为不起诉理由来称谓的，被不起诉人同样不能作为有罪对待，因为没有经过法院审判。二是法院有罪判决要严格依照法定程序作出，并达到犯罪事实清楚、证据确实充分的程度才能作出，否则哪怕指控犯罪的证据链条已有 95%，仅有 5% 对不上，那也只是"犯罪嫌疑"，不能确定其有罪。这就是"疑罪从无"原则。三是证据上确立了"不能让被告人自证其罪"的规则。

当然，我们还不能说已经完全实行了"无罪推定"原则，主要差距有三：一是未规定被告人的沉默权；二是保释还不是常态（羁押是常态）；三是嫌疑人被讯问时的律师在场权尚未建立。就趋势而言，确立这些制度，全面实行"无罪推定原则"，只是早晚的事。

借鉴"无罪推定原则"的合理内核，在当事人的称谓上也有较大变化：从刑事立案、侦查到审查起诉，被按刑事程序追究责任的人，只能称"犯罪嫌疑人"，不能按罪犯对待，对其不能再使用"人犯"等不规范用语；被检察机关和自诉人起诉到法院，要求追究其刑事责任的人，称为"被告人"，法院作出有罪判决并生效之前，也还是按无罪对待的"犯罪嫌疑"身份。

除死刑犯外，被法院按照两审终审原则依法判处有罪，判决生效后，"被告人"才转化成"罪犯"，送交监狱等机构执行刑罚。可能判处死刑的案件，一般由中级法院一审、高级法院二审；哪怕二审维持死刑判决也不生效，还必须报请最高人民法院核准了死刑，原死刑判决才生效，此时"被告人"的身份才转化为"罪犯"。再根据最高人民法院院长的执行死刑命令，原审法院对死刑"罪犯"而非"被告人"执行死刑。

广义上讲，嫌疑人被起诉到法院，一审、二审、死刑复核等程序中，都可称"被告人"，但被告人上诉引起二审的，则称为上诉人，检察院抗诉引起二审的，则称"原审被告人"。有罪判决包括死刑判决生效后，被告人身份才转化为"罪犯"。

虽然，由于认知上的专业壁垒，公众未必搞得懂"被告人"和"罪犯"的区别，但是，就普法层面讲，将被执行死刑者称为"被告人"还是"罪犯"，对公众建立"罪与非罪"的观念相当重要——在法律上还是"被告人"而非"罪犯"身份的人，不能被执行死刑，应成为常识，法院应是最讲法的地方，尤其不能叫错。考虑到法院有关案件进展的通告是媒体报道的原初消息源，法院通告用语不当，会导致"以讹传讹"，严重影响普法效果。因此，法院公告用语应力求准确，尽量避免本案这类"笔误"。

2019 年 9 月 1 日《新京报》时评·观察家

复制身份证

| 访民为方便携带，入刑有些重了 |

> 刑法是利器，应保持谦抑性，对情节显著轻微、社会危害不大的违法行为，能不入罪应尽量不要入罪。

　　山西汾阳访民宋某青因怕身份证被截访人员没收，通过照相复印的方式制作了自己、姐姐宋某林、父亲宋某灿三张复制身份证，后被孝义、吕梁两级法院以伪造身份证罪判处有期徒刑 1 年 9 个月。经申诉启动再审，近日吕梁中院再审有了结果：因《刑法修正案（九）》对罪名的修正，宋某青所犯罪名由伪造居民身份证罪变为伪造身份证件罪，量刑仍维持原有期徒刑 1 年 9 个月判决。

　　值得注意的是，连主管信访的汾阳市涉法涉诉信访服务中心也认为，这起与信访相关的伪造身份证案是错案，并在再审之前向山西省高院出具了一份评查报告。接着山西省高院就指令再审本案，可见指令再审同这份评查报告直接相关。

　　根据刑事诉讼法规定，上级法院只有在发现下级法院生效裁判"确有错误"时，才会指令下级法院再审，下级法院必须再审。可以认为，山西高院的观点同评查报告的意见一致。

　　当然，山西高院指令再审，只是申诉复查程序的结果；而吕梁中院的再审判决，则是适用二审程序作出。理论上讲，不是指令再审的案件都得改判——

虽然绝大多数案件是会改判的。

具体到本案，我比较认同汾阳市涉法涉诉信访服务中心和山西高院的观点，再审维持原判值得商榷。

宋某青的行为属于"伪造"居民身份证件，或许能够成立。伪造身份证件，是指没有身份证件制作权的人制作居民身份证件（理论上称有形伪造）和有权制作居民身份证件的人违法另行制作居民身份证件（理论上称为无形伪造）的行为。村民宋某青的行为显然属于前一种，是法律所禁止的。

其行为也不如当事人辩解的那般"完全没有社会危害性"，例如她伪造的身份证件无法在身份证读取器上直接识别，使用时会增加涉事机关识别其身份的效率和成本，某种程度上影响了社会管理秩序。

但也应看到，她伪造身份证件仅用于上访，"复制"的身份信息又都是真实的，有关机关识别时他和亲人本人在场，通过身份证号码和人脸识别设备，不难查明真实身份，因而危害性很小。而有一定社会危害性并且违法包括违反刑法的行为，未必就构成犯罪，因为《刑法》第 13 条明确规定，一切危害社会的行为，"依照法律应当受到刑法处罚的，都是犯罪，但是情节显著轻微危害不大的，不认为是犯罪"。

复制伪造身份证件，既然违法且有一定社会危害性，就应承担一定的法律后果。对其追责没什么不妥，也有利于警示和遏制这种行为。

考虑到伪造身份证件罪是从伪造国家机关证件罪中分离出来的一个罪种，后者的法定刑比前者略重，而《治安管理处罚法》对后者有衔接规定——"情节显著轻微不构成伪造国家机关证件罪的，可给予治安管理处罚"，我认为，给予治安管理处罚更合理些。

伪造国家机关证件罪也没有"情节严重"之类的罪量要求，但并非只要"伪造"一律入罪。举重明轻，伪造身份证件罪，也应是这样。毕竟刑法是利器，应保持谦抑性，能不入罪应尽量不要入罪。

2018 年 12 月 1 日《新京报》时评·快评

江歌案

| 舒解公众情绪与定罪量刑 |

江歌被害案之所以形成重大公共事件，正是因为刘鑫被疑锁上门，阻止帮刘鑫的江歌进入房内，导致江歌被害，以及刘鑫涉嫌事后极力躲避江歌母亲之两个因素，共同惹起来的。但也必须指出，即使刘鑫出庭，该情节也不一定在法庭上能够查清，因为其对于定罪量刑并不具有重要影响，缓解中国公众的情绪不是人家日本法庭的审理任务。

12月11日上午，江歌被害案在日本东京裁判所公开审理。检方称，案发当晚9点，陈世峰拿着事先准备好的水果刀从家里出来。23点40分，到达江歌和刘鑫所租公寓三层等候两人回家。凌晨0点16分，江歌和刘鑫两人到家，陈世峰将江歌杀害。检方还称，江歌曾大喊"我报警了"，陈世峰杀害江歌后，放弃刘鑫逃离现场。凌晨2点20分，被送至医院的江歌因颈动脉失血过多而死。

本案虽发生在异域，但被告人和被害人都是中国人，加上案件引发的伦理冲突，使之成为近年来公众关注度极高的少数案件之一。随着案件审理程序的推进，公众关注度较高的几个问题，例如案发时刘鑫是否存在反锁门情节、刀是谁带到现场的、是谋杀还是过失致人死亡、刘鑫是否会出庭及其对案件的影响、陈世峰会否判处死刑等，大部分会获得答案，但也可能不能全部如人所愿。

其一，构成谋杀罪还是过失致人死亡罪。另据环球网报道，日本警方指控陈世峰杀人罪和恐吓罪，陈世峰只承认恐吓罪。不仅如此，日本警方还指控陈世峰从就读的大东文化大学研究室带出杀人用的水果刀，杀人手段凶残，而且带了换洗衣服，是有预谋的杀人。控方这样说，应该有比较充分的证据。但日本奉行无罪推定原则，控方不能在法庭上确实充分地证明谋杀指控，法庭将推定其谋杀罪不成立。

陈世峰的律师在今天的庭审中即称，刀不是陈世峰带到现场的，而是刘鑫递给江歌的，衣物是准备送去洗衣店的，陈还用手机查过附近有无干洗店。辩方只是简单地这样说说，法庭不会采信，后面也可能会举出相应的证据。但应注意，辩方这样做不是要证明无罪，他们只需使控方证据变得不确实、不充分即可，控方完成不了谋杀罪的证明，该项指控的无罪推定便成立了。就我本人判断而言，对控方指控杀人成立，信心更多一些。

辩护律师还称，造成江歌死亡的原因是第一刀就伤及了左颈动脉，陈是在夺刀的过程中致江歌受伤。若该说法能成立，谋杀当然不能构成，至多成立过失致人死亡罪，依日本刑法，该罪最重只判 5 年有期徒刑。

其二，若成立谋杀罪，能否判处死刑。日本《刑法》第 26 章设专章规定了杀人罪，用数个条文分别规定了一般杀人、杀死尊亲、杀人预备、帮助自杀、杀人未遂的刑事责任。一般杀人的，处死刑、无期或 3 年以上有期徒刑。杀死尊亲属最重，处死刑或无期徒刑（没有了有期之轻刑，但该种罪近年被废止了，即杀死尊亲也按一般杀人处理）。其他几种情形都属于轻罪，不存在死刑。

现在控方不仅认定被告人的行为系谋杀，且认定其杀人手段残忍，加上没有认罪的从轻情节，一般杀人罪的首选刑之死刑，确有适用余地。至于江歌母亲向法院提交了 450 多万份声援其判处被告人死刑要求的签名，我认为作用不大。日本法庭奉行司法独立，不受法外因素影响，且有浓厚的历史传统。19 世纪末，俄皇太子访问日本受到最高礼遇，结果被刺身亡。明治天皇下诏给首相，要求首相严惩暴行者；日本政府态度明确，要求判处行刺者津田三藏死刑，但日本大津地方法院特别法庭却对津田三藏只判处了无期徒刑。这就是日本司法独立的典型案例。

其三，刘鑫是否出庭以及对案件有多大的影响。显然，控方此前已经对刘鑫制作笔录以固定证据，若递刀给江歌的情节存在，应该早固定在笔录里，且有同步录音录像佐证；加之控方若能充分证明凶器是从大东文化大学研究室带出的，而不是刘鑫所递，则刘鑫出不出庭，均不影响该情节的认定。

当然，若控方此前对刘鑫是否锁门、为什么锁门未作为谋杀案的关键情节去调查，那么，刘鑫的出庭对于查清该情节意义重大。因为今天的庭审中，辩方已经提出，江歌在门外见到陈世峰时，刘鑫说了"好可怕"后即进门把门关上，江歌想进但无法进入。控方出示的110录音，清晰地录下了刘鑫的一段话"把门锁了，你不要骂了"。可见，刘鑫锁门的情节已能确定，锁门的目的只是不想听陈世峰吵，还是同时也不让江歌进，刘鑫的出庭有望通过庭审查清该情节。

其实这一点，对于被告人陈世峰的定罪处刑意义不大，但对于缓解公众的紧张情绪和伦理纠结，却是最重要的情节。应该说，江歌被害案之所以形成重大公共事件，正是因为刘鑫被疑锁上门阻止帮刘鑫的江歌进入房内，导致江歌被害，以及刘鑫涉嫌事后极力躲避江歌母亲之两个因素，共同惹起来的。但也必须指出，即使刘鑫出庭，该情节也不一定在法庭上能够查清，因为其对于定罪量刑并不具有重要影响，缓解中国公众的情绪不是人家日本法庭的审理任务。

【补注】2017年12月20日，江歌被害案在日本东京地方裁判所当庭宣判，陈世峰被以故意杀人罪和恐吓罪判处有期徒刑20年。陈世峰上诉后又撤诉，判决生效。2019年10月28日江歌母亲江秋莲在山东青岛城阳区法院起诉刘鑫生命权纠纷案立案，刘鑫拒收起诉状副本，法院以公告的方式送达。

2017年12月12日《中国青年报》·中青时评

刘 鑫

| 用造谣来批判她是道德虚伪 |

> 刘鑫道德有亏，但以虚构的事实攻击刘鑫，不仅增加不了道德力量，反而会让自身陷入法律的争议。用假相维护正义是非正义、假正义。

"江歌案"不断爆出一些新信息，有的信息简直匪夷所思。例如一张江歌生前同刘鑫及另一名女子聚会的图片，居然被人恶意作了处理——江歌和另一名女子的面部各被一顶军帽图案遮挡，以突显刘鑫灿烂的笑容。文字说明称，江歌过世才2个月，尸骨未寒，刘鑫就出去跟人聚会吃饭了（还笑得这么放肆，这句话没说，因为写在图上）。刘鑫昨天在微博上将图片中被盖住的江歌还原出来，算是洗清了自己在该情节上的清白。

到底是谁第一个对图片作那样处理并作别有用心的说明，现在还不得而知。该造假情节传播得非常广，那篇斩获"双十万+"的咪蒙公号文也使用过。在舆论一边倒地强烈指责刘鑫之时，这一情节出现，对刘鑫的杀伤力可以想见。其实，这一行为已经涉嫌严重名誉侵权，甚至有可能承担刑事责任。

名誉侵权是指用语言文字和行为动作对当事人进行攻击，以贬损其人格的侵权行为。侵犯名誉权的主要形式有两种：一是侮辱；一是诽谤。侮辱是用暴力或者其他方法公然贬损他人人格，破坏他人名誉。诽谤，则是捏造并散布虚构的事实，足以贬损他人人格，损害他人名誉的行为。像本事件中图片造假后作恶意文字说明再进行传播，就是这种类型的名誉侵权。

依照法律规定，名誉侵权轻者应承担消除影响、恢复名誉、赔礼道歉和赔偿损失的民事责任；情节较重者可依《治安管理处罚法》，处其 10 日以下拘留，可并处 500 元以下罚款；情节严重者，可追究其刑事责任，处 3 年以下有期徒刑、拘役、管制或者剥夺政治权利。

若单纯地追究捏造者的民事责任，让受害人自己来调查出捏造人，可能有一定的难度；但若通过治安或刑事报案，警方立案后通过技术手段应该不难找出捏造者——比如从咪蒙公号文查起，顺藤摸瓜。

捏造者可能还有一种侥幸的心理，诽谤罪一般为"告诉才处理"，由被害人自己直接向法院提起刑事自诉，公检机关不介入，而被害人很难查出来。但也应知道，像江歌案这样的公共事件，若发生涉嫌造谣诽谤的案中案，完全可能严重危害社会秩序，司法机关是可主动介入，走公诉程序的。这就极大地增加了查出捏造者的可能性。

修图的始作俑者可能认为，江歌毕竟因刘鑫与男友纠葛而死，刘鑫过度懦弱的表现确实应当受到舆论的强烈指责，他的行为只不过为这种谴责添了一把柴而已，是在维护道德正义。殊不知，以虚假的事实来进行道德批判，只能混淆视听，产生缘木求鱼的效果，是法律绝不允许的。

刘鑫道德有亏，但以虚构的事实来攻击刘鑫，不仅增加不了道德力量，反而会让自身陷入法律争议。以假象维护正义是非正义、假正义，江歌若在天有灵，也肯定不希望支持她的网友是一群听信谣言的"不明真相的群众"。

因此，公众事件中发言一定要理性，要有理有据，绝不能像本事件中这样以修图造谣的方式参与到事件中去，那样是可能承担法律责任的。几年前的药家鑫案有过这方面的教训。当时，药家受到舆论汹涌的指责，被害方的代理人为让药家鑫判处死刑，编出了药是富二代、官二代等谎言，药家再怎么声明也无人理睬，可事后药家将被害人的代理人告上了法院，还原了事实，代理人承担了相应的法律责任。

2017 年 11 月 15 日凤凰网·凤凰评论

代购进口药

| 此案与陆勇案严重不同 |

文/刘彩玉（环球时报英文版记者）　刘昌松

翟一平是一个癌症患者，自己有着四年的抗癌经历，由于有了这些经验，也想帮助有需要的患者朋友，经常帮助他们回答各种问题，还走上了代购抗癌药的道路。7月25日，他因涉嫌销售假药罪被刑拘，现羁押在上海市看守所。

【环球时报】翟一平和陆勇都因代购进口抗癌药而被刑事追责，这两个案子有什么相似之处？

【刘昌松律师】两个案子的相同之处很多，例如两案的当事人都身患癌症，都苦心钻研成了抗癌药物通，都为众多病友代购了国外抗癌物，都有病友联名或分别向司法机关写信求情，希望免除其刑事责任等。

【环球时报】翟案和陆案又有什么不同之处？

【刘昌松律师】两个案子的不同之处也不少，例如翟案发生在沿海经济最为发达的上海地区，而陆案发生在内地的湖南沅江；翟为病友代购的是抗肝癌药物利尤单抗注射液和仑伐替尼片剂，陆为病友代购的是抗白血病药物格列卫胶囊或片剂；翟的代购收取了微薄的代购费，陆的代购则完全是无偿的，等等。

【环球时报】翟案和陆案最大的不同之处在哪里？

【刘昌松律师】翟一平案致命之处，恰恰在上述最后一点不同上，也就是他收了5%左右的代购费。这使得他的行为被认定为"销售"没有问题（陆案是单纯的代为"购买"）；而依现行《药品管理法》规定，未经批准进口药物，即可视为假药。因此，上海警方以涉嫌销售假药罪立案追究翟一平，在法律层面上并无问题（陆案是购买假药，而购买假药不是罪）。

【环球时报】您认为翟案和陆案的结局会差不多吗？

【刘昌松律师】陆案最后被检察机关作出了无罪不起诉（绝对不起诉），翟案不会有这么好的结局。我的观点是，翟案处于可一直追诉下去也可在检察阶段打住的两可性。在检察阶段打住，不往法院提起公诉存在可能，有这样一些理由：该案发生在经济发达的上海地区，该地区司法机关保障人权的观念更强一些；翟一平毕竟只是象征性地收了5%的代购费，牟利极小（国家药品零售允许20%利润）；其代购的进口药，未产生任何不利后果；众多癌症病友为其喊冤，希望他早日归来等。综合这些因素，可知其行为的社会危害性确实不大，按罪轻不起诉（相对不起诉或酌定不起诉），在法律上完全能够成立。

当然，该案也可起诉到法院，最后翟被定罪，但定罪免刑或判处缓刑的可能性较大，因为本案的社会危害性确实有限。

【环球时报】如果翟案真的不起诉了，同陆案不起诉有何区别？

【刘昌松律师】如前所述，陆案为绝对不起诉，简单地说就是司法机关办错了案，抓错了人，那是要国家赔偿的。而翟案即使不起诉也为相对不起诉，又称轻罪不起诉，那说明司法机关未办错案，刑事立案和抓捕翟一平都没有错，无须国家赔偿。相反，检察机关还可提出司法建议，提示有关单位给予其行政处罚。

【补注】翟一平和陆勇都因自身患癌而成为抗癌药物通，都成为帮人进口廉价抗癌药的典范，被誉为"药神"，陆勇成为电影《我不是药神》的原形。2019年11月翟一平案宣判，翟被以非法经营罪判处有期徒刑3年缓刑3年，并处罚金3万元。

陆案和翟案都引起了公众对未经批准而进口的药物一律按假药看待的深入思考。2019年8月全国人大常委会修订《药品管理法》，假药、劣药范围得到修改，没有再把未经批准进口在国外上市的药物列为假药，回应了民意。

2018年8月15日《环球时报》·英文版

留美学生施虐案

┃同国内校园霸凌的法律责任比较┃

> 该案的发生也有很好的正面作用，即警示我们中国留学生的家长，不能将子女送出国门了事，还有必要对子女进行留学国法律的教育，还应强化监护职责。

美国南加州 3 名中国留学生施虐同胞案，2 月 17 日在洛杉矶波莫那高等法院宣判，翟某瑶、杨某涵、章某磊分别被判 13 年、10 年和 6 年监禁。由于三人都于 1 月 5 日同检方达成认罪减刑协议，检方撤销了其中能判终身监禁的折磨罪起诉。根据美国法律，审前关押一天，折抵刑期两天，正式判处的刑期还可以按 75% 的折扣。照此计算，翟某瑶的刑期将不满 8 年，杨某涵不到 5 年，章某磊大约为 3 年多。服刑期满后，三人将被驱逐出境；因有犯罪记录，他们将难以再踏进美国国门。

本案的案情并不复杂：2015 年 3 月，18 岁的中国女留学生刘某被其他几名中国学生凌虐长达 7 小时，包括扒光衣服拍照、用烟头烫乳头，用打火机烧头发、强迫她趴在地上吃沙子、剃掉她的头发逼她吃掉，等等。经过美国警察调查，暴行的起因就是男女恋爱关系引发的争风吃醋。

这是美国的这一起判例警醒国人的地方——原来学生之间的施虐行为，可以是这么严重的犯罪，可以给予这么重的处罚。人们在这里似乎找到了我国校园暴力案不断上演的原因以及治理该顽疾的良方。

我们来看美国法律与中国法律在处理这类校园霸凌案件上的重要区别。

三名在美留学生，被告人翟某瑶涉及 4 个罪，即绑架罪判 8 年，严重人身伤害罪判 3 年，攻击罪判 1 年，攻击导致的严重人身伤害罪判 1 年，数罪刑罚相加，共获刑 13 年；杨某涵涉及绑架罪判 8 年、攻击罪判 1 年、使用暴力工具攻击罪判 1 年，共计获刑 10 年；章某磊涉及绑架罪判 5 年，攻击罪判 1 年，共计获刑 6 年。其中被告人章某磊真实感到自己很无辜，因为他没有直接殴打受害人，只是绑架时开车和提供了折磨受害人的工具剪刀，用来剪掉受害人的头发。但美国法律认为，开车和提供剪刀甚至仅仅在场围观，也是对同伙的鼓动和壮胆，故同样构成绑架罪和攻击罪，严重人身伤害行为没有，故少了人身伤害罪，未使用工具，故少了使用暴力工具攻击罪而已。

同样的案情若发生在我国，挨得着的罪名都难以成立。在美国一般绑架行为即成立绑架罪，我国则不然，成立绑架罪还须存在将被绑架人作为人质向其亲友勒索财物或满足其他要求的目的要件，故翟某瑶等三人同样的行为在我国是不成立绑架罪的；退一步，连非法拘禁罪也不能成立，因为本案非法剥夺他人人身自由只有 7 小时，未达到我国司法解释所要求的 24 小时以上的追诉标准；我国也没有单独的攻击罪和使用暴力工具攻击罪，相应的只有故意伤害罪，但必须达到轻伤以上的标准才能成立犯罪；至于剪掉他人的头发，在我国连人身伤害都不是，更不可能鉴定为轻微伤、轻伤或者重伤；我国也不存在所谓的"折磨罪"，一般使人遭受皮肉之苦的殴打，什么罪也不能成立，致多可作为治安事件处理，可治安拘留或者罚款。

至于本案中的扒光衣服拍照、用烟头烫乳头，用打火机烧头发、强迫刘某趴在地上吃沙子、剃掉她的头发逼她吃掉，认定为"暴力侮辱"和"非暴力侮辱"没有问题，但因发生在封闭空间，我国刑法规定的侮辱罪，要求"公然"侮辱才能成立，因封闭空间里除 12 名加害人外只有被害人，没有围观的第三者，故难以认定为"公然"，因此，在我国成立侮辱罪也困难。而且，即使能成立侮辱罪，一般也只能处 3 年以下有期徒刑，这是一个轻罪，且为告诉才处理，即被害人不告，国家不主动追究，只有严重危害社会秩序和国家利益的除外。所谓"严重危害社会秩序和国家利益的除外"，是指侮辱情节导致被害人自杀身亡或精神失常，或者侮辱党和国家领导人、外国元首、外交代表等特定对象。

可见，我国刑法成立各种犯罪所要求的犯罪构成要件是何等的苛刻，对于遏制校园内学生之间的凌辱行为作用有限。

本案涉案的三人虽然都为中学生，但均已成年，若是未成年人，美国法院会通过辅导警告的方式告知学生，霸凌是不能被容忍的；依美国反霸凌法，如果后果严重并且有前科，即便未满 18 岁，也可以当作成年人刑事案件审理，按成人犯罪来定罪量刑；如果其父母没有起到监护作用，纵容霸凌行为，会被判转移监护权，强制上训导课；在美国不单单霸凌，任何犯罪都会连带巨额经济赔偿，多数赔偿都可能导致倾家荡产。

而我国《刑法》规定，已满 16 周岁的人犯罪，才负刑事责任。对于已满 14 周岁不满 16 周岁的人，仅对故意杀人、故意伤害致人重伤或者死亡（像上述连轻伤都不成立的行为不成立犯罪）、强奸、抢劫、贩毒、放火、爆炸、投毒之八种行为，负刑事责任；对于 14 周岁以下的人，再严重的危害行为也不承担刑事责任。当然，《刑法》也规定了因不满 16 周岁不予刑事处罚的，责令他的家长或监护人加以管教；在必要的时候，也可以由政府收容教养。但在什么情况下的未成年人的犯罪行为须由政府介入收容教育，法律没有细化的规定，司法实践中实施得极少。至于我国犯罪后的民事赔偿，很多成年人造成被害人死亡的案件，都只赔一个丧葬费，什么死亡赔偿金、精神损害赔偿费一概予予支持，更别说未成年人犯罪的经济赔偿了。

美国刑法规定得很细，一起校园霸凌事件成立四五个乃至更多的罪名，将人绑架离开现场即成立绑架罪，而不问绑架的目的；绑架后有攻击行为又另外成立攻击罪；其中有对身体健康一定伤害的，不要求达到什么轻伤标准，即又成立严重人身伤害罪；用工具伤害也单独成罪；将人侮辱伤害几个小时，即成立折磨罪（这是一种非常重的罪，最高可处终身监禁）。而在我国，被害人刘某真的被殴打成轻伤了，也综合只能评价为一个故意伤害罪，最高判处 3 年监禁；或者构成"公然"侮辱而成立侮辱罪，最高也只能判处 3 年。即，一般只定一个罪，前因绑架不定罪，使用工具、手段都不另定罪，折磨多长时间都不能单独成罪。

而且，美国的刑罚采取的是相加原则，判几个罪的刑罚直接相加，有的人罪数太多，相加后的刑罚可达数百年，能据此清楚判断一个人罪孽的深重程度；而我国几个罪并罚时，一般相加后会适当减少一些刑罚，而且数罪的总和刑未超过 35 年的，数罪相加的总和刑不得超过 20 年；数罪的总和刑超过 35 年的，最高也不能判处超过 25 年的监禁（比如若干个罪的刑罚相加能达到150年，也只能判25年），看不出同其他也判处25年刑罚之人，谁的罪孽更深重。

本案中，美国司法机关还适用了诉辩交易制度，即被告人以认罪换取检方对某些罪不起诉或检方向法院提出减轻处罚的起诉。如果被告人不认罪，检方的指控要麻烦得多，还要接受陪审团的审理，向陪审团证明某罪足以成立，由陪审团来决定某一种罪是否成立；若成立再由法官来量刑。被告人同检方达成认罪协议，即可省去陪审团陪审的程序，直接由法官量刑了。辩诉交易制度在我国立法上是一个空白，但在个别地方法院在也有尝试。

至于美国的判决生效前关押一天，折抵刑期两天的制度，在我国也有类似的规定。只不过我国的规定是，判决生效后，判决生效前先行羁押的，羁押1日折抵有期徒刑或拘役的刑期1日，折抵管制刑期2日。另外，美国正式判处的刑期还按75%的折扣，是基于美国监狱人满为患的现状所作出的临时政策规定，我国没有这样的政策。

总之，美国虽然是法治国家，但美国也经常暴发校园枪击案，这是基于美国公民有持枪的权利所带来的副作用，但美国基本不会发生像本案这种恶性校园凌辱案，这同美国严厉的反霸凌法不无关系。该案的发生震惊美国，是将中国屡屡上演的严重校园暴力案，在美国上演了一通。该案的发生也有很好的正面作用，即警示我们中国留学生的家长，不能将子女送出国门了事，还有必要对子女进行留学国法律的教育，还应强化监护职责；对于我们国内，应加大对校园暴力案件的法律规制，细化有关罪种，通过制定单独的校园反霸凌法，也可以通过修改《预防未成年人犯罪法》等来实现。

【补注】近年来，我国借鉴美国的辩诉交易制度，确立了认罪认罚从宽制度。该制度在执行中出现了诸多问题，能让人更深刻地理解"南桔北枳"的含义。

2016年2月21日 中国网·观点中国·刘昌松专栏

老外撞大妈

|厘清事件中的法律责任|

老外确实撞大妈，大妈确实未讹人。老外、发帖李某、网络平台，各方责任应厘清。

北京警方通过官方微博通报，"老外撞大妈"事件中的外籍男子属于无驾驶证，所驾驶的摩托也无牌照，他是在人行横道内将李女士撞倒的；警方依法暂扣了其肇事摩托车，对外籍男子的交通违法行为将依法处罚。另据报道，最初拍照发布"疑遭讹诈"帖子给李女士造成伤害的李某也向报社发来了公开致歉信。(12月5日《新京报》)

经过一番道德层面的舆论喧嚣之后，事件终于回到了法律层面。下面分别对事件中的那名外籍男子和最初拍照发帖者应承担的法律责任，简要地谈点意见。

先说说事件中外籍男子的法律责任。

根据《宪法》规定，"在中国境内的外国人必须遵守中华人民共和国的法律"（第32条），当然包括《道路交通安全法》；外国人违反我国法律，同样应承担相应的法律责任。本事件中外籍男子的法律责任应该包括民事责任和行政责任两个方面。

对于外籍男子对李女士应承担的民事责任，因双方在医院自行协商达成了协议，外籍男子赔偿李女士医疗费、交通费和精神损害抚慰金共计1800

元，这笔赔偿款大致包括：李女士三个部位的检查，每项检查费 168 元，共计 504 元；急救车出车费用的价格为每公里 5 元，另加 40 元出诊费，从煤炭总医院至事发地点约 2 公里，来回共 4 公里，因此共花费 60 元；余下的 1236 元为精神损失费。这种解决问题的方式理论上称为 "和解"（俗称 "私了"），是解决较小民事纠纷的常用方法，法律是认可的。

　　外籍男子还存在违章驾驶机动车的行政责任。因为摩托车属于机动车，外籍男子无证驾驶摩托车是严重的交通违法，依法应当处以 200 元以上 2000 元以下的罚款，可以同时并处 15 日以下拘留（《道路交通安全法》第 99 条）。外籍男子驾驶的摩托车还没有牌照，驾驶无牌照车依法应处以警告或者 20 元以上 200 元以下的罚款；对无牌照的摩托车，警方可以暂扣，当事人提供了牌照或者补办了相应的手续后，警方应当及时退还摩托车（《道路交通安全法》第 95 条、第 90 条）。

　　再谈谈最初拍照发帖者李某的法律责任。

　　《侵权责任法》规定，网络用户利用网络侵害他人民事权益的，应当承担侵权责任。被侵权人发现后，有权通知网络服务提供者采取删除、屏蔽、断开链接等必要措施；后者未及时采取措施的，对损害的扩大部分与该网络用户承担连带责任（第 36 条）。网络侵犯名誉权承担责任的方式，《侵权责任法》规定了赔礼道歉、消除影响、恢复名誉和赔偿损失等（第 15 条）；至于承担责任的大小，应视侵权人行为本身的严重性和其主观恶性、被侵权人的损害程度等具体情节而定。

　　本事件中李某的发帖行为，确实给李女士身心造成了不小的伤害，用她自己的话说，"（李某发帖给她造成的）心理伤害比（外籍男子给她造成的）身体伤害要重得多"，无疑成立了网络名誉侵权。李某 "努力第一时间澄清此事"，主动向李女士连发两条道歉短信；在李女士表示不接受这种方式道歉后，又通过报纸发道歉信，其积极承担责任的态度还是值得肯定的，反推其主观心态应属于过失误判而不是故意损害他人名誉，故只应存在民事责任问题。反之，如果李某编造的情节更离谱，甚至编造了完整的 "大妈碰瓷讹人"细节，造成李女士的伤害更大，主观上也应定性为故意，加上转发早已超过 500 次，依最新司法解释，还可能存在诽谤罪的刑事责任，最重可判有期徒刑 3 年（《刑法》第 246 条）。

　　本事件中，虽然警方及时公布结果，很快消除了公众对李女士的严重误解所造成的不利影响，但通过网络经营者删除、屏蔽、断网等措施仍有必要，李女士明确表示，"只要他（李某）能诚恳认错，我就能原谅（他）"，如果李某能够登门道歉，并给予李女士一定的精神损害赔偿，相信这起网络名誉侵权事件能够妥善解决，不会形成诉讼。

该事件倒是为广大网友和各大网站提了个醒，这里编段顺口溜共勉：网络发言有风险，制帖发帖需谨慎；各个情节需亲见，添油加醋祸上身；万一不慎侵害人，及时补救为上乘。这次网站未卷入，下次不定能幸免；发现侵权上措施，不做旁观局外人；祸从口出要切记，每人名誉大如天。

2013 年 12 月 5 日《新京报》时评·第三只眼

刘强东

|美国民事案：不站队，说点法律看点|

不要认为，刘强东刑事案件胜诉，就意味着民事案件也一定胜诉，公众耳熟能详的美国橄榄球明星辛普森涉嫌杀害前妻案，辛普森在刑事上被判无罪，但在民事上却被判赔3350万美元。

京东首席CEO刘强东在美涉嫌性侵中国女留学生案，随着美国检方作出不起诉决定，刑事上早已平安着陆。但此案的民事诉讼才刚刚拉开帷幕，原告女留学生全文公布了起诉书，被告方也公布了两段视频和起诉前索要赔偿和道歉的通话录音。公众已深切感到法庭如战场，感到此案民事战场的硝烟一点也不亚于当初刑事战场。

不要认为，刘强东刑事案件胜诉，就意味着民事案件也一定胜诉，公众耳熟能详的美国橄榄球明星辛普森涉嫌杀害前妻案，辛普森在刑事上被判无罪，但在民事上却被判赔3350万美元。因此，刘强东和京东绝不可掉以轻心。

一

原告披露的94小节起诉书，明确提出的请求只有5万美金赔偿，这使得原告在诉讼开始的舆论战中，可占据道德制高点——原告似乎不是为了钱，

而是为了要一个说法。

但原告在起诉标的中埋了两个很大的定时炸弹，这就是所谓不包括的两项内容：一是不包括法律费用和利息，主要是律师费用、调查费用和诉讼费用；另一个是不包括原告其他应得的救济，这一项在起诉书的最后也有明示，即保留要求惩罚性赔偿的权利，可能会根据庭审状况适时追加，或者另行起诉。

我们知道，美国的律师费用，尤其是有影响案件的律师费用，对于普通人来说，都是天文数字，当然对于世界富人排行榜中位列 272 位的刘强东和他的京东（京东被作为连带赔偿的共同被告），或许不算什么。

我们不用为原告担心律师费，美国律师为了把有重大影响的案源争到自己手上，一般采取风险代理。他鼓动当事人去打这场官司，打回期待的赔偿数额，他会按约定比例收取非常高的律师费；打不回来赔偿款，他可能就赔本挣吆喝。

二

至于原告其他应得的救济，主要应是惩罚性赔偿的数额。从起诉书的上下文来看，所起诉 5 万美元赔偿，应该仅是原告就诊、休学损失、心理咨询和疏导等实际发生的费用，而美国法意义上人身侵害之惩罚性赔偿，可不是实际花费的医疗费等数额，而是足以让人长教训、长记性的赔偿费用，会因被告人身份、过错程度，尤其是赔偿能力的不同，相同和相似的案件有很大差异。例如我国公众广为知晓的 1992 年美国老太太被麦当劳咖啡烫伤大腿案，麦当劳被判赔 300 万美元（在当时折合人民币 1680 万元，当时的人民币多值钱），即是例证，因为判赔少了，不足以让财大气粗的麦当劳公司长记性。

美国法律认为，财产损害是有价的，照价赔偿即可；人身损害是无价的，如果加害人有赔偿能力，判很高赔偿并不为过，因而就出现上述判例，而判例又成将来判案的依据，因为美国是判例法国家，遵循先例是其法律适用原则。

回到本案，原告起诉书提到"过去和未来遭受了或会遭受以下侵害：

①身体伤害；②身体上的痛苦；③丧失享受正常生活的能力；④精神方面的痛苦、羞辱和尴尬；⑤获得经济收入能力的丧失和降低；⑥情绪方面的痛苦；⑦过去和未来的医疗费用"。7 点损害中的 5 点是人身和精神方面的，都是无价的，若都能成立，比照麦当劳老太太案，原告可主张和获得多大的惩罚性赔偿数额，我难以想象，我认为之前传闻的 5000 万美元可能并不多！

三

值得注意的是，原告起诉的六项指控，三项针对刘强东，三项针对京东，并让京东与刘强东承担连带赔偿责任。若从赔偿能力上来看，似乎没这个必要，因为起诉刘强东足矣，性侵是很个人化的行为，又因不存在判决后履行不能的问题。根据 2018 中国富豪排行榜数据显示，刘强东的身价为 116 亿美元，约合人民币 742 亿元，在中国富豪中排名第 13 位。但原告将京东列为共同被告仍大有深意，应该说是诉讼策略上的大手笔。

因为这样，原告就可以在诉状中历数京东在此事件中的参与度，例如指控刘强东在美读项目博士是京东的职务行为，招聘原告等作为项目博士的志愿者是职务行为，这次宴会邀请原告是职务行为，用豪车送原告、中间的细节安排都是京东的职务行为，而被告刘强东本身就是京东的董事长和 CEO。这实际上是在指控，刘强东在行为上公私不分，才将公司拖进纠纷，若因诉讼导致京东股价暴跌，刘强东有不可推卸的重大责任，这样能挑起股民对刘强东的怨愤。这种压力，可迫使刘强东尽快接受和解条件。可以想见，无论赔偿责任多大，刘强东也是不会让京东买单的。

顺便说一下，个人侵权犯罪由单位承担民事赔偿责任，理论上称替代责任，哪怕在我国，也有依据和判例。几年前北京公交公司的一名售票员在履职中将清华大学一对教授夫妇 14 岁的女儿，当着两教授面活活掐脖致死，后售票员被以故意伤害罪判处死缓，公交公司被判赔偿 70 万元。

四

原告公布起诉书以后，刘强东一方很快作出了回应。笔者看到不少人在怼刘强东的回应。但笔者认为，适当回应还是必要的；完全不回应，公众会认为刘一方认可了，名誉损害太大。笔者对刘强东作出回应表示理解。但回应一定得实事求是，像披露视频和音频，一定得真实完整地反映案情，不能剪辑成一个断章取义的东西，更不能伪造、变造；否则可能招致更大的麻烦，甚至是法律上的麻烦。

有网友就质疑，当时整个宴会的大部分时间，刘强东同原告女生是挨着坐的，现在视频却反映两人隔好几个位置，似乎从未挨着坐过，质疑视频存在剪拼嫌疑；另有人则称，刘强东参加宴会穿的是黑衣服，现在视频却变成了白衣服，质疑视频存在伪造嫌疑。若这些指责不成立，自然可以当蜘蛛网一样轻轻抹去；如果这些指责成立，这样的回应就是火上浇油，真的不如不回应。

若事实证明，现刘强东和京东方放出的视频中，原告这个女孩使劲黏着刘强东，主动挽刘强东胳臂，主动邀请刘强东进电梯和进她的卧室等，这些都是真的还好说（其实，这也不能排除进入室内发生性侵的可能）。如果未来法庭查明根本不存在这些情节，这些视频是伪造的，刘强东和帮助他这样干的人，至少涉嫌成立捏造事实并散布的诽谤犯罪，还可能再因此吃官司，名人也经不起这样折腾。

五

本案未来的走向如何，笔者很难作出预判。原告律师对每项指控都提出了由陪审团审判的请求。根据美国法律的规定，刑事案件被控刑期6个月以上，被告有要求陪审团审判的权利；民事案件的当事人则没有要求陪审团审判的当然权利，但可以提出申请，由法官来审查决定是否批准（一般也会批准）。

美国陪审团审案，民事和刑事的规则差异很大。最核心的区别是，刑事案件作出有罪判决或无罪判决，必须是 12 名陪审团成员一致同意，只要有一名陪审员反对，即不能作出有罪或无罪的裁判；而民事案件的 12 名陪审团成员，只要多数人认为哪一方的证据更完善，就可作出哪方胜诉的裁判。因此，挑选陪审团成员和说服陪审团成员对双方都显得特别重要。

　　好了，"开幕式"已如此精彩，俗话说"好戏在后头"，让我们搬来小板凳，共同期待后面的好戏吧！

2019 年 4 月 25 日 《慕公法治论坛》

死刑检讨

|"半疯子"黄一川能否免死|

一般来说，具有限制刑事责任能力的精神病人，在刑事责任上都会从轻处罚，这次凶手却仍被处以极刑，背后的考量是什么呢。

30岁的绥宁人黄一川在沪杀害小学生案，近日在上海一中院一审宣判。上海一中院认为，被告人黄一川故意杀人，致二人死亡、二人轻伤，其行为已构成故意杀人罪。虽经鉴定患有精神分裂症，被评定为限制刑事责任能力，但鉴于其罪行极其严重，人身危险性极大，且其精神疾病对其作案时辨认、控制自己行为能力没有明显影响，故应依法予以严惩，遂以故意杀人罪判处其死刑，剥夺政治权利终身。

对于黄一川的死刑判决，网络上一片叫好，鲜有对"半疯子"精神病人刀下留人的呼吁，甚至未见到辩护人发出呼声的报道，也未听到被告人不服，当庭表示上诉的声音，一切都是那样顺利。若最后确实没有上诉，上海市高院的死刑复核、最高法院的死刑核准都将相当顺利，不久的将来我们会见到一条消息，"杀害小学生罪犯黄一川今日在沪伏法"，为案件或事件画上"圆满"句号。

可不知怎么，笔者想起阿Q画圆，心里一阵酸楚，怎么也"圆满"不起来。

一

本案的诉讼程序，让人大体感受到司法是公正的。有两点值得一提。

一是公安机关在侦查阶段即对黄一川进行司法精神病鉴定。未见报道说黄一川有家族精神病史和他本人以前有精神不正常，公安机关能主动委托对其进行司法精神病鉴定，相比陕西张扣扣案一审、二审想求得一个精神病鉴定也未如愿，上海的表现确实不错。而且，委托鉴定时明显没有"走走过场算了"的暗示，黄被鉴定患有精神分裂症，评定为具有限制刑事责任能力，本身就能说明问题。

二是审判时支持了被害方申请鉴定人出庭的请求，让鉴定人对鉴定情况进行说明，并接受控辩双方和法庭的发问。

这些，在相当程度上保障了黄一川获得公正审理。

此外，死刑案件必须有辩护人参加诉讼，否则审判程序违法，这在理论上称之为强制辩护。我国1996年《刑事诉讼法》修订即确立了强制辩护制度，也就是说，即使在未实行辩护全覆盖的这20多年，也一直坚持得很好。本案报道中也提到了黄一川有辩护人参加诉讼，想必应是指定的法援律师。

可惜未在报道中听到辩护律师的声音，更未见到辩方申请有专门知识的人出庭发表专业意见，这可是留下人头之辩最重要的一环啊！但这不是法庭的责任。

从这一点上讲，黄一川没有张扣扣幸运，后者获得了邓学平和殷清利两位知名律师强有力的辩护，尽管结果也不如意，张扣扣仍被执行死刑，但张扣扣在法庭上想表达的意见，都通过律师得到表达，实现了诉讼的程序价值。

二

法院在实体上判处黄一川死刑，既顺乎民意，似乎也合理合法。因为刑法规定，故意杀人的，处死刑、无期徒刑或者10年以上有期徒刑。若没有过硬的法定情节，杀人罪本来就首选死刑，46种保留死刑的罪种，绝大多数在将来都会被逐渐废除死刑，但故意杀人等涉及命案的罪种还会保留死刑，除非彻底废除死刑。

黄一川仅仅是在多个城市找工作不顺，即悲观厌世，决意报复社会；报复社会又选择最无辜的小学生，还连砍4人，造成2死2伤的严重后果，着实让人难以同情，难怪宣判死刑后网上一边倒地叫好。

黄在案发现场当场被抓获，也没有了自首情节；年满30岁且为男性，也不存在未成年犯和审判时怀孕之法定"免死金牌"；更无重大立功、犯罪未遂等从宽事由，不存在义愤杀人、大义灭亲等让人同情的情形，也没有赔偿谅解等酌定从宽情节。

唯一有利的法定从宽情节，是"鉴定为患有精神分裂症，评定为具有限制刑事责任能力"。但是，这是一个"可以从轻或者减轻"而不是"应当从轻或减轻"的情节。就是说，可以适用从轻，也可以综合全案不适用从轻，都在法官自由裁量权范围，现法庭一点也不从轻，形式上看并不违法。

三

司法实践中，类似"半疯子"精神病人故意杀人，最后未判死刑的案子，是否存在？当然存在！笔者很快即找到一例。

2014年某天，26岁待业青年周凌俊在南宁一超市购物后，发现部分食品缺失，因怀疑是超市员工所为，遂返回超市将包括顾客在内的9人砍伤，被以故意杀人罪追究，也被鉴定为"患有精神分裂症，评定为限制刑事责任能力"，属于"半疯子"。显然这里多了一个杀人未遂的重要从宽情节。

但一审法院认为，周凌俊在案发期间患有关系妄想、被害妄想等精神性病症，具有限制刑事责任能力，且其故意杀人未遂，依法可以从轻处罚。但综观全案，周凌俊仅因小事即持械肆意行凶杀人，在行凶过程中滥杀无辜，行刺时均朝被害人要害部位连续捅刺，可见其手段之凶残。周凌俊犯罪情节恶劣，主观恶性极大。综上，周凌俊虽然具有依法可以从轻处罚的情节，但鉴于其杀人主观恶性大，杀人手段残忍，罪行极其严重，社会危害极大，依法不予从轻，仍以故意杀人罪判处周凌俊死刑。

周凌俊二审改判为死缓，拣回一条命，这几个条件综合发挥作用或很重要：被告人周凌俊自己提起了上诉；辩护律师积极辩护呼吁刀下留人；二审中其父积极对 9 名被害人进行赔偿，均达成谅解协议。

回到本案，上述三个因素，一条也未见着，此案死刑判决在下一个程序中被逆转的可能性，可谓十分渺茫。

其实，"半疯子"精神病人故意杀人未判死刑而判处死缓或者无期徒刑的案子多的是，反而是无视"半疯子"精神病人之情节仍判处死刑的案子很少。

四

或许判处黄一川死刑，一死了之，一了百了，包括黄一川，都有种解脱或解放的快感。

——就算考虑精神病因素从宽，最多判处死缓或者无期，可能在监狱里终身服刑，"墙墙墙，四周都是墙"，天天看着周围人白眼，日日感受良心煎熬，那是什么日子？现在适用死刑，一死了之，黄一川也算解脱了；

——杀人偿命，欠债还钱，黄一川必须一死，这是被害人家属的最大期盼，现在公平实现，被害人家属满意了；

——若因精神疾病改判死缓，还得在监狱里服刑吧；服刑期间又伤人杀人咋办？现在别死缓，一死了之，监狱也解脱了；

——送精神病死缓犯到专门机构强制医疗？不行，"半疯子"人家不收，需要"全疯子"（鉴定为无刑事责任能力）才行；"半疯子"也是疯子吧，也需要经常治疗吧。现在一死了之，监狱的相关医务科室和医务人员解脱了；

——黄一川的家属在报道中遁得无影无形，这下好了，直接死刑，以后探监也免了；也不存在出狱后担任其监护人，费钱费事，没完没了，这些麻烦都省了；

——若是判成死缓，被害人方不满意，保不准没完没了上访，一级一级司法部门、一级一级党政部门、信访部门，都紧张起来，从今往后的重点人、重点事，这是多大的麻烦？作为当地主事的，可能一想起来就头大；现在好了，一死了之，有关机关和领导都满意了！

这最后的一点可能最重要，应是对"半疯子"杀人犯适用死刑最大的"价值"，也可能是推动该案死刑判决最大的动因。转一想，既然这么多好处，干脆立法或出台司法解释或公布为指导性案例，以后"半疯子"精神病人杀

人，除未成年犯或孕妇犯，一律死刑多好。

甫想，笔者认为，量谁也没有这么大胆子，理由后论。

五

我们的社会，像黄一川一样，在多地找工作都不顺，或者多次恋爱都不顺，或者人际交往出现严重障碍等，由此悲观厌世，消极颓废，时间一长，酿成精神疾病，不想活了，死之前还想找几个更弱的人垫背。这样的人，总体基数大吗？

本案中被害孩子已是四年级学生，其中谭某某同学由母亲张某某护送，结果谭某某被杀死，张某某也被杀伤，可谓防不胜防，保不胜保啊！

笔者想，国家有没有做这方面的总体统计？恐怕还没有，因为未见到这种机构，数据何来！有没有或正在采取相应对策？恐怕也没有！试想，如果这种人的基数还不小，幼儿园和小学数以亿计的孩子们上下学路上，随时可能出现这样的幽灵，这是一件多么恐怖的事。

从这个意义上讲，仅仅杀掉黄一川似乎意义不大。理论上说，即使黄一川不判死刑而判处死缓，基本上也是终身监禁或终身处于监管之下，因为他已暴露，已在社会的掌握之中。更有意义的是，社会是否应多些免费心理热线的 NGO 组织，让黄一川们能很容易找到咨询和发泄的地方，这些机构的存在也能帮助国家和社会来统计这种人的人数，为进一步制定对策提供依据。

六

回头说一说前面提到的问题，国家立法或司法解释或指导性案例为何不可能规定："半疯子"精神病人杀人，除具有未成年犯或孕妇犯之"身份免死金牌"，一律死刑。其实道理很简单：用法律机器杀掉精神病人，存在严重的人道主义障碍，拿不上桌面，写进法律性文件中显得太落伍，尽管"维护社会稳定"的效果奇好，也不能为。

其实，本案一审判决所谓黄一川虽鉴定为精神病人却依然判处死刑的理由，即"其精神疾病对其作案时辨认、控制自己行为能力没有明显影响"，根本经不起推敲。对嫌疑人、被告人进行司法精神病鉴定，就是鉴定其"作案时"是否患有精神病，而不是鉴定他"作案前"或者"作案后"是否有精神病，并进一步回答，他作案时所患的精神病是否影响了他的辨认能力或控制能力。

司法精神病鉴定，结论性意见只有三种可能：

一是作案时患精神病，该病使其完全丧失了辨认或控制能力，即鉴定为无刑事责任能力，不负刑事责任；

二是作案时患精神病，该病使其辨认或控制能力下降，则鉴定为限制刑事责任能力；

三是作案时未患精神病或者精神病未发作（为间歇性精神病），其辨认或控制自己行为的能力正常，应鉴定为具有刑事责任能力。

现在，法院一方面认可黄一川"作案时患精神分裂症，评定为具有限制刑事责任能力"的鉴定意见（符合上述第二种），另一方面又称"其精神疾病对其作案时辨认、控制自己行为能力没有明显影响"（大致符合上述第三种），这等于既肯定了鉴定意见，又否定了鉴定意见，逻辑上是矛盾的。

七

废除死刑是一个国际大趋势，世界上 2/3 的国家和地区或法律上废除了死刑，或事实上废除了死刑（即法律上保有死刑但一直不适用），欧盟国家全部为法律上废除了死刑，我国港澳地区为法律上废除了死刑，我国台湾地区多年判处了死刑而不执行，为事实上废除了死刑。当然，各国国情和法律文化不同，一部分国家和地区保有死刑，例如最为发达的美国有 34 个州保留死刑，人口第二大国的印度保留死刑，日本也保留死刑，因此，我国根据自己的国情保留死刑无可厚非。但是，那些保留死刑的国家，每年适用死刑的数量仅为个位数甚至几年一例，基本上只适用于命案，真正做到了最严格地控制死刑适用。

我国一直以来采取保留死刑但少杀、慎杀的刑事政策。我国的死缓制度就是减少死刑适用的重要措施，近些年来我国对减少死刑的适用，又做了不少新的努力，死刑罪名由原来的 68 个减少到 46 个，还提高了死缓犯缓刑期间故意犯罪执行死刑的门槛。而死缓制度的意义正在于，对于本该判处死刑的人，只要有一点值得同情和原宥的地方，就不要适用死刑，既体现国家对死刑的慎重，又引导人民敬畏生命，减少社会戾气。在这样背景下，一个"半疯子"精神病人，部分因为辨认或控制能力不足才杀了人，即使罪该处死，难道不应适用死缓？！

笔者一直不理解，精神残疾者多痛苦啊，我国刑法对精神残疾犯的宽容程度远不如对身体残疾犯。对于身体残疾者，刑法规定，"又聋又哑的人或者盲人犯罪，可以从轻、减轻或者免除处罚"；而对于精神残疾者，刑法规定，"尚未完全丧失辨认或者控制自己行为能力的精神病人犯罪的，应当负刑事责任，但是可以从轻或者减轻处罚"，没有"可以免除处罚"的从宽规定，从宽幅度小了最大的一截。

需指出的是，基于精神病人行为能力不足，不可能组成一个类似于"精神病人协会"的社会团体，来维护他们自己的权益，国家和社会必须主动关注精神残疾人的合法权益，这属于社会基本伦理和基本良心的应有范畴！

我建议，刑法对"尚未完全丧失辨认或者控制自己行为能力的精神病人犯罪的"，也应规定为"可以从轻、减轻或者免除处罚"，同又聋又哑的人或盲人犯罪的从宽幅度一致；同时还可以规定，"该类精神病人不适用死刑，但可以判处死缓"，因为对精神病人适用和执行死刑，存在严重的人道主义拷问。

其实，从制度上规定精神病人犯罪不适用死刑，反而不会有维护社会稳定方面的压力，因为那是国家立法的明确规定，司法机关必须适用，而且所有精神病人犯罪都一样适用，被害方就能够理解，就不会因此找司法机关或有关党政机关的麻烦。

八

世界上那么多国家废除死刑，不是因为那些国家这类恶性案件少；统计数据还表明，废除死刑国家的杀人等恶性犯罪率没有明显上升，甚至还有下降。那些废除死刑的国家很大程度上接受了这样一种观念：国家杀人也是杀人，也是恶的行为，国家禁止他人杀人而自己却杀人是悖论的，不利于减少社会的戾气。

当然，废除死刑的国家，是以严格执行终身监禁或长期徒刑来保持刑法威慑力的，我们在减少死刑适用的同时，也应严格落实减刑、假释、监外执行等规定。

我国应该逐渐改变"迷信死刑"的观念。笔者见到一则德国废除死刑前的故事：德国财政部长的夫人见到司法部长脸色不好，说"部长好像一夜未睡的样子"。司法部长说："您说对了，我确实一夜未曾合眼，因为我昨天签署了一则死刑执行命令，一个生命被我一笔勾掉，我感到自己是一名刽子手！"部长脸上露出强烈的自责感。

本文开头说，看到我国法院果断地对"半疯子"精神病人适用死刑，笔者像看到阿Q上断头台前画圆的画面一样，心里五味杂陈。相信读者诸君中，也有不少人与我有同样的感受。

【补注】2019年12月30日，上海市高级人民法院依法对黄一川故意杀人上诉案作出公开宣判，裁定驳回上诉，维持原审对黄一川以故意杀人罪判处死刑，剥夺政治权利终身的判决，并依法报请最高人民法院核准。截至本书定稿，尚未见到核准死刑裁定的公告。

2019年5月27日《我在抱柱》

法官被害

| 保护措施中"硬"的局限与"软"的优势 |

> "法院"中的"院"是机关的意思,"法"是这个机关的名称。也就是说,法院是一个名字就叫"法"的机关,是"法"的化身,是全体公民和社会组织之权利保障的最后一道屏障。

从去年北京昌平区法院法官马某云遭枪杀牺牲,到上个月广西陆川法院退休法官傅某生遇刀刺身亡,再到上周末江苏沭阳法院副院长周某遭人用车撞击生命垂危,一起起当事人针对法官个人的严重暴行,让人心情异常沉重。国家和社会必须采取坚决有效的措施,包括硬性措施和软性措施,以遏制这种现象的蔓延。

近期,最高人民法院出台了《人民法院落实〈保护司法人员依法履行法定职责规定〉的实施办法》(以下简称《办法》),强化了不少"硬性"保护措施,这固然是必要的,但诸多硬性措施也有它"硬"的局限。

例如,《办法》要求加强法院安全检查设施、防护隔离系统、安全保障设备、安全保卫机制建设;法院的立案信访、诉讼服务、审判区域与法官办公区域相对隔离并配备一键报警装置等措施。这些都是法院内部的安保硬性措施,但马某云法官是在自家住所楼下遭枪击的;周某法官是在步行上班快到法院大门口时遭车撞击的,傅某生法官更是退休后被刺身亡的,上述法院内的硬性措施很难发挥作用。而法官离开法院,活动的范围大得无边,也难以采取其他方式——布控。

又例如，《办法》要求组织对法官本人或其近亲属的人身、财产、住所安全受到威胁的风险评估，并对相关法官提供援助；组织对本人或其近亲属的人身、财产权益受到侵害的法官给予救助等措施。这可能对部分不稳定人员起到威慑作用令其收手，但我们不可能对每位法官给予这样的援助与救助，事件往往在薄弱的地方突破而现。

再例如，《办法》要求帮助法官依法追究侵犯其法定权利者的责任，这是法官遭侵害后的事后重要措施，作用也有局限，只能惩于后而不能防于前。比如督促有关机构对侵害法官权益者给予最严厉的惩罚（最重为适用死刑），其实那些被案件弄得精神扭曲而走极端的人往往已将生死置之度外，"人不畏死，奈何以死惧之"，对一些准备拿生命作赌注的人，这种"示猴"作用也有限。

我也当过几年法官，换位思考"如何保护法官"的问题，常想到太阳和风比赛看谁让人最快脱下大衣，最后温和的太阳胜出的寓言。我认为，关爱法官、保护法官，更深层次的措施，应是那些水一般的"软性"措施。由于其"软"，就容易被忽视，但可能很有效，有"软"的优势。

比如，加强裁判文书的说理性，就很少有人上升到关涉法官安全的高度。每个案件都有裁判文书，那里记载着当事人对事实的陈述和自己的诉求，记载着法院认定的事实和证据，记载着法院采信和不采信某主张的理由以及裁判结果，承载着当事人的权利和义务。作为当事人，谁不重视裁判文书？裁判中的一些关键句子当事人往往都能背下来了，尽管他们不一定懂得那些法言法语。不少裁判文书不讲理，一句冰冷的"被告人及其辩护人的辩护意见，没有事实和法律依据，不予采纳"，可能让被告人或其家人看着就来气，越看越有气，"我说的哪一点与事实不符，怎么就没有法律依据了"，往往可能成为某些恶性事件的导火索。

再比如，疏通法院与当事人之间的对话渠道和增加对话的有效性，是重要的"理气丸"和"放气阀"，可很少有法院当回事。不少法院的纪检投诉等联系当事人的窗口，常常无人值守，电话永远打不通，想见庭长和院长简直比登天还难。为什么判成这样，法院一句解释也没有，你不给他一个说法，他就给你一个说法，"有冤无处诉"，成为矛盾激化的重要因素，法院可能还不自知。

又比如，法院外的诸多解决纠纷的机构，例如人民调解、仲裁机构、医患纠纷调解中心、消费者协会、工会等，大多未得到充分激活，导致大小社会矛盾都到法院去解决；再者，法院的优势本不在执行，早有代表委员提出将民事执行和行政执行工作，交出去由行政机关去负责，可就是得不到采纳，进一步导致社会矛盾在法院聚合和放大。法院成了矛盾的"集结地"和不良情绪的"火药桶"，法官的安全就防不胜防了。

我们知道，"法院"中的"院"是机关的意思，"法"是这个机关的名称。也就是说，法院是一个将"法"作为自己名称的机关，是"法"的化身，是公平正义的象征，是由精英化的职业法官组成的最权威、最专业，最讲程序、最讲规则的中立裁判机构，是全体公民和社会组织之权利保障的最后一道屏障。

全社会包括法官自身，建立起对法院和法官的这些认识，也是"软性"措施，却是最有力的保障法官安全的措施。有了这些观念和认识，才会尊重和敬重法院，尊重和敬重法官，才不会让法官上街清除马路"牛皮癣"，不会让法官提前介入打黑小组，更不会指使法官作出有违良心的判决；法官定会自尊自重，坚持证据裁判规则，不办人情案、关系案、金钱案，不为侦查中心主义背书，而让审判环节成为侦查、检察工作的指挥棒，尽力让每个案件的当事人都在诉讼中感受到司法公正。试想，如此这般建立起来的法治秩序和状态，法官自然是最安全的。

2017 年 2 月 25 日 中国网·观点中国·刘昌松专栏

立法建言与法治进步

立　法

> 现在和将来立法的主要任务，应转变为对法律体系形成后的法律进行修订。精修细补，精雕细刻，提高立法质量，成为立法工作的核心要素。

张德江所作的《全国人大常委会工作报告》，就一年来的立法工作拟了一个题目"以提高立法质量为核心，立法工作迈出新步伐"。之所以有"提高立法质量"这种提法，是因为上一届全国人大常委会在任期届满时宣布，中国特色社会主义法律体系已经形成。那么，现在和将来立法的主要任务，当然应转变为对体系形成后的法律进行修订。精修细补，精雕细刻，提高立法质量，成为立法工作的核心要素。

全国人大常委会的立法工作在提高立法质量上到底做得如何，将来还有哪些立法值得期待，笔者试图在此作一简要的梳理。

一年来，全国人大常委会对《环境保护法（修订草案）》进行了两次审议（还未通过），批准了《国务院机构改革和职能转变方案》，废止了劳动教养制度，修订了国家《计划生育法》（确立了单独二胎政策）、《商标法》，通过了《关于确定中国人民抗日战争胜利纪念日的决定》《关于设立南京大屠杀死难者国家公祭日的决定》；常委会还审议了《资产评估法》《行政诉讼法》《军事设施保护法》《安全生产法》等修正案草案等（还未通过），共审议了

15 件法律和有关法律问题的决定草案，通过了其中的 10 件；涉及修改 21 部法律，新制定 2 部法律。

新的常委会在法律修订中是如何精雕细刻，提高立法质量的呢？这里拿《消费者权益保护法》（以下简称《消法》）为例，加以说明。

《消法》1993 年制定时，已经把建立自愿、平等、公平、诚信的消费秩序，强调对弱势的消费者一方之合法权益进行特殊保护确立为基本原则，比较详细地规定了消费者的安全保障权、知情权、商品和服务选择权、公平交易权、成立消费者组织权、依法获赔权、人格习俗受尊重权等消费者权益；还规定了工商、质监等部门对消费者投诉的处理和保护；在法律责任上规定了对消费者欺诈性经营可主张双倍的赔偿。

但当时的立法技术不高，许多条文只是宣言式、口号式的，例如，"国家保护消费者的合法权益不受侵害。国家采取措施，保障消费者依法行使权利，维护消费者的合法权益。""各级人民政府应当加强监督，预防危害消费者人身、财产安全行为的发生，及时制止危害消费者人身、财产安全的行为""对符合《中华人民共和国民事诉讼法》起诉条件的消费者权益争议，必须受理，及时审理"，等等，这些条文，规不规定，根本无所谓。对强大的经营者规定较强的惩罚真是难上之难，例如消费者对欺诈性经营可主张双倍赔偿的著名法条，在梁慧星和何山等少数学者的极力主张和百般劝说下，最后才勉强通过。

我们来看看《消法》在修订中所作出的努力。针对网购买进容易退货难，新《消法》规定了消费者有七天无条件的反悔权；针对消费者的个人信息动辄被大量泄露，新《消法》对电信、医院、快递、酒店等经营者出售、泄露客户信息要承担法律责任作出了严格规定；针对消费者买耐用商品发现有质量问题，而鉴定费大大超过买价，维权维不起的情况，新《消法》规定，对于耐用商品或者装饰装修的服务，消费者自接受商品或者服务之日起 6 个月内发现瑕疵，发生争议的，由经营者承担有关瑕疵的举证责任，要鉴定也是由商家掏钱鉴定，因为举证责任是商家的；针对消费者遭受欺诈越来越严峻的形势，新《消法》将原来的"退一赔一"调整为"退一赔三"；针对分散的消费者维权打起官司来，根本不是强大的经营者的对手，新《消法》还规定了中国消费者协会和在省、自治区、直辖市设立的消费者协会可针对"侵害众多消费者合法权益"的行为提起公益诉讼，消费者维权多了一重保障。以上这些修订很细致，很有针对性，操作性也较强。

　　一年来，全国人大常委会也制定了两部新法，即《旅游法》和《特种设备安全法》。《旅游法》重点保障旅游者的合法权益，规范旅游市场秩序和经营活动，完善旅游纠纷解决机制，并明确规定了政府在规划、促进和监管旅游业发展等方面的责任。《特种设备安全法》则对我国各类锅炉、压力容器、电梯、大型游乐设施等特种设备使用的生产安装、经营使用、维护保养、检验检测等全过程监管、质量责任追溯制度、产品召回和报废制度等，作出了规范。这两部新法回应了社会的需要，非常及时。

　　新的全国人大常委会在科学立法、民主立法上有一点很值得点赞，就是完善了公布法律草案征求意见机制。在向社会公布法律草案一次审议稿的基础上，明确法律草案二次审议稿也要向社会全文公布，继续广泛征求各方面意见和建议。同时，健全公众意见采纳情况反馈机制，积极回应社会关切。这在制定《旅游法》、修改《商标法》和《消法》的过程中得到了比较充分的体现。

　　当然，本届全国人大常委会作为新时代的立法机关，思想还可以再解放一些，立法修法的尺度还可以再大一些，这样才能完全适应市场经济发展和民主政治进步的要求。例如，新消法还只规定了中国消费者协会和省、自治区、直辖市一级消费者协会可以提起消费公益诉讼，连地一级、县一级的消协也无权提起诉讼，其他组织也不能提起，律师等以个人名义提起消费公益诉讼更未被允许，加上消费者协会的地位又不太独立，这使得消费者公益诉讼的制度虽然确立了，但很不完全、很不充分，同国际也不接轨，意义很有限。有学者提出加大欺诈性经营的违法成本，让其付出倾家荡产的代价，我们的立法机关无法下此痛手，众多学者提出让消费者可主张10倍的赔偿，也未写进新《消法》。

　　新的一年里在立法上有哪些期待呢？根据张德江的报告，新一年的立法主要有修改《预算法》《行政诉讼法》《行政复议法》《环境保护法》《大气污染防治法》。列入今年常委会立法工作计划的项目还有：修改《立法法》《食品安全法》《安全生产法》《证券法》《广告法》《军事设施保护法》《教育法》等；制定《资产评估法》《航道法》《国家勋章和国家荣誉称号法》《期货法》《粮食法》《中医药法》等。

2014年3月9日 中国网·观点中国·刘昌松专栏

普通时效

| 三年期间或可再延长 |

法国和德国的普通诉讼时效为 30 年，瑞士和意大利为 10 年。《民法总则（草案）》将普通诉讼时效由 2 年调整为 3 年有进步，但还有很大提升空间。日本稍复杂一些，普通债权为 10 年，债权以外为 20 年。

《民法总则（草案）》提交十二届全国人大五次会议审议，有代表将该项议程视为"本届全国人大代表最为重要也最为光荣的工作"，实为当之无愧。全国人大代表、西昌学院法学教授王明雯在审议中谈到，草案将普通诉讼时效期间从两年延长到三年，有一定进步，但还不够，希望能够更进一步，规定为五年较妥。

笔者赞同王明雯代表的建议，因为民法以权利为本位，以保护民事权利为己任。普通诉讼时效期间再延长些，符合成文法国家的一般做法，可避免诉讼时效期间过短的诸多弊端，有利于对权利的切实保护，也不增加多少立法成本和司法成本。

其一，大陆法系国家普通诉讼时效期限的一般规定值得参考。

诉讼时效，是指民事权利在法定期间内不行使，义务人即可以该期间已过为由来抗辩，拒绝履行相应义务的制度。这里的期间就叫诉讼时效期间。普通诉讼时效期限，是除特别规定外，一般事项都适用的诉讼时效期间。稍考查即可发现，几个主要大陆法系国家和地区的民法，规定的普通诉讼时效期间都较长。例如，法国为 30 年，瑞士和意大利为 10 年；日本为 5 年，德国虽为 3 年，但允许当事人在 3-30 年之间自由约定；我国澳门地区为 15 年。可见，王明雯代表所提较长普通诉讼时效期间的建议，是有比较法依据的。

当然，同为大陆法系国家的苏联，其民法典所规定的普通诉讼时效期间确实较短，仅为 3 年，但那是在计划经济体制下想加强企业经济核算的缘故。1986 年我国制定《民法通则》时，"有计划的商品经济"之提法虽已存在，但计划经济色彩浓厚。当时把"诉讼时效的效益价值"看得过重，为了使其效益价值更突显，便规定了比苏联民法更短的 2 年普通诉讼时效期间。现在是社会主义市场经济时代，当然应尽力摆脱过时观念的影响。

其二，应尽力避免我国现行 2 年普通诉讼时效期间的严重弊端。

对于我国普通诉讼时效期间太短的弊端，著名民法学者李开国教授有一段淋漓尽致的表达。他说："如果你曾在法庭上见到权利人力求证明曾向义务人行使过请求权的着急模样和义务人一一否认的无赖嘴脸，权利人败诉时的愤慨和义务人胜诉时的洋洋自得，你就会深深感到，这个太短的普通诉讼时效期限，正在践踏着市民神圣的私权，正在蹂躏着人间正义，正在强奸着对市民社会和市场经济最可宝贵的诚信。"这是民法学者的观察和判断。

司法实践对此也有深刻觉察。2008 年最高人民法院通过司法解释，对债权人行使请求权时债务人进行时效抗辩作了一定限制，以防止时效弊端扩大。例如，规定债务人在诉讼中若未提时效抗辩，法院不得释明提醒，更不得主动适用；债务人若在一审中未提时效抗辩，二审中提出一般也不予支持等。可法官庭外"不经意"或"变相"提醒了怎么办？又有几个债务人在一审中未想起时效利益而在二审中才提出怎么办？

因此，这种欲盖弥彰的制度补救，作用十分有限，不如在立法上直接规定较长普通诉讼时效，给债权人以强有力的保护，使其不至于因立法原因让私权稍纵即逝，白白便宜不守诚信的赖账人。

其三，分析可见，普通时效期间调整为 3 年后不同意再延长者的理由并不充分。

笔者注意到参与立法者不同意再延长的理由主要有三：一是起不到时效制度督促权利人及时行使权利的目的；二是权利长时间不行使会影响庭审举证和增加法院负担，导致法律秩序混乱；三是不符合长期以来人民已经形成的法律观念。

法谚确实有云："法律保护勤快人，不保护懒惰人。"这也是诉讼时效制度设立的主要目的，但权利人多少时间不行使权利，就算是"躺在权利上睡大觉的懒惰人"，恐怕不能简单看待。普通诉讼时效期间延长到5年，同样能促使权利人及时行使权利；为何市场经济发达的国家，认为10年或20年不行使权利才算"懒惰人"，而我们却认为3年不行使即为"懒惰人"？可见上述第一点理由并不充分。

现代民事诉讼有严格的举证责任制度，如果债权人因时过境迁而难以举证，其请求自然得不到支持，这同时效期间长短没有必然的关系。即使在目前2年普通时效期间内，也可能因债权凭证保管不善而致权利落空；相反，即使时效延长到5年或更长，保管好债权凭证并非困难，不会增加维权负担，法律秩序也不会因此混乱。可见上述第二点理由也不充分。

至于说长期以来人民已经形成了在短期时效期限内行使权利的法律观念，笔者认为这个命题本身就值得商榷。笔者的观感是，由于对时效制度宣传不够，该制度为人了解的范围还很有限，多见的还是时效上吃亏者的愤怒和占便宜者的得意；即使这次立法规定了较长普通时效期间比如5年，也还得加大宣传力度，让其真正成为"人民的法律观念"。

总之，民法是真正的"权利宣言"，对权利多一些保障和救济是必要的。我认为，三审稿将我国现行普通诉讼时效期间由2年调整为3年，步子迈得太小，代表所提延长至5年的建议确实值得赞同。

2017年3月13日 光明网·光明时评·刘昌松专栏

低龄犯罪

| 该降低刑事责任年龄吗 |

　　若仅仅降低刑事责任年龄，而不改变我们对未成年犯罪人以及因未达到刑事责任年龄不按犯罪处理的收容教育者的管教方式，只是强调把更多低龄者纳入"犯罪"范围关起来了事，由于关起来的"交叉感染"，孩子进去后可能变得更坏，导致未成年人犯罪率不减反增，重复犯罪率也会更高，效果适得其反。

　　最近湖北孝感的邓女士通过微博反映，她上初中的女儿放学途中遭同校男生持刀威胁要强奸、被脱光衣服和捅伤身体多处，最后该男生却因未满14周岁而被释放。邓女士发出强烈呼声："法律保护未成年行凶者，谁来保护我未成年受伤害的女儿？"不少人借此机会呼吁降低刑事责任年龄，其中还包括一些专业人士和全国人大代表，有的还直接建议降低到12岁。

　　换位思考，我完全理解邓女士的锥心之问，以及一些人士关于降低刑事责任年龄的呼吁，而且，每当社会出现低龄人行凶恶性案件时，都会听到这种声音。只是我认为，目前各种降低刑事责任年龄的理由并不充分，而且这也不是预防未成年人犯罪的根本之策。

　　所谓刑事责任年龄，是指法律规定行为人对自己触犯刑律的行为应负刑事责任的最低年龄。我国《刑法》规定，已满16周岁的人犯罪，应当负刑事责任；已满14周岁不满16周岁，犯故意杀人、故意伤害致人重伤或者死亡、强奸、抢劫、贩卖毒品、放火、爆炸、投毒之 8 种罪行应负刑事责任；不满 14 周岁的，一律不负刑事责任。也就是说，我国刑事责任年龄为 14 周岁，该责任年龄点的适用非常刚性，差一天未满 14 周岁，哪怕犯再严重的罪，也不负刑事责任。

那么，这个刑事责任年龄真的太高吗，换句话说，降低了真能减少未成年犯罪吗？我的回答是否定的。我们不妨先来看看呼吁降低刑事责任年龄的理由都有哪些，以及这些理由是否成立。

理由一：现代儿童营养状态佳，生理心理发育快，加上互联网发达，他们见多识广，辨认识别能力明显提高，《民法总则》因此已将《民法通则》规定的无民事行为能力年龄上限"不满 10 岁"调整为"不满 8 岁"，这可以成为降低刑事责任年龄的参考依据甚至直接依据。

但应知道，民事行为能力只由"辨认能力"决定，这可从《民法总则》"不能辨认自己行为的成年人为无民事行为能力人"之规定得出，因为行为人的辨认能力即能认清一定行为对自己是否有利，从而有能力决定是否从事相应程度的民事法律行为。

而刑事责任能力由"辨认能力"和"控制能力"决定，这可从刑法"精神病人在不能辨认或不能控制自己行为的时候造成危害结果的，不负刑事责任"之规定得出。现代儿童辨认能力虽有提高，但控制能力未必提高了，由于自我中心意识更强、受网络游戏斗杀和竞争等因素影响，控制能力甚至可能有所下降，因此不能机械套用民事立法。

理由二：未成年人犯罪率越来越高，犯罪年龄越来越低龄化，因此应相应降低刑事责任年龄。其实"未成年人犯罪率越来越高"是一个伪命题，据国家统计局的资料显示，2016 年全国未成年人犯罪人数比 2010 年减少47.6%。北京一中院发布的《未成年人案件综合审判白皮书》透露，"未成年人犯罪案件数量总体呈下降趋势"。可见，国家统计和司法实践的数据都表明，未成年人犯罪案件的趋势为下降而非上升。

至于犯罪年龄越来越低龄化，确实是我们的共同感受，也能找到数据支持。最高人民检察院的报告指出，"未成年人犯罪嫌疑人虽仍以 16 周岁至 18 周岁为主，但受理的 14 周岁至 16 周岁嫌疑人呈逐年上升趋势，2013 年初中以下文化程度占全国各级检察机关审查起诉未成年犯罪嫌疑人的 90.24%"。这恰恰反映，低龄未成年人的辨认能力虽有提高，但控制能力可能反下降

（管不住自己的行为），这是一种不正常的"社会病态"，"病"在孩子身上，"病因"却在家庭教育和社会环境方面，重点应放在改进后者。

理由三：刑事责任年龄定为 14 周岁，是《刑法》1979 年制定时的立法观念，现在应当观念更新，与时俱进，调低年龄。其实，我国 1951 年的刑事文件曾规定，"未满 12 岁者的行为不予处罚；已满 12 岁者如犯杀人、重伤、惯窃以及其他公共危险性的罪，法院认为有处罚必要者，得酌情予以处罚"。

我国 1954 年开始起草《刑法》，前后共有 38 稿，其中第 22 稿曾规定刑事责任年龄为 13 岁，第 33 稿才调整为 14 岁。因此，我国立法者对刑事责任年龄，早就有 12 岁的规定，后来又有 13 岁的意向，最后才确定为 14 周岁，是非常慎重的。全程参加刑法起草的高铭暄教授称，这样调整的"理由是少年犯主要靠教育，追究刑事责任的面要尽量缩小些"，可见主要是关怀青少年的刑事政策考虑，而非其他因素。

理由四：刑事责任年龄逐渐调低，是国际化趋势，我国应与国际接轨。其实，德国、意大利、奥地利、韩国、日本等大陆法系国家的刑事责任年龄同我国一样，都规定为 14 岁。另外，中央国家机关一个相关课题研究对域外 90 个国家的刑事责任年龄规定进行梳理，结果发现从 6 周岁至 18 周岁都有，其中 22 个国家设定的起点是 14 周岁，一半的国家设定的起点在 14 周岁以上，只有少数国家低于 14 周岁。可见我国的现行规定同国际已经非常接轨。

此外，相关国际公约都没有明确规定刑事责任年龄，只是规定了不能太低，而且有的文件还在鼓励成员国提高刑事责任年龄起点，更大程度上保护未成年人，这才是国际趋势。

总之，上述降低刑事责任年龄的几种理由都不太充分，现行刑法 14 周岁的画线不应轻易变动。我国现行刑法对未达到刑事责任年龄者"犯罪"也不是放任不管，而是规定"因不满十六周岁不予刑事处罚的，责令他的家长或者监护人加以管教；在必要的时候，也可以由政府收容教养"，关键是如何落实。笔者敢放言，若仅仅降低刑事责任年龄，而不改变我们对未成年犯罪人以及因未达到刑事责任年龄不按犯罪处理的收容教育者的管教方式，只是强调把更多低龄者纳入"犯罪"范围关起来了事，由于关起来的"交叉感染"，孩子进去后可能变得更坏，导致未成年人犯罪率不减反增，重复犯罪率也会更高，效果适得其反。

笔者认为，解决犯罪越来越低龄化问题，降低未成年人犯罪率，肯定是国家和社会应努力的方向，但不应过于迷信刑事手段，更不应以牺牲我国"关怀未成年人成长"的一贯政策为代价，一句话，降低刑事责任年龄不是出路。"犯罪越来越低龄化"是社会病，问题的根源在社会而不在孩子，重点应放在"治病"而不是"惩罚"孩子上。全社会应当研究，家庭、学校、社会、国家应当如何真正落实《未成年人保护法》确定的"教育感化挽救"方针，建立一支专业化、规范化、正规化的预防和管教未成年人犯罪的队伍，尤其是工读学校和少年教养所应真正成为"教育感化"人的地方，而不能让孩子出来后状态更糟了！

2018 年 7 月 10 日《光明日报》·光明时评

特殊时效保护

| 未成年人遭性侵立法还需完善 |

二审稿增加的规定后面还应补充一句"诉讼时效期间当然适用于起算前的阶段"。否则，好像满 18 周岁后才能追究性侵者，遭性侵后至 18 周岁之间的这段时间反而不能起诉侵权人了，这是荒唐的。

10 月 31 日，全国人大常委会二审《民法总则（草案）》，二审稿增加规定，"未成年人遭受性侵害的损害赔偿请求权的诉讼时效期间，自受害人年满十八周岁之日起计算。"这一重要立法变动，体现了国家对未成年人的特殊保护。

《宪法》规定，"儿童受国家保护"。《未成年人保护法》进一步规定，"国家根据未成年人身心发展特点给予特殊、优先保护，保障未成年人的合法权益不受侵犯"。民法总则是国家民事基本法，与未成年人相关的内容，当然也应尽力体现对未成年人的充分保护。

此前一审稿征求意见时，著名民法学者梁慧星教授撰文提出："考虑到中国社会传统观念，遭受性侵害未成年人的家庭、家长往往不敢、不愿寻求法律保护，有的受害人成年之后有了法律知识寻求法律救济时，却被告知诉讼时效期间早已届满，即使法院受理案件也难以胜诉。"如今，这一意见转化为国家立法，难能可贵。

草案一审稿规定："向人民法院请求保护民事权利的诉讼时效期间为 3

年"。这被称为一般诉讼时效期间，未成年人性侵害案件也适用该期间。草案又规定："诉讼时效期间自权利人知道或者应当知道权利受到损害以及义务人之日起开始计算，法律另有规定的除外。"也就是说，若没有"法律另有规定的除外"之情形，未成年人知道自己遭性侵，以及知道了性侵者是谁，3年的诉讼时效时间才开始计算，3年期满后再追究就困难了。显然，这很不利于未成年人合法权益的保护，有必要作出前述增补。

但我认为，二审稿增加的规定后面还应补充一句"诉讼时效期间当然适用于起算前的阶段"。否则，好像满18周岁后才能追究性侵者，遭性侵后至18周岁之间的这段时间反而不能起诉侵权人了，这是荒唐的。

另外，未成年人遭性侵的时效保护期限长，未来起诉时也可能面临举证难。例如王某利用"百色助学网"性侵多名女童案，代理律师即称，受害人的附带民事赔偿请求很难获得法院支持，因为受害人当年看病的医疗费收据等证据也丢失了。建议将来配套立法时，借鉴知识产权的立法经验，可由法律直接规定一定数额的赔偿。例如，著作权法规定，"权利人的实际损失不能确定的，由人民法院根据侵权行为的情节，判决给予50万元以下的赔偿"。类似规定，是否可以考虑借鉴纳入？

当然，这一立法只是解决了未成年人将来成年后想追究性侵者民事责任的问题，若其还想追究其刑事责任，就不是《民法总则》所解决的问题了。但我认为，在未来刑法修改时，刑事追诉时效也可以借鉴这次民事立法的经验，作出类似调整。

2016年11月1日《京华时报》·京华时评

死者人格利益

| 立法仅保护英烈不合适 |

《民法总则》只规定侵害英烈人格利益才担责，让人产生侵犯一般死者的人格利益无须担责的错误认识。这当然是不小的立法瑕疵。

法典化的民法被喻为社会生活的百科全书，是真正的人权宣言，也是民族精神、时代精神的立法表达。因此，作为民法典开篇之作的《民法总则》得到通过，迎来一片喝彩声是必然的。但是，《民法总则》的个别条款也引起了巨大争议，尤其是《民法总则（草案）》中原本没有，基于一些人大代表"保护英雄烈士"的建议而连夜增加的第185条，即"侵害英雄烈士等的姓名、肖像、名誉、荣誉，损害社会公共利益的，应当承担民事责任"的规定，在公众中尤其是法律界，遭到了严重的质疑。

笔者对这些质疑声进行梳理后发现，有些质疑没有道理，有些似是而非，但有些声音值得重视。

第一种质疑认为，第185条规定意味着，对一切英雄烈士的名誉、荣誉都不得有任何质疑，否则即会承担法律责任。有人即问，原为重庆"警察王"的王立军获得过全国警察的最高荣誉"一级英模"等称号，他算不算立法所称的"英雄"，对他的名誉、荣誉能否提出质疑？

笔者认为，这种质疑来自对"英雄烈士"一词的误解。因为第185条中"英雄烈士"是一个词，英雄和烈士之间没有顿号，强调的是已故的"烈士"，"英雄"不过是"烈士"前的修饰语。烈士都是英雄，而英雄未必都是烈士，因为还有活着的英雄。第 185 条显然不适用于活着的"英雄"。

从法条使用"英雄烈士等的姓名、肖像、名誉、荣誉"，而没有使用"英雄烈士等的姓名权、肖像权、名誉权、荣誉权"的语境，也能看出立法是针对已故的特定英雄即"烈士"。因为已故者已不是权利主体，不享有人格权，不能再称"他的什么什么权"，但死者的名誉、荣誉等人格利益继续存在，且法律确有保护的必要，保护的目的主要是基于对死者近亲属的人格的影响和公序良俗的考虑。

第二种质疑认为，第 185 条中的"英雄烈士"不是一个法律术语，其内涵和外延难以把握，例如古代有没有"英烈"？国民党军队在抗日中英勇牺牲的将领算不算"英烈"？

乍一看，这种质疑似乎很有道理，但仔细研究发现，这也还不成问题。"英雄烈士"不是一个含义模糊的生活概念，而是一个内涵清晰的法律概念。根据过去的《革命烈士褒扬条例》和新的《烈士褒扬条例》，"烈士"的概念其实很特定，只指"那些在过去革命斗争中和现在社会主义现代化建设中为人民利益而壮烈牺牲，被新中国政府或军队评定为烈士并颁发《革命烈士证明书》或《烈士证书》予以确认的人员"。可见，"烈士"一词也能算概念明确的法律术语，范围确定，古代英烈和民国英烈不在此列。

第三种质疑认为，第 185 条仅仅强调了作为英雄烈士的死者人格利益保护，而没有强调对一般自然人的死者人格利益保护，违背了民法上人格平等原则；再者，侵害死者人格利益造成损害，行为人具有故意或者过失，就具备了承担民事责任的要件，再规定"损害社会公共利益"的要件纯属多余。

这种质疑有法理依据和司法实践依据，值得肯定。

从法理上讲，民法的基本原则指导和制约着民法的具体规则。《民法总则》第 3 条至第 9 条规定了七大民法基本原则。其中第 4 条规定："民事主体在民事活动中的法律地位一律平等。"可见，民事主体地位平等不仅是民法的基本原则，还是民法的前提性原则，是一切民法规则的基础。那么，第 8 章"民事责任"规定侵犯死者人格利益应当承担民事责任时，就应当体现第 4 条"平等原则"的要求，规定"所有死者的人格利益都受法律保护"，而不能只是侵犯"英雄烈士"的人格利益才承担责任。就是说，第 185 条规定确有违反民法基本原则之嫌。

　　从司法实践上讲，平等保护死者人格利益已经形成了司法传统。2001 年最高人民法院制定的《关于确定民事侵权精神损害赔偿责任若干问题的解释》明确规定，侵害死者（当然包括英烈）姓名、肖像、名誉、荣誉、隐私以及遗体和遗骨等人格利益的，应当承担精神损害赔偿责任，死者的近亲属有权向人民法院起诉。这里确立的平等保护死者人格利益原则，符合民法基本原则，已适用 16 年，且效果不错，形成了我国的司法传统，值得肯定。遗憾的是，《民法总则》没有将成熟的司法解释上升为一般立法，反而只规定侵害英烈人格利益才担责，让人产生侵犯一般死者的人格利益无须担责的错误认识。这当然是不小的立法瑕疵。

　　其实，英烈的人格利益应当保护是毋庸置疑的，但这种保护放在对死者人格利益的一般保护立法中已足够。若真说有必要特别规定，像雷锋这种没有近亲属的英烈，其人格利益遭受侵害，又损害社会公共利益的，可规定由检察机关提起公益诉讼。

　　特别值得提出的是，历史总是惊人的相似：1997 年刑法典草案的前两审稿一直没有规定嫖宿幼女罪，但三审时刑法草案突然出现该罪，且匆匆表决通过。该罪因对幼女污名化为卖淫幼女且弱化了对强奸幼女的惩处力度等而广受诟病，于一片声讨中在 2015 年《刑法修正案（九）》才被废止。现在民法典开篇立法，《民法总则》前三审稿一直没有第 185 条特别保护英烈人格利益的内容，四审稿突然出现该条规定，也匆匆表决通过了。这个未经法学界充分研究而仓促出台的法条，立法质量尚有待评估。

　　《民法总则》第 185 条的立法瑕疵何时才能得到纠正，根据废止嫖幼罪的经历，恐怕也不会轻松简单。

2017 年 3 月 19 日 光明网·光明时评·刘昌松专栏

律师会见

| 不被监听新规有细化有进步 |

《规定》只规定"办案机关不得派员在场"还不够，例如侦查机关是办案机关，人家不派员在场，而看守所本身不是办案机关，其派员在场不违反规定，看守所常借口保障安全，要求有警员在场。

昨日，最高人民法院、最高人民检察院、公安部、国家安全部、司法部联合出台了《关于依法保障律师执业权利的规定》（以下简称《规定》），对各部门和环节保障律师的会见权、阅卷权、调查取证权以及律师被侵权的救济机制等作出了较为细致的规定，尤其是关于律师会见犯罪嫌疑人和被告人不得被监听，办案机关人员也不得派员在场被明确和细化，引起了很大的关注。

有媒体甚至称，律师会见犯罪嫌疑人禁止被监听，是我国首次出台的新规。其实，这是一种误读误解。2012 年修订的《刑事诉讼法》已经规定："辩护律师会见犯罪嫌疑人、被告人时不被监听。"（第 37 条）只是法律规定得太概括，司法实践中执行起来常常变味。这次五部门《规定》对此确实作了细化，有利于对律师的会见权提供更充分的保障，有一定的进步意义。

《规定》指出："辩护律师会见犯罪嫌疑人、被告人时不被监听，办案机关不得派员在场。在律师会见室不足的情况下，看守所经辩护律师书面同意，可以安排在讯问室会见，但应当关闭录音、监听设备。"

　　《规定》的细化有两点：一是规定了"办案机关不得派员在场"。其实该规定从"不被监听"，依当然解释方法，举轻明重，也可以解释得出来——连通过技术手段的监听都不允许，派员在场旁听就更不允许了。而且2012年新刑诉法删除了之前的"律师会见在押的犯罪嫌疑人，侦查机关根据案件情况和需要可以派员在场"的规定，也可以通过历史解释的方法解释出来。但法律或有关规范不直接明确规定，有的办案单位就狡辩，称法律只禁止监听，未禁止在场，派员在场不违法，因此明确规定是有价值的。二是规定了"在律师会见室不足的情况下，看守所经辩护律师书面同意，可以安排在讯问室会见，但应当关闭录音、监听设备"。律师会见室不足是经常发生的事，看守所告诉律师可以到办案人员提审讯问犯罪嫌疑人、被告人的讯问室会见，但那里是有录音监听设备的，用不用这个设备你说了算，而是否关闭录音、监听设备，他们说了算。所以许多律师对审讯室会见顾虑重重。现在好了，有明确规范了，关闭录音、监听设备是其法定义务，律师会见就放心多了。

　　在律师与犯罪嫌疑人会见时，办案机关包括侦查机关不可以再派员在场，也不可以通过技术手段监听会见时双方的谈话内容。其规范宗旨是保障辩护律师与犯罪嫌疑人、被告人会见的秘密性，有利于律师与当事人之间建立相互信任关系，也有利于排除外来因素对律师会见的干扰。

　　有的律师称，现在律师会见室大多还安装有监控设备，违反刑事诉讼法关于"律师会见不被监听"的规定。其实也是误读误解，那只是监视设备，没有录音、监听装置，也就是说，只有图像没有声音。法律只是规定会见不被监听，未规定不被监视，你很难说人家违法。

　　当然，我认为《规定》还有空子可钻，只规定"办案机关不得派员在场"还不够，例如侦查机关是办案机关，人家不派员在场，而看守所本身只是看守机关而不是办案机关，其派员在场不违反规定，看守所常借口保障安全，要求有警员在场，经常为此与律师发生争执。我认为，不如直接规定，"不得派员在场"即可。

2015年9月22日　中国网·观点中国·刘昌松专栏

被害人

|应允许其侦查阶段委托律师代理|

若不允许被害方委托代理律师参与到侦查阶段的有关环节，会被认为程序不公，而我们的程序法却根本未允许被害人在侦查阶段聘请代理律师参与诉讼，没有要求侦查机关接受这样的程序约束。

公众或许不知，依现行法律的规定，雷洋家属在侦查阶段根本无权聘请律师为其提供诉讼代理服务，现北京检察机关愿意让陈有西律师代理雷洋家属参与诉讼、交换意见，纯粹是"法外开恩"；背景因素是雷洋案全国瞩目，换成一般案件，检察机关完全有权拒绝陈有西律师的任何"非法代理"活动。这绝不是危言耸听。

《刑事诉讼法》明确规定，公诉案件的被害人及其法定代理人（被害人为行为能力欠缺的人时）或者近亲属（被害人死亡时），自案件移送审查起诉之日起，有权委托诉讼代理人（第44条）。所谓移送审查起诉之日，是指案件侦查终结，所有的证据已经固定在卷，侦查机关认为嫌疑人的犯罪事实清楚，证据确实充分，并制作《起诉意见书》，连同全部案卷材料，移送检察院的公诉部门（检察院自行侦查的渎职案件也是指由本院侦查部门移送本院的公诉部门）的日期。换句话说，移送审查起诉之日是侦查阶段的终点，也是检察阶段（审查起诉阶段）的起点。

也就是说，依《刑事诉讼法》第44条的规定，被害人的近亲属只有在侦查终结后的审查起诉阶段才能聘请代理律师参与到刑事诉讼中来，在侦查阶段根本无权聘请律师代理。而雷洋死亡事件5月7日发生，到6月1日才刑事立案，直到现在也尚处于侦查阶段，因此，雷洋家属依法根本无权聘请律师进行诉讼代理，办案检察机关若要拒绝陈有西律师以代理人的身份对案件做出任何介入行为，都是于法有据的。

现办案检察机关愿意让陈有西律师代理雷洋家属参与诉讼，并于6月8日、6月26日、6月30日等多次主动约请陈有西律师到检察院交换意见，纯粹是"法外开恩"，而不是依法应有的程序。倒不是因为陈有西律师是著名律师，社会影响大，办案机关不敢得罪他，而是因为雷洋案是全国瞩目的重大公共事件，检察机关拒绝听取雷洋家属所聘请律师的意见，会被认为程序严重不公，引起舆论的巨大反弹。就连嫌疑人的辩护律师也绝不会以陈有西律师的这种代理"违法"为由要求检察院拒绝，否则，唾沫即可将其淹死。也就是说，在如此重大公共事件的状态下，换成其他普通律师代理雷洋案件，办案机关也会这样做，正如陈有西律师自己所言，不是全国数亿人的关注，雷洋案件进展不到今天这个样子。

总之，陈有西律师所在律所和他本人在侦查阶段接受委托，为雷洋家属提供诉讼代理服务，完全没有法律依据，甚至可以说是"非法"代理，这样说虽然让人感到有些危言耸听，却是事实。

这里有个悖论，若不允许被害方委托代理律师参与到侦查阶段的有关环节，会被认为程序不公，而刑事诉讼法却根本未允许被害人在侦查阶段聘请代理律师参与诉讼，没有要求侦查机关接受这样的程序约束。唯一合理的解释是，法律本身可能存在缺陷，现行法完全漠视了被害人一方希望有律师帮助，公正参与整个诉讼程序包括侦查程序的权利期待。为什么会有这样的制度不足呢？原因可能不少，但立法者的观念应是重要原因。立法者可能认为，公检机关代表国家同时也代表被害人一方追诉犯罪，查获犯罪嫌疑人，收集充分证据，有强大的国家机器作后盾，还要你被害人掺和到侦查阶段来做什么。然而追诉机关追诉不力，不能代表被害人一方利益的情形也是常有的现象，应当正视这种现实！

由于刑事诉讼法本身有这样的不足，换成一般案件，公检机关在侦查阶段不理睬被害人律师的情形，可以说比比皆是。去年我也有一次在侦查阶段"非法"代理被害人的经历。我"代理"一起强奸案件的被害人到公安机关进行交涉，要求公安机关将嫌疑犯羁押起来，否则被害人一家时刻处于提心吊胆之中。因为嫌疑人曾扬言，若被害人的丈夫知道了强奸一事将加害其孩子，案发后嫌疑人被公安机关拘留了6天就放了，据说其亲戚在司法机关有些势力。被害人到公安机关和检察机关说什么也不听，才请我们律师来帮助说理。公安机关根本不看我们的律师手续，不听律师任何意见，反而指责律师，"你有什么权利代理被害人参与侦查阶段的诉讼""你的法律依据是什么"。老实说，我拿不出"尚方宝剑"来回应。我带着被害人到检察院去，也是同样的状况。律师还能说什么呢，只得无奈地无功而返。最后的结局是谁都不愿看到的，被害人的丈夫将强奸疑犯杀害了，这起因强奸案处理不公而引发的杀人案到现在还没有结案（《京华时报》数次对此案作了报道）。

实践中我也遇到不少侦查机关乐于接受律师对被害人提供帮助的手续，听取律师的意见，有的侦查机关被被害人缠得受不了了，还主动要求被害人请律师介入，各种情形都有。不同侦查机关的不同做法，影响了国家法制的统一，增加了社会的相对不公。如今犯罪嫌疑人的辩护律师提前到侦查阶段介入已实践了好些年，让被害方代理律师提前到侦查阶段介入的立法是时候了。

在侦查机关漠视被害方利益的情形下，被害人及其家属在侦查阶段又无权聘请律师为其提供代理服务，被害人一方的力量真是太弱了。我非常理解，在这种情形下有些被害方就采取上网发帖或过激上访等把事态闹大的方式，将案件变成社会强烈关注的公共事件，那样，被害方的力量就会强大起来，原来看不到的监控资料也能看到了，原来未被羁押的人也被羁押了，原来聘请的律师不能参加的也能参加了，甚至被办案机关主动邀请参加，以稳定被害方和公众的情绪。

雷洋案成为全国重大公共事件后，雷洋家属的许多事情都好办多了。但严格说来，陈有西律师接受委托，参加前期工作，包括帮雷洋家属收集和整理相关证据，代其拟定刑事控告书等，至多算为雷洋家属提供法律顾问和法律咨询服务（这在法律上是有依据的，属于律师服务范围），但还谈不上律师刑事代理。一是因为当时并未刑事立案，二是律师也未同司法机关打交道。而法律意义的律师诉讼代理，一定涉及第三方，即律师代理被代理人同司法机关等第三方打交道，充分发表律师代理意见。

重大公共事件对法治的推动作用是巨大的，雷洋案的许多做法，对现行法定程序都有重大突破，我认为，其中最大的突破是让被害人一方聘请律师从事侦查阶段的诉讼代理服务。如前所述，这在程序上虽然"违法"，但更加公正，是对法律缺陷的弥补，我为办案机关的这一行为点赞，并期待将来刑诉法修订时能够完善这一点，更期待在整个刑事诉讼中都加强对被害人权益的保护，让被害人有更充分的程序参与。

此外，《刑事诉讼法》只要求尸检时"通知死者家属到场"，而雷洋案中，办案机关还允许雷洋家属聘请的更懂法律程序的律师和更懂法医专业知识的专家到场，增强了"死者家属到场"的有效性，比现行法律更公正，也期待将来能够写进立法之中。再者，现在涉案警察邢某某的辩护律师提出，只知道雷洋死亡原因为"胃内容物吸入呼吸道致窒息死亡"的结论性鉴定意见，而不知道鉴定意见的具体内容，无从提起重新鉴定或补充鉴定，意见比较中肯，期待办案机关采纳，也期待以后的立法能有相应完善。

2016 年 7 月 2 日新浪网·新浪评论

老 赖

| 限制坐高铁还不算狠招 |

再次向"老赖"亮剑，明确拒不执行法院判决的"老赖"将被限制乘坐高铁出行。这意味着，今后对"老赖"的限制将从打高尔夫球、旅游度假等高消费，向普通消费拓展。

近日，为破解"执行难"，最高人民法院发布两个相关司法解释，包括《关于修改〈最高人民法院关于限制被执行人高消费的若干规定〉的决定》和《关于审理拒不执行判决、裁定刑事案件适用法律若干问题的解释》，再次向"老赖"亮剑，明确拒不执行法院判决的"老赖"将被限制乘坐高铁出行。这意味着，今后对"老赖"的限制将从打高尔夫球、旅游度假等高消费，向普通消费拓展。

首先应明确，"老赖"并不是一个法律术语，而是一个生活用语，是指有履行能力，就是要想方设法不履行生效法律文书确定义务的当事人。它同法院"执行难"是一个对子，正是因为有"老赖"的存在，执行工作才变得非常艰难。

当事人如果确实已经破产，只能勉强维持生计，无力履行生效裁判所确定的义务，这当然不是"老赖"，法院的执行工作虽陷入僵局，但也不是"执行难"，而是"执行不能"。若当事人确实连生计都无法维持，法院不仅不能掏空人家坛子里仅有的那点米，因为法院强制执行有一条原则，必须保留被执行人及其所扶养人的生活必需品和必要的生活费用，相反还应建议民政部门对其进行救济，包括为其办理低保。

人们恨之入骨的"老赖"，一方面拒不履行对他人的法律债务，另一方面还经常出入高档消费场所，坐飞机特等舱、打高尔夫球、出国旅游等，可法院去执行，他的银行账户是空的，他住的房子是租来的，一副一穷二白的样子。咋会这样呢？因为他已经想方设法转移财产了。这是真正的"老赖"。

要知道，过去多年来，法院对这种"老赖"没有任何措施，"欠债的是大爷，要债的是孙子"，这种不正常的角色关系，法律长期无所作为。直到2010年，最高人民法院才出台了《关于限制被执行人高消费的若干规定》，明确人民法院可以对被执行人发出限制高消费令，限制其九个方面的高消费行为：①乘坐交通工具时，选择飞机、列车软卧、轮船二等以上舱位；②在星级以上宾馆、酒店、夜总会、高尔夫球场等场所进行高消费；③购买不动产或者新建、扩建、高档装修房屋；④租赁高档写字楼、宾馆、公寓等场所办公；⑤购买非经营必需车辆；⑥旅游、度假；⑦子女就读高收费私立学校；⑧支付高额保费购买保险理财产品；⑨其他非生活和工作必需的高消费行为（第3条）。但这次规范的还只是高消费，对高消费以外的其他消费的限制还没有。

此次最高人民法院修改上述《规定》，对于拒不履行生效法律文书确定义务的被执行人，明确"人民法院可以采取限制消费措施，限制其高消费及非生活或者经营必需的有关消费"，显然限制范围不限于高消费了，还包括"不是生活或经营必需的有关消费"，《规定》的文件名也相应地变为了《关于限制被执行人高消费及有关消费的若干规定》。

"不是生活或经营必需的有关消费"，看似限制的范围广泛，但仔细比较修改前后即发现，原《规定》第3条所明确列举的九种明确禁止的事项，新规定只是将原第九项概括规定之不得进行"其他非生活和工作必需的高消费行为"改为不得"乘坐G字头动车组列车全部座位、其他动车组列车一等以上座位等其他非生活和工作必需的消费行为"而已，像乘火车不得坐硬卧的限制都不在其列。

我个人认为，我国法院的执行工作对"老赖"依然表现得过于仁慈。欠别人的财产尚未归还，就应该拿自己的全部财产先行还债，过最简单的粗茶淡饭生活，只要维持其生计已足，因而法院的限制措施还可以严很多，例如火车出行方面只能买硬座或无座，而不是只限制火车软卧，G打头的动车组和其他动车组列车一等以上座位，还应包括硬卧和 D 打头的全部动车组；关于住房，被执行人不仅不得购买不动产或者新建、扩建、高档装修房屋，而且，哪怕只有一处住房也必须用来还债，自己到外面租房子住；穿的方面应不得穿高档名贵衣服（这方面完全没有限制）；占有使用车辆方面，不仅不得购买非经营必需车辆，而且经营性车辆也应在限制之列（你有购买经营性车辆的巨额款项，应先还债）。

值得注意的是，此次最高人民法院还制定了《关于审理拒不执行判决、裁定刑事案件适用法律若干问题的解释》，这是惩治"老赖"的法宝。该司法解释出台前，司法机关以刑法规定的拒不执行判决裁定罪判处了一些"老赖"，拿 2014 年 11 月以来，最高人民法院、最高人民检察院、公安部联合开展集中打击拒不执行法院判决、裁定等犯罪行为专项行动为例，这次行为即有 864 人因拒不执行判决、裁定被判刑（这在拒绝执行案件中只占很小比例）。而这次司法解释加大了力度，增加了报案后公检机关不管的案件，申请执行人可以提起刑事自诉。

改革确实得一步步来，但也不能小脚媳妇走路，步子过于迈不开，对于"老赖"下手应该狠一些。对"老赖"的仁慈，就是对债权人的残忍！

2015 年 7 月 23 日 中国网·观点中国·刘昌松专栏

职业打假人

┃立法消灭该群体谁高兴┃

> 旨在消灭职业打假人的立法若获得通过，将是不良商家的胜利，是广大消费者的失败，《消费者权益保护法》（以下简称"消法"）会因此沦为"消费者权益不保护法"。

近年来，在消费者维权意识觉醒之下，越来越多的职业打假人开始出现，仅深圳记录在案的职业打假人就有 1000 多人，有媒体报道实际可能上万人。但另一方面，商户们也频频联合"维权"，一些监管部门也纷纷站出来指责职业打假人的行为"占用大量行政、司法资源"，"滋扰了行政机关的正常工作秩序"。尤其是从原国家工商总局起草的消法实施条例草案到深圳人大常委会的相关立法草案，都在试图将该类以谋利为目的的打假与市民日常生活中遭遇假货维权予以区分，职业打假人这一行业或将面临萎缩。（11 月 20 日《南方都市报》）

"如果这样的立法条款获得通过，职业打假人行业或将面临萎缩！"这一命题绝不是危言耸听，而将是如此立法的必然结局。

我们先来看看媒体提到的这两项立法。

原国家工商总局 2016 年 8 月份公布的《消费者权益保护法实施条例（征求意见稿）》中有一条规定："消费者为生活消费需要而购买、使用商品或者接受服务的，其权益受本条例保护。但是金融消费者以外的自然人、法人和其他组织以营利为目的而购买使用商品或者接受服务的行为不适用本条例。"
该意见稿一公布，即在社会上引起了巨大的争议。

该意见稿明确，金融消费者无论是出于营利还是非营利目的而购买使用
金融产品或者接受金融服务，都适用消法进行保护，是值得肯定的。因为购
买股票、基金、保险等金融产品或接受担保、融资等金融服务中，欺诈现象
十分严重，社会危害性极大，鼓励营利性打假公司出现很有必要。但金融消
费毕竟只是众多消费中的一种，金融以外的消费又何尝不是处处充满了消费
陷阱呢？而王海等职业打假人基本上不是金融打假人（专业性实在太强，而
且难以介入其中），都是冲着"营利"的目的而去，该条立法条款若获得通
过，除非这些职业打假人都转行为"金融打假人"，不然岂不就是要将他们置
之死地而后快？

要知道，消法实施条例虽为原国家工商总局起草，但其制定主体为国务
院，若经国务院常务会议或全体会议通过，即属于国家行政法规，其立法规
格并不低，行政法规的强制性规定，能成为《合同法》中认定消费合同无效
的法律依据。有人可能说，"除了用于生产经营，都是消费者"，或者"营利
是预期收入，职业打假是不预期收入，职业打假不是营利行为"。若立法者真
这样看待，上述条款根本没必要产生———说是不能认定的届时都会被认定，
"王海"们的命运岌岌可危。

深圳市人大常委会法工委组织起草的《深圳经济特区食品安全监督条例
（草案修改一稿征求意见稿）》，2016年10月份公开向社会征求意见。意见
稿明确："食品安全监督主管部门、消费者协会受理关于食品安全问题投诉
时，发现投诉人存在超出合理消费或者以索取赔偿、奖励作为主要收入来源
的，应当终止调查，并对投诉人进行规劝。"

在这里，通过立法消灭职业打假人的意图更为明显。我们知道，食品中
假冒伪劣产品最多，对公民的生命健康威胁最大，法律规定的惩罚性赔偿也
最高，一般的假货为"假一赔三"，而食品类假货为"假一赔十"，很多职业
打假人便将目光瞄准了食品打假。可是，食品假货离不开消协组织和食品安
全监管部门的调查和认定，而职业打假人一般将主要精力放在了打假上，打
假收入是其主要生活来源，监管部门和消协一旦查明此情，即终止调查，食
品打假便寸步难行。这项立法若获得通过，深圳数以千计的职业打假人的命
运可想而知。

一言以蔽之，立法上刻意用"营利性目的"限制消费维权，我的理解就是，如此立法的目的就是要"消灭职业打假人"。而立法消灭了职业打假人，谁最高兴呢？首先当然是造假售假者，其次是被职业打假人倒逼执法、屡吃行政官司的监管者们。

普通消费者肯定是高兴不起来的。试想，买到50元钱的假货奶粉，除了要有识别假货的能力外，还得去鉴定去投诉，需要花费数百元甚至数千元的成本，搭上诸多时间和精力，最后投诉成功也仅能获得10倍即500元的赔偿，明显是得不偿失的"买卖"。这是绝大多数消费者选择隐忍的主要原因，也是制假售假者放肆作为、获取暴利的机制因素。而职业打假人之所以有民意基础，是因为他们有较高的识假能力和维权经验，以量取胜是他们的法宝，例如王海打假团队"双11"期间购假索赔额即达到了1000万余元，还追求3倍或10倍的赔偿，这样的职业打假人多了，确实会让不良商家心惊胆战，既替广大消费者出了一口恶气，也让恶商有所收敛，消费者普遍受益。因此，针对职业打假人，对其恨之入骨的恶商们也会"联合维权"，他们财大气粗，能通过多种方式影响国家和地方立法，以保护他们的"权益"。

我的结论是，上述立法若获得通过，将是不良商家的胜利，是广大消费者的失败，消法会因此沦为"消费者权益不保护法"。在代表全国人民意志的消法本身没有用"营利性目的"来限制消费维权的情形下，行政立法和地方立法确实应三思而后行，不要当不良商人的代言人。

2016年11月21日《南方都市报》·刘昌松专栏

不批捕

| 这个决定体现法治精神 |

长期以来我国的逮捕措施适用得过于普遍，刑事案件的嫌疑人一般予先拘留后逮捕，不逮捕是例外，现在这种情况改观不少，但离"少捕、慎捕""能不捕不捕"的要求差得很远。

傅某某驾驶无号牌普通正三轮摩托车在浙江青田县油竹街道与横穿马路的被害人郑某某发生碰撞，致被害人郑某某当场死亡。当地交警部门认定傅某某负事故主要责任。傅某某被刑事拘留并被提请检察院批捕，因傅某某真诚悔罪，虽家境十分困难也愿意赔偿，死者4位在国外生活的子女均表示不要求赔偿，并请求尽快释放傅某某，青田检察院日前对傅某某作出了不批捕决定，傅某某释放后还参与了被害人的葬礼。（8月5日澎湃新闻）

这是一个感人的司法故事，虽给人以"撞了白撞"的观感，但体现了刑事程序参与原则、严格控制逮捕适用的司法理念和刑事和解制度的精神，被害方的行为十分难得，检察机关的办案作风也值得称赞。

其一，该批捕案的办理体现了刑事程序参与原则的法治要求。现代司法理念认为，司法决定不应是司法人员单方作出，而应是在当事人和其他诉讼参与人的参加下共同形成。过去认为该原则主要体现在审判过程中，正如司法改革文件所要求的，"诉讼证据质证在法庭、案件事实查明在法庭、诉辩意见发表在法庭、裁判理由形成在法庭"；现在认为应体现在诉讼的全过程，包括检察机关的批捕环节。这是诉讼程序民主化、法治化的进步。

本案青田检察院在办理批捕的过程中，充分听取嫌疑人的意见，了解了傅某某认罪认罚，愿意赔偿的态度，也了解了其家庭是低保户，家里还有一个智障的哥哥需要其扶养的客观情况。接着，检察机关又向被害人的4名子女通报嫌疑人情况，认真听取被害方的真实意思，这就在双方当事人之间架起了沟通的桥梁，最后让人感到"不批捕决定"是多方共同作用的结果，当事人会有良好的程序参与感和获得尊重感。

其二，该案的不批捕决定严格遵循了少捕、慎捕，最大限度保障人权的司法理念。逮捕虽是判决前的一种刑事强制措施，而不是判决后的刑事惩罚，但其在限制人身自由上与"徒刑"具有同质性。因此，采取逮捕措施也应体现刑事谦抑原则，在"不得已"时才适用，以减少其给人权带来的潜在威胁，取得最佳的法律效益和社会效益。

其实，刑事诉讼法规定的逮捕条件，即体现了"不得已"才适用的保障人权精神，它要求犯罪嫌疑人同时具备三个条件，缺一不可：一是有证据证明有犯罪事实；二是可能判处徒刑以上刑罚；三是采取取保候审、监视居住等方法，尚不足以防止发生社会危险性，有逮捕的必要。

本案中傅某某违反交通管理法规，造成事故致一人死亡并承担主要责任，符合了逮捕的第一个条件；犯交通肇事罪，一般情形可处3年以下有期徒刑或者拘役，符合了逮捕的第二个条件；但本案为过失犯罪，嫌疑人无前科，认罪悔罪强烈，被害人方不仅表示谅解，甚至出具了"不追究刑事责任申请书"，说明对其采取取保候审等非羁押措施，足以防止发生社会危险性，无逮捕必要，不符合第三个条件。因此，不批捕完全符合刑事诉讼法的规定。

其三，该案的不批捕决定也体现了刑事和解制度的精神。所谓刑事和解，是指在刑诉过程中，被害人与犯罪嫌疑人、被告人双方直接沟通协商，达成民事赔偿和解协议后，司法机关根据案件的具体情况对犯罪嫌疑人、被告人不再追究刑事责任或从轻减轻刑事责任的诉讼活动。

《刑事诉讼法》对此有专门规定。按照规定，因民间纠纷引起，涉嫌侵犯人身权利、民主权利、财产犯罪，可能判处3年有期徒刑以下刑罚的故意犯罪案件，以及除渎职犯罪以外的可能判处7年有期徒刑以下刑罚的过失犯罪案件，纳入公诉案件适用和解程序的范围。对于当事人之间达成和解协议的案件，公检法机关可以依法从宽处理。

本案属于"除渎职犯罪以外的可能判处 7 年有期徒刑以下刑罚的过失犯罪案件"之刑事和解的适用范围；青田检察机关分别征询了被害方和嫌疑方的意见，虽未签署"和解协议"，但"双方意思表示一致"的协议本质还是具备的。因此，本案相当于达成当事人和解，据此从轻发落，于法有据。尽管"不批捕"还不是处罚上的从轻或减轻，但为将来审判时检察机关"建议定罪免刑或建议轻刑并适用缓刑"，打下了良好基础。

毋庸讳言，长期以来我国的逮捕措施适用得过于普遍，刑事案件的嫌疑人一般予先拘留后逮捕，不逮捕是例外，现在这种情况改观不少，但离"少捕、慎捕""能不捕不捕"的要求差得很远。因此，青田检察院通过本案所体现出的从严审查批捕、积极保障人权的理念，特别值得赞赏。

当然，本案也有值得商榷之处，窃以为，青田检察院不妨促使双方当事人直接达成"和解协议"，在此基础上再作出"不批捕决定"，或许更完美。

2017 年 8 月 7 日《南方都市报》·刘昌松专栏

玉米案之一

| 再审意义重大 |

　　本案引起公众乃至最高人民法院关注的原因在于，它反映了一些地方的司法机关对刑法中非法经营罪的理解与适用存在严重问题，已被扩张滥用到相当程度，必须坚决遏制该势头。

　　内蒙古农民王力军因没有粮食经营许可证和工商营业执照收购玉米，被巴彦淖尔市临河区法院以非法经营罪判处有期徒刑 1 年，缓刑 2 年，并处罚金人民币两万元，追缴非法获利 6000 元。该案经媒体报道后，引起广泛关注。近日，最高人民法院依法指令巴彦淖尔市中级人民法院再审此案。

　　本案引起公众乃至最高人民法院关注的原因在于，它反映了一些地方的司法机关对刑法中非法经营罪的理解与适用存在严重问题，已被扩张滥用到相当程度，必须坚决遏制该势头。

　　所谓非法经营罪，是指违反国家规定，故意从事非法经营活动，扰乱市场秩序，情节严重的行为。该罪规定在《刑法》的第 225 条。由于条文中"违反国家规定非法经营"之表述过于宽泛，刑法便明确列举了四种情形之一可成立该罪，分别是：未经许可经营法律、行政法规规定的专营、专卖物品或者其他限制买卖的物品的；买卖进出口许可证、进出口原产地证明以及其他法律、行政法规规定的经营许可证或者批准文件的；未经国家有关主管部门批准非法经营证券、期货、保险业务的，或者非法从事资金支付结算业务

的；其他严重扰乱市场秩序的非法经营行为。

司法实践中，非法经营罪的前三种情形尚未出现理解歧义，而第四种"其他严重扰乱市场秩序的非法经营行为"的规定给"自由裁量"留出了很大空间，致使大量与经营有关的案件都被适用该条款定罪，本案也是如此。

刑法"罪刑法定"原则内涵的法律精神，即刑法规范必须具有明确性，以防止罪刑擅断，随意入罪。据此，对《刑法》第 225 条第 4 项绝不能随意解释和适用。最高人民法院在谈到指令本案再审的理由时明确指出，《刑法》第 225 条第 4 项是在前 3 项明确列举的基础上所规定的一个"兜底性条款"，在司法实践中适用应特别慎重。"相关行为需有法律、司法解释的明确规定"，才能作为犯罪来处理。这就是说，必须有法律、司法解释的明确规定，才能适用该"兜底条款"。

为了指导各级法院正确适用《刑法》第 225 条第 4 项，自新刑法实施以来，先后有十几个司法解释将非法经营外汇、证券、期货、保险、出版、电信、传销、医药、饲料等情节严重的行为，被解释到非法经营罪中予以适用 [2009 年《刑法修正案（七）》将组织、领导传销活动罪单独成罪]。显然，没有解释到本罪之中的行为，不得适用该条款定罪处刑。因此，最高人民法院通过官方微博借解释本案指令再审之际，明确阐述这一权威观点，非常有必要。

在指令再审理由中，最高人民法院充分肯定了王力军收购玉米行为的社会有益性，称其"从粮农处收购玉米卖予粮库，在粮农与粮库之间起了桥梁纽带作用，没有破坏粮食流通的主渠道，没有严重扰乱市场秩序"。可见，最高人民法院指令再审本案，在遏制非法经营罪被滥用上，有可能成为一个标杆性案件。

2017 年 1 月 4 日《光明日报》·光明时评

玉米案之二

I 改判无罪树标杆 I

　　刑法中的"其他行为"不是任何法院都能随意解释的，必须有法律至少是司法解释的明确规定，才能适用该兜底条款判罪。

　　2 月 17 日上午，内蒙古自治区巴彦淖尔市中级人民法院对最高人民法院指令再审的王力军非法经营案公开宣判，依法撤销原审判决，改判王力军无罪。王力军收购玉米一案从一审判罪、舆论强烈关注，到国家粮食收购政策悄然变化、最高人民法院指令再审，再到再审改判无罪，创造了多个第一。归纳一下，该案至少有以下几点标杆意义。

　　其一，此案开了最高人民法院对基层法院生效判决提起审判监督程序的先河。理论上讲，最高人民法院绕开中、高两级法院，直接对基层法院的生效判决提起审判监督程序，并无法律障碍。我国 1979 年《刑事诉讼法》、1996 年修订版、2012 年修订版都一致规定，最高人民法院对各级法院已经发生法律效力的判决和裁定，如果发现确有错误，有权提审或者指令下级法院再审。只是最高法院毕竟只有一个，这种审判监督多止于对省级高级法院之错误裁判的监督。本案算是一举激活了最高人民法院对基层法院提起审判监督程序的制度。

　　其二，此案是在没有申诉的情形下，最高人民法院主动启动再审纠错程序的。本案一审判决后，因判处的是缓刑，加之考虑到经济原因等，王力军并没有上诉，一审判决随即生效，此后也没有申诉。最高人民法院从媒体报道中获得线索，主动调卷审查并作出再审决定，这在司法实践中是罕见的。我们知道，刑事申诉难，有的当事人甚至申诉十几年也难以启动再审，而本案为无申诉再审，体现了最高法院的担当和高度社会责任感。

其三，此案对刑事审判中如何适用刑法在个罪中规定的兜底条款判罪，具有重大指导意义。最高人民法院在指令本案再审的理由中明确指出，《刑法》第 225 条第 4 项"其他严重扰乱市场秩序的非法经营行为"，是在前 3 项明确列举的基础上所规定的一个兜底性条款，在司法实践中适用应特别慎重，相关行为需要与前 3 项有相当的社会危害性，且须有法律、司法解释的明确规定，才能作为犯罪来处理。这就是说，刑法中的"其他行为"不是任何法院都能随意解释的，必须有法律至少是司法解释的明确规定，才能适用该兜底条款判罪。这不仅有助于遏制非法经营罪成为一个什么都装的"口袋罪"，也对刑法中另有的十几处这种罪状规范如何适用，提供了有力的指导。

除司法意义之外，此案改判无罪，也让"王力军"们吃了一颗定心丸。我国是农业大国，农户分散的粮食生产与国家粮库的集中收购之间，需要大量像王力军这样的"粮食贩子"架起桥梁。再审改判王力军无罪，让他们悬着的心落了地。我们也欣喜地注意到，因为舆论对该案的广泛关注，国家粮食收购政策在指令再审前夕悄然调整——原国家粮食局商请原国家工商行政管理总局同意，2016 年 9 月修订的《粮食收购资格审核管理办法》已经明确，"农民、粮食经纪人、农贸市场粮食交易者等从事粮食收购活动，无须办理粮食收购资格"。

一起基层法院判处当事人 1 年刑罚且为缓刑之小案的纠错，却带来了如此巨大的社会意义，推动了社会进步，这在我国法治实践中也是不多见的。

【补注】最高人民法院在指导性案例《王力军非法经营再审改判无罪案》中指出，对于《刑法》第 225 条第 4 项兜底条款的适用，应当根据相关行为与前 3 项规定的非法经营行为相当的社会危害性、刑事违法性和刑事处罚必要性进行判断。对于虽然违反行政管理有关规定，但尚未严重扰乱市场秩序的经营行为，不应当认定为非法经营罪。

2017 年 2 月 20 日《光明日报》·光明时评

玉米案之三

｜该案凸显法规政策滞后｜

王力军案改判无罪，刑事责任是不追究了，若按《条例》给予行政处罚，则要没收王力军收购的价值 21 万元之玉米（可是他的利润才 6000 元）；若对他顶格处罚则要罚款 105 万元，可能导致他几辈子都翻不了身。

昨天上午，内蒙古农民王力军收购玉米获罪案再审宣判，巴彦淖尔市中级人民法院依法撤销原审判决，改判王力军无罪。法院在宣判后向王力军立即送达了再审判决书，并就判决生效后有权提出国家赔偿申请等问题向其作了解释说明。

其实，再审改判王力军无罪是没有悬念的。最高人民法院在指令再审决定中已明确"王力军的行为不具有刑事处罚的必要性"，只差直接宣告"王力军无罪"了。再审开庭审理中，控辩双方将最高人民法院指令再审的理由直接翻译为再审程序中的法庭语言，都建议改判王力军无罪。因此，再审法院作出"检察机关、王力军及其辩护人提出王力军的行为不构成犯罪的意见成立，予以采纳"并宣告"王力军无罪"，完全是水到渠成之事。

但是，我注意到再审的庭审中，双方就王力军的行为是否具有行政违法性展开了激烈的辩论，甚至形成了焦点。按理这是不应该的，因为刑事再审的核心是审理原判定罪处刑是否确有错误，行政是否违法不影响改判无罪。我真担心，这是为下一步改判无罪后提出"由主管部门给予行政处罚"的司法建议埋下伏笔。还好，昨天的宣判打消了我的这一顾虑，但是顾虑本身并非无中生有。

我们先来看看2015年4月原审判决阐述的理由和裁判结果。原审判决认为，王力军违反国家法律、行政法规规定，未经粮食主管部门许可及工商行政管理机关核准登记颁发营业执照，非法收购玉米，非法经营数额达21万余元，数额较大，其行为已经构成非法经营罪。鉴于王力军案发后有自首情节和悔罪表现，原审法院最终判处了王力军有期徒刑1年缓刑2年，并处罚金人民币2万元，6000元违法所得予以追缴。由于只是缓刑，王力军不想再花钱打官司，没有上诉，判决生效。

若不是最高人民法院2016年12月指令再审，王力军最多只须承担上述判决结果。我研究发现，若改判无罪后司法建议主管部门给予行政处罚，其经济后果可能是王力军这样的农民根本无法承受之重。

再审中王力军的辩护律师称，2016年2月国务院修订了《粮食流通管理条例》（以下简称《条例》）第9条，将第1款中"取得粮食收购资格，并依照《中华人民共和国公司登记管理条例》等规定办理登记的经营者，方可从事粮食收购活动"，修改为"依照《中华人民共和国公司登记管理条例》等规定办理登记的经营者，取得粮食收购资格后，方可从事粮食收购活动"。该辩护律师据此认为，修订后的个人收购粮食已不再需要取得收购资格。其实，这是对条例修订的误读，从上述修订内容来看，新旧条例只是在先办粮食收购资格还是先办工商登记上作了调整，并无实质变化。倒是控方说得对，这次修订未对农民收购粮食放开，王力军的行为具有行政违法性。

真正从政策上放开农民收购粮食的规范，是2016年9月原国家粮食局商请原国家工商行政管理总局同意修改制定的《粮食收购资格审核管理办法》（以下简称《办法》），其明确了"农民、粮食经纪人、农贸市场粮食交易者等从事粮食收购活动，无需办理粮食收购资格"。但细想可知，该《办法》的规格较低，连部门规章都算不上，只能算作一般规范性文件（即通常所说的红头文件），且同国务院的上述《条例》明显抵触。万一农民收购粮食，某地粮食主管部门不适用《办法》，偏要适用《条例》进行处罚，也很难说有什么错。即使打起行政官司，农民也不能胜诉，因为法院审理行政案件以法律、行政法规和地方性法规为依据，参照规章；经审查认为一般规范性文件不合法的，不作为认定行政行为合法的依据，并向制定机关提出处理建议。

要命的是，《条例》对未经粮食行政管理部门许可擅自从事粮食收购活动的处罚非常重，由粮食主管部门"没收非法收购的粮食；情节严重的，并处非法收购粮食价值 1 倍以上 5 倍以下的罚款；构成犯罪的，依法追究刑事责任"。

王力军案改判无罪，刑事责任不存在了，若按《条例》给予行政处罚，则要没收王力军收购的价值 21 万元之玉米（可是他的利润才 6000 元）；若对他顶格处罚则要罚款 105 万元，可能导致他几辈子都翻不了身。行政责任居然比刑事责任还严厉很多，《条例》的滞后性和悖理性就凸显出来了。王力军若真遭此厄运，他可能会说，别改判无罪吧，受不起这种"高级关怀"。

总之，尽管最高人民法院在指令再审理由中，对王力军收购玉米行为的社会有益性给予了充分肯定，称其"从粮农处收购玉米卖予粮库，在粮农与粮库之间起了桥梁纽带作用"，尽管原国家粮食局《粮食收购资格审核管理办法》似从部门政策上已为王力军们收购粮食松绑，但依国务院的上述《条例》依然是行政违法。合理而不合法就这样明摆着，凸显了法规政策的滞后以及规范性文件之间相互打架的问题，亟待尽快清理和理顺。

【补注】王力军的辩护律师是位媒体人转行的知名律师，他代理本案虽为提供法援，但辩护工作非常认真，因而才产生了较好的庭审效果。我将本文链接分享给他，对于本文指出的《条例》对收购粮食需要资质并无变动，他的辩护观点值得商榷，听取他的意见，他表示认同（这就是大律师的风范）。

讨论中我们也谈到了，尽管依据《条例》收购玉米行为违法，但王力军受到行政处罚的可能性为零，因为该违法行为的主管机关为粮食局和工商局，而原国家粮食局商请原国家工商行政管理总局出台的《办法》已规定了不要资质，这对下级主管部门是有约束力的。

当然，就下位法《办法》同上位法《条例》的冲突，根据《立法法》的规定，国务院有权改变和撤销《办法》，但根据国家的总体形势，《条例》滞后，《办法》正确，国务院也不会干这种蠢事，只会在以后适当的时候再修订《条例》，现在就姑且这样吧。

至于法庭上为什么还要就此事进行激烈辩论并形成焦点，我认为控方实际上是在表明，当时刑事追诉并没错，只是最高院指令再审纠错只能纠错而已。

2017 年 2 月 18 日《南方都市报》·刘昌松专栏

劝阻吸烟案

|改判不担责凸显法律思维|

杨某对段某某在电梯内吸烟予以劝阻合法正当，是自觉维护社会公共秩序和公共利益的行为，一审判决杨某分担损失，让正当行使劝阻吸烟权利的公民承担补偿责任，将会挫伤公民依法维护社会公共利益的积极性，既是对社会公共利益的损害，也与民法的立法宗旨相悖，不利于促进社会文明，不利于引导公众共同创造良好的公共环境。二审改判杨某不担责，体现了法律思维。

早前，医生杨某因在小区电梯里劝一名老汉段某某不要抽烟，老人情绪激动心脏病发作离世引发了社会热议。老人家属田某某将杨某告上法院索赔40余万元，河南郑州金水区法院依公平原则判决杨某补偿田某某 15 000 元，田某某提起上诉。一审判决结果引起舆论一片哗然，网友表示将来遇到类似情形真不知该"劝不劝"。

近日，郑州中院作出终审判决，认定杨某劝阻吸烟行为与老人死亡结果之间并无法律上的因果关系，原审判决适用法律错误，依法予以撤销，改判驳回田某某的诉讼请求，即杨某不承担任何责任。

终审改判一经披露，社会各界对此结果表示认可，且此案的改判实现了办案法律效果和社会效果的统一。而该案二审改判对未来类似案件的处理，也具有很好的标杆意义。

办案的法律效果好，是指法院裁判要有充分的法律依据，在实体上和程序上都立得住、立得稳。笔者认为本案二审改判，不仅法律依据充分，而且表现出了较高的法律水准。

郑州中院的终审改判理由指出：原审适用《侵权责任法》第24条公平责任的规定，前提应是行为与损害结果之间有法律上的因果关系，而本案中杨某没有侵害段某某生命权的故意或过失，其劝阻段某某吸烟行为本身不会造成段某某死亡的结果。段某某自身患有心脏疾病，在未能控制自身情绪的情况下，心脏疾病发作不幸死亡。杨某劝阻吸烟行为与段某某死亡结果之间，虽在时间上前后相继，但没有法律上的因果关系，因此，原审判决适用法律错误。

本案终审判决难能可贵之处还在于，其正确区分了"法律上的因果关系"与"日常生活中所说的因果关系"。原审判决错判的原因，也正是将正当劝阻引起老人情绪激动，进而引起老人心脏病发作并死亡，认定有因果关系。殊不知，这只是一种日常生活思维而非法律思维。法律上认定因果关系不应如此简单，而应去粗取精、去伪存真，准确作出"正当劝阻行为是否会造成他人死亡"的司法判断。遗憾的是，像原审这样认定因果关系，在司法实践中还存在一定的普遍性。

办案的社会效果好，是指裁判不违背常识，符合社会大众的一般价值判断，能够正确引导人们的行为。本案在这一点上做得尤其好，避免了此前有的判决因错误适用法律有关举证责任分配的规则，导致社会大众对"扶不扶"产生了严重纠结。

本案当事人杨某一直认为，自己在这件事上没有任何过错，一审判决后他之所以没有上诉，是因为他对老人突然离世也很难过，且发自内心地想给家属一定补偿，但只是捐赠而不是赔偿。原审判决适用公平原则认定杨某没有过错，也判定他只是补偿而非赔偿责任，数目也只有15 000元，勉强说得过去。

但原审毕竟不是调解结案，不是确认杨某自愿捐赠15 000元，而是强行判决他承担这个数的补偿责任。现终审法院直接代表正义发声，改判驳回田某某的诉讼请求，亦即杨某对老人的死亡无须承担任何责任，等于司法对于杨某"不请而判"，力挺了杨某的正义之举。这也让公众对面对类似情形"劝不劝"的纠结得到彻底释然。

郑州中院终审改判理由明确指出，虽然杨某没有上诉，但一审判决适用法律错误，损害了社会公共利益。本案中杨某对段某某在电梯内吸烟予以劝阻合法正当，是自觉维护社会公共秩序和公共利益的行为，一审判决杨某分担损失，让正当行使劝阻吸烟权利的公民承担补偿责任，将会挫伤公民依法维护社会公共利益的积极性，既是对社会公共利益的损害，也与民法的立法宗旨相悖，不利于促进社会文明，不利于引导公众共同创造良好的公共环境。

去年，最高人民法院在当事人无申诉的情况下，主动指令内蒙古巴彦淖尔市中院再审王力军无证收购玉米案，撤销原判改判王某军无罪；今年伊始，又出现了河南郑州中院在当事人无上诉请求的情形下，终审改判"劝阻吸烟"者无责，这一刑一民两起改判，都远远超出了个案意义，期待这样的裁判今后能够再多一些。

2018 年 1 月 25 日《光明日报》·光明时评

送锦旗

|感谢监狱民警，岂止为减肥 30 斤|

这就是司法人员文明执法、人性化执法、强调人权保障执法之花在
嫌疑人和罪犯身上结出的良性改造之果。

多家媒体报道，浙江嘉兴一棋牌室老板娘因开设赌场，在警方集中抓赌
行动中被抓，后被法院判了 6 个月。该女子在狱中成功减肥 30 余斤，血压也
正常了。刑满出狱后，女子第一时间让人制作了一面锦旗，与感谢信一起送
到了抓她的派出所民警黄列彬手中，还转让了棋牌室，干起服装加工。

媒体报道或转载时，标题都大同小异，如《浙江一女子开赌场被抓　狱
中减肥 30 斤　出狱后给警察送锦旗》《女子开赌场服刑 6 个月　狱中减肥 30
斤　给民警送锦旗》《女子开设赌场　半年牢狱减肥 30 斤　出狱后送锦旗
网友：我也去!》等等。总之，报道的重心都在于"女子服刑 6 个月减肥 30
斤"，仿佛女子送锦旗只是感谢民警让她蹲了监狱，成功减肥几十斤。但读完
报道可知，这远远不是女子感谢民警的主要原因，至多是其中占比很小的一
个"副产品"。

女子感谢民警应包括这样几方面：

其一，女子感谢民警执法中体现了"人民警察为人民"的初心。锦旗正
中印着"敬业正直不忘初心"几个金色大字，警察的初心是什么？是全心全
意为人民服务。

"为人民服务"是个宏大愿景，当然这不是说公民犯罪后警察应网开一面，让其逃避法律惩处。如果那样做，就不是"为人民服务"，而是"对人民犯罪"，是渎职犯罪。本案中女子开设赌场，触犯刑律，该抓一定要抓；抓后也要政策攻心，收集确实充分的证据，使其受到应有的法律制裁，从而防止人民包括该女子再次遭受赌博的危害，这也是刑罚的目的。从报道可知，该女子被抓获后关押在看守所，一开始也是很不配合的，哭闹撒泼，拒不交代，可见其并不是真想到羁押场所去减肥。只能说，本案中的民警"政策攻心"做得很到位，能让人切实感到是"为人好"，而不是为制裁而制裁。

其二，女子也感谢民警执法中充分体现了"保障人权"的刑诉理念。我们知道，惩罚犯罪，保障人权，是刑事诉讼法的两项任务，缺一不可。但实践中往往前者贯彻有余，后者体现不足，集中表现为预审时一味地声色俱厉，吹胡瞪眼，对嫌疑人的人格尊重不够，诱供、骗供、指名问供较为普遍，甚至刑讯逼供，只为"拿下"口供证据，很少考虑最大限度地保障嫌疑人的合法权益。

本案中的黄列彬警官最为难能可贵之处正在于，他在努力完成办案任务的同时，能设身处地地为嫌疑人着想。例如，知道嫌疑人体检查出严重高血压，就联系狱医及时关心治疗；知道嫌疑人牵挂家人，就经常带去家人新信息；知道嫌疑人精神压力大，睡眠不好，就递过去纸笔，鼓励其多写日记，抒发压力。最后嫌疑人真诚认罪悔罪，也得到法律应有的从宽，仅判了半年徒刑。

其三，女子感谢民警的人性化执法让她心态和人生观都获得转变。服刑半年，减肥30余斤，血压也正常了，并换了正当职业，一名办案民警通过侦办和预审一起治安刑事案件，能够达到这样的效果，甚至延伸到狱中的改造，出狱后人生方向的调整，这不正是我们对大多数刑事案件要追求的最高境界吗？

该女子在感谢信中写道：你们一直关心我的健康，一路陪同，没有呵斥和拷打，满满的正能量，你们都为我这么努力，我凭什么意志消沉。这就是司法人员文明执法、人性化执法、强调人权保障执法之花在嫌疑人和罪犯身上结出的良性改造之果。该女子的心态和人生观一旦真正发生转变，身体健康的恢复便成了顺理成章的"副产品"；出狱后放弃"不断和警方玩猫捉老鼠游戏"的赌场另谋营生也是必然的结局。

其实，除了极少数罪大恶极、怙恶不悛，需要判处死刑或长期关押者外，绝大多数犯罪嫌疑人、被告人和罪犯，都是愿意且能够改造好的。让误入犯罪歧途的人迷途知返，不敢犯罪，远离犯罪，最大限度地减少再犯率，应是刑事司法努力追求的目标。这就需要我们的司法人员，都能像黄列彬警官那样"敬业正直不忘初心"，执法为民，司法为民。这才应是本案报道最值得关注的地方，"服刑减肥"可作为报道引起关注的一个"噱头"，但绝不应是"重心"。

2018 年 7 月 31 日《光明日报》·光明时评

黄海波

|对嫖娼者收容教育立法还有效吗|

> 对警察权限制人身自由进行严格约束，是世界法治国家的立法通例。严重限制公民人身自由的劳教教养，同较为严重限制人身自由的收容教育具有同质性，只是一百步与五十步的关系，前者因违宪已明确被废止，而后者同样违宪还没有明确废止，是否还具有适用的效力，似乎处于悬而未决的状态。

演员黄海波被收容教育 6 个月一事，最近引发了一场关于收容教育制度的大讨论。我认为，讨论中有几种错误认识是应该澄清的。

错误认识一：《立法法》规定，限制人身自由的处罚和措施应由法律规定，而收容教育制度由《全国人民代表大会常务委员会关于严禁卖淫嫖娼的决定》（以下简称《决定》）提出，由《国务院卖淫嫖娼人员收容教育办法》（已失效）（以下简称《办法》）确立，而《决定》不是法律。

《决定》虽然名称不是"××××法"，但《决定》是全国人大常委会依立法程序制定，并以第 51 号国家主席令公布。且《决定》中还有补充当时《刑法》的罪刑规范（后被新刑法吸收），而罪刑规范只能由法律设定是很明确的。因此，"收容教育"制度不是法律设定的观点，并不能成立。

错误认识二：收容教育是行政处罚，而《行政处罚法》对卖淫嫖娼只规定了罚款和拘留之处罚种类，对卖淫嫖娼者拘留后再收容教育属于法外施

"刑"，也违背"一事不再罚"的处罚原则。

而国务院根据《决定》所制定的《办法》明确指出："本办法所称收容教育，是指对卖淫、嫖娼人员集中进行法律教育和道德教育、组织参加生产劳动以及进行性病检查、治疗的行政强制教育措施。"

可见，行政法规明确了收容教育是一种行政措施，而不是行政处罚的性质。既然收容教育不是行政处罚，拘留后再收容教育，自然也不违反"一事不再罚"的处罚原则了。

错误认识三：收容教育制度已经不存在适用效力，或认为 2006 年《行政处罚法》实施后，收容教育不再具有适用效力，或认为 2013 年 12 月全国人大常委会作出废止劳动教养决定后，收容教育失去适用效力。

认为收容教育在 2006 年《行政处罚法》实施后不再具有适用效力的观点之错误，行政法规本身即给予了明确的回答。

2011 年《国务院关于废止和修改部分行政法规的决定》，对《办法》部分条款予以修正，并于 2011 年 1 月 8 日以国务院令第 588 号发布施行。修正后的《办法》规定，对卖淫、嫖娼人员，除依照《治安管理处罚法》第 66 条的规定处罚外，对尚不够实行劳动教养的，可以由公安机关决定收容教育。

而 2013 年 12 月底全国人大常委会作出《关于废止有关劳动教养法律规定的决定》只是明确"废止 1957 年 8 月 1 日第一届全国人民代表大会常务委员会第 78 次会议通过的《全国人民代表大会常务委员会批准国务院关于劳动教养问题的决定的决议》及《国务院关于劳动教养问题的决定》"以及"废止 1979 年 11 月 29 日第五届全国人民代表大会常务委员会第 12 次会议通过的《全国人民代表大会常务委员会批准国务院关于劳动教养的补充规定的决议》及《国务院关于劳动教养的补充规定》"，并未明确《关于严禁卖淫嫖娼的决定》和《卖淫嫖娼人员收容教育办法》所确立和细化的收容教育制度也一并废止。

虽然收容教育没有违反宪法性文件《立法法》，也未违反《行政处罚法》和《行政强制法》的相关规定，但这并不意味着也没有违反《宪法》。

《宪法》规定："任何公民，非经人民检察院批准或者决定或者人民法院决定，并由公安机关执行，不受逮捕。"

依该条规定，哪怕为打击刑事犯罪需要，对公民实施较长时间限制人身自由的逮捕之刑事强制措施，也必须由司法机关决定，而不能由作为行政部门的公安机关决定。

我国《刑事诉讼法》根据宪法相应规定，公安机关决定的限制人身自由的刑事拘留措施一般为 10 日，特殊情况下为 14 日，最长不超过 37 日；相应的期限届满，若没有法检机关的逮捕决定，公安机关就必须放人。

"劳教"与"收教"只是行政措施而非刑事措施，其最大的问题即在于，不经过司法审查，前者由公安机关主导的地市一级的劳教委即可决定最长限制公民 4 年的人身自由，后者完全由县一级公安机关即可决定最长限制公民 2 年的人身自由，严重违反宪法在公民基本权利中关于保护公民人身自由的相关规定。

在现代法治社会，执法性质的警察权直接对公民人身自由的限制，只能是紧急情况下的短期行为，以服务于行政效率的要求。

例如，在英国，警察对于被逮捕人的羁押期限一般不超过 24 小时，对于犯严重可捕之罪的人由警长决定，也只能关押 36 小时，再长即必须将犯罪嫌疑人带到治安法官面前，由中立的法官决定是否关押，此时应当有律师在场。

对警察权限制人身自由进行严格约束，是世界法治国家的立法通例。

严重限制公民人身自由的劳动教养，同较为严重限制人身自由的收容教育具有同质性，只是一百步与五十步的关系，前者因违宪之实质原因已明确被废止，而后者同样违宪还未明确废止，是否还具有适用的效力，似乎处于悬而未决的状态。

今年两会期间，有代表和委员分别递交了废止收容教育的议案和提案，至今还未听到回复之声；之后又有 108 名专家学者向全国人大常委会提出废止建议。6 月 7 日，40 余名法律专家学者再提废止建议。面对切切呼唤和汹汹民意，全国人大常委会没理由不出来回应。

此次黄海波通过法律手段讨要说法，无疑是一个重要的契机。

复议机关和受诉法院在复议或诉讼的过程中，对于收容教育的效力不甚明确的问题，更应层报国务院或最高人民法院，并由后者提请全国人大常委会，促使其出来明确该制度的适用效力，为该案或将来同类案件的正确处理奠定基础。

这可是体制内的机制，力度是公民建议无法比拟的。我想，这正是黄海波通过法律途径讨要说法的重大意义所在。

【补注】遗憾的是，黄海波诉北京公安撤销收容教育决定一案未见到下文，不过几年后，收容教育制度确被废止了。2019 年 12 月 28 日，全国人大常委会十三届十五次会议通过《关于废止有关收容教育法律规定和制度的决定》，次日起施行。

2014 年 6 月 9 日澎湃新闻·澎湃评论

监　狱

|"不是动物园"之语的隐喻|

　　"监狱不是动物园"，隐含的意味是，监狱不能把关押在里面的罪犯
当作动物看待，他们虽然被依法剥夺了自由，但他们作为一个"人"的
权利和尊严，还是要尽量尊重和保障的。

　　3月3日下午两会首场"部长通道"正式开启，司法部时任部长张军在
"通道"上接受了记者的采访。他就"司法部让999名罪犯回家过年，出于何
种考虑""怎样让老百姓得到更加方便、快捷、高效的公共法律服务产品"
"以后在校的法律生，还有没有资格参加考试"等热点问题现场作答，问题问
得好、答得更好，满满的干货赢得媒体一致点赞。

　　张军部长对这三方面问题的回答"干货"满满，详细说明了司法行政部
门已经进行、正在进行、将要进行的改革动作。其中，"监狱不是动物园"这
句比喻，带有深刻反思和检讨的意味，透露出政府高层对于未来监狱体制改
革的方向。

　　"监狱不是动物园"，隐含的意味是，监狱不能把关押在里面的罪犯当作
动物看待，他们虽然被依法剥夺了自由，但他们作为一个"人"的权利和尊
严，还是要尽量尊重和保障的。像春节这种万家团聚的传统节日，罪犯也有
同家人团聚的强烈愿望，让全部罪犯都回家过年不现实，让部分改造得不错、
回家过年没有社会危险性的罪犯离监探亲，体现了国家主管部门"执法为民"

的人性化考虑，是完全正确的。

著名心理学家马斯洛的"需求层次理论"认为，"人"的需要从低到高有五个层次，分别是生理需求、安全需求、情感需求、尊重需求和自我实现需求。由于客观原因，对于监狱罪犯充分满足其高层次的尊重需求和自我实现需求，是不可能的，但低层次的需求经过一定努力，完全能够实现。张军坦言，"经过十几年的监狱体制改革，对于收得下、管得住、跑不了的底线做到了"，弦外之音是，"底线"以外的监管工作，我们监狱还做得不是太够，尤其是不妨碍底线工作的一些人性化管理做法，还有很大的改进空间。

部长说的是心里话，也是大实话。例如为配偶探监提供"夫妻房间"，实现起来难度不大，主要是愿不愿意做的问题。再比如儿童探监，若安排在监狱内的"游乐场所"，罪犯不穿号服，在陪着孩子一起游戏的过程即完成会见，这对于孩子的健康成长至关重要，也是对罪犯受尊重需求的满足。这不需要太大的投入，实现起来也不难，且能收到立竿见影的效果。

"罪犯刑满就要释放"，而不会像动物园的动物要关一辈子。大部分罪犯都是要回归社会的。因此，监狱的劳动改造，也应尽可能地同社会接轨。例如我国现在服刑人员的物质待遇，只是根据服刑期限和表现，给予两三百元生活补助和很少金额的劳动奖励，没有劳动报酬。可以借鉴国外的做法，给予一定数额的劳动报酬，例如，西班牙监狱的罪犯是有报酬的，最高可达500欧元/月。虽说我国有我国的国情，但给予罪犯相当于1/5至1/3的社会上相同工作的报酬，还是可以考虑的。

另外我国监狱犯人的假释率只有2%左右，这个比例太低。美、英、澳、加、法、德、意等发达国家的假释率，占犯人总数的50%至90%不等。假释率太低的原因并非严格执法的结果，而是不敢大胆适用法律的问题。实际上刑法规定，被判处有期徒刑的犯罪分子，执行原判刑期一半以上，被判处无期徒刑的犯罪分子，实际执行13年以上，如果认真遵守监规，接受教育改造，确有悔改表现，没有再犯罪的危险的，就可以假释（累犯以及因故意杀人、强奸、抢劫、绑架、放火、爆炸、投放危险物质或者有组织的暴力性犯罪被判处10年以上有期徒刑、无期徒刑的犯罪分子除外）。

还应指出，正是因为假释资源的"稀缺"，也引发了一些司法腐败现象，导致真正改造好了的罪犯假释无门，未改造好的罪犯却靠非正常手段假释，造成了刑罚执行的不公。这也是几年前最高人民检察院在全国检察机关部署开展为期 9 个月的减刑、假释、暂予监外执行专项检察活动的背景和原因。

2018 年 3 月 4 日 凤凰网·凤凰评论

畏罪自杀

| 法律责任能否"一死了之" |

嫌犯的刑事责任"一死了之",不意味着其民事责任也能"一了百了";如果嫌犯遗留有个人财产,还是应当用遗产偿还"孽债"的。

郑州公安官微公布,警方对打捞出的尸体 DNA 样本完成鉴定,与此前在案发现场搜集的嫌疑人刘某华 DNA 样本分型一致,可以确认,此次打捞出的尸体确系杀害空姐李某珠的犯罪嫌疑人刘某华。

该条消息的法律意义有二:一是宣布杀害空姐李某珠案告破;二是不管公众愿不愿意,该案因嫌疑人刘某华的死亡,刑事追诉程序就此终结。也就是说,我们平常所说的"一死了之",在法律上是有依据的。

我国刑事诉讼法明确规定,有下列六种情形之一的,不追究刑事责任,已经追究的,应当撤销案件,或者不起诉,或者终止审理,或者宣告无罪:情节显著轻微、危害不大,不认为是犯罪的;犯罪已过追诉时效期限的;经特赦令免除刑罚的;依照刑法告诉才处理的犯罪,没有告诉或者撤回告诉的;犯罪嫌疑人、被告人死亡的;其他法律规定免予追究刑事责任的。

其中,犯罪嫌疑人死亡的,属于不追究刑事责任的情形;本案已经立案侦查,当地公安依法应当作出撤销案件的决定,没有任何悬念。

不少人可能接受不了这个事实,认为刘某华作为网约车司机,深夜载客,随身携刀,奸杀年轻貌美的空姐,还残忍地捅了空姐 20 多刀,实在罪大恶极，千刀万剐才解恨，甚至情绪化地喊出"恢复凌迟刑"，如今听到嫌疑人已死的消息，感到太便宜他了。这就像找人复仇，找到时仇人已气绝身亡，有一拳打了个空的感觉。从传统刑罚理论上讲，就是法律设置的"报应刑"功能无法实际体现出来。

可从另一个角度讲，本案嫌疑人自知罪大恶极，惧怕被抓后受到法律最严厉制裁的惩罚过程，从而畏罪自杀，也算是国家刑罚制度的强大威力使然，也能威慑警醒他人，相当于既"杀鸡"又"示猴"，特殊预防（预防罪犯再次犯罪）和一般预防（警示其他人不要犯罪）的刑罚目的还是得以实现了。从某种意义上讲，嫌疑人这一自裁，还省了国家不少人力、物力、财力，不然还得经过侦查（据说刘某华患有严重抑郁症，可能还得进行司法精神病学鉴定）、审查起诉、一审、二审、死刑复核、执行等诸多繁复程序，浪费国家大量司法资源。相比某些丧心病狂的歹徒，极端作恶后隐姓埋名，苟且偷生地活下来，本案嫌犯还算有点"廉耻心"，节约的司法资源可用于其他大案要案的查处。

应当指出，"一死了之"是现代法治观念的产物。现代法治观念认为，人死亡后刑事责任能力随之消灭，对尸体进行审判和给予惩罚是没有意义的。春秋时期伍子胥掘墓对楚平王鞭尸三百，以报楚王杀害其全家之深仇大恨的故事，即有灵魂不死，让其"死也不得安生"的观念使然，但即使在那时，这也只是私刑，我国古代法律并无"鞭尸刑"，且从未规定"自杀"为罪，帝王有时还赐大臣"自缢"以谢罪。倒是欧洲中世纪，宗教规范认为，自杀是一种重罪，死者要受到侮辱刑处罚，德意志邦国即规定自杀而死的人要处以"鞭尸刑"，并在鞭后抛尸野外；自杀未遂者，则要被判处死刑。

可能有人会问，全国人大常委会刚公布的《刑事诉讼法（修正草案）》，在该法"审判程序编"中增加了"缺席审判程序"专章规定，若草案通过，类似恶性杀人者畏罪自杀后，若其杀人证据确实充分，会不会对其"缺席审判"？回答是否定的，因为该程序仅适用于贪污贿赂类犯罪案件，嫌犯潜逃境外且通过外交或公告等方式向其送达开庭传票仍不归案的情形，该章还有专条规定"被告人死亡的，人民法院应当裁定终止审理"，而不能人死还作出缺席判决，"一死了之"在此同样适用。

最后还应指出，嫌犯的刑事责任"一死了之"，不意味着其民事责任也能"一了百了"；如果嫌犯遗留有个人财产，还是应当用遗产偿还"孽债"的。

至于本案报道称嫌犯刘某华因另一起车祸为他父亲留下了 40 多万元债务，他可能根本没有遗产可用来还债，则是另一个问题。

【补注】《刑事诉讼法》修正草案一审稿规定，缺席审判适用于犯罪嫌疑人、被告人潜逃境外的贪污贿赂等犯罪案件。后来二次审议时各方建议，建立缺席审判制度是从反腐败追逃追赃角度提出的，却不应局限于贪污贿赂案件。后扩大到严重危害国家安全犯罪案件、恐怖活动犯罪案件也可以适用，但也只是犯罪嫌疑人、被告人潜逃境外而不是其死亡的情形，犯罪嫌疑人、被告人死亡的案件，不能缺席审判，而应终结诉讼，但贪污贿赂犯罪、恐怖活动犯罪等重大案件中的违法所得及其他涉案财产，依法仍可以没收，刑事诉讼法又设专章规定了该程序。

（2018 年 5 月 17 日《南方周末》·自由谈　定版后因故未刊）

开放型经济

| 需要司法提供保障 |

> 未来持续改善企业营商环境、护佑开放型经济新体制健康成长，司法仍大有可为。

打造稳定公平透明、可预期的营商环境，司法的作用不可或缺。日前，最高人民法院出台《关于为改善营商环境提供司法保障的若干意见》（以下简称《意见》），从市场主体、市场准入等五个环节，为各级人民法院更好履行职责、服务大局给出明确的行动指南。

习近平总书记在上个月召开的中央财经领导小组第十六次会议上强调，营造稳定公平透明、可预期的营商环境，加快建设开放型经济新体制。这也是司法服务保障经济社会持续健康发展的重要目标。根据世界银行《2017年全球营商环境报告》，在世界各经济体企业营商环境的综合排名中，中国从2013年的96位上升到2016年的78位，这同我国近年推行"三证合一、一照一码"的企业登记模式等一系列改革有着重要关系，也和中国司法对各类市场主体合法权益的平等保护密不可分。未来持续改善企业营商环境、护佑开放型经济新体制健康成长，司法仍大有可为。

开放型经济新体制呼唤法治化营商环境，其中最重要的一点，就是平等保护不同所有制主体、不同地区市场主体和不同行业利益主体。按照《意见》要求，平等保护市场主体将成为商事裁判的价值基础。以前，我们在这方面曾走过一些弯路。例如，有的地方法院曾在大型国有企业内设立巡回法庭，名曰"为企业发展保驾护航"，一旦该企业涉诉，对方无论多占理也难赢官司，这对其他市场主体显然是不公平的。《意见》的发布，将进一步杜绝类似不合理现象，使广大中小微企业成为规则的受益者，为开放型经济新体制注入充沛活力。

同时，《意见》还将为市场主体的准入和退出机制提供司法保障。在这方面，一些地方和领域还存在不必要的行政门槛，"进不来、退不出"等现象时有发生。针对这一现实情况，《意见》将发挥诉讼的后盾和纠正作用，推动行政部门和相关工作人员进一步放下身段，使有意愿、有能力进入市场的主体都能进来。另一方面，破产诉讼制度也将大大激活，为"僵尸企业"提供出口。为此，《意见》重点对破产案件立案难、打击破产逃债等问题予以规范和指引。营造出市场主体良好的进出环境，定会大大推动创业创新局面的呈现。

在21世纪的开放型经济中，围绕知识产权的争夺愈发激烈，保护知识产权成为司法重要职能。近日，最高人民法院对广受关注的"红罐王老吉凉茶"包装装潢权益纠纷案作出终审判决，称两家公司对该包装装潢权益的形成均作出了重要贡献，共同享有相关权益，从而一锤定音、定纷止争。在中国，知识产权纠纷案件的数量不断增长，一定程度上反映了知识产权密集型产业的崛起渐成新兴业态。加强知识产权纠纷案件的审理，加强对新兴领域和业态知识产权保护的法律问题研究，适时出台司法解释和司法政策，也是此次出台《意见》的重要内容。通过司法保障良好的营商环境，让知识产权密集型企业把更多的精力用在生产经营上。

开放型经济，诚信为本。让诚实信用真正成为商事制度的灵魂，使社会信用体系建设成为公平竞争的必要条件，需要司法加大守信联合激励和失信联合惩戒工作力度。对此，《意见》也作出了相应规定。相信通过《意见》的落实，人民法院将为加快建设开放型经济新体制提供更为全面的司法助力。

2017年8月22日《人民日报》·人民时评

后　记
我写作，我快乐

常有朋友问，总看到你在各大媒体上发文章，你为媒体写多久了？律师工作那么忙，怎么还有时间写稿，感到辛苦吗？借为本书写后记之际，正好简要地回顾一下自己的写作及相关经历，也回应一下朋友们常提的这两个问题。

一

最早为媒体写稿，可追溯到1991年，掐指算来，至今已有28个年头。1991年9月2日，《解放军报》副刊"军人与法"栏目发表我的《法律帮我讲道理》一文，全文不到800字，是我的处女作。不要认为幸运之神对我特别眷顾，此前我也经历过无数次退稿，也多次有过放弃的念头，还好我没有真正趴下，往往一趴下就再也爬不起来。这就是人们常说的，自己是自己最大的敌人，以坚强的毅力战胜自我，坚持下去，幸运之神终会眷顾于你。

当时我在空降兵十五军当军医，已经自修法律一年多（次年即通过全国律师资格统考，获得《律师资格证书》），在军报上看到首都12家新闻宣传单位共同举办普法五年征文，立即就一件身边真事写了该文，不仅报纸登载了，还获得了优秀作品奖，盖着"解放军报社"和"司法部宣传司"两枚大红印章的证书，至今还被我悉心收藏着。

可以说，发表这篇文章所带来的快乐与幸运，比我后来发表任何一篇文章都要多，报社发了50元稿费、征文组委会发了100元奖金和获奖证书，关键是按当时我所在部队的规定，在《人民日报》《解放军报》《光明日报》发表文章，无论字数多少，一律重奖500元，还记三等功一次，而三等功的奖金又是 200 元（我当时的月工资才 200 来元），颁奖仪式安排在年终总结大会上，在 1000 多人的大礼堂，登上讲台，由领导给我们功臣戴上大红花，再送上证书和奖金。

2004 年我从军队转业到北京，不要国家安置，其身份叫"自主择业军转干部"，待遇还不错，每月从地方财政领取退役金，直至退休改领退休金，数额一般为军队原工资 80%。由于那个三等功，我转业时即领原工资的 85%，且一直享受到现在（我们退役金随军队工资调整而调整，但幅度要小不少，现在每月也能领到万余元）。也就是说，我一直感受着那篇获奖征文带来的幸运。

顺便介绍一下这项国家政策，实际上它是国家给予军队有功之臣的退休待遇，退休时三等功臣增发工资 5%，二等功臣增发 10%，一等功臣增发 15%。国家推行"自主择业"安置政策后，让"自主择业军转干部"提前享受这一待遇，更是一种特别优待。还应知道，和平年代的军人想要立功谈何容易，获得大量奖项是嘉奖（我得过 20 来个嘉奖），立三等功已属不易，立二等功太难了，立一等功基本没有，除非参加抢险救灾且表现特别突出。

奖励和惩罚，是激励人的两种基本手段，训人和训动物都一样，这是有心理学基础的，而且已成社会常识。实践证明，同时颁发获奖证书和奖金，最好还有个隆重的颁奖仪式，其激励作用尤其巨大。在那篇文章获奖的鼓励下，我的写作更勤奋了，后来我又在《空军报》和当地报纸发过多篇"豆腐块"文章，多是小品文性质。

二

1995 年至 1998 年，我脱产到解放军西安政治学院，攻读军事法学硕士学位。在校三年也是我写作大丰收的三年，前后发表了各类文章 30 多篇，其中一半是为媒体撰稿，这在学院历届研究生中是罕见的。

一个人的努力及其成果，永远是他继续前行的条件和基础。由于已有一沓铅字作品在手，1995 年夏天入校不久，我即被《西安政治学院学报》副刊聘为特约编辑。经常聆听学报主编曹祖明编审的教诲和接触编辑业务，我学会了从一名编辑视角看待学术稿件，从而增强了学术敏感性，这是我后来向各学术杂志投稿被采用相当顺畅的重要原因，我在《军事历史研究》期刊发表"军队律师成长过程的历史回顾"，在《东南军事学术》期刊发表"浅谈处理军政关系的几个误区"，在《外国法学研究》发表"现代日本军法简略述评"等10多篇学术文章，都是一投即用，没有一篇退稿。

我也参与编辑了十多期学报副刊，还扶持过有写作兴趣但写作基础较差的作者。记得一名聂姓学员写作热情很高，半年时间投了10来篇稿件无一采用。我替他着急，理解他将稿子变成铅字的迫切心情，就找出他写得相对好点的一篇学术杂谈，和他一起对文章大动手术，最后90%的篇幅都被改掉，终于见刊了。他好像顿悟出写作方法，后来在学报副刊上又发表了一些文章。

接着，曹主编把我介绍给《华商报》编辑，使我有机会为该报写下不少文章，其中《钟楼下的"黑律师"》长达2000多字，反映西安钟楼广场几十名从事法律代书和咨询服务的群体，一方面生意红火，说明老百姓有这方面服务的刚需，另一方面因无证经营经常被执法人员驱赶的社会生态。稿子既有我对多名"黑律师"、服务对象、律所主任、司法厅分管领导、其他普通公务员关于该现象看法的采访实录，也有我对这种现象的分析与思考，刊登在该报2016年1月27日头版头条，还因篇幅太长转到第二版。文章发表后引起较大反响，陕西省司法厅专门为此召开研讨会议，我应邀作为主要嘉宾发言。可见写作的快乐，还会延伸到写作之外。

爱好写作也给我读研的西安政治学院带来了福利。学院另一名党史专业研究生在《中国大学生》杂志发表了一篇《军校研究生》的文章，介绍了学院研究生多姿多彩的生活，其中提到"每学期研究生都要进行一次讲课比赛，上学期的第一名被1995级军事法学研究生刘昌松夺得"，这引得不少大学生给我写信，询问如何报考军法研究生以及有关军法导师、将来就业等情况。我感到写作机会来了，立即动笔写就了《答有志于攻读军法硕士的朋友》，发表在该杂志1996年第10期，占一个完整的页面，引得当年报考生源骤增。一直为军法研究生生源发愁的研办主任，眉头一下舒展了，他激动地对我说，你做了件大好事，我们打广告都没有这效果，况且还不掏广告费。军法系李昂主任也说，系里有位爱好写作的研究生真好啊！

1997年《中国律师》杂志招聘特约记者，我立即发去自己多篇发表过的作品，很快获得聘用。当年，我即在该刊物上发表了两篇军法学术人物访谈，一篇是采访我导师周健教授的《军队律师大有用武之地》，另一篇是采访军事法学会副会长张纪孙教授的《军队律师编制体制亟待建立》，为社会了解军事法学和军队律师贡献了绵薄之力，也在我的写作生涯中增加了一项"记者采访稿"的写作尝试。现在我同媒体朋友交流，称自己曾当过业余记者，这两篇文章和一张特约记者证，是我说话的底气。

此外，读研期间我还给该市的《消费者导报》撰写了一些文章，其中为"律师轶事"栏目撰写的《未成年人与罚款》，为我赢得了不少人气。可能是认为我给文章主人翁讲解法律的方式清晰到位，许多读者通过报社转来信件让我提供法律意见。

三

1998 年夏天至 2004 年春天，我在北京空军军事法院当法官，这时候的写作主要是为军队期刊撰文。我在《解放军生活》开了"律师台"专栏，也在《中国军法》中为军队官兵答疑诸多法律问题。

例如，1999 年军队士官制度改革，《解放军生活》杂志的编辑约我写一篇大稿，全面解读士官制度改革的法规政策，我研究了一周，写了一万多字，发表时占了整整 6 个页面。杂志社反馈，文章受到广大士官的热烈欢迎，应他们的要求，那一期杂志加印了两次。听到这些，我的心里好不惬意。

同军队期刊编辑的沟通合作一般都很愉快，只有一次例外。那是 2001 年婚姻法修改，一本军队法律期刊杂志的编辑向我电话约稿，希望我写写修订后的《婚姻法》应对军婚保护措施进一步加强的文章，原《婚姻法》中"现役军人的配偶要求离婚，须得军人同意"必须保留，还要加上"并取得军队政治机关的批准"等内容。

我说，这个文章我不能写，因为同我的观点正好相左。我认为，军队主要是男性军人，国家和军队应采取积极措施，增强军人对地方女青年的吸引力，例如提高军人待遇，完善军人探亲休假制度，放宽军嫂随军条件，学习美军增设军人配偶福利发放等，而不能靠限制军人配偶的离婚来捆绑军人婚姻，这是婚姻法"婚姻自由"基本原则的必然要求。我主张原《婚姻法》中那条保护军婚的条款应当删除，因为军人配偶同其他同龄人相比，少了不少花前月下的浪漫，多了许多照顾双亲孩子的负担，当他们觉得婚姻走不下去的时候，立法还要在她们离婚自由上增加限制，这对她们太不公平了。

编辑同我在电话里争论起来，他有他的理由，他说无论如何这个时候我作为军法专家，应为军人发声，即使观点相左也得克制。我说我有自己的写作原则，我笔写我心，这样的文章我写不来。不过吵归吵，吵过后依然是好朋友。该编辑的约稿倒是激起了我的写作欲望，我按照原来的思路写出文章，发表在当时的《北京法制报》（后更名为《法制晚报》，现已并回北京青年报），法制文萃报还进行了转载。顺便提一下，修订后的婚姻法并未强化军婚保护力度，还稍稍有点弱化，规定军人的配偶要求离婚，"军人一方有重大过错的"，无须取得军人同意。立法这个结果我也理解，毕竟法治的进步不能一蹴而就。

为军队期刊撰文，是我接受约稿写作的开始，此前都是自由撰稿投稿。现在，我给地方媒体写稿基本都是约稿，但媒体立场若同我的观点相左，我都会坚决拒绝。我一直较好地坚持了"我笔写我心""我写作，我快乐"的原则。

四

2004 年我转业到北京做专职律师后，最大的业余爱好还是法律写作，但主要写法治时评文章。这本评论集，主要选自我近 10 年为 40 来家媒体所写的法治时评，少数篇目为媒体对我的专业访谈归整而成。此外，我还接受上百家媒体记者的采访，就新闻事件的法律意义发表专业看法。我认为，为媒体撰写法治时评和在媒体采访中对涉法事件谈专业观点，两种方式具有同质性，都属于"观点新闻"的范畴。

媒体人是新闻作品的生产者，包括事实新闻的生产者和观点新闻的生产者，前者一般称记者，后者一般称评论员。我也是观点新闻生产者中的一员，但我的主职是一名专职律师，生产观点新闻只是我的业余爱好，媒体常给我冠以"特约评论员"头衔，就是这个缘故。我以自己是一名观点新闻的生产者而自豪。

有人问我，你是一名刑辩律师又是律所主任，哪有时间写文章？我的回答是：忙归忙，不至于没有任何空隙吧！这是实在话，一方面律师工作有张有弛，有时一个开庭接着一个开庭，忙得脚打后脑勺，我也拒了不少约稿；但也会有一些空档期，这个时间段我会多写点。有时约稿话题很对我的胃口，早就如鲠在喉，再忙我也会应承下来，然后熬夜赶稿，有点玩命的感觉，因为我也是奔六的人啦！为新京报撰写《警察能随意盘查身份证吗》，就是在这种情形下写出来的。但看到王爱军总编在朋友圈分享时称，"该文把这个话题基本说清了"，我心中有一种如释重负的满足感。

"操场尸骨案"中新晃一中前校长黄炳松被控制的消息一出，有朋友在分享报道时@我，"特别想听听刘律师对此事有何看法？"当时我正好为几个案子在外地飞来飞去，突然百度动态编辑也约我评一评。我一身疲劳立刻烟消云散，抓紧忙完事，赶到宾馆撰写《操场尸骨之二｜原校长黄炳松在事件中的角色和责任》。我一口气分析了他只被监察委立案的法律意义；若未参与杀害邓世平，他是否存在其他刑事责任，存在哪些刑事责任；若参与杀害邓世平，是否存在判处极刑的可能，做出了自己的回答。没想到，该文的阅读量居然达到了3255万，点赞41.6万，跟帖评论3400多条，创造了本人通过网媒发表文章的单篇阅读量之最，让我无比惊叹、震撼和兴奋。其实，这么多年为媒体写作的经历，我已形成了这样的心理机制：读者的需求就是命令，读者的认可就是奖励！

这就是一名时评作者的苦与乐！我写作，我快乐！其实业余"爱好"，大抵如此吧，得工作之余去干，它不是谋生的手段，没谁拿枪逼着你干，而是兴致所致，正因为"爱"它、"好"它，才更玩命地去干。试想，若不是快乐远大于辛苦，何必呢？谁干呢？！

五

撰写法治时评文章注意法律知识更新和具有一定法学功底很重要，否则容易贻笑大方。为我提供这方面"技术支持"的，是我到一些高校担任兼职法学教授，从事法律教学，它倒逼我与时俱进，不断关注立法与学界新动态，以免在学生面前出洋相；反过来说，为了不误人子弟，对得起学生，也会不断充电。其实，法律教学也是我另一大爱好，它同法律写作互为表里，相得益彰。因此，我也顺便谈谈这方面的经历。

前面提到我在西安政治学院读研时即获得过研究生讲课比赛第一名，其实并不偶然，之前还是有些铺设的。因为我在大学学医时，就参与发起演讲小组练习口才，我和美女同学冠梅一起参加学校的演讲比赛（这次我负责演讲词，她负责登台），还获得过奖项（二等奖还是三等奖忘了）。到空降兵十五军当军医时，我也获得过全集团军"卫生课讲授第二名"，我还担任过军队高考考前语文辅导老师等。前面说过，一个人的努力及其成果，是他继续前行的条件和基础。这些演讲与讲课的经历，就是我研究生讲课比赛获得第一名的条件和基础。

研究生毕业时，西安政治学院军法系苦劝我留校任教，第四军医大学也拿该校法学教学课时少，一到任即能当法律顾问处（相当于地方律师事务所）主任，有一部专车使用等待遇条件来诱惑我，都因家人对西安地理位置不满意，而未能成事。我也到北京的解放军艺术学院谋过职，因空军不放人而没有成功，没想到在张纪纲、彭丽媛担任军艺院长期间，我竟然在那里当了几年常年法律顾问，时常同学院领导聊到此事。

但我没有放弃当教师的"初心"，在北京空军军事法院担任军法官和转业北京当专职律师的20多年时间，我先后在北京师范大学继续教育学院、北京人文大学法学院、北京财经学院、中国社科院研究生院等多所高校和科研院所担任兼职法学教授，教过法律自考、专升本、JM研究生、同等学力研究生、法律硕士研究生和指南针司法考试保过班等，前后教授过的课程有宪法、法理、刑法、民法、合同法、婚姻法、行政法、环境法、律师法、公司法、知识产权法、民诉法、刑诉法、中国法制史、外国法制史、律师实务等，我几乎成了全科教员。我接受任课有个原则，要么不接，要么全身心投入，教一门钻一门，努力帮助同学们梳理该课程的知识体系，收集该部门法的最新法律法规和司法解释，讲清法条背后的法理，这让我有着较为深厚的跨部门法知识积累。

好了，回到法治时评写作和接受媒体采访话题吧。了解我的媒体朋友常说，某事件若找不到法律专业人士谈观点，找刘律师准没错，各种涉法问题都难不倒他！呵，这应得益于上面谈到的法律教学经历。当然，如果当时我真留校当专职法学教师，主要撰写专业学术文章，我可能最多教两门相关专业的法律课程，绝不可能那么干。但上述大杂烩的教学经历，对我撰写法治时评和办理跨部门法的律师业务，确实有很大帮助。

六

一本书，取一个好书名，当然很重要。接触一本书，第一眼看到的就是书名，书名吸引人，就能引起阅读欲。向人介绍一本书，谈论一本书，都要把书名挂在嘴边，如果书名太拗口，或者太低陋，都会让人觉得不爽，"名不正，则言不顺"，大抵就是这个意思吧。这些都是正确的废话。

我认为，为书起名，最重要的还是贴切，书如其名才好。本书涉及100多个案例，都曾是轰动一时的热点事件，引起过人们从不同角度进行思考。法律人如何看待这些事件？本书大致可看成鄙人对该问题的回答。现在把这些文章收集到一起，无非是想让读者"在热点事件中，浸染形成法律思维"，也就是说，期待读完本书的朋友，将来面对任何一个涉法事务，都能通过法律思维给出一个大致的判断，尽管不一定知道法律如何规定。

著名律师彭雪峰就说过类似的意思："为什么律师即使面对自己不熟悉的领域也可以游刃有余、应对自如？因为律师有自己特有的法律职业思维。"

顺着这个思路，我想到了美国法学院流传甚广的一句话："像律师那样思考"（Thinking Like A Lawyer）。

我们知道，美国法学院奉行一种独特的教学方法，被称为苏格拉底式教学法，即老师事先将案例分发给学生，课堂上不断向学生提问来引导其思考，以训练学生的法律思维。法学院的任务主要不是传授法律知识，而是传授思维方法。这种方法最早由哈佛大学法学院创立，后来推广到全美14所法学院。于是，"像律师那样思考"（Thinking Like A Lawyer），成为美国法学院一种基本的思维训练方法。

而美国的检察官、法官都由资深律师担任，人们说起美国律师，一般包括律师、检察官、法官等法律人，美国的法律职业共同体还包括法学院教授即法学家。而英文中的lawyer既可翻译为律师，也可译成法学家。因此，将美国英语语境下"像律师那样思考"（Thinking Like A Lawyer）翻译为中文语境下的"像法学家那样思考"，不仅没有任何问题，而且还更周延，因为中国的律师不包括法官、检察官和法学教授，而"法学家"的词义更宽泛，能包括各种法律人，这个群体都有共同的思维方式。

这就是书名《像法学家那样思考》的来历，副标题取名为"刘律师媒体说法"，即一名刘姓律师想通过这种方式引导自己的非法律读者，在遇到涉法事务时，能像法学家一样思考，作出一个基本判断，因此，干脆将"在热点事件中，浸染形成法律思维"，旁批在书名边上。我的期待能实现吗？未来的日子里，我会持续期盼这方面的反馈。

七

剩下的篇幅，我要特别提到和感谢一些媒体、媒体朋友以及对本书有不同贡献的其他亲友。

我要感谢《新京报》，自 2009 年 4 月 7 日我在该报发表第一篇评论以来，我已为她写了十二个年头。2013 年 9 月我将在新京报发表的 140 多篇文章单独结成集子《认真对待权力与权利》，想赶在 11 月 11 日她十岁生日时向她献礼，可惜出版周期太长，直至 2014 年 7 月付梓，只能留下缺憾了。自那以后到现在，我在新京报又发表了超过 160 篇作品，又可以单独结成一个集子了；加上前面的，总计超过了 300 篇。这意味着，我平均每年为《新京报》撰稿 30 篇以上，我已把自己看成是"编外新京报人"。特别感谢新京报宋甘澍社长、李海总编、王爱军副总编、于德清主编、佘宗明副主编以及先后在评论部工作的于平、曹保印、兰燕飞、赵继成、王华、陈白、陈媛媛、王磊、孟然、王言虎、冰冰、陈静等近 30 位评论编辑多年来的厚爱和扶持。

我要感谢凤凰评论及其主编高明勇兄弟以及他的编辑团队，那里也是我发声的重要平台。尤其值得一提的是，在明勇兄弟的努力下，凤凰评论部连续三年牵头召开我国评论界年会，每次都邀请我出席，为我提供这么重要的交流机会。另外，明勇兄在新京报任编辑时即是我时评写作的领路人，我对他有种特别的感激之情。

我要感谢《南方都市报》评论部原编辑周筱赟先生（现在也华丽转身做律师了），他邀请我到南都开"法的精神"专栏，让我在大半年时间内即在该报发表 40 多篇文章，每篇文章都有 2000 字左右，且基本不动我的稿子，让我有种表达的畅快。

我要感谢《光明日报》和光明网以文嘉老师为代表的一帮年青评论人，

包括青年才俊陈城编辑等，是他们邀请我到光明网开专栏，我在他们平台发表的文章之多，可能仅次于《新京报》和《南方都市报》。

我要感谢中国网"观点中国"栏目的王琳、蒋新宇等编辑，他们不仅邀请我开专栏，也特别知道哪些话题更适合我写。我还要感谢澎湃新闻评论部沈彬主编、《人民日报》评论部白龙主编、《检察日报》评论部党小学主编、《南方周末》评论部戴志勇主编、《经济观察报》评论部言咏主编、荔枝锐评土土绒主编、浙江评论刘雪松主编，感谢百度动态张亚雯编辑、红星新闻尹曙光编辑、《我在抱柱》王萧东编辑等众多媒体朋友，他们在我写作过程中都给予过诸多意见和帮助，也感谢40多家媒体提供发表平台，更要感谢喜欢我文字的广大读者朋友。

最后，我要特别感谢社科院法学所的著名刑法学者刘仁文教授，他对这本评论集的结集出版给予了热情鼓励，还为本书写了长达近6000字的序言。作为第一个读者，他对本书读得那么细，序言写得那么认真动情，着实让我感动。序言中对我有那么多褒扬和过誉之词，也令我惭愧，我把它作为对我未来写作上的期望和鞭策。同时感谢法大出版社丁春晖主任为编辑本书所付出的辛勤劳动。还要感谢我的大女儿雪莹，她常帮我订正约稿中的文法错误，还参与了本书的封面设计，感谢我的太太张艺女士承担了全部家务，感谢我的小女西子乖巧懂事，她们让我心无旁骛地去工作和写作。

人的本质是社会关系的动物，哪怕这一篇篇小小的评论，光有我的努力也是难以完成的。因此，我要对各方面朋友们说：谢谢你们，我爱你们！

刘昌松
2020年1月于北京龙潭湖畔